Anja Reschke (Hg.)

UND DAS IST ERST DER ANFANG
Deutschland und die Flüchtlinge

Rowohlt Polaris

6. Auflage Februar 2016

Originalausgabe
Veröffentlicht im Rowohlt Taschenbuch Verlag,
Reinbek bei Hamburg, Dezember 2015
Copyright © 2015 by Rowohlt Verlag GmbH,
Reinbek bei Hamburg
Lektorat Johanna Langmaack und Frank Strickstrock
Mitarbeit Roy Marfo
Fotos im Tafelteil © Martin Lilkendey
Umschlaggestaltung HAUPTMANN & KOMPANIE
Werbeagentur, Zürich,
unter Verwendung eines Fotos von © Andrej Isakovic/
Staff/Getty Images
Satz Kepler MM PostScript, InDesign
Gesamtherstellung CPI books GmbH,
Leck, Germany
ISBN 978 3 499 63184 9

INHALT

FLUCHTWEGE

Anja Reschke

UND DAS IST ERST DER ANFANG

Der Anfang von was? Man kann in dem Wort «Anfang» etwas Verheißungsvolles sehen, etwas Neues, etwas, das aufregend ist, weil sich etwas verändern wird. Der Anfang einer anderen Zeit. Der Anfang einer Debatte, in der Deutschland sein Profil schärft, indem es um seine innere Struktur, um seine Werte ringt. Diese Auseinandersetzung hat gerade erst begonnen.

Man kann in diesem Satz auch eine Bedrohung wahrnehmen. Das ist erst der Anfang – vom Ende, vom Niedergang, von der Abschaffung Deutschlands, wie es die vielzitierten «besorgten Bürger» in ihren Kommentaren, ihren Mails, die mich täglich erreichen, aber auch auf ihren Demonstrationen jeden Montag in Dresden lauthals bekunden.

Fakt ist, es geschieht etwas in Deutschland. Die weltweite Fluchtbewegung, sie ist in Deutschland angekommen. Lange haben wir Deutschen den Nachrichten aus aller Welt im bequemen Sessel zugesehen. Den Berichten über Hunger, Umweltkatastrophen, über Despoten, über Ausgrenzung, Bürgerkriege, Zerstörung, Vertreibung. Wir waren berührt, wenn ein Schiff mit Hunderten Flüchtlingen im Mittelmeer unterging; wir waren entsetzt, wenn wir hörten, dass der syrische Machthaber Assad Fassbomben auf sein eigenes Volk warf. Die Frauen und Kinder, die weinten in unseren Fernsehern, taten uns leid, aber wir hatten nichts damit zu tun. Denn all das war weit weg.

Das sogenannte Dublin-Abkommen, nach dem der EU-Staat, in dem ein Asylbewerber zuerst Boden der EU betreten hat, auch für die Durchführung des Asylverfahrens zuständig ist, sorgte dafür, dass die wenigen Flüchtlinge, die es tatsächlich nach Europa schafften, im Großen und Ganzen nicht bei uns ankamen. Das Problem hatten andere, Italien mit seiner kleinen Insel Lampedusa, die in den vergangenen Jahren traurige Berühmtheit erlangte, und Griechenland mit seiner Nähe zur Türkei. Die Länder eben, die das Pech hatten, an der europäischen Außengrenze zu liegen. Aber nicht wir.

Noch im März 2013 brüstete sich der damalige Innenminister Hans-Peter Friedrich mit der großzügigen Hilfe Deutschlands: Decken und Zelte für Jordanien, den Nordirak oder den Libanon. Als der Druck größer wurde, erklärte sich Deutschland sogar bereit, 5000 (!) Syrer aufzunehmen. Sie wurden vom Innenminister persönlich am Flughafen in Empfang genommen. Da waren bereits Millionen Menschen auf der Flucht. Wir aber dachten, wir hätten unsere Schuldigkeit getan. Wir, eines der reichsten Länder in Europa, in dem die Wirtschaft florierte und die Arbeitslosigkeit sank.

Und dann hielten sie nicht mehr, die Grenzen, dann wirkten sie nicht mehr, die Abwehrmaßnahmen Europas. Im Frühjahr und vor allem im Sommer 2015 kamen sie: so viele Menschen, dass das hochverschuldete Griechenland und Italien nicht mehr allein damit klarkamen. Also ließen sie sie ziehen, von einem Land ins nächste. Bis nach Deutschland.

In Deutschland war Ferienzeit. Die Politik befand sich in der Sommerpause. Es gab keinen Plan für diese Situation. Obwohl die Anzeichen seit Jahren erkennbar waren. Auf den Exodus war Deutschland nicht vorbereitet. Ausgerechnet das Land der Bürokratie, der klaren Organisationsstrukturen, der geordneten Verhältnisse wurde vollkommen überrascht. Und so geschah etwas Außergewöhnliches: Die Menschen, die Bürgermeister, die Sozialdezernenten der Städte, die Grenzpolizisten und vor allem die Bürger waren auf sich gestellt. Sie mussten zunächst einmal allein damit klarkommen, dass plötzlich Tausende Menschen vor der Tür standen.

Und sie konnten es. Tausende Bürger standen auf aus ihren Sesseln, ihren Liegestühlen. Sie suchten Kleidung aus ihren Schränken zusammen, Babybetten, Spielzeug, Fahrräder, brachten sie zu Erstaufnahmeeinrichtungen. Sie boten Hilfe an, sie gingen mit Flüchtlingen zu Ämtern, manche nahmen sich Urlaub dafür. Sie organisierten selbständig riesige Kleiderkammern, mit einer Logistik, die jedem Konzern zur Ehre gereicht hätte. Sie gründeten Initiativen und Vereine,

Anja Reschke

die Sport- und Nähkurse anboten, Spiele für Jugendliche oder Ausflüge in die Nachbarschaft. Wer postete: «Hey, wir brauchen morgen 10 Leute, die Fahrräder reparieren», konnte sicher sein, dass am nächsten Tag 30 bereitwillige Helfer dastanden. Wenn es hieß, wir brauchen noch Leute, die am Bahnhof Wasser verteilen, kamen so viele, dass die Polizei sogar welche wegschicken musste.

Bürgermeister und Sozialdezernenten von kleinen Städten oder Dörfern mussten über Nacht Unterkünfte, Betten, Trennwände, Toilettenwagen, Essensausgaben für ankommende Flüchtlinge organisieren und wuchsen über sich hinaus. Es wurde improvisiert, aber mit Elan.

Deutschland war aufgewacht.

Aber nicht nur diese strahlende Seite, die später als «Willkommenskultur» über die deutschen Grenzen hinaus beachtet wurde. Auch eine andere, eine dunkle Seite von Deutschland, von der ich dachte, dass wir sie eigentlich überwunden hätten.

Es brannte wieder. Bis zum September 2015 gab es 61 Brandanschläge auf Flüchtlingsunterkünfte, zunächst unbewohnte, später sogar auf solche, in denen bereits Menschen untergekommen waren. Mittlerweile ist die Zahl weiter angestiegen, aufgeklärt wurden nur wenige. Derzeit gehen die Sicherheitsbehörden davon aus, dass dahinter keine Organisation steckt. Es waren einfach Leute, die loszogen, um das Heft selbst in die Hand zu nehmen. Wie der Finanzbeamte aus dem schleswig-holsteinischen Escheburg, vollkommen unauffällig bis dahin. Weil das Nachbarhaus mit irakischen Flüchtlingen belegt werden sollte, kippte er eines Abends Farbverdünner durch ein eingeschlagenes Fenster, warf einen Kanister und brennende Streichhölzer hinterher. Er habe, so sagte er später im Prozess aus, «etwas Gutes tun», die «Idylle» bewahren, die Frauen in seinem Dorf beschützen wollen vor den Übergriffen der fremden Männer.

Begleitet, vielleicht auch angestachelt wurden solche Täter von Tausenden wütenden Kommentaren und Posts im Internet. Aber auch auf der Straße hatte sich Protest formiert. Seit Oktober 2014 demonstrierte Pegida gegen alles Fremde. «Patriotische Europäer gegen die Islamisierung des Abendlandes», eine Organisation, mit der weder Politiker noch Journalisten anfangs umzugehen wussten. Artikulierten da nur ganz normale Menschen ihre Ängste, oder hatten wir es mit einer knallharten rechten Strömung zu tun? «Wir sind nicht rechts», behaupten die «Asylkritiker» vehement bis heute. Die offenkundig fremdenfeindliche Einstellung des Organisators Lutz Bachmann, eines mehrfach wegen Diebstahl und Drogendelikten verurteilten Dresdners, eines Mannes, der Bilder des Ku-Klux-Klans postete und auch kein Problem damit hatte, als ein Foto von ihm, verkleidet als Adolf Hitler, im Netz auftauchte, tat dieser Behauptung keinen Abbruch.

Auch dem hat Deutschland lange relativ tatenlos zugesehen. Es kam zu Ausschreitungen, zu Protestmärschen im sächsischen Freital etwa, als Anfang August Hunderte Bürger durch die Straßen zogen und «Der Dreck muss weg» schrien. Auch da befand sich die Politik in der Sommerpause. Warum sagt denn niemand etwas in diesem Land, warum rückt keiner die Ordnung wieder zurecht, habe ich mich gefragt? Wo ist denn unsere Regierung? Wo sind denn die Aufrechten, die solche Übergriffe sonst scharf verurteilen? Es herrschte gespenstische Sprachlosigkeit in Deutschland. «#Merkelschweigt» machte bei Twitter die Runde.

In dieser Zeit wurde ich gebeten, einen Kommentar in den ARD-*Tagesthemen* zu sprechen. Mein Thema am 5. August 2015 war «Hetze im Netz». Wenn man bei einer kritischen Fernsehsendung wie *Panorama* arbeitet, ist man an wütende Zuschriften gewöhnt. Aber die Briefe und Kommentare, die wir zu Flüchtlingsthemen bekamen, waren anders als die, die ich sonst kannte. Härter, unerbittlicher, hasserfüllter. Ich sprach in meinem Kommentar also das aus, was ich beobachtet hatte. Die Verrohung der Sprache, den Ausverkauf humanitärer Werte. Es ging in meinem kurzen Statement von zwei Minuten nicht um die Frage, ob man Flüchtlinge aufnehmen soll oder nicht oder wie viele Deutschland verträgt oder ob die Politik versagt. Es ging mir um den Umgang mit Menschen, um Grundwerte unserer Gesellschaft. Ist Deutschland wieder so weit, dass man Menschen un-

Anja Reschke

gestraft als «Dreck» bezeichnen kann, habe ich mich gefragt? Warum wehrt sich keiner? Mein Kommentar drehte sich nur darum, dass man Menschen, die fliehen, aus welchen Gründen auch immer, nicht als Dreck bezeichnen darf. Er sollte warnen und aufzeigen, welche rohen Worte bereits die Runde machen, Worte wie verjagen, verbrennen, ja, sogar vor «vergasen» wurde nicht haltgemacht. Dieses Gefühl habe ich zum Ausdruck gebracht. Und diejenigen, denen das auch übel aufstößt, aufgefordert, sich offen gegen solche Hetze zu stellen.

Nie im Leben hätte ich gedacht, dass dieser Kommentar eine derartige Wirkung entfalten würde, aber er traf anscheinend einen Nerv. Er wurde sogar international beachtet, ins Dänische, Italienische, Französische, Englische, Holländische übersetzt. Ich bekam unzählige positive Zuschriften von Menschen, die sich aufgerüttelt, die sich bestätigt fühlten. Das beruhigte mich. Die Deutschen waren noch nicht verloren im Sumpf von Fremdenfeindlichkeit und Hass.

Anscheinend war die Zeit reif für klare Worte gewesen. Aber eigentlich ist es mir peinlich, so viel Beachtung gefunden zu haben für Worte, deren Inhalt in unseren westlichen Demokratien – so dachte ich – eine Selbstverständlichkeit sein müssten. Die Reaktionen gingen weit über mein Thema hinaus; die meisten Zuschriften drehten sich nur noch am Rande um «Hetze im Netz». Es ging um das Flüchtlingsthema insgesamt. Es war für mich der Anfang der Diskussion darum, in welcher Gesellschaft wir leben wollen.

Aber ich bekam auch eine Menge hässliche Post, und das hat bis heute nicht aufgehört. Briefe, die vor Wut und Selbstmitleid triefen, Menschen, die enttäuscht sind von ihrem Leben oder vom Staat, die sich zurückgesetzt fühlen und ihrer Ausländerfeindlichkeit in diffamierenden Behauptungen Luft machen. Über «die» Ausländer, die allesamt «zu nichts zu gebrauchen» und «dumm wie Bohnenstroh» seien. Man sei ja kein Rechter, man wehre sich nur gegen die «Neger, die Krankheiten einschleppen wie Aids und Ebola» und nur darauf aus wären, «sich mit unserer weißen Rasse zu vermischen». «Invasoren», wie sie auf Pegida-Kundgebungen mittlerweile genannt werden, die unsere Kultur untergraben und die deutschen Frauen vergewaltigen wollten. Argumenten oder Fakten haben sich diese Menschen verschlossen. Die Behauptung von der fünfzehnfachen Vergewaltigung von Kindern und Frauen in einer Erstaufnahmeunterkunft im hessischen Gießen etwa verbreitet sich wie eine Hydra durch das Netz und hat es bis in etablierte Medien wie *Welt am Sonntag* und *Spiegel Online* geschafft. Dabei genügt ein Anruf bei der Staatsanwaltschaft Gießen, um herauszufinden, dass diese ungeheuerliche Zahl jeder Grundlage entbehrt. Ermittelt wird gerade mal gegen einen Mann wegen eines Falls von versuchter Vergewaltigung. Der 24-jährige Asylbewerber sitzt in U-Haft und wird vermutlich angeklagt. Auch dass der Bund deutscher Kriminalbeamter keine Zunahme von Vergewaltigung durch Ausländer festgestellt hat, stört das allgemeine Diffamieren nicht. Gerne wird auch behauptet, unter den Flüchtlingen befänden sich IS-Terroristen. Auch dafür gibt es keinen einzigen Beleg. Über 80 Hinweisen sind Sicherheitsbehörden intensiv nachgegangen und haben nicht einzigen Terroristen gefunden. Genauso wenig gibt es Zahlen, die eine Zunahme von Raub oder Diebstahl durch Flüchtlinge belegen würden. Macht nichts, behauptet wird das munter trotzdem.

Grenzen zu, alle wieder abschieben, lautet die Parole. Dass dagegen technische und vor allem rechtliche Hindernisse sprechen, scheint egal. Die Kanzlerin selbst hat es in einer bemerkenswerten Offenheit zugegeben: Wir wissen nicht, wie viele noch kommen. Aber wer will solche Wahrheiten hören?

Auffällig bei alldem ist, wie gering das Wissen um Fakten ist. Wie wenig Ahnung die meisten Deutschen haben, wer überhaupt flieht, warum Menschen ihre Heimat hinter sich lassen, wie eine solche Flucht abläuft, welche Gefahren sie birgt. Es wird gerne so getan, als sei das alles ein Spaziergang, als würde man mal so eben in ein ungesichertes Schlauchboot steigen, Tausende Kilometer mit kleinen Kindern in Sandalen durch Europa wandern, für eine Pritsche in einem Zelt, für ein paar gebrauchte Klamotten und 143 Euro Taschengeld im Monat, die einem Flüchtling zur Versorgung bis zur Verschärfung des Asylgesetzes Mitte Oktober 2015 zustanden.

Diese mangelnde Kenntnis von den Ursachen und Wirkungen von

Anja Reschke

Flucht war der Anstoß für dieses Buch, Sachkenntnis zu vermitteln, aufzuklären, Denkanstöße zu liefern. Viele kluge Autoren, die sich oft seit Jahren mit den Themen von Flucht und Vertreibung beschäftigen, haben es geschrieben. Sie haben recherchiert und sich Gedanken gemacht, welche Verantwortung wir, die reichen Staaten des Westens, tragen, warum Menschen aus dem Balkan, aus Syrien fliehen, welche Wendungen das Thema Asyl über die Jahrhunderte genommen hat, was Asyl in der heutigen Zeit überhaupt bedeutet, auch, welche ökonomischen Folgen und Chancen Flüchtlingsbewegungen haben können. Es ist ein Buch, das mit vielen weiteren Aspekten die Möglichkeit eröffnet, das Thema, das so viele nur als Gefahr wahrnehmen, aus anderen Blickwinkeln zu betrachten.

Wenn man diesem Sommer etwas Gutes abgewinnen will, dann, dass er Deutschland aus seiner Gemütlichkeit, aus seiner Lähmung gerissen hat. Die Deutschen sind aktiv geworden. Die einen, um aufzubegehren gegen die humanitären Werte, die Demokratie, den Staat. Die anderen, um genau das zu verteidigen. Die einen, die wollen, dass alles bleibt, wie es war, die anderen, die in der Veränderung auch eine Chance sehen. Kaum jemanden lässt das Thema Flüchtlinge kalt, es wird diskutiert und politisiert wie lange nicht.

Interessant ist übrigens der Blick auf die Jugend. Sie sieht dem Thema Zuwanderung gelassen entgegen, so das Ergebnis der Shell-Jugendstudie 2015. Nur 37 Prozent der Befragten finden, dass Deutschland weniger Ausländer als bisher aufnehmen sollte. Und noch etwas ist bemerkenswert: Die deutschen Jugendlichen interessieren sich so stark für Politik wie seit Jahren nicht mehr. Sie nehmen die Veränderungen wahr und wollen ihre Zukunft aktiv mitgestalten. Weil sie endlich das Gefühl haben, in der Welt etwas bewegen zu können.

Und darum geht es letztlich. Um das große Ganze. Wie unser Land, wie auch Europa in Zukunft aussehen soll. Auf welchen Werten unsere Gesellschaft fußen soll. Wir befinden uns in einer Zeit des Umbruchs, des Neudenkens, des Schärfens unserer Vorstellungen. Und das ist erst der Anfang.

Maximilian Popp

«REFUGEES WELCOME!» ...?
Protokoll einer Zäsur

Berlin, 31. Dezember 2014

Am letzten Tag des alten Jahres blickt Angela Merkel in die Zukunft. Die großen Herausforderungen für 2015 seien der Klimaschutz und der Welthandel, außerdem das Digitale und die Demographie, sagt die Bundeskanzlerin in ihrer Neujahrsansprache. Flüchtlinge kommen in der Rede nur am Rande vor.

Bereits 2014 waren 200 000 Menschen nach Deutschland geflohen, doppelt so viele wie im Vorjahr. Weltweit waren sechzig Millionen Menschen auf der Flucht – mehr als je zuvor seit dem Zweiten Weltkrieg. Menschenrechtsorganisationen und UNO-Experten prophezeiten, die Flüchtlingszahlen würden weiter steigen, denn ein Ende des Kriegs in Syrien, der Konflikte in Somalia, Eritrea und Irak war nicht absehbar. Die Kanzlerin aber sieht das große Thema des Jahres 2015, das womöglich größte Thema der vergangenen 25 Jahre, nicht kommen – oder will es nicht kommen sehen.

Südliches Mittelmeer, 19. April 2015

Siebzig Kilometer von der libyschen Küste und 180 Kilometer von Europa entfernt kentert an einem frühen Sonntagmorgen ein zwanzig Meter langer Fischkutter. 800 Menschen sterben bei der Havarie.

Die bislang schlimmste Flüchtlingskatastrophe im Mittelmeer löst europaweit Bestürzung aus. Italiens Regierungschef Matteo Renzi ruft noch am selben Tag seine Minister für Verteidigung, Innen- und Außenpolitik und Infrastruktur zusammen. Anschließend telefoniert er mit Kanzlerin Merkel und EU-Ratspräsident Donald Tusk. Er fordert einen Sondergipfel. Er sagt: «Nach dem Anschlag auf ‹Charlie Hebdo› reagiert ihr sofort. Da seid ihr solidarisch, und alle treffen sich in Paris. Und wenn Hunderte Menschen sterben, soll nichts passieren?»

Es ist, so wirkt es in den Stunden und Tagen nach dem Untergang, das eine Boot zu viel. Es scheint, so schreibt der *Spiegel*, als bringe dieses Unglück die Menschlichkeit mit Macht ins europäische Haus zurück. Europas Staats- und Regierungschefs eilen zu einer Krisensitzung nach Brüssel. Die Veranstaltung beginnt mit einer Schweigeminute und endet mit einer emotional aufgeladenen Erklärung: «Die Europäische Union wird alles in ihrer Macht Stehende unternehmen, um den Verlust weiterer Menschenleben auf See zu verhindern.»

Doch die groß inszenierte Fassade der Empathie kann die Zerstrittenheit der Europäer nicht überdecken. Schon einmal, nach dem Bootsunglück vor der italienischen Mittelmeerinsel Lampedusa im Oktober 2013, hatten die EU-Regierungschefs eine Reform der Flüchtlingspolitik versprochen. 370 Menschen waren damals ertrunken. Die Särge im Flughafen-Hangar von Lampedusa wurden zum Sinnbild für Europas «Schande», wie es Papst Franziskus formulierte. Sie bewirkten jedoch keinen Wandel in der europäischen Asylpolitik.

Und auch jetzt, im Frühjahr 2015, halten Europas Regierungen am Status quo fest. Zwar präsentiert die EU-Kommission einen Zehn-Punkte-Plan, der eine Ausweitung der Seenotrettung und einen Notfall-Mechanismus zur Verteilung von Flüchtlingen vorsieht, doch das europäische Asylsystem, das auf Abschreckung und Abschottung gründet, bleibt im Kern unangetastet. Das Massensterben an den Grenzen ist kein Zufall, sondern das direkte Ergebnis dieses Systems.

Das Recht auf Asyl ist im deutschen Grundgesetz ebenso verbrieft wie in der europäischen Grundrechtscharta. Wer jedoch in Europa Asyl beantragen will, muss zunächst europäisches Territorium erreichen. Genau das aber ist durch die europäische Politik beinahe unmöglich geworden. Die EU-Staaten haben an ihren Rändern Zäune errichtet und Soldaten an ihre Grenzen entsandt, um Flüchtlinge fernzuhalten. Für Schutzsuchende, egal ob aus Syrien oder Afghanistan, existieren keine legalen, sicheren Wege nach Europa. Flüchtlinge sind gezwungen, als «illegale» Migranten in die EU einzureisen – meist auf den Booten und in den Lastwagen von Schmugglern.

Seit dem Jahr 2000 sind mindestens 30 000 Menschen auf der Flucht nach Europa ums Leben gekommen. Sie sind im Mittelmeer ertrunken, an den Grenzzäunen in Melilla und Ceuta, beides spanische Enklaven auf marokkanischem Boden, verblutet, in den Bergen zwischen Ungarn und der Ukraine erfroren. An den Außengrenzen ist ein darwinistisches System entstanden: Nur wer genügend Geld hat, um Schlepper zu bezahlen, wer zäh genug ist, immer wieder gegen die Zäune aus Stahl und Stacheldraht anzulaufen, hat überhaupt eine Chance auf Asyl in Europa.

Die EU-Staaten beschließen nach der Katastrophe vom 19. April einen Militäreinsatz gegen Schmuggler. Kriegsschiffe sollen künftig die Boote der Schlepper im Mittelmeer aufspüren und notfalls zerstören. Der Plan ist nicht neu. Bereits nach dem Bootsunglück vor Lampedusa 2013 diskutierten Europas Politiker über eine Militäroperation. Das Vorhaben wurde damals verworfen. Das Auswärtige Amt meldete Zweifel an. Mit der Verfolgung von Schleppern auf See würden «nur die Symptome bekämpft», mahnte das Ministerium in Berlin. Die allermeisten Experten sind sich einig: Wer das Geschäft der Schmuggler ernsthaft eindämmen und das Massensterben an den EU-Grenzen verhindern will, der muss legale Fluchtwege nach und innerhalb Europas schaffen. Das Flüchtlingshilfswerk der Vereinten Nationen (UNHCR), Menschenrechtsorganisationen wie Amnesty International und Human Rights Watch haben aufgezeigt, wie das gehen könnte.

Deutschland und andere EU-Staaten müssten verstärkt in das Resettlement-Programm der Vereinten Nationen investieren. Das UNHCR vermittelt seit Jahren Flüchtlinge aus akuten Krisengebieten und aus Transitstaaten für eine begrenzte Zeit ohne bürokratisches Asylverfahren in sichere Staaten. Die Organisation sucht gegenwärtig Resettlement-Plätze für mehrere hunderttausend Flüchtlinge. Europa könnte zudem das sogenannte Botschaftsasyl einführen. Flüchtlinge

Maximilian Popp

könnten danach künftig in den Auslandsvertretungen der EU-Mitgliedsstaaten ein Schutzgesuch stellen. Ihnen bliebe auf diese Weise der mörderische Weg über die Grenzen erspart. Zudem könnte die Visumspflicht für Bürger aus Krisenstaaten wie Syrien oder Eritrea vorübergehend aufgehoben werden. Asylsuchende könnten dann an den Grenzkontrollposten um Einlass bitten, ohne von Polizisten pauschal abgewiesen zu werden. Für Menschen, die vor Armut und nicht vorrangig vor politischer Verfolgung fliehen, müssten Möglichkeiten der Arbeitsmigration geschaffen werden – etwa durch eine Greencard für Einwanderer aus ärmeren Ländern.

In der Debatte nach dem 19. April spielen diese Vorschläge kaum eine Rolle. Die EU-Staaten wollen ihr Migrationsregime nicht lockern. Die Angst vor einem Anstieg der Asylbewerber ist noch immer größer als die Sorge um die Menschen an den Grenzen.

Freital, 22. Juni 2015

Daniel Ziller aus Waldenburg in Sachsen schreibt unter Klarnamen auf Facebook: «Niemand faßt meine Kinder an. Und gleich gar nicht so ein verdammtes Asylantenvieh. HE DU SCHMAROTZER ... bin nächsten Sonntag in Freital ... ich Krieg dich du abartiges Drecksvieh!!!! Wenn die Polizei nicht handelt, handel ICH. Ich erwischt dich Du Dreckvieh.» Reno Rössler aus dem Erzgebirge droht ebenfalls auf Facebook: «Weil das verschissne judenpack und moslemgematsche uns immer mehr vereinnahmt ... wir sind die ... die keine Zukunft mehr haben in unserem Land ... drum ran ans Gewehr Kameraden oder was euch auch für ne Waffe in die Hände kommt ... nutzt sie und wehrt euch ... wir müssen die Maden auslöschen!!!!!!» Und Nicole Walbert fordert: «Laut Medien sollen Flüchtlinge in Buchenwald untergebracht werden ... Muss nur das Gas wieder aufgedreht werden.»

Das Blog «Perlen aus Freital» hat diese und ähnliche Posts über Monate hinweg gesammelt. Die Seite dokumentiert die digitale Hetze gegen Flüchtlinge. Doch der Hass bleibt nicht nur auf das Netz beschränkt. Die Bürger von Freital, eine Kleinstadt in Sachsen, tragen den Protest auch auf die Straße. Am 22. Juni versammeln sich hunderte Demonstranten vor einer Asylunterkunft in Freital. Sie skandieren: «Ausländer raus!» Und: «Lügenpresse! Lügenpresse!»

Freital entwickelt sich zu einer Chiffre für Rassismus und Menschenfeindlichkeit. In den Wochen und Monaten danach werden noch weitere Städtenamen hinzukommen: Heidenau, Meißen, Köln. Ein Bild kehrt 2015 zurück, das bereits überwunden schien: das Bild des hässlichen Deutschen.

Das Bundeskriminalamt vermeldet für die ersten drei Quartale dieses Jahres 461 rechtsextreme Angriffe gegen Asylunterkünfte – mehr als doppelt so viele wie im gesamten Jahr zuvor. Die Dunkelziffer dürfte noch höher liegen, da viele Flüchtlinge davor zurückschrecken, Vorfälle bei der Polizei zu melden. Experten wie Andreas Zick, Leiter des Instituts für interdisziplinäre Gewalt- und Konfliktforschung an der Universität Bielefeld, warnen vor einer neuen Qualität rechter Gewalt. «Die Politik meint, rechte Agitatoren würden sich auf Reden und Internet-Hetze beschränken. Doch der radikale Rechtspopulismus drängt zur Tat. Wir müssen die rassistische Gewalt in Deutschland als das benennen, was sie ist: eine Form des Terrors», sagt Zick.

Zum Zentrum der Asylfeinde entwickelt sich Sachsen. Der Freistaat war bereits in den vergangenen Jahren immer wieder Schauplatz rechtsextremer Umtriebe. Die neonazistische Terrorzelle «Nationalsozialistischer Untergrund» (NSU) fand in Zwickau über Jahre hinweg Unterschlupf und Unterstützer. Die NPD zog wiederholt in den sächsischen Landtag ein. Im Winter gingen jeden Montag bis zu 20 000 Anhänger der Pegida-Bewegung gegen Muslime und Flüchtlinge auf die Straße.

In Sachsen offenbart sich das gesamte Spektrum des deutschen Neonationalismus: Neonazi-Kader, NPD-Funktionäre, Pegida-Aktivisten, Alltagsrassisten. Die sächsische Landesregierung lässt die rechtsextremen Umtriebe zunächst laufen. Erst nach langem Zögern kann sich Ministerpräsident Stanislaw Tillich (CDU) im Dresdner Landtag zu einer Verurteilung der rassistischen Exzesse überwinden.

Maximilian Popp

Seine Partei versuchte zuvor wiederholt, die aufgeheizte Stimmung politisch auszunutzen, statt sich der Hetze entgegenzustellen. So kündigte Innenminister Markus Ulbig auf dem Höhepunkt der Pegida-Proteste an, Polizei-Sondereinheiten gegen straffällige Asylbewerber einzusetzen.

Der Populismus der Parteien ist ein Spiel mit dem Feuer: Er kann wie in Sachsen schnell dazu führen, dass rassistische Propaganda hoffähig wird. Noch haben Polizei und Verfassungsschutz keine Belege dafür, dass sich die Brandstifter und Hetzer bundesweit vernetzen. Noch gehen die Ermittler davon aus, dass Einzeltäter und Kleinstgruppen Straftaten gegen Flüchtlingsunterkünfte begehen. Doch die Grenzen zum Terrorismus verschwimmen.

Die Anti-Asyl-Agitatoren wollen Angst verbreiten, Unruhe stiften und den Zuzug von Flüchtlingen aufhalten. In ihrer Propaganda vermischt sich Wohlstandschauvinismus mit Ressentiments gegen Roma und Muslime. Asylbewerbern wird eine Nähe zu radikalislamistischen Organisationen wie dem Islamischen Staat unterstellt, dabei sind etliche Schutzsuchende gerade vor diesen Gruppen geflohen.

Der Rassismus ist längst nicht auf das Neonazi-Milieu begrenzt, auf Plattenbau-Siedlungen oder Menschen mit niedrigem Bildungsgrad. Ressentiments gegen Flüchtlinge sind auch im Bürgertum weit verbreitet, unter Reichen und Sehr-Reichen. Die wenigsten Asylfeinde haben je Kontakt zu Flüchtlingen. Sie wissen wenig über das Schicksal der Schutzsuchenden, über deren oft lebensgefährliche Odyssee nach Deutschland. Die Ahnungslosigkeit erleichtert Ressentiments und die Dämonisierung einer Gruppe, die als bedrohlich konstruiert wird.

Politiker fordern nach den Ereignissen in Freital von den Menschen in Deutschland Solidarität mit den Geflüchteten. Sie selbst aber sind oft beteiligt an der Schaffung rassistischer Feindbilder, die Schutzsuchende als «Schmarotzer» darstellen oder als «Verbrecher». Bayerns Ministerpräsident Horst Seehofer warnt vor einem angeblichen «massenhaften Asylmissbrauch» durch Flüchtlinge vom Balkan. Bundesinnenminister Thomas de Maizière unterstellt Asylbewerbern, sie würden sich nicht an die Regeln in Deutschland halten.

München, 1. September 2015

Der Starnberger Flügel am Münchner Hauptbahnhof ist ein unwirtlicher Ort: eine karge Halle, kalte Fliesen, dämmriges Licht. Für gewöhnlich fahren zwischen den Gleisen 26 und 36 Regionalzüge ein – aus Rosenheim und Garmisch. Nun aber drängen sich mehr als hundert Münchner in und vor dem Gebäude. Sie halten Teddys in der Hand und Plakate mit der Aufschrift «Refugees welcome».

Mehrere tausend Flüchtlinge kommen alleine in den ersten Septembertagen in München an. Die meisten von ihnen haben eine beschwerliche Reise über die Türkei, Griechenland, den Balkan und Österreich hinter sich. Als die Migranten in München aus dem Zug steigen, applaudieren die Münchner, sie drücken den Neuankömmlingen Klamotten und Essenspakete in die Hand. Ein Mann stimmt «Freude schöner Götterfunken» an. Münchens Oberbürgermeister sagt, er sei «stolz auf die vielen freiwilligen Helfer».

Die Berichte über rechtsextreme Angriffe auf Asylunterkünfte beschämten die Republik. Nun, wenige Wochen später, gehen die Bilder der Helfer aus München um die Welt. Nach «Kindergarten» und «Blitzkrieg» könnte ein neues deutsches Wort in den angelsächsischen Sprachgebrauch einfließen, schreibt der *Guardian*: «Willkommenskultur».

Denn München steht beispielhaft für eine Bürgerbewegung, die sich längst über das ganze Land erstreckt. Von Passau bis Kiel, Leipzig bis Saarbrücken treten Zehntausende Menschen für Flüchtlinge ein. Schüler, Studenten, Arbeiter, Rentner, Antifa-Aktivisten, CSU-Wähler.

Die Helfer, viele von ihnen selbst Kinder oder Enkelkinder von Migranten, verkörpern ein anderes Deutschland: pluralistisch, solidarisch, empathisch. Sie packen an, statt zu meckern, helfen, statt zu hetzen. Die Ehrenamtlichen sind oft unsichtbar, weniger laut als die Hetzer und Brandstifter. Aber sie sind effektiv – und sie sind viele.

Laut einer Umfrage der Humboldt-Universität Berlin und der Universität Oxford vermelden Flüchtlingsorganisationen einen Mitgliederzuwachs um bis zu 70 Prozent. Die Ehrenamtlichen sind über-

Maximilian Popp

durchschnittlich gut gebildet, fast neun von zehn Studienteilnehmern haben Abitur oder Fachhochschulreife, mehr als ein Drittel investiert über fünf Stunden in der Woche für Asylbewerber.

Die Aktivisten retten Flüchtlinge, die auf der Reise nach Deutschland in Lebensgefahr geraten. Sie schützen Asylbewerber vor den Angriffen durch Rassisten, helfen bei der Suche nach einer Wohnung oder einem Job, leisten medizinische Versorgung.

In Hanau, Hessen, etwa betreiben Freiwillige ein sogenanntes «Alarm Phone», eine Art Notrufzentrale für Schutzsuchende. Die Aktivisten nehmen Hilferufe von Flüchtlingen entgegen, die auf der Odyssee nach Europa in Seenot geraten. Hundert Menschen engagieren sich inzwischen für das Projekt. Die Aktivisten haben die Alarm-Phone-Nummer im Internet veröffentlicht und in Flüchtlingslagern am Mittelmeer verbreitet. Beinahe jeden Tag rufen Schutzsuchende an. Die Helfer fragen auf Englisch oder Französisch nach den Koordinaten. Sie alarmieren die Küstenwachen in Spanien, Italien, Griechenland. Sie fordern die Beamten auf, den Menschen in Not zu helfen, drängen, haken nach.

Manja Richter, 32, Sozialarbeiterin an einer Realschule in Bautzen, Sachsen, hat die Initiative «Bautzen bleibt bunt» gegründet. Sie bietet, gemeinsam mit anderen Freiwilligen, Flüchtlingen Deutschkurse an, organisiert «Willkommensfeste». «Die Flüchtlinge sollen das Gefühl haben, dass sie in Bautzen erwünscht sind», sagt Richter, «dass die Rechten nicht für die Mehrheit der Menschen in der Stadt sprechen.»

Die Zivilgesellschaft gleicht aus, was der Staat bei der Integration der Neuankömmlinge versäumt. Vielerorts wäre das System ohne das Zutun der Freiwilligen längst zusammengebrochen. Die Helfer, so scheint es, treiben die Politik auch an.

Am Abend des 4. September beschließt Kanzlerin Merkel, Flüchtlinge aus Ungarn in Sonderzügen nach Deutschland zu holen. Die Situation für Schutzsuchende in Ungarn hatte sich in den Stunden und Tagen zuvor immer weiter verschlechtert. Von Budapest aus machten sich mehr als 2000 Gestrandete zu Fuß auf den Weg nach Österreich, sie liefen auf einer Autobahn, neben ihnen rasten Autos vorbei.

Auf einer Pressekonferenz in Berlin sagt Angela Merkel, sie sei «stolz» auf die Humanität des Grundgesetzes, «stolz» auch auf die vielen Bürger, die helfen. «Die Welt sieht Deutschland als ein Land der Hoffnung und der Chancen.» Wer verfolgt werde, wer vor einem Bürgerkrieg fliehe, der sei willkommen. Die Bewältigung der Flüchtlingskrise sei nicht einfach, aber: «Wir schaffen das.»

Die Entscheidung der Kanzlerin, die Grenzen für Flüchtlinge aus Ungarn vorübergehend zu öffnen, bringt Deutschland weltweit viel Lob ein, aber sorgt für Unruhe in der Union. Insbesondere Horst Seehofer greift Merkel an. Der bayerische Ministerpräsident behauptet, die Kanzlerin habe sich im Alleingang «für die Vision eines anderen Deutschlands entschieden». Auf Druck Bayerns werden wenige Tage später Kontrollen an der Grenze zu Österreich eingeführt.

Angela Merkel verteidigt ihre Flüchtlingspolitik beharrlich gegen Widerstand aus der eigenen Partei. Bei einem gemeinsamen Auftritt mit Österreichs Kanzler Werner Faymann in Berlin sagt sie: «Ich muss ganz ehrlich sagen, wenn wir jetzt anfangen, uns noch entschuldigen zu müssen dafür, dass wir in Notsituationen ein freundliches Gesicht zeigen, dann ist das nicht mein Land.»

Berlin, 19. Oktober 2015

Deutschland? Ibrahim, 30, Flüchtling aus Syrien, lächelt müde. «Das hier ist nicht Deutschland. Das hier ist ein Krisengebiet.» Er watet in der Dämmerung durch den Schlamm vor dem Landesamt für Gesundheit und Soziales (Lageso) im Berliner Stadtteil Moabit. Auch an diesem Morgen drängen sich wieder Hunderte Flüchtlinge vor dem Eingang zu der Behörde. Ein Mann mit Krückstock verliert den Halt und fällt zu Boden. «Weg hier!», brüllen die Wachleute hinter dem Gitter. Ibrahim schüttelt den Kopf. «Die Menschen hier werden wie Vieh behandelt», sagt er.

Zu dem optimistischen «Wir schaffen das» der Kanzlerin mischen sich im Herbst Zweifel: Vielerorts scheinen die Verwaltungen mit der

Maximilian Popp

hohen Zahl an Flüchtlingen überfordert. Insbesondere das Lageso in Berlin verwandelt sich zu einem Sinnbild für Planungschaos und Elend.

Flüchtlinge wie Ibrahim warten zum Teil Wochen auf die Registrierung. Sie wissen nicht, wann sie zu Sachbearbeitern durchgelassen werden. Sie wissen nur, dass sie bereit sein müssen, wenn die Nummer, die ihnen zugewiesen wurde, auf der Anzeigetafel vor dem Lageso erscheint. Frauen, Kinder und Kranke harren jeden Tag aufs Neue in der Kälte vor dem Amt aus. Sie frieren, sie hungern.

Ibrahims Vater ist Ingenieur, seine Mutter Hochschulprofessorin. Er selbst hat in einer Bank in der syrischen Küstenstadt Latakia gearbeitet. Die Eltern und die beiden Schwestern sind noch in Syrien. Ibrahim aber ist über die Türkei nach Europa geflohen. Er hat die Ägäis im Schlauchboot eines Schleppers überquert und die Grenzzäune auf dem Balkan überwunden. Nun hängt er ausgerechnet in Berlin-Moabit fest. «Es ist frustrierend. Ich will arbeiten. Ich will mir in Deutschland ein neues Leben aufbauen. Aber hier geht einfach nichts voran», sagt er.

Zwar hat die Stadt Berlin inzwischen eine Zweigstelle im Bezirk Wilmersdorf eröffnet. Die Einrichtung soll das Lageso in Moabit entlasten. Doch für Schutzsuchende wie Ibrahim hat sich die Situation nicht verbessert. «Die Stadt hat ein Zwei-Klassen-System erschaffen», kritisiert Christiane Beckmann, Mitgründerin der Initiative «Moabit hilf», die sich für Flüchtlinge in Berlin einsetzt.

Neuankömmlinge erhalten in einem Zelt vor dem Lageso ein graues Armband und werden nach Wilmersdorf gekarrt. Dort sollen ihre Anträge schnell bearbeitet werden. Wer jedoch, wie Ibrahim, bereits eine Nummer zugeteilt bekommen hat, muss weiter im Schlamm vor dem Lageso warten. Helfer schätzen, dass bislang bis zu 5000 Altfälle unbearbeitet geblieben sind.

Deutschland hat das Schicksal der Flüchtlinge lange Zeit ignoriert. Flüchtlinge waren die Angelegenheit anderer: der Italiener, der Griechen, der Türken. Die Abschottung der EU-Außengrenzen und die sogenannte Dublin-Verordnung, die Schutzsuchenden vorschreibt, in jenem europäischen Land zu bleiben, welches sie zuerst betreten, haben dazu geführt, dass lange Zeit kaum Migranten nach Deutschland kamen. Die Bundesregierung konnte einerseits das Asylrecht hochleben lassen und musste gleichzeitig so gut wie keine Flüchtlinge versorgen. 2007 stellten gerade einmal 19 000 Menschen einen Asylantrag.

Dieser Selbstbetrug funktioniert 2015 nicht mehr. Die Kriege im Irak und in Syrien, die Krisen in Eritrea und in Libyen haben die Situation grundlegend verändert: Die Not der Menschen ist so groß, dass keine noch so restriktive Asylpolitik ihre Migration verhindern kann.

Noch im Frühjahr ging das Bundesinnenministerium offiziell von 300 000 Asylanträgen für 2015 aus. Wenige Monate später korrigierte Ressortchef Thomas de Maizière seine Prognose auf 800 000. Der Innenminister rechtfertigte die Neueinschätzung mit der hohen Kluft zwischen Flüchtlingen, die sich zuletzt über das Erfassungssystem «Easy» in Deutschland registrierten, und jenen, die tatsächlich einen Asylantrag stellten.

Die Diskrepanz bestand jedoch bereits seit Herbst 2014. Vergangenen September etwa stellten 46 Prozent der über «Easy» registrierten Flüchtlinge einen Asylantrag. Im Februar 2015 waren es ebenfalls nur etwas mehr als die Hälfte. Mehrere Bundesländer, darunter Hessen und Nordrhein-Westfalen, hatten die Bundesregierung bereits im März zu einer Anhebung der Prognose aufgefordert. Innenminister de Maizière hatte dies abgelehnt. «Die Koalition hat viel zu spät auf die Kluft zwischen registrierten Asylsuchenden und Antragszahlen reagiert», kritisiert Ulla Jelpke, innenpolitische Sprecherin der Linken.

Nun versucht die Bundesregierung, im Eilverfahren nachzuholen, was sie in den vergangenen Jahren versäumt hat: eine Neufassung des deutschen und europäischen Asylsystems.

Kanzlerin Merkel setzt sich dafür ein, dass die Dublin-Verordnung durch ein europaweites Verteilsystem ersetzt wird. Doch etliche EU-Mitgliedsstaaten, vor allem im Osten Europas, sperren sich gegen eine sogenannte Flüchtlingsquote. Europa erlebt in der Asylpolitik eine Renationalisierung. Die Staaten haben vor allem ihre eigenen Interessen im Blick. Auf dem Balkan gehen Polizisten mit Wasserwerfern

Maximilian Popp

und Pfefferspray gegen Migranten vor. Österreich hat den Zugverkehr nach Deutschland teilweise ausgesetzt. Selbst Grundfesten des europäischen Hauses, wie etwa das Schengen-System, also die Reisefreiheit in Europa, geraten ins Wanken.

Luxemburgs Ministerpräsident Xavier Bette klagte nach einem der vielen Krisengipfel in Brüssel: «Ich verstehe, dass eine Einwanderungspolitik nicht unbedingt populär ist und man dies dem Publikum zu Hause erklären muss. Aber wenn wir am Ende im Rat über menschliche Schicksale abstimmen müssen, dann schäme ich mich. Wenn der Ratspräsident mit dem Taschenrechner ausrechnen muss, ob überhaupt eine Mehrheit für Solidarität mit den Flüchtlingen zusammenkommt, dann schäme ich mich.»

Auch im Inland schlingert die Bundesregierung in der Flüchtlingspolitik. Zwar beschwört Kanzlerin Merkel Offenheit im Umgang mit Flüchtlingen, gleichzeitig beschließt ihre Regierung weitreichende Asylrechtsverschärfungen. Bereits im Juli hatte sich die Koalition auf ein Gesetz geeinigt, das die Inhaftierung von Migranten, die über einen EU-Staat nach Deutschland einreisen, vorsieht. Im Oktober wird die Bestimmung durch weitere Schikanen ergänzt. Flüchtlinge können nun bis zu einem halben Jahr in Erstaufnahmeeinrichtungen festgehalten werden. Die finanzielle Unterstützung, die Asylbewerbern ein Mindestmaß an Autonomie gewährt, wird zum Teil durch Sachleistungen ersetzt.

«Die Bürger haben in den vergangenen Wochen und Monaten eine eindeutige Botschaft ausgesandt: Wir können Flüchtlinge aufnehmen. Wir sind solidarisch», bilanziert die Berliner Migrationsforscherin Naika Foroutan das Jahr 2015. «Diese tendenzielle Offenheit wird von der Politik nicht aufgenommen.»

Bahman Nirumand

VOM LEBEN IM EXIL
Über den Schmerz, die Heimat
verlassen zu müssen

Das unsichtbare Netz um mich war fast körperlich spürbar. Es war keine Einbildung, auch nicht die Angst, die ein Regime verbreitet, um seine Macht zu behaupten. Die drohende Gewalt war ganz real. Täglich wurden im staatlichen Rundfunk, der inzwischen zu einem Privatsender der neuen Machthaber geworden war, nach den Mittagsnachrichten Namen von Hingerichteten verlesen. Mal waren es 140, mal 160, an manchen Tagen über 200 Namen, darunter auch die einiger meiner Freunde oder Weggefährten, mit denen ich seit Jahren zusammenarbeitete. Wie ein Blitz schlug es jedes Mal durch meinen ganzen Körper, wenn ich ihre Namen hörte. Dass ich noch lebte, war nur eine Fügung des Schicksals.

Es war nicht allein die Angst vor dem Tod, die mich in den Untergrund getrieben hatte. Ich fürchtete mich viel mehr vor den Qualen der Folter, der Erniedrigung, des Verrats. Wenn du in die Fänge der Schergen gerätst, wirst du zunächst Verhören ausgesetzt, mit denen sie deinen Widerstand, deine Persönlichkeit zu brechen versuchen. Das ist das Schlimmste, was einem Menschen widerfahren kann, erzählten mir ehemalige Gefangene. Und wenn du innerlich zusammengebrochen bist und keine Kraft mehr zum Widerstand hast, beginnt der Verrat. Du gibst Namen und Geheimnisse preis und lieferst damit deine Freunde den Folterern aus.

Das Leben im Untergrund war nicht unproblematisch. Zwar konnte man sich tagsüber in der damals acht Millionen Einwohner zählenden Stadt Teheran ohne allzu hohes Risiko auf die Straße wagen, aber für die Nacht brauchte man ein sicheres Versteck. Seit gut einem Jahr herrschte Krieg gegen den irakischen Nachbarn. Die irakische Luftwaffe war bis in die Hauptstadt vorgedrungen. Das Land befand sich im Ausnahmezustand; und den nahm die Staatsmacht auch zum Vorwand, um die Opposition zu liquidieren. Kritiker wurden zu Staatsfeinden, Kollaborateuren und Agenten ausländischer Geheimdienste erklärt und von Revolutionsgerichten zu Gefängnisstrafen oder zum Tode verurteilt. Der neue Herrscher, der Gottesmann Ayatollah Chomeini, hatte den «Heiligen Krieg» ausgerufen und die rund 70 Millionen Einwohner des Landes aufgefordert, sich als Spitzel zu betätigen. Jeder sollte auf ungewöhnliche Vorgänge bei den Nachbarn achten, besonders auf unbekannte Personen, die bei den Nachbarn aus und ein gingen oder sich dort nachts aufhielten. Das Vaterland und, noch wichtiger, der Islam seien in Gefahr. Selbst Eltern hätten die religiöse Pflicht, ihre Söhne und Töchter, die mit staatsfeindlichen (oppositionellen) Gruppen zusammenarbeiteten, bei den Sicherheitsdiensten zu melden. Eine Mutter, die angeblich ihren Sohn verraten und sogar die Todesstrafe für ihn gefordert hatte, wurde von Chomeini als Vorbild ausgezeichnet.

Ich gehörte dem fünfköpfigen Vorstand einer großen oppositionellen Organisation an, die das Ziel hatte, den Weg von Mohammad Mossadegh fortzusetzen, dem einzigen demokratischen Ministerpräsidenten in der jüngsten Geschichte Irans. Mossadegh hatte Anfang der 1950er Jahre die Ölindustrie nationalisiert, die sich bis dahin unter der Herrschaft der Briten befand, und einen Demokratisierungsprozess in Gang gesetzt. Doch er wurde durch einen von den USA und den Briten organisierten Putsch gestürzt. Eigentlich stand nach der nun gestürzten Schah-Diktatur, die 25 Jahre lang vom Westen, allen voran von den USA, unterstützt wurde, die Demokratisierung des Landes auf der Tagesordnung der Geschichte. Doch Ayatollah Chomeini und seine Weggefährten hatten ein anderes Ziel: die Gründung eines islamischen Staats.

Das Netz zog sich allmählich zu; die Gefahr, in die Fänge der Henker zu geraten, wuchs mit jedem Tag. Dennoch wehrte ich jeden Gedanken an eine Flucht ab. Ich kannte das Leben im Exil, hatte während der Schah-Diktatur jahrelang in Deutschland gelebt und die quälende Sehnsucht nach der Heimat ertragen. Wie glücklich war ich in den ersten Monaten nach der Rückkehr. Ich konnte es kaum glauben, mich auf den Straßen Teherans frei bewegen zu können. Es war der Frühling der Freiheit, der bald in Terror und Unterdrückung endete.

Meine Freunde und Verwandten drängten mich, das Land zu verlassen. Du willst doch nicht Selbstmord begehen, sagten sie. Ich kämpfte mit mir. Natürlich ist die Gefahr groß, aber wenn alle, die Widerstand leisten, das Land verlassen, wird sich die Lage nie ändern, dachte ich. Es gibt Abertausende, die genauso wie ich oder noch mehr als ich bedroht sind, aber den Widerstand nicht aufgeben wollen oder nicht die Mittel haben, sich ins Ausland zu begeben. Wie könnte ich ruhigen Gewissens meine eigene Haut retten?

Diese innere Auseinandersetzung ging über Wochen. Allmählich machte ich mich mit dem Gedanken an die Flucht vertraut. Ich schloss mich einer Gruppe von fünf Freunden an, einem Enkel von Mossadegh, einem ehemaligen Staatssekretär im Landwirtschaftsministerium, einem politischen Aktivisten und einem ehemaligen politischen Gefangenen, der zu einer Legende geworden war, weil er in den Kerkern des Schah-Regimes mit seinem Widerstand gegen die Folterer unter den Gefangenen zum Vorbild wurde. Als im Zuge der Revolution die Tore des berüchtigten Teheraner Evin-Gefängnisses aufgebrochen und die Gefangenen befreit wurden, war Schokrollah Paknejad – er wurde Schokri gerufen jahrelang – bis zum Campus der Universität auf Händen getragen worden. Jetzt wurde er von den neuen Machthabern verfolgt, die übrigens zum Teil seine ehemaligen Mithäftlinge gewesen waren.

Es war alles andere als einfach, die Flucht zu organisieren. Es mussten Pässe und Devisen besorgt, die Route festgelegt und Schlepper gefunden werden. Bei jeder Schwierigkeit, die auftauchte, wollte ich den Plan aufgeben. Flucht war für mich ein grausames Wort, das durch Mark und Bein ging. Wir entschieden uns für die Route über Pakistan. Aus Sicherheitsgründen beschlossen wir, bis zur Grenzstadt Sahedan zu zweit beziehungsweise allein zu fahren und uns dort mit den Schleppern zu treffen. Am Tag vor der Abreise wurden uns die Pässe und Devisen gebracht, die Freunde für uns besorgt hatten. Auch Schokris Pass wurde mir übergeben. Er wollte ihn bei mir abholen, doch er kam nicht. Es stellte sich heraus, dass er auf dem Weg zu mir festgenommen worden war. Es war klar, dass er so rasch nicht freikommen würde. Zudem bestand nun die Gefahr, dass man ihn durch Folter zur Preisgabe von Informationen zwang, auch über uns. Daher mussten wir jetzt so rasch wie möglich weg. Wenige Tage später erreichte uns die Nachricht von seiner Hinrichtung.

Die Straße nach Sahedan verläuft am Saum der großen Salzwüste Lut. In der Nacht mutet die Gegend geradezu metaphysisch an. Am Himmel Millionen Sterne, die man glaubt mit Händen greifen zu können. Einsamkeit, als schwebe man ganz allein im unendlichen Universum. Doch am Tag, wenn die Sonne ihr grelles Licht auf die Ortschaften wirft und die Menschen darin, kommt die Realität, die unbeschreibliche Armut, zum Vorschein. Über weite Strecken gab es buchstäblich nichts, was wir uns hätten zum Essen kaufen können.

In Sahedan trafen wir an einem geheimen Ort die Schlepper, die keinen besonders vertrauenswürdigen Eindruck machten. Offensichtlich hatte es eine Auseinandersetzung zwischen ihnen gegeben, deren Grund wir nicht kannten. Sie sprachen Belutschisch, das auch jenseits der Grenze im afghanischen und pakistanischen Belutschistan gebräuchlich ist. Der Streit flackerte wieder auf, und die Auseinandersetzung drohte auszuarten. Es ging, wie sich herausstellte, darum, wer uns über die Grenze bringen sollte. Zum Glück gelang es uns, zu schlichten. Das Los fiel auf einen, der uns am wenigsten für die Aufgabe geeignet schien. Ein hagerer Mann, kleingewachsen mit schütterem Haar und blassem Gesicht. Er war Mitte dreißig, sah aber aus wie fünfzig. Er schien drogensüchtig zu sein.

Am frühen Nachmittag wurden wir mit einem Jeep in die Nähe der Grenze gebracht, zu einem Nomadenzelt auf einem Hügel. Weit und breit war keine Siedlung zu sehen. In dem Zelt befand sich ein alter Mann mit tiefen Falten im Gesicht. Mit Mühe kam er, den Rücken gebeugt, auf uns zu, begrüßte uns mit strahlenden, freundlichen Augen. Er wollte die einzige Ziege, die er besaß, für uns schlachten. Mit großer Mühe hielten wir ihn davon ab. Welche Großzügigkeit, welche Gastfreundschaft, dachte ich. Je zivilisierter die Menschen sind, je mehr sie besitzen, desto mehr verlieren sie diese wunderbaren humanen Eigenschaften.

Unser Schlepper, dem wir nun gänzlich ausgeliefert waren, erläuterte uns, dass wir warten müssten, bis es dunkel werde. Die Grenze werde von patrouillierenden Gendarmen kontrolliert. Wir waren erstaunt. Zwischen Iran und Pakistan gibt es rund 900 Kilometer Grenze, die unmöglich unter vollständiger Kontrolle stehen konnten. Diese Grenze und auch jene zwischen Iran und Afghanistan sind ein Königsweg für Drogenschmuggler. Wir hatten von unserem Schlepper erwartet, dass er die Schleichwege kannte und uns sicher über die Grenze brachte. Es war nun nicht zu ändern, es gab kein Zurück, unser Schicksal lag in der Hand dieses Mannes, den wir erst vor wenigen Stunden kennengelernt hatten.

Der Abend brach an, doch je mehr er fortschritt, desto heller wurde die Landschaft. Der Vollmond schien in zauberhafter Pracht. Dennoch gab der Schlepper das Kommando zum Aufbruch. Es gab keine Straße, keinen Weg, wir marschierten durch die Wüste. Nach einer Weile sagte der Schlepper, den Rest des Weges von etwa fünf Kilometern müssten wir kriechend zurücklegen, sonst bestehe die Gefahr, dass die Grenzbeamten oder die Gendarmen uns sähen oder unsere Schritte hörten. Zum Glück hatten wir kein Gepäck. Jeder von uns hatte nur einen kleinen Rucksack mit dem Allernötigsten gepackt. Dennoch war das Kriechen unerträglich, weil der Boden voller spitzer Kieselsteine war, die die Haut verletzten. Es dauerte mehrere Stunden, bis wir mit blutigen Ellbogen und Knien die Grenze überquerten. Und es war ein Wunder, dass wir nicht entdeckt worden waren. Vermutlich hatten sich die Grenzbeamten in der fortgeschrittenen Nacht schlafen gelegt.

Endlich konnte ich erleichtert eine Zigarette rauchen. Doch schon nach den ersten Zügen wurde ich von einem Gefühl der Trauer über-

Bahman Nirumand

wältigt. Ich hatte meine Heimat verlassen. Es war ein völlig irrationales Gefühl: Die Grenze lag wenige hundert Meter entfernt, es war dieselbe Erde, derselbe Mond, derselbe Himmel. Und dennoch fühlte ich, in einem fremden Land zu sein.

Nun waren wir in Pakistan, aber die Gefahr war längst nicht vorbei. Denn wir waren illegal eingereist, hatten kein Visum und konnten jederzeit erwischt und an den Iran ausgeliefert werden. Der Schlepper brachte uns zu einer großen Baracke, in der wir übernachten sollten. Als er die Tür öffnete, strömte ein beißender Geruch heraus. Etwa fünfzig Männer lagen in dem Raum, vermutlich Lastwagenfahrer, die hier die Nacht verbrachten. Ich wunderte mich, wie sie bei dem lauten Schnarchen schlafen konnten.

Legt euch hin, wo ihr Platz findet, sagte unser Schlepper, der selbst ziemlich mitgenommen aussah. Wir aber wollten auf keinen Fall dort bleiben, weil wir, von den hygienischen und gesundheitlichen Gründen einmal abgesehen, befürchteten, einer von den Männern könnte zufällig einen von uns erkennen und dann gegen Geld die Grenzbeamten auf uns aufmerksam machen. Nach langem Hin und Her fand sich ein Fahrer, der bereit war, uns gegen gutes Geld gleich in der Nacht in seinem kleinen Pritschenwagen mitzunehmen.

Es war bitterkalt, unser Schlepper setzte sich neben den Fahrer, und wir vier nahmen hinten Platz. Die Pritsche hatte keine Plane. Leicht bekleidet, wie wir waren, erstarrten auf der Fahrt unsere Glieder. Nach wenigen Kilometern wurden wir von drei bewaffneten Männern angehalten. Es waren Wegelagerer, die vermutlich wussten, dass wir auf der Flucht waren und uns illegal in Pakistan aufhielten. Sie waren nicht aggressiv, ja ziemlich freundlich sogar. Wir verhandelten mit ihnen, mussten aber am Ende doch zahlen, was sie verlangten. Bis wir in Quetta, der Hauptstadt der Provinz Belutschistan, ankamen, wurden wir mehrmals auf diese Weise angehalten. Unsere Unterkunft oder besser unser Versteck in dieser fast eine Million Einwohner zählenden Stadt war ein Kuhstall. In Quetta sollten, wie unser Schlepper angekündigt hatte, unsere Pässe mit einem Einreisevisum versehen werden. Der Schlepper nahm die Dokumente und verschwand. Wird er auch wirklich zurückkommen?, fragten wir uns. Sicher war das nicht. Die Pässe waren in Zeiten der Massenflucht aus dem Iran viel wert, er hätte sie verkaufen und sich davonmachen können.

Zusammen mit den abgemagerten Kühen in diesem Stall auszuharren, war kaum zu ertragen. Der Stallbesitzer brachte uns etwas zum Essen. Der Tag verging, von dem Schlepper keine Spur. Längst waren wir zum Opfer blutsaugenden Ungeziefers geworden. Am nächsten Tag begannen wir, uns Gedanken zu machen, wie wir uns ohne Pässe aus dieser misslichen Lage herausretten könnten. Am dritten Tag kam der Schlepper schließlich zurück.

In Karatschi rief der Enkel von Mossadegh einen Großunternehmer an, mit dem er befreundet war. Der holte uns mit einem amerikanischen Straßenkreuzer samt livriertem Fahrer ab. Es war uns peinlich, mit unseren zerlumpten, verschmutzten Klamotten in den sauberen, schicken Wagen einzusteigen. Am Stadtrand fuhren wir durch ein vergoldetes Eisentor in einen Park voller exotischer Bäume, Pflanzen und Blumen. Darin standen ein großes Haus – eher ein kleines Schloss – und einige kleinere Villen. Der Hausherr führte uns in eine dieser Villen – ein unbeschreiblicher Luxus: zwei Marmorbäder mit vergoldeten Armaturen, große, vornehm eingerichtete Schlafzimmer und ein im Biedermeierstil möbliertes Wohnzimmer empfingen uns. Ich dachte an den Kuhstall und an den Nomaden mit seiner Ziege.

Nun waren wir unter Privilegierten. Ein Anruf des Freundes beim deutschen Botschafter genügte, und wir bekamen die Einreiseerlaubnis für die Bundesrepublik Deutschland. Auf dem Flug nach Frankfurt hatte ich ein paar Stunden Zeit, um über die Ereignisse der letzten Jahre nachzudenken. Wie glücklich war ich gewesen, als die Revolution begonnen hatte und ich in den Iran zurückkehrte, um den Höhepunkt des Volksaufstands und den Sturz des Schahs mitzuerleben. Das Exil in Deutschland war zu Ende. Das Wiedersehen mit meinen Eltern, meinen Freunden und Verwandten, das Gefühl, kein Fremder mehr zu sein, kein Ausländer, keine Angst mehr vor Ausweisungen zu haben, «meine Stadt», «mein Land» sagen zu können, stimmte mich euphorisch. Ich hatte mir ein neues Leben aufbauen wollen, doch

Bahman Nirumand

bald verwandelten sich Hoffnungen und Utopien in Enttäuschungen und Resignation. Angekommen war ich in einem Land, in dem die Menschen vor Freude auf den Straßen tanzten; als ich es verlassen musste, lag über dem Land ein Schleier von Trauer. Verlassen die Berge im Norden von Teheran, in denen ich so oft gewandert war, die von Kindheit an vertrauten Straßen und Gassen, der Basar, der Kanonenplatz, meine Buchhandlung, in der es nach Altpapier roch, verlassen die Hingerichteten und die Tausende, die in den Gefängnissen gefoltert wurden. Und nun war ich wieder im Exil gelandet. Wie würde ich all dies verarbeiten und überwinden können?

Durch einen Schlauch, den man Finger nennt, kamen wir in den Transitraum. Passkontrolle, ein misstrauischer Blick des Grenzbeamten in meine Augen und auf das Foto im Pass. Dann Fließband, Rolltreppe, Gepäckkontrolle, glänzender Fußboden, saubere Wände, keine Transparente, keine Parolen, nur ordentlich eingerahmte Reklamebilder. Alle sprachen nur leise miteinander. In der S-Bahn bleiche Gesichter mit blonden oder braunen Haaren. Einige lasen Zeitung, andere schauten aus dem Fenster oder starrten auf die Reklametafeln. Selten schaute jemand jemanden an, meistens waren es verstohlene Seitenblicke. Alles verlief diszipliniert und nach Plan, es gab kein Schubsen und kein Drängen. Hier schien alles in Ordnung, eine Ordnung, die selbst uns vier Flüchtlinge zum Schweigen brachte: saubere Straßen, reich und geschmackvoll dekorierte Schaufenster, vollgestopfte Warenhäuser, disziplinierter Verkehr, Verkehrsschilder, Verbotsschilder, Hochhäuser, Lichtreklamen – die glänzende, blitzblank geputzte, bunt geschmückte Fassade einer Gesellschaft, in der mir vieles fremd geworden war.

Ab und zu ging ich zum Bahnhof, um die Abfahrt und Ankunft der Züge zu beobachten. Wenn ein Zug ankam, spuckte er Hunderte von Menschen aus. Alle hatten es eilig, nach wenigen Minuten leerte sich der Bahnhof wieder. Wer von diesen Menschen hat eine Ahnung, was im Iran geschehen ist, wer ahnt schon, was Flucht bedeutet?, fragte ich mich.

Ich fühlte mich irgendwie außerhalb der Gesellschaft, hoffte, dass etwas Unerwartetes geschah, etwas, was für mich einen Wandel brachte. Mein Leben war ein Provisorium. Neugierig schlug ich täglich die Zeitung auf, suchte nach einer neuen Nachricht aus der Heimat. Andere Nachrichten interessierten mich nicht, es war mir gleichgültig, was in der Stadt geschah, in der ich gerade zufällig wohnte. Die Diskussion um den Bau einer neuen Straße, eines Schwimmbads, die Einführung neuer Gesetze und Bestimmungen waren für mich belanglos, sie waren Randerscheinungen, die mein Leben nicht berührten. Mein Verhältnis zur Kunst, Literatur, Musik änderte sich. Die ständige innere Unruhe, die Ungewissheit meiner Zukunft raubten mir die Fähigkeit, mich zu konzentrieren, einer Sache zu widmen. Wenn ich auch die Ereignisse intellektuell begriff und sie nachvollziehen konnte, so gelang es mir doch nicht, mich als Teil des Geschehens zu fühlen. Ich stand am Rand, an einem Abgrund, und hatte ständig das Gefühl, hinabzustürzen in ein tiefes Tal.

Worauf ich hoffte, waren Ereignisse von historischer Tragweite, die nicht dort stattfanden, wo ich mich aufhielt, sondern in einem anderen Teil der Erde. Als politischer Flüchtling hatte ich, nun in einem demokratischen Land lebend, zwar weniger Angst vor Verfolgung, ich konnte mich frei bewegen, meine Meinung äußern, Kritik üben, protestieren. Aber es ging mir wie dem Vogel im Käfig, der sich jahrelang danach sehnt, frei fliegen zu können. Irgendwann wird der Käfig geöffnet, doch der Vogel hat inzwischen seine Flügel verloren.

Es plagte mich die Sehnsucht nach Rückkehr. Um die Hoffnung nicht zu verlieren, wieder in der Heimat leben zu können, versuchte ich bewusst, aber auch unbewusst, alles zu vermeiden, was auf Beständigkeit des Exillebens deutete. Ich wusste, dass jede Bindung in der Fremde, jede lieb gewordene Gewohnheit meine Hoffnung auf Rückkehr schmälern würde. Ich fühlte mich wie ein Gefangener, der täglich auf Freilassung hofft. Der einzige Gegenstand, der mir teuer war und den ich wie einen Augapfel hütete, war mein Reisepass.

Bahman Nirumand

Seitdem sind Jahre vergangen. Die Normalität machte das Exilleben alltäglich. Mein innerer Widerstand, mich auf die neue Lebenslage einzulassen, ließ allmählich nach. Ich begann, mich geistig und kulturell, aber auch emotional mit der neuen Umwelt auseinanderzusetzen, übte Kritik und Selbstkritik und machte die wunderbare Entdeckung, dass diese Auseinandersetzung mir die Chance verlieh, meine eigene Kultur kritisch zu betrachten, ihre Vorzüge, aber auch ihre negativen Seiten kennenzulernen. In mir fand ein permanenter Kulturaustausch, ja ein regelrechter Kulturkampf statt. Mein Verhältnis zu lieb gewordenen Gewohnheiten, zu Sitten und Gebräuchen änderte sich. Die Distanz zu der eigenen Kultur und die Begegnung mit der fremden Welt relativierten meine kulturellen, religiösen und auch durch die Tradition geprägten Wertvorstellungen.

Ich frage mich, ob das, was ich neu erkannt und gewonnen habe, das Verlorene ersetzen, ob das Fremde heimisch und vertraut und das Vertraute fremd werden könnte. Sicher ist, dass ich vieles, was mir hier zur Gewohnheit geworden ist, nicht vermissen möchte, allem voran die Freiheit, zu denken, zu sagen, zu schreiben und zu lesen, was ich möchte, zu reisen, wohin ich möchte, mein Leben zu gestalten, wie ich möchte. All dies und vieles mehr ist in meiner Heimat nicht erlaubt. Dennoch spüre ich eine tiefe Sehnsucht, wohl wissend, dass jene Heimat, die ich vor langen Jahren verlassen habe, nicht mehr existiert. Auch das gehört zu den schmerzhaften Erkenntnissen des Lebens im Exil. Mit jedem Jahr wird der Abstand zwischen den Erinnerungen und der Realität größer.

Wenn ich Jugendlichen aus dem Iran begegne, kommt es mir vor, als kämen sie aus einem mir völlig unbekannten Land. Ihre Vorstellung vom Leben, ihre Ideale und Umgangsformen, ja selbst ihre Sprache ist mir oft fremd. Und wenn sie mir von meiner Geburtsstadt Teheran erzählen oder mir Fotos von den neugebauten Straßen, Hochhäusern, Grünanlagen zeigen, stelle ich fest, dass jene Stadt, in der ich aufgewachsen bin und die ich so sehr liebte, nicht mehr existiert.

Auch die Lebensauffassung der jungen Leute, ihre gesellschaftlichen und privaten Ziele, gleichen eher denen der hiesigen Jugend als meinen. In den letzten Jahrzehnten sind sich Menschen unterschiedlicher Herkunft sehr viel nähergekommen. Vielleicht wird der Begriff Heimat für die nächsten Generationen seine Bedeutung verlieren. Vielleicht ist die Sehnsucht, die ich unvermindert spüre, unzeitgemäß. Ich schließe die Augen, wandere in den Bergen im Norden von Teheran mit ihrem fünftausend Meter hohen Gipfel Damāvand, nassgeschwitzt tauche ich das Gesicht in das kalte Wasser eines Brunnens, setze mich auf einen hohen Felsen und betrachte das Treiben der Menschen in der Stadt.

Fluchtursachen

Gabriele Gillen

WARUM? WOHER? WOHIN?
Menschen auf der Flucht – ein erster Überblick

«Wir können nicht die ganze Welt retten.» Ein Satz, so dumm wie dreist. Doch für solche Sätze bekommt man in Deutschland Applaus. Nicht nur von Pegida-Anhängern. Wieder einmal öffentlich ausgesprochen hat diesen Satz Anfang Oktober 2015 Bayerns CSU-Finanzminister Markus Söder im Gespräch mit der *Passauer Neuen Presse*. Mit demagogischem Pathos hatte schon im Juli im selben Blatt CSU-Generalsekretär Andreas Scheuer an dumpfe Instinkte appelliert: «An den Grenzen stehen 60 Millionen Flüchtlinge. Wie sollen wir dieser Massen Herr werden? Wir können nicht die ganze Welt retten.»

Söder, Scheuer und andere CSU-Größen – sie wollen, wie Pegida, Stimmung machen gegen das Recht auf Asyl. Gerne auch mit der Manipulation von Zahlen. Natürlich warten nicht 60 Millionen Flüchtlinge an den deutschen Grenzen. 60 Millionen, das ist die von der UNO für 2014 errechnete Zahl aller gewaltsam vertriebenen Menschen auf der Welt.

Um es gleich vorweg zu sagen: Aufnahmeland Nummer eins für Flüchtlinge war (und ist) Syriens nördlicher Nachbar Türkei: 2014 lebten nach Angaben des UNHCR, des Flüchtlingshilfswerks der Vereinten Nationen, 1,59 Millionen Flüchtlinge in der Türkei, im Oktober 2015 waren es schon mehr als zwei Millionen, mit großer Mehrheit Syrer, aber auch viele Iraker. Knapp dahinter folgt das extrem arme und zerrüttete Pakistan mit 1,51 Millionen aufgenommenen Menschen. Zu den Ländern, die den meisten Flüchtlingen Aufenthalt gewähren, gehören auch der Iran, Äthiopien und der Libanon. Der Tschad, mitten in Afrika gelegen und eines der ärmsten Länder der Welt, das im Human Development Index, der den Entwicklungsstand eines

Landes abbildet, auf Platz 184 von 187 liegt, hat rund 438 000 Flüchtlinge aufgenommen, darunter 350 000 Sudanesen, 90 000 Personen aus der Zentralafrikanischen Republik und rund 13 000 Nigerianer. Unter den zehn wichtigsten Aufnahmeländern befand sich 2014 – die an der Spitze liegende Türkei außer Acht gelassen – nicht ein einziger europäischer Staat.

Wenn die Bereitschaft, Vertriebenen eine Bleibe zu bieten, in Relation zur Einwohnerzahl des Aufnahmelandes gesetzt wird, liegt der Libanon ganz vorn. Das kleine Land, das bis heute selber noch an den Spätfolgen des Bürgerkriegs im eigenen Land leidet, hatte Ende 2014 gut 1,15 Millionen Menschen aufgenommen (und das ist nur die offizielle Zahl) – obwohl es selbst nur gut 4,8 Millionen registrierte und vier Millionen wirklich dort lebende Einwohner hat. Ende 2014 lebten im Libanon offiziell 232 Flüchtlinge pro 1000 Einwohner, dazu Hunderttausende nicht registrierte Flüchtlinge. Auf Platz zwei der gastgebenden Länder liegt Jordanien mit 87 pro 1000 (auch hier leben zusätzlich einige hunderttausend nicht registrierte Flüchtlinge), auf Platz drei Nauru, ein winziger Inselstaat im Pazifischen Ozean (39 pro 1000), auf Platz vier der Tschad (34 pro 1000). Als einzige europäische Länder belegen Schweden mit 15 (Platz 9) und Malta mit 14 Flüchtlingen pro 1000 Einwohner (Platz 10) einen vorderen Rang. Deutschland erreicht in dieser Statistik nur einen erbärmlichen 50. Platz. Selbst bei einem rein europäischen Vergleich kann die Bundesrepublik nicht glänzen. Bezogen auf das Verhältnis von Einwohnern und Flüchtlingen liegt die Türkei vorn, gefolgt von Schweden und Malta. Deutschland findet sich auf dem 12. Platz. Wollte Deutschland sich die Kraftanstrengung des Libanon zum Vorbild nehmen, hätte es in den letzten vier Jahren 18,5 Millionen Flüchtlinge aufgenommen. Und selbst das wäre noch lange nicht «die ganze Welt». Setzt man die Zahl der aufgenommenen Flüchtlinge ins Verhältnis zur wirtschaftlichen Stärke, hier dem Bruttosozialprodukt, liegen Äthiopien, Pakistan, Tschad, Uganda und Kenia vorne. Deutschland steht auf dem 49. Platz. Allgemein gilt: Die reichen Länder nehmen besonders ungern Flüchtlinge auf. Knapp neun von zehn Flüchtlingen (86 Prozent) befanden sich

Gabriele Gillen

Ende 2014 in Ländern, deren Wirtschaft, Infrastruktur und Rechtssystem als weniger entwickelt gelten. Ein Viertel aller Flüchtlinge war in Staaten, die auf der UN-Liste der am wenigsten entwickelten Länder zu finden sind. Das Ungleichgewicht bei der Aufnahme von Flüchtlingen ist für UN-Flüchtlingskommissar António Guterres ein Beleg für Fremdenfeindlichkeit: «Ängste vor einer angeblichen Flüchtlingswelle in den Industriestaaten werden stark übertrieben oder fälschlich mit Fragen der Migration durcheinandergebracht. Man überlässt es den ärmeren Ländern, die Last zu schultern.»

42 500 neue Flüchtlinge pro Tag

Stand Herbst/Winter 2015: Tag für Tag werden durchschnittlich 42 500 Menschen zu Flüchtlingen, Binnenvertriebenen oder Asylsuchenden, begeben sich auf die Suche nach Frieden, nach Sicherheit, nach einer Lebensperspektive. Die Hälfte von ihnen sind Kinder. Jeweils im Juni eines Jahres veröffentlicht der UNHCR, das Flüchtlingshilfswerk der Vereinten Nationen, unter der Überschrift «Global Trends» die aktuellen Weltflüchtlingszahlen. 14 Millionen Menschen sind 2014 neu zu Flüchtlingen oder Binnenvertriebenen geworden, viermal so viele wie 2010. Während sich Ende 2004 37,5 Millionen Menschen auf der Flucht befanden, waren es Ende 2014, zehn Jahre später also, fast 60 Millionen: 19,5 Millionen Flüchtlinge (2013: 16,7 Millionen), 38,2 Millionen Binnenvertriebene (2013: 33,3 Millionen) und 1,8 Millionen Asylsuchende, die noch auf den Ausgang ihres Asylverfahrens warteten (2013: 1,2 Millionen). Tendenz in allen Gruppen: weiter steigend. Für Ende 2015 rechnet das UNHCR mit einem neuen Höchstwert. Nach Ansicht von António Guterres befinden wir uns in einer neuen Phase der Geschichte: «Wir geraten in eine Epoche, in der das Ausmaß der globalen Flucht und Vertreibung sowie die zu deren Bewältigung notwendigen Reaktionen alles davor Gewesene in den Schatten stellen.» Es sei erschreckend, «dass einerseits diejenigen, die Konflikte beginnen, mehr und mehr straffrei davonkommen, und dass andererseits die internationale Gemeinschaft unfähig scheint, gemeinsam Kriege zu beenden und Frieden zu schaffen». Die meisten Geflüchteten, Stand Ende 2014, stammen aus Syrien, Afghanistan und Somalia.

Fluchtgründe – die Liste des Schreckens

Die weltweite Liste der Schrecken ist lang. Krieg und Vertreibung, Folter und systematische Vergewaltigungen, verzweifelte Armut und Hunger, moderne Sklavenhaltung, imperiale und postkoloniale Ausbeutung, Umweltkatastrophen und fehlende Lebensperspektiven.

In Syrien tobt der Bürgerkrieg, ebenfalls im Irak. In Afghanistan fordern die Kämpfe zwischen Regierungstruppen und Taliban immer mehr neue Opfer, Ende 2014 hatten schon 2,6 Millionen Afghanen ihr Land verlassen, Ende 2015 könnten es eine halbe Million mehr sein, und die Zahl der afghanischen Binnenflüchtlinge stieg 2015 ebenfalls dramatisch an, auf derzeit (Ende 2015) wahrscheinlich 800 000. Zehntausende von Vertriebenen und Rückkehrern vor allem aus Pakistan leben seit Jahren in Slums und Zeltstädten vor den Toren Kabuls, es fehlt an medizinischer Hilfe, Versorgung mit Lebensmitteln, sauberem Trinkwasser. In Afghanistan wüten die Taliban, in Syrien neben Assad die Kämpfer des «Islamischen Staates» – wie im Irak oder zum Beispiel auch in Libyen. Libyen befindet sich seit dem Sturz von Muammar al-Gaddafi im freien Fall: In weiten Teilen des Landes herrscht Chaos und seit 2014 ein neuer Bürgerkrieg; zwei Parallelregierungen führen erbitterte Kämpfe, dazwischen werden die Menschen von bewaffneten Milizen tyrannisiert. Wahrscheinlich 400 000 libysche Vertriebene vegetieren im eigenen Land, so etwas wie Recht oder Ordnung gibt es nicht mehr. Doch da fast alle anderen Wege längst versperrt sind, ist neben der Türkei ausgerechnet Libyen für eine große Zahl von Flüchtlingen, die aus Afrika oder dem Nahen Osten nach Europa wollen, eine entscheidende Station auf ihren oft Tausend Kilometer langen Wegen zum Mittelmeer. Die Golfstaaten, Saudi-Arabien, Kuwait oder Katar, haben ihre Grenzen für syrische oder afrikanische

Flüchtlinge nahezu dichtgemacht. Ägypten hat eine Visumpflicht für Syrer eingeführt, und Israel hat nach dreieinhalb Jahren Bauzeit im Dezember 2013 eine 400 Kilometer lange und 450 Millionen US-Dollar teure Sperranlage zu Ägypten fertiggestellt – auch zur Abwehr afrikanischer Migranten. Nun baut Israel einen weiteren Zaun entlang der Grenze zu Jordanien, um unter dem Vorwand, Terroristen fernzuhalten, Einwanderern aus Syrien und dem Irak den Zugang zu versperren. Deutschland ist zur Abwehr von Flüchtlingen Richtung Europa mit Geld und Know-how an der Aufrüstung der tunesischen Grenze zu Libyen beteiligt; installiert werden Zäune, Gräben und elektronische Überwachung.

Versuche der EU und der europäischen «Grenzschutzagentur» *Frontex* als Vorposten der EU-Abschottung gegen Flüchtlinge, im Durchgangsland Libyen Fuß zu fassen und auch dort bei der Grenzsicherung eine verdeckte Präsenz von Abschottungsspezialisten aus Europa und Nordamerika aufzubauen, sind bisher gescheitert; im libyschen Chaos gibt es keine zuverlässigen Verhandlungspartner. Das war zu Zeiten von Muammar al-Gaddafi noch anders. Die EU hatte mit dem libyschen Machthaber einen als «Migrationskooperation» bezeichneten Pakt geschlossen. Er bekam Millionen, dafür verpflichtete er sich, den Zustrom afrikanischer Flüchtlinge einzudämmen, sie also nicht in Boote zu lassen, sondern sie stattdessen in Auffanglagern einzusperren und in ihre Heimatländer zurückzuschicken. Menschenrechte spielten bei dieser «Kooperation» keine Rolle.

Die meisten Flüchtlinge erreichen Libyen über die südliche, derzeit noch weitgehend unbewachte Grenze zu Niger, Tschad und Sudan – und im besten Fall warten dort die Schlepper, die sie zu einem libyschen Hafen und auf ein Boot über das Mittelmeer nach Italien bringen. So gefährlich die Flucht über das Mittelmeer ist, die anderen Gefahren sind sehr viel größer: Regelmäßig, so *Amnesty International*, werden Flüchtlinge in Libyen von Schmugglern und bewaffneten Banden entführt, ausgeraubt, gefoltert oder sexuell missbraucht, oft auch, um von ihren Angehörigen in Äthiopien, Eritrea oder dem Sudan Lösegeld zu erpressen. Andere, Tausende, werden festgenommen und in die offiziellen Flüchtlingslager gebracht. Dort werden die Männer, Frauen und Kinder Monate, manchmal auch Jahre eingesperrt. In den Lagern herrschen massive Überbelegung, katastrophale hygienische Bedingungen und ebenfalls brutale Gewalt: Flüchtlinge werden von Wachen misshandelt und gefoltert, mit Schlägen, glühenden Zigaretten und Elektroschocks, sie werden kopfüber an Bäume gehängt und ausgepeitscht. Männliche Wachen führen Leibesvisitationen bei Frauen und Mädchen durch; Frauen, die für ihre «Freiheit» nicht zahlen können, werden immer wieder vergewaltigt, oft sterben sie an inneren Verletzungen. *Human Rights Watch* kritisiert eine «Kultur der völligen Straflosigkeit für die Misshandlungen». Die Flüchtlinge auf dem Weg zum Mittelmeer kommen aus Afghanistan oder Syrien; sie kommen aus dem immer wieder von Dürre- und Hungerkatastrophen heimgesuchten Somalia, einem von rivalisierende Clans, Warlords, Milizen und islamistischen Gruppierungen wie der al-Shabaab-Miliz umkämpften Land; sie kommen aus Eritrea, das unter der brutalen Diktatur der ehemaligen Befreiungsarmee von Präsident Isaias Afwerki leidet. Menschen werden willkürlich festgenommen, inhaftiert, gefoltert und getötet. Verschleppungen sind an der Tagesordnung, und «Wächter haben die Erlaubnis, jeden im Gefängnis nach Gutdünken zu foltern», so ein UN-Bericht über Eritrea.

Zahlen des UNHCR zeigen: Gut drei Viertel der ungefähr 720 000 Bootsflüchtlinge, die bis Ende Oktober 2015 übers Mittelmeer nach Griechenland oder Italien gelangten, stammen aus Syrien, Afghanistan, Eritrea und dem Irak. Das andere Viertel stammt überwiegend aus Nigeria, Pakistan, Somalia, Sudan, Gambia – und aus Bangladesch, einem der ärmsten Länder der Welt, in dem dennoch 30 000 Flüchtlinge aus Myanmar, dem ehemaligen Birma, in katastrophalen Flüchtlingslagern leben: Es sind Mitglieder der Volksgruppe der Rohingyas, die in dem überwiegend buddhistischen Myanmar wegen ihres muslimischen Glaubens verfolgt werden. Zehntausende Rohingyas wurden gegen ihren Willen zwangsumgesiedelt. Die Vereinten Nationen stuften die Rohingyas als die «am meisten verfolgte Minderheit der Welt» ein. 140 000 Menschen sind auf der Flucht vor Unter-

Gabriele Gillen

drückung, Verfolgung und religiös motivierten Gewalttaten. Institute in Myanmar sprechen offen von einem drohenden Völkermord.

Aus Pakistan wiederum fliehen jährlich unter anderem Tausende Christen, Hindus und Sikhs nach Thailand oder Indien oder Europa; religiöse Minderheiten werden in Pakistan von Islamisten verfolgt und umgebracht oder wegen des Vorwurfs der Blasphemie eingesperrt. Ebenfalls in Pakistan waren 2010 rund vierzehn Millionen Menschen von einer Überschwemmungskatastrophe betroffen, Tausende wurden zu Umweltflüchtlingen im eigenen Land. Fast 90 Prozent der Katastrophenflüchtlinge weltweit lebten 2013 in Asien. Zum Beispiel auf den Philippinen: Die Taifune «Haiyan» und «Trami» raubten mehr als fünf Millionen Menschen ihr Zuhause und machte sie zu sogenannten Binnenvertriebenen. Im Südsudan ist nach UNO-Angaben rund die Hälfte der zwölf Millionen Einwohner auf Hilfe zum Überleben angewiesen, im Sommer 2015 drängten sich mehr als 150 000 Flüchtlinge in den sechs Camps, in denen die Vereinten Nationen Schutz vor dem eskalierenden Bürgerkrieg zu bieten versuchen. Seit Beginn der Kämpfe 2013 wurden schon Zehntausende getötet, insgesamt 1,5 Millionen Menschen sind Flüchtlinge im eigenen Land. Und im Sudan begehen die Streitkräfte der Regierung und die mit ihr verbündeten Milizen systematische Verbrechen an der Zivilbevölkerung: Sie morden, vergewaltigen und bombardieren ganze Wohngebiete. Fast die gesamte Region von der Westsahara bis zum Horn von Afrika ist inzwischen ein einziges Bürgerkriegsgebiet. Und der UNHCR-Bericht dokumentiert, dass in allen Krisenregionen sowohl die Zahl der Flüchtlinge als auch der Binnenvertriebenen steigt.

Panikmache statt Verantwortung

Stichworte, nicht mehr, und selbst wenn man sich bei der Beschreibung der aktuellen Lage nur auf Stichworte beschränkt, bräuchte es noch viele Buchseiten, um all jene Länder und Lebenslagen zu notieren, in denen Menschen um Leib und Leben, um ihre Würde und ihre

Zukunft fürchten müssen. Und noch mehr Raum benötigte man, um die Komplexität von Gewalt-, Elends- und Migrationsprozessen darzustellen.

Beinah jeden Tag werden wir mit neuen Zahlen zu Flüchtlingen konfrontiert, oft geht es dabei sensationsheischend oder ideologisch motiviert nur darum, die «Flüchtlingsflut», den «Ansturm», die «Flüchtlingsschwemme» zu belegen. «Die Zahlen explodieren», hieß es zum Beispiel im Sommer 2015 in einem Bericht des Bayerischen Rundfunks, und in unseren digitalen, bildlastigen Zeiten werden diese angeblich explodierenden Zahlen in einer Medienschleife mit Bildern von Flüchtenden an Grenzzäunen, auf Bahnhöfen und in überfüllten Zügen, mit Bildern aus ebenfalls überfüllten Flüchtlingsheimen und Lagern illustriert. Ein Zahlen- und Bilderwettbewerb, der Ängste und Abwehr schürt (und offenbar schüren soll) und uns das Wesentliche nicht mehr sehen lässt: unsere Verantwortung für das zerstörerische Erbe von Kolonialismus und Imperialismus; die aus diesem Erbe entstandenen Kriege; die nationalen, die europäischen und die weltweiten Ungleichheiten.

Wir hätten die aktuelle Massenflucht lange voraussehen können. Wir wissen doch: Die Wüste in der Sahelzone vergrößert sich, in vielen Regionen Afrikas sind das Landgrabbing und die damit verbundene Vertreibung der Kleinbauern die neue wuchernde Form des Kolonialismus. Die internationale Entwicklungsorganisation *Oxfam* schätzt, dass seit 2001 in den Entwicklungsländern Lateinamerikas und Afrikas von ausländischen Unternehmen (auch aus Deutschland) über 220 Millionen Hektar Land aufgekauft oder gepachtet wurden. Oft mit Hilfe der jeweiligen Regierungen. Millionen einheimischer Kleinbauern wurden von ihren Äckern vertrieben und damit im wahrsten Sinne des Wortes ihrer Lebensgrundlage beraubt. Wir wissen auch: Der «Freihandel» kickt die Entwicklungsländer zusätzlich aus dem Spiel, sie haben keine Chance mehr, ihre Waren anzubieten, Butter aus der EU zum Beispiel ist in Marokko billiger als einheimische, das Gleiche gilt für europäisches Hähnchenfleisch in Westafrika. Und wir wissen: Die Rüstungskonzerne in den führenden Ländern der Nato

Gabriele Gillen

verdienen im großen Stil an Waffenlieferungen in Krisenregionen. Und die im Namen von Demokratie und Menschenrechten verabredeten militärischen Interventionen des Westens haben im Nahen Osten die Zerfallsprozesse und die Ausweitung der rechtsfreien Räume nur beschleunigt. Hier liegen die Gründe für die beginnende neue Völkerwanderung. Die globale Migration, das sind die Verfolgten, die Armen, die Klimaopfer, die Flüchtlinge aus den *failed states* wie zum Beispiel Libyen oder Somalia. Diese Menschen, 60 Millionen mit 60 Millionen Gesichtern und Geschichten, die im Getöse der Nachrichten meist untergehen, erheben Anspruch auf ihren Platz in der Welt. Und sie wollen dahin, wo es eine Art Frieden, ein Dach über dem Kopf, wo es Arbeit gibt. Wie beim Auszug des Volkes Israel aus Ägypten auf der Suche nach dem Gelobten Land Kanaan; wie im Amerika des 19. Jahrhunderts; wie einst im Ruhrgebiet.

Die allermeisten Flüchtlinge kommen nicht zu uns, nicht nach Deutschland, nicht nach Europa. Sie haben kein Geld und keine Kraft, sie wissen um die geringen Chancen auf ein Willkommen, sie bleiben in ihrem Sprach- und Kulturraum, in der Nähe ihrer Wurzeln und Nachbarschaften; sie wollen, wenn möglich, in naher Zukunft zurück in ihr Haus, ihr Dorf oder ihr Land. Doch irgendwann sehen vor allem die Jungen keinen Sinn mehr darin, noch mehr Lebenszeit zu verwarten, als Binnenflüchtlinge oder in Nachbarländern, in trostlosen Lagern. Und wagen sich vielleicht doch auf Wege um die halbe Welt, auf der Suche nach einer neuen Heimat.

Statistiken des UNHCR

Ein seriöser Verwalter der weltweiten Flüchtlingszahlen ist das Hochkommissariat der Vereinten Nationen für Flüchtlinge, kurz das UN-Flüchtlingshilfswerk UNHCR. Schon seit 1951 sammelt die UN-Behörde systematisch und über die Jahre vergleichbar die Ziffern für Krieg, Vertreibung und Verfolgung – auf der Grundlage der 1951 verabschiedeten Genfer Flüchtlingskonvention (GFK) und ihrer politisch ausgehandelten Fortschreibungen. Die GFK dokumentiert, woher die Menschen kommen und wohin sie gehen. Dabei geht es nicht nur um Asylsuchende, von denen in den Debatten in Deutschland oder Europa meist fälschlicherweise die Rede ist. Weder Medien noch Politiker oder Volkes Stimme unterscheiden juristisch und politisch präzise zwischen Asylbewerbern, verschiedenen Gruppen von Flüchtlingen oder Migranten. Wer Asyl beantragt, wendet sich an einen wie auch immer organisierten Verwaltungsapparat, bittet um eine Aufenthaltserlaubnis und muss sich registrieren lassen. Asylsuchende sind nur eine kleine Gruppe unter den Flüchtlingen der Welt, global betrachtet eine Minderheit. Die allermeisten Flüchtlinge beantragen kein Asyl. Sie warten im eigenen Land oder in Nachbarländern auf eine mögliche Rückkehr in ihre Heimatregion oder ihr Heimatland.

Von den 60 Millionen im UNHCR-Bericht aufgeführten Menschen, die sich Ende 2014 innerhalb und außerhalb ihres Landes auf der Flucht befanden, hatten nur 1,8 Millionen Menschen einen noch nicht endgültig bearbeiteten Asylantrag gestellt, darunter geschätzt 866 000 sogenannte Erstanträge auf Asyl. Die meisten Asylverfahren gab es 2014 in Russland – rund 274 000, der höchste Wert weltweit. Rund 95 Prozent der Schutzsuchenden kommen aus der Ukraine. Deutschland lag 2014 in der Statistik des UNHCR auf Platz zwei, gut 170 000 Flüchtlinge beantragten erstmals Asyl in der Bundesrepublik, rund 30 000 stellten zudem einen sogenannten Folgeantrag. Bis Ende September 2015 haben in der Bundesrepublik 274 923 Flüchtlinge einen Asyl-Erstantrag gestellt, dazu 28 520 einen Folgeantrag. Fast ein Drittel (!) der Erstantragsteller kommt aus den «sicheren Herkunftsstaaten» Albanien, Serbien, Mazedonien, Kosovo, Bosnien-Herzegowina und Montenegro. Und wird in der Regel kein Asyl erhalten, sondern abgeschoben werden.

Erstmals seit 30 Jahren war 2014 nicht mehr Afghanistan das Herkunftsland der meisten Flüchtlinge, sondern das vom Bürgerkrieg zerrüttete Syrien. 3,9 Millionen Menschen haben Ende 2014 das Land verlassen. Im Herbst 2015 sind schon drei Millionen syrische Flüchtlinge allein in den Camps der Nachbarländer untergebracht – in der

Gabriele Gillen

Türkei, in Jordanien, im Libanon oder im Nordirak. Dort harren sie unter teilweise menschenunwürdigen Bedingungen aus, die Lage wird immer dramatischer, denn das UN-Flüchtlingshilfswerk kürzt Essensrationen, weil ihm die Gelder ausgehen. Offiziell 130 000, aber tatsächlich wohl mehr als 300 000 Syrer leben derzeit noch in Ägypten. Doch seit dem Machtwechsel 2013 sind sie dort nicht mehr willkommen, Ägypten hat eine Visumpflicht für Syrer eingeführt und beschimpft die im Land lebenden Syrer als Terroristen. Sie werden von den Behörden, aber auch von Menschen in der Nachbarschaft schikaniert, finden keine Arbeit mehr und müssen neuerdings für Schule und Gesundheitsversorgung zahlen. Die Hilfsorganisationen können den Bedarf an Kleidung und Essen nicht mehr decken. Nun drängt es die Syrer aus Ägypten übers Mittelmeer nach Italien. Doch das ist illegal und teuer. Viele Syrer werden von den ägyptischen Behörden festgenommen und abgeschoben, in die Türkei oder nach Jordanien. Außerhalb der Region war Deutschland der Staat, der 2014 am meisten syrische Asylbewerber aufnahm. Allerdings mit ungefähr 41 000 Menschen nur ein Prozent der Gesamtzahl. Afghanistan stand Ende 2014 in der Rangfolge der Flüchtlingsherkunftsländer nach Syrien auf Platz zwei – mit 2,6 Millionen Menschen, die überwiegend in den Aufnahmeländern Pakistan und Iran leben. Noch. Denn Pakistan möchte die Afghanen loswerden.

Aber nicht nur aus dem Nahen und Mittleren Osten, auch aus Afrika stammen Millionen Flüchtlinge. Die Konflikte im Südsudan, in Somalia, Nigeria und Eritrea, in der Zentralafrikanischen Republik, der Demokratischen Republik Kongo und anderen Ländern haben 15 Millionen Afrikaner zur Flucht in Nachbarländer und andere Gegenden gezwungen. Oder zur Flucht über das Mittelmeer. Bis Ende Oktober 2015 sind im Mittelmeer wahrscheinlich 3300 Menschen ertrunken, im gesamten Jahr 2014 waren es 3500.

Die Genfer Flüchtlingskonvention: Wer gehört dazu?

Die Genfer Flüchtlingskommission legt fest, dass jede Person ein Flüchtling ist, die «aus der begründeten Furcht vor Verfolgung wegen ihrer Rasse, Religion, Nationalität, Zugehörigkeit zu einer bestimmten sozialen Gruppe oder wegen ihrer politischen Überzeugung sich außerhalb des Landes befindet, dessen Staatsangehörigkeit sie besitzt, und den Schutz dieses Landes nicht in Anspruch nehmen kann oder wegen dieser Befürchtungen nicht in Anspruch nehmen will» (Art. 1A Abs. 2).

Inzwischen haben 143 Staaten die Konvention und das ergänzende Protokoll aus dem Jahr 1967 ratifiziert. 2002 erließ der UNHCR Richtlinien zur geschlechtsspezifischen Verfolgung und zur Verfolgung wegen der sexuellen Orientierung – und erweiterte damit die von der Konvention anerkannten Fluchtgründe. Ein Kernprinzip der Genfer Flüchtlingskonvention ist das Verbot der Ausweisung und Zurückweisung. Kein Flüchtling darf in ein Gebiet abgeschoben werden, in dem sein Leben oder seine Freiheit bedroht sind (Art. 33 Abs. 1). Gleichzeitig definiert die Konvention auch Rechte von Flüchtlingen wie die Religions- und Bewegungsfreiheit, das Recht auf Zugang zu Bildung sowie das Recht auf Arbeit. Und das Recht, Asyl oder einen anderen Schutzstatus zu beantragen. Unterschiedlicher Auffassung sind die der Konvention beigetretenen Staaten über die Frage, ob die Genfer Flüchtlingskonvention auch in extraterritorialen Gebieten gilt – in den Transitbereichen der Flughäfen zum Beispiel oder auf hoher See. Die deutsche Regierung bezweifelt das. Ein Streit, bei dem es nicht um akademische Fragen geht, sondern unter anderem darum, ob die Genfer Flüchtlingskonvention auch auf dem Mittelmeer anzuwenden ist – oder ob die dort aufgegriffenen Flüchtlinge einfach wieder nach Libyen oder Ägypten zurückgeschoben werden dürfen. Unterschieden wird – auch durch die Genfer Flüchtlingskonvention – zwischen schutzbedürftigen Flüchtlingen und sonstigen internationalen Migranten, die auf der Suche nach Arbeit oder einem besseren Leben freiwillig in ein anderes Land gehen und nicht aufgrund von Konflik-

Gabriele Gillen

ten oder Verfolgung zur Migration gezwungen sind. Unterscheidungen, die häufig an der Realität vorbeigehen. Und dazu führen, dass viele unfreiwillige Wanderungen, ausgelöst durch Armut oder Klimaveränderungen, nicht als schutzrelevant anerkannt werden. Wer in welche Kategorie fällt, wer als schutzbedürftig angesehen wird und wer nicht, ist so immer auch das Ergebnis politischer Verhandlungen. Oder von politischen Großwetterlagen. Für die sogenannten Armutsflüchtlinge wie zum Beispiel aus den ehemaligen Balkanländern ist der UNHCR grundsätzlich nicht zuständig, also kommen sie in den UNHCR-Berichten auch nicht vor.

Ressentiments gegen Armutsflüchtlinge

Unabhängig davon: In Zeiten großer Fluchtbewegungen wie in 2015 wird den sogenannten Armuts- oder Wirtschaftsflüchtlingen noch vehementer jeder Anspruch auf Schutz abgesprochen, schlimmer noch: Ressentiments gegen sie werden geradezu geschürt. In Deutschland hat sich die CSU beim Wettbewerb um die hässlichste Ausländer- und Flüchtlingsbeschimpfung mühelos einen vorderen Platz erkämpft. Erst war die Rede vom «fortgesetztem Missbrauch der europäischen Freizügigkeit durch Armutszuwanderung», von «Sozialmissbrauch», jetzt geht es gegen den angeblichen «Asylmissbrauch aus den Balkanstaaten». Die *Bild*-Zeitung warnte im Februar vor der «Asyl-Lawine» aus dem Kosovo und zitierte damit angeblich aus einem Brief der deutschen Botschaft in Priština. Auch aus Teilen der CDU hört man Abwertendes über «Wirtschaftsflüchtlinge», und der Innenminister und seine Kanzlerin werden nicht müde, zwischen «schutzwürdigen» und angeblich «nicht schutzwürdigen» Flüchtlingen zu unterscheiden. Wer vor Armut, Arbeitslosigkeit und alltäglichen Diskriminierungen flüchtet, wer seine Familie ernähren können oder eine Ausbildung machen möchte, darf von uns keine Solidarität erwarten.

Doch die Armut, die gigantischen Massen von überflüssigen Arbeitskräften – das ist ihrem Umfang nach vielleicht die größte Tragödie. Über ihre Zahl kann wegen der unzureichenden Erfassung vor allem in den Schwellen- und Entwicklungsländern nur spekuliert werden. Doch sogar die Weltbank gab in ihrem Entwicklungsbericht 2013 zu, dass es sich um ein Vielfaches der gut 200 Millionen registrierten Arbeitslosen handelt. In seinem Buch *Planet der Slums* hat der US-amerikanische Stadtsoziologe Mike Davis die Zahl der Menschen, die «in der gegenwärtigen internationalen Ökonomie heimatlos» seien, auf deutlich mehr als eine Milliarde taxiert. Seither dürfte sich die Zahl, so bestätigte Anfang dieses Jahrzehnts die Handels- und Entwicklungskonferenz der UNO, noch einmal stark erhöht haben. Selbst dort, wo (zum Beispiel in Afrika oder in einigen ehemaligen «Ostblock»-Ländern) Wachstum eingesetzt habe, sei es nicht gelungen, «einen substanziellen Teil der überschüssigen Arbeitskräfte zu absorbieren». Mitte September 2015 meldete die indische Tageszeitung *The Hindu*, dass sich in der nordindischen Stadt Lucknow auf 368 ausgeschriebene Stellen für Laufburschen insgesamt 2,3 Millionen Menschen beworben hätten, darunter mehr als 220 000 Ingenieure und sogar 255 promovierte Wissenschaftler.

Ein extremer Fall, keine Frage. Aber dennoch ein Fall, der die Entwicklungen auf dem globalisierten Arbeitsmarkt verdeutlicht. Immer mehr Menschen werden im Verwertungskreislauf des Kapitals nicht gebraucht. Davon zeugt nicht nur der Ansturm auf halbwegs sichere Arbeitsplätze, das zeigen auch die größer werdenden Migrationsströme.

Kristin Helberg

SYRIEN
Ein Land in Auflösung

Syrische Flüchtlinge: in den Schlauchbooten auf der Ägäis, am Strand von Kos, vor den Zäunen Mazedoniens und Bulgariens, am Hauptbahnhof München, in der zur Notunterkunft umfunktionierten Turnhalle, in den Willkommensklassen der Schulen. Die Bilder des Sommers 2015 erweckten den Eindruck, dass plötzlich ganz Syrien nach Deutschland kommen wollte. Keine Nation beschäftigt uns deshalb so wie die Syrer – emotional, politisch, wirtschaftlich und kulturell.

Ging es zunächst darum, zu verstehen, warum gerade jetzt so viele Syrer nach Deutschland kommen und wie man die Fluchtursachen bekämpfen könnte, diskutieren inzwischen «besorgte» wie «engagierte» Bürger darüber, welche religiösen und kulturellen Werte die Syrer mitbringen und wie das Deutschland verändern wird. Gründe genug also, sich mit den Syrern und dem Konflikt in ihrer Heimat vertraut zu machen.

Vor Ausbruch der syrischen Revolution im Frühjahr 2011 lebten in Syrien 22 Millionen Menschen. Von diesen befinden sich mittlerweile zwölf Millionen Menschen auf der Flucht, die allermeisten innerhalb des Landes. Etwa 7,6 Millionen irren in Syrien selbst auf der Suche nach Sicherheit umher.* Sie ziehen von einem Stadtteil zum nächsten, zu Verwandten aufs Land, in Richtung Grenze oder ans andere Ende Syriens. Wer gar nichts mehr hat, harrt in den Ruinen seiner Nachbarschaft aus. Mehr als vier Millionen haben Syrien verlassen und sich in den Nachbarländern vom Flüchtlingskommissariat der Vereinten

---

* Die Zahl stammt vom Juli 2015. www.internal-displacement.org/middle-east-and-north-africa/syria/figures-analysis

Nationen (UNHCR) registrieren lassen. Die tatsächliche Zahl der Syrer im Libanon, in der Türkei, in Jordanien und in Nordirak liegt jedoch deutlich darüber.

In Europa haben 507 000 Syrer seit 2011 einen Asylantrag gestellt, nach Deutschland sind etwa 260 000 Syrer gekommen. Im Verhältnis zu den zwölf Millionen Vertriebenen sind das 2,16 Prozent, also doch nicht ganz Syrien. Hierzulande könnten sich theoretisch um jeden syrischen Neuankömmling 315 Bundesbürger kümmern. Im Libanon leben zwei Millionen syrische Flüchtlinge bei vier Millionen Libanesen.

Die meisten Syrer bleiben also bei aller Not in oder nahe der Heimat. Das zeigt, wie eng sie dieser verbunden sind. Auch diejenigen, die es nach Deutschland geschafft haben, wollen fast alle zurück, sobald in Syrien Frieden herrscht. Bei einer Umfrage der Organisation Adopt A Revolution unter 889 Syrern gaben nur acht Prozent an, nicht zurückzuwollen. Die Syrer lieben ihr Land so sehr, dass sie Krieg und Tod in Kauf nehmen. So sehr, dass sie sich jahrzehntelang mit dem Einparteienregime des Assad-Clans arrangierten. Sie ertrugen politische Unfreiheit, einen Dauerzustand von Angst und Erniedrigung, die Überwachung durch Geheimdienste, die Bereicherung der Mächtigen und die Härten des Alltags in der Hoffnung, es werde irgendwann besser. Und im Jahr 2000 sah es auch fast danach aus.

Baschar al-Assad beerbte damals seinen Vater Hafiz. Jung und zurückhaltend, ursprünglich zum Augenarzt ausgebildet, computerbegeistert und mit einer in England aufgewachsenen syrischen Bankerin an seiner Seite, trat der 34-Jährige an, um Syrien zu verändern. Allerdings nicht so, wie viele es erwartet hatten, denn der junge Präsident erwies sich als Modernisierer, nicht als Reformer. Sein Ziel war es nicht, Syrien zu demokratisieren, die Macht der Geheimdienste zu brechen oder den Ausnahmezustand aufzuheben, der seit Jahrzehnten Syriens Gesetze aushebelte. Baschar al-Assad übernahm das Herrschaftsmodell seines Vaters, der seine Macht auf drei Säulen gebaut hatte: dem Militär, den Geheimdiensten und der ursprünglich sozialistisch inspirierten arabisch-nationalistischen Baath-Partei. Wer dies in Frage stellte, Reformen von innen oder mehr Mitsprache forderte,

Kristin Helberg

wurde verfolgt, überwacht oder im Gefängnis mundtot gemacht. Fast alle namhaften Oppositionellen – linke, säkulare, liberale oder nationale – wanderten unter Baschar al-Assads Regentschaft für mehrere Jahre hinter Gitter.

Dem jungen Assad ging es lediglich darum, den Anschluss an die Moderne nicht zu verpassen. Er wollte, dass die Syrer ihr Geld nicht länger unter der Matratze horteten, sondern zur Bank trugen, dass sie sich im Internet zurechtfanden und Rolltreppe fuhren, ohne das Gleichgewicht zu verlieren. Dafür öffnete er das Land wirtschaftlich und gewährte privaten Unternehmen und Medien mehr Freiheiten, ohne politisch Grundlegendes zu ändern. Im Zentrum von Damaskus gab es bald Cappuccino, Benetton-Shirts und Gucci-Handtaschen zu kaufen. Die meisten Syrer konnten jedoch nur davor stehen und staunen. Während die Geschäftselite des Landes von der marktwirtschaftlichen Liberalisierung profitierte und immer reicher wurde, kämpften die Bewohner der armen Vorstädte und die Landbevölkerung um ihre Existenz und die Zukunft ihrer Kinder. Die Schere zwischen Arm und Reich öffnete sich – in einem Land, das seit 1963 mit sozialistischer Planwirtschaft dafür gesorgt hatte, dass es allen Bewohnern in etwa gleich gut beziehungsweise schlecht ging.

Es sind diese Verlierer der Baschar-Ära, die im Frühjahr 2011 den Mut aufbringen zu demonstrieren. Sie haben nichts mehr zu verlieren, nur einiges (zurück)zugewinnen. Allen voran ihre Würde und das Gefühl, sich nicht mehr vor den Reichen und Mächtigen wegzuducken. In Daraa, einer 80 000-Einwohner-Stadt im Süden des Landes, finden im März 2011 die ersten großen Proteste statt. In der Gegend kommt alles zusammen, was die Menschen in Syrien auf die Straße treibt – staatliche Willkür, wirtschaftliche Ungerechtigkeit, Verfolgung durch Geheimdienste und Perspektivlosigkeit. Eine bedrückende und explosive Mischung.

Seit Jahren leiden die Bewohner Daraas außerdem unter extremer Dürre und einer ausufernden Bürokratie. Die Geheimdienste mischen sich in den Alltag ein, gängeln Bauern und Geschäftsleute, indem sie Saatgut und Genehmigungen nur gegen Schmiergelder verteilen. Verantwortlich dafür ist Geheimdienstchef Atef Najib, Assads Cousin und Statthalter im Süden. Arrogant und skrupellos geht er im März 2011 den entscheidenden Schritt zu weit.

Angeregt durch die Umbrüche in Tunesien und Ägypten, malen Schulkinder regimekritische Parolen an die Mauern ihrer Schule, werden verhaftet und gefoltert. Die Familien gehen zu Najib, um die Freilassung ihrer Kinder zu fordern – vergeblich. «Vergesst diese Kinder, geht nach Hause und macht neue; und wenn ihr Hilfe braucht, schickt uns eure Frauen», soll der gesagt haben. Zu viel der Erniedrigung. Am 18. März tragen Hunderte Bewohner von Daraa ihre über Jahre angestaute Wut auf die Straße.

Das Regime reagiert mit Gewalt. Vier Demonstranten werden erschossen, ihr Beerdigungszug wird zum nächsten Protestmarsch. In den folgenden Wochen solidarisieren sich Städte und Dörfer in ganz Syrien mit dem Widerstand. Für Assad sind die Demonstranten von Anfang an Terroristen und ausländische Agenten. Um diese Propaganda wahr werden zu lassen, entlässt er Dschihadisten aus dem Gefängnis, schürt konfessionellen Hass und schickt Provokateure des Geheimdienstes, um den Aufstand in ein schlechtes Licht zu rücken.

Der dreizehnjährige Hamza al-Khatib wird Ende Mai zum ersten Symbol für die Brutalität des Staatsapparates. Der Junge verschwindet bei einer Demonstration, zu der er mit seinem Vater gegangen war. Sein geschundener Leichnam wird seiner Familie nach Hause geschickt. Brandwunden durch ausgedrückte Zigaretten, herausgerissene Fingernägel und ein verstümmeltes Glied zeugen von einem Martyrium, das seitdem Tausende Gefangene in den unterirdischen Foltergefängnissen des Regimes nicht überlebt haben.

Bis zum Sommer 2011 weitet sich die Revolution zu einer landesweiten, aber dezentralen Bewegung aus. Millionen Syrer demonstrieren an Dutzenden von Orten. Sie ist im Gegensatz zu den Aufständen in Ägypten und Tunesien eine Revolution der Peripherie. Den Marsch auf die Hauptstadt, der in den ersten Monaten das Ziel der Demonstranten war, weiß das Regime zu verhindern. Lokale Komitees übernehmen die Organisation von Protesten, dokumentieren die Gewalt

Kristin Helberg

des Regimes, zählen die Toten und Verletzten, die Verhafteten und Verschwundenen. Ihre Mitglieder werden von den Sicherheitskräften gejagt, Wohnungen oder Geschäfte von Oppositionellen werden durchsucht, geplündert oder niedergebrannt. Finden Geheimdienstmitarbeiter eine gesuchte Person nicht, nehmen sie dessen Vater oder einen Bruder mit. Entsprechend voll sind die Gefängnisse.

Ein prominenter syrischer Menschenrechtsanwalt, der vor der Revolution selbst mehrere Jahre inhaftiert war, inzwischen nach Deutschland geflohen ist und zum Schutz seiner Familie in Damaskus anonym bleiben möchte, dokumentiert die Zustände dort. «In vier mal vier Meter großen Zellen sind etwa hundert Gefangene zusammengepfercht. Sie können weder hocken noch sitzen, sondern müssen zum Teil wochenlang stehen. Wer Glück hat, kann sich mit dem Rücken an die Wand lehnen», erzählt er. Die Gefangenen seien psychisch und körperlich am Ende, manche würden zusammenbrechen, andere durchdrehen, so der Rechtsanwalt. «Es gibt Häftlinge, die ihren Kopf so lange gegen die Wand schlagen, bis sie tot sind.»

Ein besonders berüchtigtes Folterzentrum in Damaskus ist das Flughafengefängnis Mezze. Dort verbringt Orwa, ein Journalistikstudent, im Frühsommer 2011 mehrere Wochen. Er hat die Demonstrationen und die Schüsse der Armee gefilmt und wird im Mai 2011 mit 62 Videos auf seinem Computer verhaftet. «Sie wollten wissen, warum ich die Proteste filme, wer dahintersteckt, wer mich finanziert, die üblichen Fragen», erinnert sich der junge Mann. «Dann behaupteten sie, ich sei ein Spion des Westens.» Den Alltag im Flughafengefängnis Mezze beschreibt Orwa als eine einzige Strafe: «Es war eng, wir bekamen kaum etwas zu essen, und wer auf die Toilette musste, wurde geschlagen.» Am unerträglichsten aber seien die andauernden Foltergeräusche gewesen, die sie 24 Stunden lang gehört hätten, sagt der Student. «Das hat uns fertiggemacht. Das war noch schlimmer als die Folter am eigenen Leib – die Stromschläge, die Schläge mit dem Lederriemen oder das Bewusstlos-Prügeln.»

Im Durchschnitt sterben jeden Tag sieben Syrer unter der systematischen Folter des Assad-Regimes. 11 427 solcher Fälle hat das Syrische

Netzwerk für Menschenrechte (SNHR) in vier Jahren dokumentiert. Auch das Regime führt über tote Gefangene genau Buch. Die 11 000 Leichen, die der Militärfotograf mit Codenamen «Cäsar» im Auftrag des Regimes fotografierte, tragen alle Nummern. Ausgemergelte Körper, von Folter gezeichnet. Die außer Landes geschmuggelten Fotos wurden von Experten für echt befunden und könnten im Falle einer Anklage vor dem Internationalen Strafgerichtshof als Beweismaterial dienen.

Aber die anfängliche Strategie des Regimes, Aktivisten halbtot zu foltern und dann als Warnung an andere freizulassen, funktioniert nicht. Im Gegenteil. Die Brutalität bestärkt die Syrer nur in ihrer Entschlossenheit, nicht länger unter einer solchen Herrschaft leben zu wollen. Für jeden getöteten Demonstranten stehen zehn neue auf. Aus den anfänglichen Rufen nach Freiheit und Würde, aus den Hymnen gegen Korruption und Vetternwirtschaft erwächst die Forderung nach dem Sturz des Regimes. Doch es gibt keine zentrale Führung oder Figur, die aus dem revolutionären Flickenteppich eine nationale Bewegung macht. Die größten Demonstrationen finden nicht in Damaskus, sondern Ende Juli 2011 mit jeweils einer halben Million Menschen in Hama und Deir Al Zor statt. Hunderttausende singen dort: «Oh, wie schön ist die Freiheit» – die Revolution erreicht ihren rauschhaften Höhepunkt.

Assad fühlt sich bedroht. Er lässt die Proteste gezielt niederschlagen – zunächst mit Scharfschützen und Panzern, dann mit Boden-Luft-Raketen, Kampfjets, Chemiewaffen und Fassbomben. Damit zerschlägt das Militär nicht nur den Traum von Freiheit, sondern erschüttert auch den Glauben an zivilen Widerstand. Die Folgen sind verheerend, denn die Revolution militarisiert sich, sie wird zu einem regionalen und internationalen Stellvertreterkrieg, und sie radikalisiert sich.

Die ersten «bewaffneten Aufständischen» sind Deserteure der Armee, die sich weigern, auf ihre Landsleute zu schießen. Sie gründen im Sommer 2011 die Freie Syrische Armee (FSA), ein loses Bündnis, dem sich viele Gruppen anschließen, ohne dass sich eine effektive

Kristin Helberg

zentrale Kommandostruktur herausbildet. Landesweit kehren Deserteure in ihre Heimatorte zurück und bauen dort mit verzweifelten Freiwilligen – Händlern, Handwerkern, Studenten und Lehrern – lokale Brigaden auf, um die wöchentlich stattfindenden Freitagsdemos, einzelne Stadtteile oder Dörfer vor der Armee zu schützen. Wie der gewaltfreie Widerstand verläuft auch die Bewaffnung dezentral. Jede Rebelleneinheit verfolgt zunächst eine lokale Strategie und muss sich selbst ihre Unterstützer suchen – Syrer im Exil oder ausländische Regierungen. Aus dem Flickenteppich der Proteste wird ein Flickenteppich bewaffneter Gruppen.

Allerdings sind es nicht die Gegner Assads, die als Erste Hilfe von außen bekommen, sondern Assad selbst: Der Iran, die libanesische Hisbollah und Russland stärken ihn. Die Opposition wird von Saudi-Arabien, Katar und der Türkei unterstützt. Weil der Westen viel redet, aber wenig tut, geraten die nationalen, gemäßigten Rebellen und der zivile Widerstand ins Hintertreffen.

Eine geeinte internationale Antwort auf den Syrien-Konflikt gibt es von Anfang an nicht, der Weltsicherheitsrat ist gespalten, die UNO gelähmt. Auch deshalb wird aus dem innersyrischen Aufstand gegen ein brutales Regime ein Stellvertreterkrieg. Regionale und internationale Akteure helfen in Syrien denjenigen, die ihre eigenen nationalen Interessen jeweils am besten bedienen. Dabei gibt es einen entscheidenden Unterschied. Die Unterstützer des Regimes (Iran, Russland, Hisbollah) greifen in den Krieg aktiv mit eigenem Führungspersonal, mit Soldaten, Söldnern, Kämpfern und eigener Luftwaffe ein. Auf der anderen Seite beschränken sich die USA und Europa auf verbale Solidarität, finanzielle Unterstützung, militärische Ausbildung und Waffenlieferungen für die Rebellen, die stets halbherzig bleiben.

Die Schwäche der gemäßigten Kräfte nutzen islamistische Gruppen, die ab Anfang 2013 an Einfluss gewinnen. Wo sich FSA-Kämpfer zu zweit eine Kalaschnikow teilen müssen, bieten gut vernetzte Dschihadisten moderne Waffen. Wenn die FSA Mehllieferungen verkaufen muss, um an Munition zu kommen, kaufen Islamisten das Mehl, backen Brot und verteilen es an die Bevölkerung. Syrische

Kämpfer, die eine Großfamilie ernähren müssen, aber bei den Rebellen selbst nicht genug zu essen kriegen, lassen sich mit einem monatlichen Sold von der Nusra-Front, dem syrischen Al-Kaida-Ableger, abwerben.

Die nationalen Rebellen merken bald: Je islamischer eine Brigade auftritt, desto mehr Unterstützung bekommt sie, denn die Hauptfinanziers Saudi-Arabien, Türkei und Katar legen Wert auf eine islamische Gesinnung. Schwarzweiße Stirnbänder und Fahnen mit dem islamischen Glaubensbekenntnis sowie eine religiöse Rhetorik prägen deshalb zunehmend die selbstgedrehten Videos von Eroberungen und militärischen Zusammenschlüssen, die im Internet kursieren. Für den westlichen Beobachter sehen diese Gruppen irgendwann alle gleich aus – radikal, islamistisch, dschihadistisch.

Aber wir müssen unterscheiden. Zunächst zwischen syrischen und ausländischen Kämpfern. Syrischen Gruppen geht es – egal, ob sie in unseren Augen «gemäßigt-national-säkular» oder «radikal-islamisch» auftreten – um das innenpolitische Ziel, das Assad-Regime zu stürzen. Was sie stattdessen wollen, ist zum jetzigen Zeitpunkt schwer zu sagen. Die meisten Kämpfer wissen es selbst nicht. Interviews mit einzelnen Kommandeuren zeigen, dass die Vorstellungen von einer zukünftigen staatlichen Ordnung wenig ausgereift sind und dass für viele ein Bekenntnis zur Scharia nicht im Widerspruch zu religiöser Vielfalt und einer pluralen Ordnung steht.

Ausländische Verbände, vor allem die beiden großen Al-Kaida-Ableger Islamischer Staat (IS) und Nusra-Front, kämpfen dagegen für die regionale und internationale Durchsetzung ihres extremen Islamverständnisses. Für sie ist Damaskus nur eine Zwischenstation auf ihrem antiwestlichen Dschihad und Syrien mit seinen zerfallenden staatlichen Strukturen ein optimales Sammel- und Rekrutierungsgebiet.

Allerdings gibt es aus syrischer Sicht auch zwischen dem IS und der Nusra-Front wichtige Unterschiede. Während der IS überwiegend aus Nichtsyrern besteht, rekrutiert die Nusra-Front vor allem Einheimische. Der IS expandierte aus dem Irak nach Syrien, um dort

Kristin Helberg

möglichst viel Territorium für sein Kalifat zu gewinnen. Dafür ging er in die Regionen, aus denen die Opposition das Assad-Regime bereits vertrieben hatte, und griff die Rebellen an, was Assad sehr gelegen kam. Da das syrische Regime dort gezielt jeden Versuch des zivilen Neuanfangs zerbombte, hatten die Dschihadisten leichtes Spiel, zunächst als soziale Wohltäter und dann als selbsternannte Emire aufzutreten, Kleidervorschriften zu erlassen, Musik und Zigaretten zu verbieten.

Dagegen hat sich die Nusra-Front von Anfang an dem Kampf gegen das syrische Regime verschrieben. Dank ihres internationalen Al-Kaida-Netzwerkes ist sie besser ausgestattet als die syrischen Brigaden und gilt als mächtigste Gruppe unter den Assad-Gegnern. Vielerorts brauchen Syriens Rebellen – gemäßigte und islamistische – deshalb die militärische Unterstützung der Nusra-Front, um gegen die Truppen des Assad-Regimes eine Chance zu haben.

Für die Opposition ist das ein zweischneidiges Schwert. Zwar ist die Nusra-Front unter Syrern wegen ihres effektiven Kampfes gegen Assad durchaus populär. Gleichzeitig unterscheidet sich ihre radikale Auslegung des Islams kaum von der des IS, was viele Syrer abschreckt. Für den Westen ist und bleibt die Nusra-Front Al-Kaida und damit ein terroristischer Feind – wer mit ihr zusammenarbeitet, kann keine Hilfe erwarten. So mögen gemeinsame Aktionen aus Rebellensicht lokal notwendig und militärisch erfolgreich sein, für die Außenwirkung sind sie fatal.

Der Kampf gegen den Terror ist zum bestimmenden Thema in Syrien geworden. Die professionell in Szene gesetzten Schreckenstaten des IS – das Köpfen ausländischer Journalisten, das Verbrennen eines jordanischen Piloten oder öffentliche Massenhinrichtungen – widern uns so an, dass wir den Massenmord des Assad-Regimes verdrängen. Und so kommt es, dass manch ahnungsloser Politiker tatsächlich meint, Baschar al-Assad sei ein «geringeres Übel» und ein Partner im Kampf gegen den Islamischen Staat. Dabei brauchen sich Assad und der IS gegenseitig, um zu existieren. Sie sind die zwei Seiten der gleichen Terrormedaille in Syrien.

Nur auf den ersten Blick wirken das pseudosäkulare syrische Regime und die religiösen Fanatiker vom IS wie Feinde. In Wirklichkeit folgen jedoch beide der gleichen totalitären Ideologie. «Entweder du bist für uns, oder wir vernichten dich» – nach dieser Maxime handelt sowohl Assad als auch IS-Führer Abu Bakr al-Baghdadi. Was Assads Schergen mit syrischen Zivilisten machen, ist dabei nicht besser als der Terror des IS. Ihre Verbrechen gegen die Menschlichkeit – erstochene Kleinkinder, Massenvergewaltigungen, zu Tode gefolterte Gefangene, Aushungern ganzer Stadtteile, Fassbomben auf Wohngebiete sowie gezielte Angriffe auf Krankenhäuser und Schulen – sind noch dazu systematisch. Der einzige Unterschied ist, dass die Dschihadisten ihre Gräueltaten medial inszenieren, während die Machthaber in Damaskus sie vertuschen. Der IS brüstet sich damit, Assad verleugnet sie.

Dennoch ist der IS für den Westen die größere Bedrohung, schließlich tötet das Assad-Regime «nur» Syrer, während IS-Anhänger schon bald die erste große Bombe in Europa zünden könnten. Sollten wir also doch Russlands Vorschlag folgen und gemeinsam mit Assad gegen den IS vorgehen? Nein. Denn Assad bekämpft die Dschihadisten gar nicht, er will sie nicht besiegen, er wäre militärisch auch nicht in der Lage dazu und hat der internationalen Anti-IS-Allianz folglich nichts anzubieten.

Viereinhalb Jahre lang hat das syrische Regime alles dafür getan, radikale Islamisten zu seinem mächtigsten Feind zu machen. Assads «Terroristen» waren aufmüpfige Schulkinder, Plakate malende Aktivisten, friedliche Demonstranten, Medikamente schmuggelnde Frauen, Journalisten, Ärzte und Sanitäter, christliche Filmemacher, alawitische Deserteure und national gesinnte Kämpfer. Diese gemäßigten Kräfte hat Assad mit größtmöglicher Brutalität bekämpft, während er die ab Anfang 2013 ins Land strömenden Dschihadisten geduldet, geschont und sogar gestärkt hat.

Die unsägliche Allianz zwischen Assad und dem IS hat weite Teile des Nordens und Ostens, ein Drittel des syrischen Staatsgebietes, zum Kalifat gemacht. Assad braucht den Islamischen Staat als Schreckgespenst, um die Syrer und die Welt in Angst zu versetzen. Sein plumpes

Kristin Helberg

«Entweder wir oder die Terroristen»-Argument ist nichts anderes als Propaganda zum eigenen Machterhalt.

Assad ist folglich die Ursache des Problems, er kann kein Teil der Lösung sein. Mit ihm lässt sich Syrien nicht stabilisieren, denn er selbst ist der Hauptverursacher von «Instabilität», indem er mit seiner Luftwaffe mindestens siebenmal so viele Zivilisten tötet wie der IS, geächtete Fassbomben abwerfen lässt (mehr als 11 000 seit dem UN-Verbot im Februar 2014), chemische Stoffe einsetzt (mehr als 130 Angriffe mit Chlorgas seit der Androhung von Gegenmaßnahmen in UN-Resolution 2118 vom September 2013) und etwa 500 000 Menschen in abgeriegelten Gebieten aushungert.

Hinter diesen Zahlen verbirgt sich unermessliches Leid, von dem wir wenig wissen. Männer, die mit bloßen Händen in Geröllhaufen graben, die Minuten zuvor mehrstöckige Wohnhäuser waren, um ihre verschütteten Kinder zu finden. Frauen, die beim Schmuggeln von Lebensmitteln erwischt werden, verhaftet und in den Folterzentren des Regimes von mehreren Soldaten gleichzeitig vergewaltigt werden. Wir erfahren nichts von den Eltern in Mouadamiye, einem abgeriegelten Vorort von Damaskus, die über Wochen hilflos zusehen müssen, wie ihre einzige siebenjährige Tochter ein Bündel aus Haut und Knochen wird und schließlich verhungert. Und von den Müttern, die im Winter unter zugigen Zeltplanen neben ihren erfrorenen Kindern aufwachen. Von manchen Jugendlichen werden wir womöglich nie etwas hören. Denn nachdem sie mit ansehen mussten, wie ihre Väter oder Brüder hingerichtet wurden, sind sie verstummt.

Es ist Assad, der Millionen Menschen treibt – über die Grenzen in die Nachbarländer und nach Europa oder direkt in die Arme des IS. Jedes zerbombte Krankenhaus und jeder in Blut getränkte Marktplatz lässt Menschen verzweifeln und sich radikalisieren. Wenn weder gemäßigte Kräfte noch die UN den Syrern Schutz bieten können, dann erscheint der IS irgendwann als letzte Rettung. Schon jetzt inszeniert sich die Terrorgruppe als Schutzmacht der Sunniten im weltweiten Krieg gegen den Islam. Eine Katastrophe, die zeigt, dass der IS nicht nur militärisch, sondern auch ideologisch bekämpft werden muss.

Dafür braucht es vor allem eines: eine glaubwürdige Alternative zu Assad. Das Ende des Regimes ist die Voraussetzung für einen Sieg über den IS, denn erst dann können die Syrer einen geeinten Kampf gegen den Terror führen. Je schneller das auch Iran und Russland begreifen, desto besser – schließlich sind sie es, die das Überleben Assads militärisch und finanziell sichern.

Ohne seine beiden Sponsoren wäre Assad längst am Ende. Abgesehen von wenigen Eliteeinheiten, die dem Präsidenten direkt unterstehen, existiert die Syrisch-Arabische Armee nicht mehr. Die verbliebenen Truppen werden vom Iran gesteuert und von Russlands Luftwaffe unterstützt, daneben kämpfen die libanesische Hisbollah, schiitische Milizionäre aus Afghanistan und Irak sowie die National Defense Forces (NDF) – lokale Milizen, die sich aus konfessionell organisierten Bürgerwehren entwickelt haben. Ihre Anführer sind durch Schmuggel, Schutzgelderpressung und Entführungen zum Teil so mächtig geworden, dass sie Befehle aus Damaskus, die ihren Interessen zuwiderlaufen, schlicht ignorieren.

Assad hat für den Kampf gegen den IS nichts anzubieten, vor allem keine Bodentruppen, die der Westen dringend bräuchte, um Gebiete mit einheimischen Verbündeten zu sichern. Bei den bislang eher seltenen direkten Konfrontationen zwischen IS und dem syrischen Regime zum Beispiel in Palmyra sind Assads Soldaten davongerannt. Und die alawitischen Milizen-Führer beschränken sich darauf, im Westen des Landes ihr Dorf, ihren Stadtteil und ihren Clan zu beschützen – sie sind nicht bereit, im Osten gegen den IS zu kämpfen. Partner im Anti-Terror-Kampf können folglich nur jene sein, die sich dem IS im Nordosten entgegenstellen: die Kurden, genauer gesagt die Volksverteidigungseinheiten der PKK-nahen Partei der Demokratischen Union (PYD), verschiedene moderate (arabische) Rebellenverbände und assyrische (christliche) Kämpfer.

Das Wichtigste wäre aber, endlich auf die Menschen im Land zu hören, die sich seit Jahren für ein freies, plurales und demokratisches Syrien einsetzen. In den oppositionell kontrollierten Gebieten – also jenen, die Assad mit russischer Unterstützung angreift – gibt es acht

Kristin Helberg

demokratisch legitimierte Provinzräte sowie Hunderte lokale Räte und zivilgesellschaftliche Gruppen, die sich um die Versorgung der Bevölkerung, die Instandsetzung von Infrastruktur und eine kommunale Verwaltung bemühen. Die meiste Zeit sind diese Leute jedoch mit dem Ausheben von Massengräbern, der Versorgung von Verletzten und dem Beschaffen von Essen und Medikamenten beschäftigt statt mit dem Aufbau eines neuen Syrien, für das sie jahrelang demonstriert haben.

Dr. Abdulaziz zum Beispiel ist einer von drei Dutzend Ärzten für 300 000 Menschen im rebellenkontrollierten Teil von Aleppo, die nur noch unterirdisch arbeiten können, weil sämtliche Krankenhäuser zerstört wurden. Nach Bombenangriffen steht er als einziger Chirurg in einer winzigen Untergrundklinik vor dreißig bis vierzig Schwerverletzten und muss schnell entscheiden, wem er hilft. «Jemanden mit 10 Prozent Überlebenschance kann ich nicht operieren, denn in dieser Zeit verliere ich andere Patienten. Ich schiebe ihn also vor den Augen der Familie in den OP-Raum, schließe die Tür und lasse ihn sterben.» Ihr aus Deutschland gespendeter Krankenwagen wurde zweimal bei Bombenangriffen beschädigt und zuletzt von einem Scharfschützen zerschossen. Warum? «Weil es ein Verbrechen ist, einen Verletzten zu transportieren. Für dieses Regime ist unsere Arbeit ein Verbrechen.» Mehr als 500 Ärzte, Pfleger und Sanitäter sind in Syrien seit 2011 ums Leben gekommen.

Oder Raed al-Saleh, der Chef der «White Helmets», der zivilen Rettungskräfte in diesen Gebieten. Er sucht mit seinen Kollegen nach Verschütteten und muss dabei ständig fürchten, selbst getroffen zu werden, wie bereits 92 «Weißhelme», von denen die meisten bei Doppelschlägen zurückkehrender Flugzeuge getötet wurden. Die freiwilligen Retter graben, wo sie ein Klopfen, Rufen oder ein Baby schreien hören. Zehn Kinder sterben in Syrien jeden Tag durch die Luftangriffe des Regimes. Im Juni 2015 spricht Saleh in New York vor dem «WeltUNsicherheitsrat», wie ihn die Syrer inzwischen nennen. Die willkürliche Bombardierung von Zivilisten sei der Hauptfluchtgrund für Millionen von Syrern, das größte Hindernis beim Aufbau einer effektiven zivilen Verwaltung und der beste Nährstoff für Extremismus, sagt er. Seine einzige Forderung: eine Intervention, die diese Luftangriffe stoppt.

Wir könnten auch auf Zaina Erhaim hören, eine syrische Journalistin, die ihren BBC-Job in London aufgab, um in Aleppo junge Kollegen auszubilden, und die den klaren blauen Himmel als größte Bedrohung für sich und Millionen von Zivilisten nennt. Oder auf den alawitischen Deserteur, den die Frage, ob er Angst vor dem hat, was nach Assad kommt, nur noch nervt. «Es geht nicht darum, dass radikale Gruppen die Macht übernehmen, wenn das Regime stürzt – nein, es geht darum, dass dieser Radikalismus zunehmen wird, solange das Regime an der Macht ist. Die Präsenz des Regimes ist der eigentliche Terror. Wie sollte ich da die Alternative fürchten?»

Und wir sollten uns an Menschen wie Razan Zeitouneh erinnern, die Menschenrechtsanwältin in den östlichen Vororten von Damaskus, die am 21. August 2013 die Leichen in den Straßen sieht und die Schreie der Mütter hört, als sie ihre Kinder darunter finden. Damals sterben bei Giftgasangriffen des Regimes mehr als 1300 Menschen. Die Welt ist schockiert. Und stellt Assad kurz darauf einen Freibrief zum Töten aus. Denn die UN-Resolution 2118 impliziert: Wenn Assad seine Chemiewaffen abgibt, darf er weitermorden, wie er will. So zumindest verstehen es Aktivisten wie Zeitouneh. Und so versteht es auch Baschar al-Assad, der im Oktober 2013 Ost-Ghouta komplett abriegeln und täglich bombardieren lässt.

Appelle seien nutzlos geworden, schreibt die in Europa mit Preisen überschüttete Rechtsanwältin wenig später. «Es ist, als ob eine dicke Mauer alle Hilferufe an den ‹zivilisierten› Westen zurückhalten würde.»

Zwei Jahre später ist alles noch schlimmer geworden. Im ersten Halbjahr 2015 greift Assads Luftwaffe in Ost-Ghouta zwölf Märkte, elf Schulen, zehn Gotteshäuser und neun medizinische Einrichtungen an. Durch die Abriegelung sterben in dieser Zeit 67 Kinder und 27 Frauen an Unterernährung und fehlender medizinischer Hilfe. Abou Adnan hält es nicht mehr aus. Der 26-jährige Mediziner kann

　Kristin Helberg

sein Studium nicht beenden und assistiert als angehender Chirurg in einer der dreizehn provisorischen Untergrundkliniken, die die Hilfsorganisation Ärzte ohne Grenzen im belagerten Ost-Ghouta unterstützt. Ihren Angaben zufolge war im August 2015 jedes vierte Opfer – ob tot oder verletzt – ein Kind unter fünf Jahren. Abou Adnan macht sich auf den Weg, durch zwanzig Checkpoints mit gefälschten Papieren. Er will endlich «normale Operationen lernen, statt Granatsplitter aus Kinderbeinen zu ziehen». Deshalb ist Abou Adnan jetzt in Deutschland.

Alle diese Syrer – Aktivisten, Oppositionelle und einfache Bürger – verstehen nicht, warum der Westen nicht bereit ist, sie zu schützen. Um weltweit Gehör zu finden, haben sich mehr als hundert zivilgesellschaftliche Gruppen zu der Plattform «Planet Syria» zusammengeschlossen. Mit Hilfe der Internet-Kampagne «The Syria Campaign» fordern sie ein Ende der Luftangriffe auf Zivilisten, wenn nötig durch die Einrichtung einer Flugverbotszone.

Eine solche Zone würde nicht nur Menschenleben retten, Flüchtlingen eine Rückkehr ermöglichen und der Opposition den nötigen Raum für den Aufbau einer neuen Ordnung bieten. Sie würde auch Assad an den Verhandlungstisch zwingen und Russland und Iran ein Umdenken erleichtern. Schutzzonen sind der Schlüssel zu einer politischen Lösung in Syrien. Ohne sie keine Alternative zu Assad, kein Übergang in Damaskus und kein Sieg über den IS. Und ohne sie kein Ende der Flüchtlingskrise in Deutschland.

Solange die Syrer in ihrer Heimat keinen Schutz bekommen, werden wir ihnen diesen Schutz in Europa gewähren müssen. In Deutschland sind sie grundsätzlich willkommen. Ihr Land liegt in Trümmern, sie haben Schreckliches erlebt, sind schwer traumatisiert und haben deshalb unsere Solidarität und ein Aufenthaltsrecht im Schnellverfahren verdient.

Genau genommen sind die Syrer weder Einwanderer – für die wir dringend ein Einwanderungsgesetz bräuchten – noch in ihrer Mehrheit politisch Verfolgte mit Ausnahme von oppositionellen Politikern und Aktivisten, für die es ein verfassungsrechtlich verankertes und nicht verhandelbares Asylrecht gibt. Sie sind Kriegsflüchtlinge, für die die Bundesregierung aus humanitären Gründen bestimmte Kontingente einrichten kann, wie sie es in der Vergangenheit zum Beispiel für vietnamesische oder bosnische Flüchtlinge getan hat.

Die für Syrer beschlossenen Bundesaufnahmeprogramme – 20 000 Plätze seit 2013 – sind jedoch so unzureichend, dass sich die Menschen andere Wege suchen müssen. Legal geht es nur für Syrer mit wohlhabenden Verwandten in Deutschland, denn diese müssen mit einer Bürgschaft nachweisen, dass sie für den Unterhalt der Flüchtenden aufkommen können. Alle anderen können nur illegal kommen – mit gefälschten Papieren und Visa oder über das Mittelmeer und den Balkan.

Folglich geben viele Syrer ihre letzten Ersparnisse den Schleppern und kommen mittellos und am Ende ihrer Kräfte bei uns an. Die sinnvollere Alternative wären großzügige Kontingente, mit denen man die Menschen nach humanitären Kriterien aussuchen und geregelt und sicher nach Deutschland bringen könnte, und zwar an Orte, wo man bereits die notwendigen Voraussetzungen für Unterkunft, Integration, Spracherwerb und Bildung geschaffen hat. Die Vorteile liegen auf der Hand: Die Menschen kämen, ohne ihr Leben zu riskieren, Deutschland wüsste genau, wer wann kommt, der Bund könnte die Syrer von Anfang an fair verteilen, und Kommunen und Gemeinden könnten sich und ihre Bewohner entsprechend vorbereiten.

Fast fünf Jahre lang lassen wir die Syrer nun schon im Stich – politisch, militärisch und humanitär. Das Mindeste, was wir für sie tun können, wäre, ihnen einen legalen und sicheren Weg nach Europa zu eröffnen. Dann würde aus der «unkontrollierbaren Flut» bald ein geregelter Zugang wirklich Hilfsbedürftiger.

Norbert Mappes-Niediek und Dušan Reljić

«GEH AUCH DU!»
Warum Zehntausende vom Balkan nach Westen wandern

Die Szene: eine Oda, der Empfangsraum in einem typisch albanischen Haus im ländlichen Kosovo. Der Familienpatriarch, den traditionellen Plis auf dem Kopf, die weiße Filzkappe, hat seine erwachsenen Söhne um sich versammelt. Mit schwerem Herzen beginnt der Alte zu sprechen: «Luan ist gegangen. Astrit ist gegangen», seufzt tief und sagt mit bebender Stimme: «Es ist Zeit, dass auch ihr geht!» Dann ein Schnitt und die befehlende Stimme aus dem Off: «Geh auch du!»

Was anfängt wie ein Filmepos über die große Wanderung der Albaner nach Westen, ist bloß der Werbespot eines Mobilfunkanbieters: Alle sollen weg von der alten Telefongesellschaft zum neuen Provider. So erfolgreich war der Jingle, dass die Konkurrenz gleich einen hinterherschob – mit einem gewissen Hasan, den alle seine Freunde ungläubig bedrängten: Was? Du bist zurückgekehrt? Gemeint war wieder nur das Handynetz. So traurig die Gründe für die Massenflucht im Einzelnen sind: Es darf auch gelacht werden. Ein Element von Sarkasmus, aber auch von Aufbruch und Hoffnung ist immer mit dabei.

Die Spots fangen alles ein, was man sonst noch über die jüngste Fluchtwelle vom Balkan verstehen muss: den massenhaften Charakter, die Endgültigkeit, die Geschwindigkeit, das Imperative. Einer nach dem anderen geht. Es gehen nicht nur die jungen Männer, wie es seit vielen Jahren üblich ist; diesmal gehen ganze Familien. Und wer geht, plant die Rückkehr höchstens zum Besuch.

Anfang Dezember 2014 wunderten sich die Angestellten auf dem Busbahnhof von Priština, der Hauptstadt des Kosovo, über die vielen Familien mit Kindern, die schon am frühen Morgen in der Schalterhalle auf bauchigen Plastiktaschen saßen. Von Tag zu Tag wurden es mehr. Den Anfang machten Roma aus Fusha e Kosovës/Kosovo Polje und Vushtrri/Vučitrn. Ganze Siedlungen leerten sich im Nu. Mit dem Bus ging es nach Subotica in Nordserbien, von dort für 250 Euro mit einem lokalen Schleuser übers Feld nach Ungarn, dann weiter über die damals noch unkontrollierten Grenzen bis nach Deutschland. In Deutschland wunderten sich die Mitarbeiter der Asylbehörden: Was mochte der Grund für die offenbar panikartige Ausreise sein – noch dazu aus einer, wie allgemein angenommen, jungen Demokratie, einem Land, das Krieg und die Ausrufung der Unabhängigkeit hinter sich hat und nach wie vor von westlichen Regierungen genauestens politisch überwacht wird?

Die ersten Vermutungen galten «Schleppern» und ihren gezielten Desinformationen über ein paradiesisches Leben in Deutschland. Kosovos albanisch dominierte Behörden führten gern «Strukturen der organisierten Kriminalität» und besonders die «serbische Mafia» an, wenn es galt, die Massenflucht zu erklären. Aber nichts Illegales ist im Spiel, wenn Kosovaren bis an die serbisch-ungarische Grenze reisen. Viele haben auch noch den serbischen Personalausweis oder einen serbischen Pass, zeigen in Deutschland dann aber den kosovarischen vor. Die anderen bekommen am Übergang zu Serbien ein provisorisches Reisedokument ausgehändigt, das sie zu einwöchigem Aufenthalt in Serbien berechtigt. Von Subotica im Norden Serbiens geht es für 250 Euro oder mehr mit einem lokalen Schleuser über die Grenze nach Ungarn, schließlich mit Reisebussen weiter nach Deutschland.

Rasche Rückschiebungen, eine Informationskampagne der Bundesregierung und viele Warnungen der kosovarischen Politiker verlangsamten die Welle im März 2015. Aber wenig später folgte eine zweite, diesmal aus Albanien. Als im Frühjahr Flüchtlinge aus den Kriegsgebieten im Nahen und Mittleren Osten zu Hunderttausenden über die Balkanroute nach Westen zogen, nutzten auch Zehntausende Albaner die Strecke. Unter Asylbewerbern in Deutschland war das von keinem Konflikt befallene Albanien nach Syrien das zweitstärkste Herkunftsland.

Norbert Mappes-Niediek und Dušan Reljić

Die Flüchtlinge vom Balkan kommen aus sechs kleinen Ländern, die nach einem Beschluss des Europäischen Rates aus dem Jahr 2003 über kurz oder lang alle Mitglieder der Union werden sollen. Nachdem das Kosovo sich 2008 für unabhängig erklärt hat und Kroatien 2013 Mitglied geworden ist, sind das nunmehr Albanien, Kosovo, Serbien, Mazedonien, Bosnien und Herzegowina, Montenegro. In keinem der Länder herrscht Krieg, nur in sehr seltenen Fällen, namentlich in Mazedonien*, lässt sich über eine politische Verfolgung argumentieren. Erhebliche Entwicklungskredite der internationalen Finanzinstitutionen und EU-Mittel für die Vorbereitung des Beitritts zur Union fließen in die Region. Die Kommission in Brüssel prüft die staatlichen Haushaltspläne und dokumentiert jährlich insgesamt die Fortschritte der Beitrittsaspiranten.

Die Annäherung an den großen Wirtschaftsraum Europa bringt aber auch eine fatale Dynamik mit sich: Was im eigenen Land erwirtschaftet wird, geht in den Konsum von Waren aus Deutschland, Italien und anderen starken Industrieländern im Westen; eigene Produkte können mit der Konkurrenz aus den hochproduktiven EU-Ländern bei weitem nicht Schritt halten. Etwa zwei Drittel ihres Außenhandels wickeln die Länder der Region mit der EU ab, vor allem mit Deutschland und Italien. Annähernd 90 Prozent des Bankkapitals gehören einigen wenigen Finanzinstituten aus den EU-Ländern. Direktinvestitionen in die Handvoll gewinnbringender Sparten wie Telekommunikation, Versicherungen oder Einzelhandel entstammen derselben Quelle. Je mehr aber der Westbalkan in Westeuropa kauft oder als Profite ausländischer Anleger dorthin transferiert, desto weniger kann er selbst produzieren oder neu investieren.

Die beschäftigungsintensiven Industriebranchen aus der sozia-

---

* Anfang 2015 verzeichnete das Skopjoter Helsinki-Komitee ein rundes Dutzend politischer Gefangener, Opfer der zunehmend autoritären Regierung unter Nikola Gruevski. Mindestens einer von ihnen beantragte und bekam in Deutschland politisches Asyl. Mit der Flüchtlingswelle haben diese Fälle aber nichts zu tun.

listischen Zeit traf es als Erste. Sogar in den Wachstumssparten, bei Dienstleistungen und in der Agrar- und Lebensmittelindustrie, geht mit dem Anstieg der Produktivität die Beschäftigung inzwischen zurück. So staut sich Migrationsdruck auf: Da die Arbeitsplätze nicht zu den Menschen kommen, gehen die Menschen zu den Arbeitsplätzen.

Nichts spricht dafür, dass die Dynamik sich bald umkehren oder auch nur abschwächen würde. Im Durchschnitt erreichen die «Restbalkan»-Länder nach Angaben der Weltbank etwa 33 Prozent des Pro-Kopf-Einkommens in der EU. Wollten sie den EU-Durchschnitt erreichen, so müsste ihre Wirtschaft in jedem einzelnen der kommenden 20 Jahre um 6 Prozent wachsen. Rechnet man die gegenwärtigen geringen Wachstumsraten des Jahres 2015 hoch, kommen sie auch 2035 auf höchstens etwa 40 Prozent des EU-Schnitts. Dazu kommt noch die Vergreisung der Bevölkerung: Schon jetzt gehören die Einwohner dieser Gebiete, mit der Ausnahme Albaniens und des Kosovo, zu den 20 Staaten mit der ältesten Bevölkerung in der Welt. Mit einer alten, in der Bildung zurückfallenden Bevölkerung lassen sich wirtschaftlich keine großen Sprünge machen.

Am Einwanderungsdruck der Albaner und Roma vom Balkan wird sich aber zumindest in den nächsten ein bis zwei Jahrzehnten wenig ändern. Diese ethnischen Gruppen haben nach wie vor hohe Geburtenraten, und es migrieren Menschen aus allen Bevölkerungsschichten. In Serbien, Mazedonien, Montenegro und Bosnien-Herzegowina ist hingegen schon jetzt der Mangel an Fachkräften zu spüren. Aus diesen Ländern werden, wie schon jetzt, die am besten Gebildeten ihr Wohlergehen im Ausland suchen.

Armutsbekämpfung gehört zwar zu den UN-Millenniumszielen, und die EU-Kommission achtet darauf, dass alle Beitrittskandidaten entsprechende Programme auflegen. Für Erfolge dabei fehlt den Volkswirtschaften aber die Kraft, den meisten Regierungen die Fähigkeit und nicht selten der Wille, die weitverbreitete Korruption zu unterbinden.

Seit Beginn der europäischen Finanzkrise 2008/2009 sind die Ausgaben für den persönlichen Konsum überall auf dem Balkan gesunken. Gestiegen dagegen ist die Zahl der Armen, und die Lücke zwischen ihren bescheidenen Einkünften und dem Durchschnittseinkommen ist kleiner geworden. Die Emigration macht die Lage für die Daheimbleibenden noch schwieriger: Je mehr Menschen auswandern, desto mehr Rentner und Arbeitslose müssen von einer schrumpfenden Zahl der Beschäftigten ausgehalten werden. Seit langem drücken die Ausgaben für die Renten auf die Haushalte. Die meisten Balkanstaaten sind inzwischen hoch verschuldet; für Bildung oder gar für Investitionen in die Infrastruktur bleibt wenig übrig.

Im Kosovo liegt das durchschnittliche Pro-Kopf-Einkommen unter einem Zehntel des EU-Schnitts. Jeder zweite Kosovare lebt von weniger als 1,42 Euro am Tag, jeder sechste hat gar weniger als 94 Euro-Cent. Jedes sechste Kind ist unterernährt. Die Arbeitslosigkeit ist mit geschätzten 50 Prozent die höchste in Europa. Nach Zahlen der Weltbank besuchen 35 Prozent der 15- bis 24-Jährigen weder eine Schule oder Universität, noch gehen sie einer Beschäftigung nach.

Das Kosovo hat die jüngste Bevölkerung Europas; jedes Jahr kommen annähernd 30 000 Kinder zur Welt, und bis zu 50 000 junge Schulabgänger drängen auf einen überfüllten Arbeitsmarkt. Schon zu jugoslawischer Zeit hielt die Beschäftigungsentwicklung mit dem Geburtenüberschuss nicht Schritt. Kosovo-Albaner suchten in großer Zahl in anderen Teilrepubliken ihr Glück; am besten sichtbar waren sie – und sind sie oft noch heute – als Betreiber von Konditoreien, Eisdielen und Imbissstuben.

Unter den jugoslawischen Gastarbeitern der 1960er und 1970er Jahre waren Albaner aus dem Kosovo noch unterrepräsentiert. Ihre massenhafte Emigration begann mit dem Zerfall des Vielvölkerstaates nach 1990. Nach einer gewaltigen Welle von Flucht und Vertreibung im Krieg des Jahres 1999 und einer ebenso gewaltigen Rückwanderungswelle danach hat die Abwanderung rasch wieder zugenommen. Man schätzt, dass 2014 und 2015 über 100 000 Albaner das Kosovo verlassen haben – das sind immerhin etwa 6 Prozent der Gesamtbevölkerung. Wer daheim bleibt, lebt oft von dem Geld, das im Ausland arbeitende

Verwandte nach Hause schicken – die Gastarbeiterüberweisungen werden auf 600 Millionen Euro jährlich geschätzt. Das heißt zugleich: Wenn Westeuropa einen Schnupfen hat, bekommt das Kosovo eine Lungenentzündung.

Auch in Albanien liegen die wirtschaftlichen Ursachen für die Migration auf der Hand. Nach Wachstumsraten von mehr als 5 Prozent in den Nullerjahren und einer Halbierung der Armut führte die Eurokrise ab 2008 zu einem kräftigen Abschwung. Geldsendungen von Emigranten hatten bis dahin etwa 18 Prozent des Bruttoinlandsprodukts ausgemacht. Weil viele Albaner aber in Griechenland und in Italien ihre Arbeit verloren, ging der Anteil bis 2012 auf zehn Prozent zurück und brach dann Anfang 2013 noch einmal erheblich ein.

Emigration ist, wie im Kosovo, auch in Albanien schon lange ein festes Schema. Zwischen 1991 und 2010 sind mehr als 1,4 Millionen Albaner ins Ausland gegangen, fast jeder zweite. Gleich nach dem Zusammenbruch des Kommunismus flüchteten Hunderttausende über die Adria nach Italien, dessen Fernsehprogramm man in der ansonsten hermetisch abgeschlossenen Diktatur hatte empfangen können. Es folgte eine Welle der Arbeitsmigration nach Griechenland. Die Zahl der albanischen Staatsbürger in Griechenland wurde vor der Finanz- und Wirtschaftskrise auf 650 000 geschätzt, und in Italien ging man von 800 000 aus. Als erst Griechenland und dann Italien in die Krise rutschten, kam eine nicht genau bestimmbare Zahl von ihnen zurück. Sie finden sich in der Welt zurecht, sprechen eine oder mehrere Fremdsprachen, können traditionell auf umfassende Unterstützung durch Mitglieder der erweiterten Familie rechnen und machen sich leichter wieder auf den Weg als andere.

Zu den Gebieten, in denen die Auswanderung Züge eines Exodus annimmt, gehört auch der vorwiegend muslimische Norden Montenegros; binnen vier Monaten sind 2015 zwei Prozent der Bevölkerung fortgegangen. Etwa die Hälfte dieser Emigranten fand sich dann in der deutschen Asylstatistik wieder.

Von der Art und Dimension des Problems gibt die Asylstatistik allerdings nur einen verzerrten Eindruck wieder. Man sucht sich für

Norbert Mappes-Niediek und Dušan Reljić

den Weg nach Westen das Ticket, das sich gerade anbietet; wer keine Chance auf eine Arbeitserlaubnis hat, beantragt eben Asyl.

Auch aus allen anderen Ländern der Region wandert die Bevölkerung ab, wenn auch meistens auf einem anderen Ticket. Vor allem suchen Ärzte, Ingenieure, Informationstechniker ihr Glück im Ausland. Aber auch die ganz Armen: In Serbien und in Mazedonien, wo seit 2009 der Anteil der Armen wieder steigt, leert sich der strukturschwache Osten immer weiter aus; viele Dörfer sind schon ganz oder fast ganz verlassen. In Ostserbien überwiegen am verlängerten Wochenende auf den Straßen Autos mit österreichischem Kennzeichen. So gut wie jeder hier hat schon Verwandte im Ausland; Familiennachzug oder eine Arbeitserlaubnis sind deren häufigste Aufenthaltstitel.

Dass es Roma waren, die oft als Erste in Bussen aus dem Kosovo kamen, verführt zu dem Missverständnis, der Exodus sei vor allem ein Problem dieser Bevölkerungsgruppe. Im Sommer 2015 gab die deutsche Bundesregierung auf Anfrage der Linken Zahlen über den Anteil der Roma an den Ankömmlingen preis: Unter den Asylbewerbern aus Serbien sollen es 91, unter denen aus Albanien neun Prozent sein. In den anderen Ländern liege der Anteil zwischen 42 Prozent in Montenegro und 72 in Mazedonien – wobei aus diesen Staaten wesentlich weniger Asylbewerber verzeichnet wurden. Zu den Roma zählt die Bundesregierung jeden, der sich in seinem Asylantrag zu dieser Ethnie bekennt. Das kann, vor allem bei Bewerbern aus dem Kosovo und aus Serbien, allerdings auch taktische Gründe haben, denn die Zugehörigkeit zur Minderheit ist für manche Gerichte ein Abschiebungshindernis.

Tatsächlich sind Roma, aber auch Minderheiten in strukturschwachen Gebieten wie Gorani, Torbeschen, Bosniaken, von Armut besonders stark betroffen. Weder dass die Roma Opfer von Verfolgung wären, lässt sich halten, noch die entgegengesetzte These: Sie seien «integrationsunfähig» und allein hinter Sozialleistungen her. Auch Roma sind teilweise – und waren in besseren Zeiten – ganz in die Arbeitsmärkte der Länder integriert, auf dem Bau oder als beliebte «Handymen» für Restaurants, Hotels, Tankstellen und öffentliche Gebäude. Nur bekommen sie die Arbeits- und Perspektivlosigkeit stets als Erste zu spüren. Wo Arbeit knapp ist, stehen für jeden freien Platz genügend qualifizierte Bewerber zur Verfügung; man nimmt dann den Verwandten, den aus demselben Dorf oder wenigstens aus der eigenen ethnischen Gruppe. Unter denen, die sich vor einem deutschen Asylamt als Roma deklarieren, finden sich Familien, die zu Hause niemand zu dieser Minderheit rechnen würde, ebenso wie gut integrierte Erwerbsfähige und -tätige. Es sind auch Menschen darunter, die in einem kaum vorstellbaren Elend leben. Die Erkenntnis, dass sie letztendlich kein Asyl bekommen werden, schreckt sie nicht ab. Die wenigen Monate, die sie eventuell in einer deutschen Sammelunterkunft verbringen dürfen, stellen für sie schon eine gewaltige Verbesserung der Lebensqualität dar. Viele sind chronisch krank und sehen zu Recht die kostenlose Behandlung in Deutschland als einzige Überlebenschance.

Kurzfristig abstellen lassen wird die Abwanderung vom Balkan sich nicht, und es gibt, auf längere Sicht gesehen, auch keinen guten Grund dafür. Die Region gehört schon längst weitgehend zum zollfreien europäischen Handelsraum, durch die laufende Übernahme der EU-Rechtsvorschriften passt sie sich auch juristisch und insgesamt systemisch immer mehr der EU an. Wenn legale Beschäftigungsmöglichkeiten in der EU für die zukünftigen EU-Bürger vom Westbalkan noch vor dem Beitritt dieser Länder eingeführt werden (wie z. B. die Bundesregierung im Herbst 2015 angekündigt hat), wäre das ein Gewinn für beide Seiten. Die Ursachen für den panikartigen Verlauf der Migrationswellen könnten eingedämmt werden, der Verödung und Entvölkerung ganzer Regionen und der Fehlsteuerung, die arbeits- und perspektivlose Menschen auf das für diesen Zweck untaugliche Asylrecht verweist, wäre entgegengewirkt.

Das Versprechen, die Restbalkanländer in die EU zu integrieren, wurde 2003 vor allem in Erinnerung an die jugoslawischen Nachfolgekriege mit dem Ziel abgegeben, dort neue Krisen und Fluchtbewegungen zu verhindern. Erreichbar ist das Ziel nur, solange die Menschen an die Beitrittsperspektive glauben. Die jüngsten Flucht-

Norbert Mappes-Niediek und Dušan Reljić

wellen zeigen: Sie glauben immer weniger daran. Seit 2003 sind rund eine halbe Million Kosovaren neu auf den Arbeitsmarkt gekommen, aber noch immer brauchen sie, als einziges Volk auf dem Balkan, selbst für Besuchsreisen eine Einreiseerlaubnis, ein Visum. Damit die europäische Zukunft ein glaubwürdiges Ziel bleibt, muss die Union Hindernisse ab- statt aufbauen, sich beim Aufbau stärker engagieren, mit Infrastrukturprogrammen Beschäftigung schaffen und einen Weg aus der Schuldenfalle weisen.

In Deutschland reden Wirtschaft und Politik über Fachkräftemangel, die «Blue Card» für Hochqualifizierte, über Willkommenskultur und gefährdete Rentenkassen. Gleichzeitig wächst ein paar hundert Kilometer südöstlich eine bildungshungrige, reisefreudige, vielsprachige Generation in die Arbeits- und Perspektivlosigkeit hinein. Aber westliche Nachfrage und südöstliches Angebot kommen schlecht zusammen. Ein deutsches Studentenvisum erhielten im Jahr 2015 gerade 54 Kosovaren – bei immerhin fast 700 Marokkanern und mehr als 3000 Indern. Eine «Blaue Karte» konnten bisher nur gezählte fünf Kosovaren ergattern. Wer es nach Deutschland schaffen will, muss entweder einen aussichtslosen Asylantrag stellen und dann untertauchen oder es über den Familiennachzug probieren.

Wer die Migration vom Balkan zu einem Erfolg machen wollte, müsste bei der Jugend ansetzen. In der Berufsausbildung ist der Balkan hinter die sozialistischen Jahre zurückgefallen. Kriege, Unruhen und vor allem der Zusammenbruch der Industrie sowie die staatliche Sparpolitik haben ihre Spuren hinterlassen. Im Kosovo waren in den Jahren des albanischen Widerstands zwischen 1989 und 1999 die allermeisten Schulen geschlossen. Eine duale Berufsausbildung gibt es selten, schon mangels geeigneter Betriebe. Das Lehrpersonal in den Fachschulen ist schlecht bezahlt und meist ohne eigene praktische Erfahrung.

Falsche Bildungssteuerung treibt aufstrebende junge Leute ins Jura-, Politik- oder Germanistikstudium, Letzteres meistens in der irrigen Erwartung, man verbessere damit seine Chancen, nach Deutschland, Österreich oder in die Schweiz zu kommen. Für ein brauchbares natur- oder ingenieurwissenschaftliches Studium sind auch die zahl-reichen neu entstandenen privaten Unis zu schlecht ausgestattet.

Ein Programm gegen Migration ist das nicht, im Gegenteil: Bessere Ausbildung beflügelt die Auswanderung nur noch. Nicht aus jedem Land liegen Zahlen vor, aber aus Albanien sind seit 1990 geschätzte 45 Prozent der Hochschulabsolventen ins Ausland gegangen und so-gar 65 Prozent der Promovierten.

Ein Beschäftigungspakt zwischen der EU und den Balkanstaaten könnte sicherstellen, dass junge Menschen sich für den europäischen Arbeitsmarkt ausbilden und, ohne sich endgültig für ein Land ent-scheiden zu müssen, ihre Erfahrungen von dort auch in der Heimat wieder anwenden können. Nur so lässt sich vermeiden, dass Arbeits-migranten im Niedriglohnsektor der Aufnahmeländer oder in ihrem Sozialsystem landen.

Daniela Dahn

DER SCHNEE VON GESTERN
IST DIE FLUT VON HEUTE
Die historische Verantwortung des Westens
für die Flüchtlinge

Wie konnte es überhaupt zur größten Völkerwanderung der Neuzeit kommen? Erstaunlicherweise wissen das plötzlich alle ganz genau. Denn «Bekämpfung der Fluchtursachen» – in dieser Forderung gipfelt von Regierung über Opposition bis zu Bürgerversammlungen der neuen Weisheit letzter Schluss. Nur so können die Verzweifelten zum Zuhausebleiben bewegt werden. Ihre Lebensbedingungen seien im Heimatort zu verbessern. Das wäre zweifellos die naheliegende und beste Lösung. Allerdings wird dies schon seit vielen Jahrzehnten vergeblich verlangt. Warum sollte es gerade jetzt gelingen?

Vielleicht, weil die Quantität der Flüchtlinge den Sprung in eine neue Qualität des Problems vorangetrieben hat. Der reiche Westen, in dem der jetzige Turbokapitalismus, gewollt oder nicht, das Verhalten des Einzelnen prägt, fühlt sich in seinem Lebensstil und in seinem Wohlstand bedroht. Dass dieser irgendwie auch mit der Ausplünderung der sogenannten Entwicklungsländer zusammenhängt, ahnt man dunkel. So genau will man *das* wiederum nicht wissen. Wissen könnte das Gewissen belasten. Schließlich haben wir doch auch viel geholfen ...

Deshalb werden die Flüchtlingsströme ganz allgemein als Folge der Globalisierung verharmlost. Doch diese ist nie vom Himmel gefallen, war immer Menschenwerk. Sie begann mit dem Sklavenhandel, in dem fünfzig Millionen Afrikaner verschleppt oder getötet wurden, und reicht bis zu den Kriegsverbrechen der militärischen Interventionen im Irak, in Afghanistan, in Libyen und in Syrien. Jetzt aber gelte es nach vorn zu schauen, nicht alte Wunden zu lecken. Doch wer die Stachel des anhaltenden Wundschmerzes nicht lokalisiert, wird gar nicht wissen, wo vorn ist. Das Vergangene ist bekanntlich nicht vergangen. Der Schnee von gestern ist die Flut von heute. Die Ignoranz von heute ist unser Notstand von morgen. So wie wir heute ignorieren, werden wir morgen ausbaden.

Die Flüchtlinge erteilen uns eine Lektion. Es war eine Lebenslüge zu glauben, ein kleiner Teil der Welt könne auf Dauer in Frieden und Wohlstand leben, während der Großteil in Armut und Bürgerkriegen versinkt. Dass die Völkerwanderung sich früher oder später in Bewegung setzen würde, haben wir geahnt. Eigensüchtig haben wir gehofft: später. Sollen die Enkel sehen, wie sie mit unserem Erbe klarkommen. Nach uns die Sintflut.

Die Flüchtlinge vom Balkan, deren wir uns am schnellsten entledigen, sind die, deren Elend wir in jüngster Zeit am unmittelbarsten mit heraufbeschworen haben. Zunächst durch die verfrühte Anerkennung der von Separatisten abgespaltenen jugoslawischen Gebiete Slowenien und Kroatien durch den damaligen Außenminister Genscher, was, wie unschwer vorherzusehen war, zu weiteren Separationen, zu ethnischen Säuberungen und Bürgerkrieg führte. Und dann durch den als humanitäre Intervention getarnten, völkerrechtswidrigen Angriffskrieg gegen Restjugoslawien. Die von hochbezahlten PR-Agenturen behaupteten Gründe, die einen Bombenkrieg rechtfertigen sollten, waren genauso erlogen wie später die angeblichen Massenvernichtungswaffen im Irak.

Es ist diesen Lügen allerdings im Gegensatz zu denen über den Irak gelungen, sich in die Geschichte einzuschreiben. So grausam die Gemetzel in Srebrenica auch waren, sie lagen vier Jahre zurück, und nichts deutete 1999 darauf hin, dass sich Ähnliches wiederholen könnte. Berichte der OSZE, des Auswärtigen Amtes und von US-Diplomaten bestätigten unmittelbar vor dem Krieg: Es gab weder Völkermord noch ethnische Säuberungen.* Es gab einzelne, bürgerkriegsähnliche

---

* Daniela Dahn: «Frieden muss gestiftet werden. Exempel Kosovokrieg». *Blätter für deutsche und internationale Politik* 11/2014, S. 59 ff.

　　　　　　　　　　　　　　　　　　　　Daniela Dahn

Aktionen, die aber am Abklingen waren. Nichts, was eine Bombardierung rechtfertigte. Nein, diesen Krieg wollte der Westen unbedingt, weil der immerhin gewählte Präsident Milošević politisch und ökonomisch nicht hinreichend kooperierte. Weil er dem geheimen, unverhandelbaren militärischen Diktat des Abkommens von Rambouillet, der den totalen Nato-Besatzungsstatus für ganz Jugoslawien bei Immunität vor jugoslawischen Gerichten vorsah, nicht zustimmte. Weil Serbien, einst der Hauptfeind Hitlers, als sozialistischer Restposten in Europa galt, der eine Lektion verdient hatte.

Die Bilanz dieses 78 Bomben-Tage während Krieges ist delegitimierend für eine Politik, die humanitäre Ziele für sich in Anspruch genommen hat. Jugoslawien ist einem von faschistischen Zügen geprägten Zerfallsprozess erlegen, mit einer weitverbreiteten Prekarisierung der menschlichen Existenz.* Das Kosovo, ein wirtschaftlich nicht lebensfähiges Protektorat der Nato, ist das ärmste Land auf dem Balkan. Nach dem Krieg war die D-Mark Landeswährung, jetzt ist es der Euro. Aber die Arbeitslosigkeit liegt über 30 Prozent. Das Land ist nicht befriedet, die Ordnung nur über Schutztruppen aufrechtzuerhalten, unter anderen Eingreifreserven der Bundeswehr. In Camp Bondsteel, der, ohne Serbien zu fragen, sofort nach dem Krieg im Kosovo errichteten Militärbasis der KFOR-Nato-Truppen, herrschen «Zustände wie in Guantánamo»**. Dieser Stützpunkt im Kleinstadtformat ist wichtigster Arbeitgeber der Region. Allerdings nicht für Sinti und Roma. Wirtschaftsflüchtlinge vom Balkan gab es früher kaum. Die Schwächsten der Schwachen kommen von dort heute letztlich wegen der von uns zu verantwortenden Kriegsfolgen.

Wer Kriege sät, wird Flüchtlinge ernten.

Der von den USA 2001 zunächst mit bedingungsloser Gefolgschaft der Nato-Verbündeten entfesselte Krieg gegen den Terror hat vor allem ein Ergebnis: die Explosion fundamentalen Terrorismus in

---

* Boris Buden in: *Serbien nach den Kriegen*. edition suhrkamp 2008, S. 312
** Siehe *Spiegel* vom 5. 12. 2005

einem in seinen Fundamenten zerrütteten Nahen Osten. Afghanistan werde nun die Großzügigkeit der USA kennenlernen, hat George W. Bush zu Beginn der Bombardierungen mit Blick auf die nebenbei abgeworfenen Tabletten verkündet. Doch die Medizin hat nicht angeschlagen. Nach 15 Jahren Nato-Krieg ist nichts gut in Afghanistan. Gar nichts.

Mit dem Untergang der Sowjetunion 1990 ist die CIA dazu übergegangen, in nicht gekanntem Ausmaß Informationen zu fälschen um Aggressionskriege zu rechtfertigen. Deshalb haben unter anderen die langjährigen Mitarbeiter Elizabeth Murray und Ray McGovern den Geheimdienst verlassen und sind als Mitglieder der *Veteran Intelligence Professionals for Sanity* mit ihren Erkenntnissen an die Öffentlichkeit gegangen.* Die Tragödie Syriens beginnt für sie mit der Tragödie des Irak, der unter falschen Beschuldigungen von der «Koalition der Willigen» 2003 mit Krieg überzogen und in völliges Chaos gestürzt wurde. So wie später Libyen und Syrien. Man müsse Saddam, Gaddafi oder Assad wahrlich nicht mögen, aber niemand habe das Recht, von außen zu bestimmen, welche Staatsmänner weichen müssen. Doch das State Department, das das energiewirtschaftlich wichtige Mittelmeer wie sein Hoheitsgebiet behandelt, erträgt es nicht, wenn Assad sich erdreistet, die Förderrechte für Öl und Gas vor der syrischen Küste an Russland zu geben. Die US-Regierung habe für den *regime change* in Syrien 60 Rebellengruppen unterstützt, die zum IS übergelaufen sind. Damit habe sie die Geburt eines Frankenstein-Monsters befördert.

Hier ist nicht der Ort, auf die komplizierten innerarabischen Rivalitäten einzugehen noch auf die Feindschaften mit Iran und Israel. Wenn wir bei der Verantwortung des Westens bleiben, so alarmiert der Hinweis der beiden Ex-Geheimdienstler, der sich mit der Analyse anderer Experten wie des Arabisten Rashid Khalidi** von der Colum-

---

* Theresia Reinhold: Interview mit E. Murray und R. McGovern auf www.kontext.tv vom 16. 10. 2015

** www.DemocracyNow.org. Interview von Amy Goodman mit Rashid Khalidi vom 1. 10. 2015

Daniela Dahn

bia University deckt: Der vollkommen kopflose, arrogante Sturz der gesamten Führungsschicht im Irak und in Libyen betraf nicht nur die Spitze der Pyramide, sondern jeden, der etwas davon verstand, wie diese Länder zu regieren sind, einschließlich der Streitkräfte und sogar der Lehrer. Das nährt den Verdacht, dass die USA und einige Verbündete auf zynische Weise daran interessiert sind, diese schlimmste Situation in der jüngeren Geschichte des Nahen und Mittleren Ostens «am Köcheln zu halten». So könne Syrien als Machtfaktor und Verbündeter Irans und Russlands bis auf weiteres ausgeschaltet werden.

Wenn Europa und Deutschland nicht wollen, dass immer mehr Flüchtlinge kommen, müssten sie ihr Verhältnis zu den USA überdenken, so Murray und McGovern. Niemand wage, sich öffentlich von den USA zu distanzieren. In der Tat, auch wenn Deutschland klugerweise sich der direkten Teilnahme an den Invasionen im Irak und in Libyen enthalten hat, so macht es sich durch seine logistische Unterstützung der Air Base Ramstein, dem wichtigsten europäischen Stützpunkt der US-Streitkräfte, und durch Kooperationen der Geheimdienste doch mitschuldig. Insbesondere die Duldung der völkerrechtswidrigen Drohnenmorde könnte nicht nur Terroristen auf den Plan rufen, sondern auch Juristen.

Eine wirksame Beseitigung von Fluchtursachen wäre der sofortige Stopp des Exports von Waffen und von modernem Foltergerät. Und zwar generell, nicht nur in Krisengebiete, die sich über Strohmänner doch alles besorgen können. Das entspräche auch der seit 15 Jahren unveränderten Forderung von 80 Prozent der Bürger im Lande. Es wird nicht geschehen.

Selbst wenn es gelingen sollte, die Kriege im Nahen Osten durch Diplomatie zu befrieden, wäre noch viele Jahre mit Kriegsflüchtlingen zu rechnen. Denn Kriegsende heißt nicht Ende von Leid, Krankheit und Zerstörung. Von den unwiederbringlichen Verlusten an Kunst und Kultur, auch an kulturvollem Miteinander ganz abgesehen. Im Nahen Osten ist zwischen den religiösen und ethnischen Gruppen durch immer wechselnde Bündnisse und Finanz- und Waffenströme so viel Hass gesät worden, dass mit dem Wunder eines erhofften

Kriegsendes nicht auch der Terrorismus auf wundersame Weise verschwunden sein wird.

In den letzten 200 Jahren hat kein muslimisches Land gegen ein westliches Krieg geführt. Umgekehrt mussten die arabischen Länder über 20 Kriege und Invasionen ertragen. Aber mit echten oder vermeintlichen Terroristen redet der Westen nicht. Wie will man einen Konflikt lösen, der durch gewaltsames Eingreifen ganz offensichtlich nur schlimmer wird, wenn man glaubt, die Motive der anderen Seite nicht zur Kenntnis nehmen zu müssen? «Die Hauptursache des Terrorismus ist nicht Not oder Armut, sondern die totale Aussichtslosigkeit, einen als zutiefst ungerecht empfundenen Zustand mit legalen Mitteln beseitigen zu können.»[*] Niemand hat weltweit so viele unbeugsame, demokratisch gewählte Regierungen weggeputscht wie die USA. Stattdessen wurden willige Despoten eingesetzt. Das hat viele Entwicklungsländer zu Nichtentwicklungsländern gemacht.

«Dadurch, dass die CIA sich die Gefolgschaft von Soldaten und Straßengesindel gekauft hatte, konnte sie den Gewaltpegel schaffen, der zur Durchführung eines Putsches ausreichte. Geldsummen wanderten in bestimmte Hände, die einen Regierungswechsel herbeiführten.»[**] – Das könnte auf viele Umstürze zutreffen, bis hin zum Maidan. Es steht aber in einem nach 60 Jahren zur Einsicht freigegebenen Dokument zum CIA-Sturz des iranischen Präsidenten Mohammed Mossadegh, dessen Parlament die Ölindustrie verstaatlichen wollte. Churchill und Eisenhower befürchteten, dass Iran den Kommunismus einführen werde, da Öl auch an sozialistische Länder verkauft werden sollte.[***] Nach dem Machtwechsel 1953 übernahm ein westliches Konsortium für 25 Jahre die Ölförderung und Vermarktung.

Die Schurken sind aus westlicher Sicht immer diejenigen, die mit dem Westen nicht bedingungslos kooperieren, die gar an den Handels- und Eigentumsverhältnissen rütteln wollen. Das hat tiefe Spuren

[*] Jürgen Todenhöfer: *Warum tötest du, Zaid?* München 2008, S. 104
[**] Tim Weiner: *CIA: Die ganze Geschichte.* Frankfurt 2008, S. 136
[***] Siehe *taz* vom 21. 8. 2013

Daniela Dahn

hinterlassen. Es gibt Fluchtursachen, die so gravierend sind, dass sie für Generationen irreparabel sein werden. Selbst dann, wenn man sich in der EU oder der UNO wider Erwarten sofort auf einen Plan zu ihrer Beseitigung einigen könnte. Das heißt nicht, dass dieser Plan nicht bitter nötig ist. Aber der Westen muss parallel darüber nachdenken, wie er mit den weitgehend von ihm auf den Weg gebrachten Flüchtlingen umgeht, solange die Fluchtursachen schlicht nicht zu beseitigen sind.

Dafür gibt es einen weiteren Grund: So bedrückend die Zustände auf dem Balkan sind und so katastrophal im Nahen Osten – sieben der acht größten Flüchtlingslager der Welt liegen heute in Ostafrika. Für die nächsten Jahrzehnte ist ein Anschwellen des Flüchtlingsstromes insbesondere aus Afrika zu erwarten. Studien wie die der Berliner Stiftung Wissenschaft und Politik weisen nach, dass die meisten Länder, gerade aus Schwarzafrika, in den nächsten 50 Jahren keine Chance haben, ihren Lebensstandard zu verbessern. Gleichzeitig wird, gerade wegen dieser Armut, erwartet, dass sich die Bevölkerungszahl Afrikas in diesem Zeitraum verdoppelt. Ursachen beseitigen?

Das hat man alles gewusst: Drei Viertel der inzwischen eine Milliarde Afrikaner leben in Armut. Zwar ist der Kontinent reich an Rohstoffen, Energiequellen und Arbeitskräften. Aber Afrika hat die härtesten Existenzbedingungen aller Kontinente: extreme Klimaverhältnisse, heftige Regenzeiten und lange Trockenperioden, wenig fruchtbares Land, starker Wassermangel, größere Entfernungen von Häfen ins Landesinnere, also hohe Transportkosten auf schlechter Infrastruktur. Der Anteil am weltweiten Handel beträgt etwa zwei Prozent. In vielen Regionen hat die Arbeitslosigkeit die 70-Prozent-Grenze überschritten. Afrika ist reich an Naturkatastrophen und Krankheitserregern wie Gelbfieber, Malaria, Flussblindheit. 30 Millionen Menschen leiden unter Aids, die durchschnittliche Lebenserwartung ist auf 48 Jahre gesunken. Dennoch setzen christliche Fundamentalisten ihren Kreuzzug gegen Verhütung und Aufklärung fort.

Afrika hat seine ökonomische Abhängigkeit von Europa nicht

überwunden, denn es wurde nicht modernisiert, sondern marginalisiert. Gewinner waren vor allem die Europäer, aber auch die USA, China und andere Nutznießer.* Der europäische Kolonialismus hat alles seinem rücksichtslosen Missionierungs- und Ausplünderungswahn unterworfen und so über vier Jahrhunderte die dort heimischen Werte und Traditionen ausgemerzt. Zu seinen nachhaltigsten Folgen gehört ein kollektives Trauma der Betroffenen, das die behauptete Minderwertigkeit verinnerlicht hat. Wer arm ist, muss von Gott missachtet worden sein, da normalerweise vor ihm alle gleich sind. Fatalismus und mangelndes Selbstvertrauen sind weit verbreitet. Die eigene Kultur wird nicht geschätzt. Würde erscheint als unerreichbares Gut. Die Angst vor modernen Formen der Versklavung bekommt ständig neue Nahrung – ein sonst knappes Gut.

Nach dem Sieg der Befreiungsbewegungen nach dem Zweiten Weltkrieg fanden sich die Bewohner Afrikas in nicht lebensfähigen Staaten wieder, deren Grenzen erbarmungslos mit dem Lineal gezogen wurden, die Völker auseinanderrissen und gleichzeitig verschiedene Ethnien und Religionen zwangsvereinten. Der Kalte Krieg wurde heiß für diejenigen, die zwischen die Fronten der Stellvertreterkriege der Großmächte gerieten. Diese brachten ihre Verbündeten durch Waffen-, Geheimdienst- und Militärexperten gegeneinander in Stellung.

Der erste gewählte Premierminister im unabhängig gewordenen Kongo war 1961 Patrice Lumumba. Gestützt auf die politische Unterstützung der Sowjetunion, hatte er die Verstaatlichung der lukrativen Bergbauindustrie angekündigt, um die Einnahmen für Bildung und Sozialleistungen zu investieren. Lumumba wurde bestialisch ermordet, nach einem Plan der CIA und des Geheimdienstes der einstigen Kolonialmacht Belgien, ausgeführt von einheimischen Vasallen. Es war ein unmissverständliches Signal an alle, die Ähnliches wagen würden.

Wer dagegen signalisierte, dem Westen Schürfrechte und Konzessionen für unermessliche Schätze abtreten zu wollen, konnte davon ausgehen, mit Macht belohnt zu werden. Mobutu Sese Seko, mit bru-

---

* http://thisisafrica.me/land-grabbing-africa-new-colonialism/

Daniela Dahn

taler Unterstützung amerikanischer und belgischer Geheimagenten 1965 zum Präsidenten Kongos geputscht, plünderte unter dem Beifall seiner westlichen Gönner das Land aus und wurde zu einem der langjährigsten, korruptesten und brutalsten Diktatoren Afrikas. «Dies ist die Stimme des wachen Verstandes und des guten Willens», lobte ihn Ronald Reagan bei einem Staatsbesuch im Weißen Haus.*

Dank Mobutus gutem Willen konnte der Westen seinen Bedarf an Diamanten, Kupfer, Kobalt, Gold, Silber, Zink, Wolfram und Uranerz decken. All diese Erze werden, nachdem die einheimische Bevölkerung vertrieben ist, unter Verwendung hochtoxischer Stoffe wie Zyanid aus der Erde gewaschen, was verseuchtes Grundwasser und unfruchtbare Mondlandschaften zurücklässt. Auch an dem für die IT-Technik benötigten Columbit und Tantalit gibt es riesige Nachfrage. Zu den Kunden gehörte die deutsche Firma H. C. Starck. «Die Männer, die das wertvolle Material in den beiden Kivu-Provinzen des Kongo aus der Erde graben, tun das unter erbärmlichen Umständen; im Lager von Kamina wurden 30 000 Bergarbeiter zusammengepfercht, unter ihnen sollen auch politische Gefangene aus Ruanda sein – die Wiedergeburt der Sklaverei zu Beginn des 21. Jahrhunderts.»** Die Einnahmen geben die afrikanischen Herrscher meist für Kriegstechnik aus, an der der Westen wiederum verdient.

Der Neokolonialismus bedient sich der üblichen Therapie: Öffnen der Märkte, Deregulierung, Privatisierung, ja Versklavung. Die meisten Bohrinseln vor der afrikanischen Atlantikküste gehören heute amerikanischen und europäischen Gesellschaften: Der ehemalige französische Mineralölkonzern Elf Aquitaine regierte praktisch den Kongo, der den Beinamen Republique Elf trug. Der britisch-niederländische Ölmulti Shell hat in Nigeria einen schmutzigen Krieg gegen die Ogoni geführt. Erinnert man sich noch an den Schriftsteller und Träger des Alternativen Nobelpreises Ken Saro-Wiwa, der gegen diesen «langsamen Völkermord» protestiert hat? Nach einem der Ab-

---

* Bartholomäus Grill: «Die Vertreibung des Leoparden». *Die Zeit* vom 23.5.1997
** Bartholomäus Grill: *Ach, Afrika*. München 2005, S. 74

schreckung dienenden Schauprozess wurde er 1995 von der Militärjunta erhängt.*

Man kann die Erklärung für das ganze Elend Afrikas nicht nur in den Kolonialschoß legen. Ob Hoteliers, Teefarmer oder Akademiker, überall trifft man auf Menschen, die die eigene schwarze Elite äußerst kritisch beurteilen. Sie seien *brainwashed* vom Kolonialgebaren, wirtschafteten alles in die eigene Tasche, benähmen sich wie Könige, ja Götter, ohne sich noch um die irdische Infrastruktur zu kümmern. Die einstigen Kolonialherren hatten keine einheimischen, qualifizierten Fachkräfte hinterlassen. Das Einzige, was sich Afrikaner mit Führungsqualitäten abgeguckt hatten: plündern wie die Eroberer.

Man kann sich entlastet zurücklehnen und sagen, na bitte, nicht nur wir Weißen. Man kann aber auch nach dem Defekt fragen, der die Demütigung jahrelangen Beherrschtwerdens nur noch durch Selberherrschen kompensieren kann. Ganz nach dem Schlüsselsatz von Albert Camus: Wer lange verfolgt wird, wird schuldig.

Danach hätten die Neokolonisatoren selbst für die Verbrechen, die Bestechlichkeit und die Machtversessenheit vieler afrikanischer Politiker eine Mitverantwortung. Zumal sie gerade solche in die Ämter gehievt haben. Bis heute ist es schwierig, die aus Desinformationen und ständiger Wiederholung geronnenen Vorurteile über einzelne Personen durch belegbare Fakten zumindest in Frage zu stellen. Mandela wird in Afrika nicht so uneingeschränkt verehrt wie im Westen und Mugabe nicht so uneingeschränkt gehasst.

Der Architekt Bulli Ladu, der in München studiert hat und Neffe eines einst bekannten sudanesischen Rebellenführers ist, erklärte mir: «Mandela wird im Westen so geliebt, weil er zugunsten der Versöhnung darauf verzichtet hat, das Unrecht aufzuheben. Er hat sich nicht getraut, die Kernfrage zu stellen. Das größte Problem in Afrika hat er nicht berührt: die Akzeptanz der kolonialen entschädigungslosen Vertreibung der eigenen, oft noch lebenden Leute von ihrem Land.»

* Ken Saro-Wiwa: *Flammen der Hölle. Nigeria und Shell.* Reinbek 1996

Daniela Dahn

Dieser Vorwurf ist so plausibel, dass man sich fragt, weshalb man nicht selbst darauf gekommen ist. «Es hat nur einen Politiker in Afrika gegeben, der den Mut hatte, dieses Tabu zu brechen: Robert Mugabe aus Simbabwe», meinte Mr. Ladu. Unter der rhodesischen Minderheitsregierung saß er mit anderen revolutionären Denkern zehn Jahre im Gefängnis. 1979 führte er den erfolgreichen Unabhängigkeitskampf gegen die Kolonialherren, galt seither als einer der fähigsten Staatsmänner auf dem Kontinent. Unter seiner Präsidentschaft gab es bis 1990 in Simbabwe eine Art Planwirtschaft, die so schlecht nicht funktionierte. Mit einer staatlichen Gesundheitsfürsorge und Bildungspolitik, die als vorbildlich galt. Als die Hilfe des nunmehrigen Irrealsozialismus ausblieb, zwang der IWF zu Liberalisierung und Anpassung, was die bestehenden Versorgungsprobleme verschlimmerte.

«In dieser Situation war die vom Parlament zum Gesetz erhobene und in die Verfassung aufgenommene Idee einer Landreform naheliegend. Da sich die Großgrundbesitzer das Land einst gewaltsam angeeignet hatten, erhielten sie Entschädigung nur für Gebäude und Investitionen. Derart ausgezahlt, hatten 1999 etwa 3000 weiße Farmer zu räumen, ihr Land wurde unter 150 000 schwarze Neufarmer aufgeteilt», erinnert sich der Architekt.

Doch der Westen wollte kein unliebsames Exempel, sprach von Aushöhlung rechtsstaatlicher Grundsätze, verhängte eine Wirtschaftsblockade und setzte auch afrikanische Verbündete unter Druck, Simbabwe zu isolieren. Weltbank und IWF stoppten ihre Zahlungen. 2002 wurde die deutsche Entwicklungszusammenarbeit mit Simbabwe eingestellt. Tony Blair erreichte 2003 den Ausschluss des Landes aus dem Commonwealth of Nations. Die Inflationsrate stieg auf 1200 Prozent und die Arbeitslosigkeit auf 80 Prozent. Die Volkswirtschaft stürzte ab wie keine andere auf der Welt. Schadenfroh wurde die Verantwortung dafür in allen westlichen Großmedien einzig Mugabe zugesprochen. Jeder konnte wieder einmal sehen, wie es einem Land ergeht, das zu enteignen wagt.

Unter schweren Repressionen machte Mugabe schwere Fehler.

Auch wenn er selbst sich kaum bereicherte, vergab er das Land an politische Anhänger, um überhaupt noch Verbündete zu haben. Es gelang seiner Regierung nicht, Ersatz für die verschlissenen Maschinen zu beschaffen, sie vernachlässigte die landwirtschaftliche Ausbildung der Neufarmer, die heute oft wenig ernten oder bankrott sind. «Heute ist Mugabe ein uneinsichtiger, seniler Herrscher», meinte Mr. Ladu. 2010 hat das Parlament ein Gesetz verabschiedet, wonach 51 Prozent der Anteile ausländischer Firmen an Einheimische zu übergeben sind. Das Gesetz ist weitgehend Papier geblieben, aber ein Papier, mit dem man Druck machen kann, sich an soziale und ökologische Auflagen zu halten. Wann schlägt das Festhalten an angefeindeten Positionen in Uneinsichtigkeit und Senilität um?

Immer noch wird die Armut durch das *land grabbing* verschärft. Der Neokolonialismus funktioniert über gekaufte Gesetze, die ausländische Investoren bevorzugen. Kein Kontinent hat so viel Agrarfläche aus den eigenen Händen gegeben wie Schwarzafrika. Auch die Hälfte des Regenwaldes.

Ein Großteil der weltweit verspeisten Schokolade beruht auf Knochenarbeit von Kindersklaven in Westafrika. «Kinder, die manchmal noch nicht einmal zehn Jahre alt sind, tragen riesige Säcke, die so groß sind, dass sie ihnen ernsthafte körperliche Schäden zufügen.»* Die Schokogiganten Nestlé, Mars und Hershey's können diese Zustände seit einer internationalen Untersuchung von vor 15 Jahren nicht mehr leugnen. Sie gelobten Besserung, doch inzwischen hat sich die Zahl der in dieser Branche arbeitenden Kinder verdoppelt, auf 1,4 Millionen. Uns Kunden sollte die süße Sklavenpein im Hals steckenbleiben. Oder besser noch das Portemonnaie in der Tasche.

Die reichen G8-Staaten nutzen Afrika als Produktionsbasis für die Bedürfnisse des westlichen Marktes. Einheimischer Bedarf ist für sie ohne Belang. Während die Bevölkerung hungert und verhungert, haben korrupte afrikanische Führer Hunderte Millionen Hektar ver-

---

* Anne Gonschorek: «Die dunkle Seite der Schokolade». *ND* vom 12.10.2015, S. 9

Daniela Dahn

kauft oder langfristig verpachtet, damit multinationale Konzerne Getreide, Mais und Zuckerrohr zu Biosprit für ihre westliche Kundschaft verarbeiten können. Deutschland ist in Äthiopien mit von der Partie, wo 85 Prozent der einheimischen Bauern bedroht sind. Diese werden gezwungen, Produkte zu kaufen, die sie selbst nicht mehr herstellen können. Ihre seit Menschengedenken genutzte Samenvielfalt ist von genmanipulierten Pflanzen verdrängt worden. Die multinationalen Konzerne nennen ihr Treiben zynisch «Alliance for a Green Revolution in Africa».

2006 hatte sich der Italiener Flavio Lotti auf dem Weltsozialforum in Kenias Hauptstadt Nairobi vor Tausenden staunenden Zuhörern dafür entschuldigt, was die Europäer Afrika angetan haben und durch den Knebel des Geldes weiterhin antun. Verändert hat sich seit dieser überfälligen Geste nichts.

Brot für die Welt, die Wurst bleibt hier! Dieser Aphorismus aus dem Volksmund beschreibt trefflich die wahre Situation: Die Afrikaner werden durch Handelsschranken vom globalen Wettbewerb ausgeschlossen. TTIP, CETA und TISA würden dies noch verstärken. «Entwicklungsexperten haben ausgerechnet, dass die Afrikaner allein durch den Agrarprotektionismus der Amerikaner, Europäer und Japaner rund 20 Milliarden Dollar pro Jahr an Exporteinnahmen verlieren – das Doppelte der Entwicklungshilfe, die nach Afrika fließt! Eine Kuh in Irland erhält hundertmal so hohe Subventionen aus Brüssel wie ein Milchbauer in Kenia an EU-Spenden.»* Durch diesen tödlichen Protektionismus verliert Afrika nicht nur Exporteinnahmen, sondern wird auch die karge, heimische Landwirtschaft niederkonkurriert, werden Millionen Existenzen zerstört.

Die europäischen Bürger zahlen mit einem Teil ihres Geldes Entwicklungshilfe, die auch deshalb nötig ist, weil sie mit dem anderen Teil ihres Geldes Produkte von Privateigentümern subventionieren, die die Entwicklung zerstören.

Die westlichen Kreditverträge sind eine Hauptquelle der Ver-

* Grill: *Ach, Afrika*, S. 78

armung. Nach dem Dogma, wonach Schulden unter allen Umständen zurückzuzahlen sind, gewährt die Weltbank permanent Kredite, um alte zu tilgen. Kenia hat für die ursprünglich von den USA geborgten 17 Milliarden Dollar schon 51 Milliarden zurückgezahlt, ohne schuldenfrei zu sein. Und so geht es dem ganzen Kontinent, der zusätzlich von Geierfonds ausgeplündert wird. Diese kaufen Kreditschulden für einen Bruchteil ihres ursprünglichen Wertes auf, um die Länder dann mittels privater Schiedsgerichte zur Rückzahlung mit Zins, Zinseszins und Verzugszinsen zu verklagen. Der US-Fonds Donegal hat so Sambia geschädigt, eines der allerärmsten Länder – bei einer eigenen Rendite von 700 Prozent.*

Hier zeigt sich die strukturelle Gnadenlosigkeit des Westens. Hier offenbart der Kapitalismus seinen inhumanen Charakter. Dass Eigentum Diebstahl ist, kann er in sehr vielen Fällen nicht leugnen. Seine Funktionslogik kennt nur einen Zweck, dem sich jeder Unternehmer bei Gefahr seines Untergangs unterzuordnen hat: Profitmaximierung durch Niederringung des Konkurrenten. Dabei sind alle Mittel des Übervorteilens recht: Betrug und Bestechung, Spionage und Spekulation. Auch Demokratie und Grundrechte müssen marktkonform sein, der Staat hat unbegrenztes Erwerbsinteresse und Wachstum zu gewährleisten, die Politik kann dieser Funktionslogik immer weniger Korrekturen abringen.

Ermutigt durch Sammelklagen der NS-Opfer haben afrikanische Gelehrte eine Entschädigung für den Sklavenhandel und die Milliarden unbezahlter Arbeitsstunden, die den Grundstein für weißen Wohlstand gelegt haben, ins Gespräch gebracht. Doch der Westen will keine Präzedenzfälle. Da könnte ja jeder kommen.

Die westliche Leitkultur ist eine Leidkultur für die Schwachen. Sie pflegt einen selbstbezogenen Individualismus ohne moralisch begrenzendes Ziel. Die wesentlichen Ursachen der Flüchtlingsströme

* www.faz.net/aktuell/politik/an-afrikas-schulden-verdienen-unter-geiern-1437471-p2.html

Daniela Dahn

zu bekämpfen ist deshalb so aussichtslos, weil sie im System stecken. Beseitigung der Ursachen hieße, die Logik des Systems vom Kopf auf die Füße zu stellen. Der Kapitalismus kann nur überleben, wenn er aufhört, er selbst zu sein. Also wenn er aufhört.

Auf dem Weltsozialforum in Nairobi hat Bischof Tutu eine neue Weltordnung gefordert. Die Güter der Erde gehören nicht denen, die sie sich zuerst angeeignet haben, sondern allen. Viele Schwarze, die das Land, auf dem sie und ihre Vorfahren leben und es seit Generationen bearbeiten, haben keinen Besitztitel in Form einer Urkunde. Sie würden das angelsächsische, postkoloniale Recht gern in den Indischen Ozean kippen und dafür einen unkündbaren Besitz an kommunalem Eigentum haben, auf dem sie angstfrei leben können.

Das wäre das Gegenteil von Neoliberalismus. Schluss mit dem *landgrabbing*, Rückgabe vor Entschädigung, Solidarität vor Eigennutz. Abschaffung der Handelsstrukturen, die die Schwächeren übervorteilen, Schuldenerlass ohne Neuverschuldung durch die Weltbank. Unter dem werden Fluchtursachen nicht zu bekämpfen sein.

Wird die westliche Ordnung bei ihrer Sturheit bleiben oder sich jetzt als lernfähig erweisen? Wenn sie nicht wahrhaben will, dass die heutigen Flüchtlingsströme erst der Anfang sind, weil zu den Kriegs- und Armutsflüchtlingen in absehbarer Zeit auch die Klimaflüchtlinge hinzukommen werden, dann könnte sie implodieren. Welche Kräfte werden das Vakuum füllen? Nationalkonservative oder internationalistische? Der Aufklärung verpflichtet oder dem religiösen Fundamentalismus? Die Flüchtlinge erteilen uns eine Lektion. Welche Schlüsse wir daraus ziehen, wird darüber entscheiden, ob die Fluchtursachen langfristig zu bekämpfen sind. Und wie wir künftig leben werden.

Neue Lebenslügen werden kurze Beine haben. Selbst wenn es angesichts der Zwänge dem Westen wider Erwarten gelingt, die Schalthebel seines destruktiven politischen, wirtschaftlichen und damit auch naturschädigenden Tuns um 180 Grad herumzureißen, wird es Jahrzehnte dauern, bis das Früchte trägt und die Fluchtursachen beseitigt sind. Bis dahin aber wird es Flüchtlinge geben. Menschen, die zu uns kommen und ein wenig von dem Wohlstand des Westens beanspruchen, dessen fragwürdige Entstehung ihr Elend erst mitverursacht hat.

In einem hat das, was die Eliten Globalisierung nennen, vollendete Tatsachen geschaffen: Einen Rückfall in eingemauerte Nationalstaaten wird es nicht mehr geben. Dazu ist die Arbeitsteilung viel zu weit fortgeschritten. Deutschland ist der viertgrößte Nettoimporteur von Lebensmitteln auf der Welt. Es hat kaum noch eine eigene Textilindustrie. Ohne Indien kann es in der IT-Branche nicht bestehen. Vor allem ist es auf Öl- und Gaslieferungen angewiesen. Seine Bevölkerung schrumpft, und es fehlen Arbeitskräfte. Schotten dichtmachen geht gar nicht. Wenn wir zum gegenseitigen Nutzen miteinander auskommen wollen, werden die, die es sich leisten können, eines lernen müssen: teilen wollen.

Das gebietet die Verantwortung, die der Westen auf sich geladen hat. Privatleute besitzen in Deutschland ein Gesamtvermögen von mehr als 11 Billionen Euro. Das ist etwa so viel wie die jährliche Wirtschaftsleistung der gesamten EU. Weltweit sollen die Superreichen über 100 Billionen Euro verfügen. Wenn sie für die Stabilität des Weltgefüges 10 Prozent abgeben, können sie 90 Prozent behalten. Sonst vielleicht nichts. Eben weil das Vergangene nicht vergangen ist. Das Gegenwärtige nicht haltbar. Und das Künftige nicht gesichert.

Solidarisches Gemeinwesen oder Barbarei.

Fluchtwege

Mohamed Amjahid

DIE KRAFT DER BILDER
Die Kehrseite der Willkommenskultur

Nicht zuletzt, weil ein Teil dieses Textes in einem Flughafenterminal zwischen zwei Verbindungen entstanden ist, darf eine Frage erlaubt sein: Was erwarten wir eigentlich von «den Flüchtlingen»? Eine Route, für die einige dieser Menschen ein, zwei, drei oder mehr Monate brauchen, kostet uns als privilegierte Bürger dieser Welt gerade mal sieben Stunden – langer Aufenthalt in einem biergartenähnlichen Lokal am Abflugsteig inklusive. Wir reisen, weil wir uns die Welt anschauen wollen, weil wir unsere Liebsten besuchen möchten oder Wichtiges zu tun haben. Sie reisen, um ihr Leben zu retten.

Während der Wartezeit am Flughafen in München habe ich auf meinem Handy nach dem Wetter in Kairo geschaut. Ich habe mich über meinen Anschlussflug informiert und bin durch mehrere Nachrichtenportale gesurft, weil ich ja schon eine Stunde internetlos im Flugzeug saß. Menschen, die auf der Flucht sind, machen es genauso. Sie informieren sich auf ihrer Route – und treffen dann lebenswichtige Entscheidungen.

Was die Flüchtlinge treibt, sind grenzenlose Gewalt in ihrer Heimat, Armut in Massenflüchtlingslagern im Nahen Osten und in ihren Zwischenstationen, Vertreibung und kruder Rassismus auf ihrer Fluchtroute durch Europa und schließlich Bilder, die Hoffnung wecken, aus Deutschland. Doch dieses Bild vom guten Deutschland ist trügerisch. Denn wenn Angela Merkel die Flüchtlinge willkommen heißt, verrät sie nicht, dass ihre Regierung für diese sogenannte Flüchtlingskrise mitverantwortlich ist. Die deutsche «Willkommenskultur» wird mittlerweile kontrovers diskutiert, auch unter Flüchtlingen.

Um dies zu verstehen, müssen wir uns vergegenwärtigen, wovor diese Menschen eigentlich flüchten. Die meisten Ankömmlinge, die erschöpft und glücklich seit dem Sommer 2015 an deutschen Bahnhöfen aus Sonderzügen aussteigen, stammen aus Syrien. Sie erzählen Geschichten von verstörender Gewalt. Bilder von Leichen auf den Straßen von Homs, Hama oder Aleppo, von zusammenfallenden Gebäuden und öffentlichen Massenexekutionen haben sich in ihr Gedächtnis gebrannt. In Syrien erklärt Baschar al-Assad regelmäßig in den Staatsmedien, dass alle Männer in die Armee müssten. Den «totalen Krieg gegen den Terror» stellt der Diktator seit März 2011 über alles andere. Mit militärischer Hilfe aus Russland bekommt dieser Konflikt eine neue Dimension. In Syrien kann man sich schlecht in Sicherheit bringen, denn das Regime bombardiert großflächig das eigene Land mit Fassbomben. «Bleiben bedeutet Selbstmord», sagte mir einer der vielen syrischen Flüchtlinge, mit denen ich in den letzten Monaten gesprochen habe. Die UNO geht derzeit von mehr als 250 000 Toten infolge des Bürgerkriegs aus, Assads Armee hat dabei mindestens siebenmal mehr Menschen umgebracht als der IS. Der «Kampf gegen den Terror» kommt vielen Syrern wie Realsatire vor.

Während sich die Propaganda des syrischen Regimes auf die klassischen Medien konzentriert, stützt sich die Stimmungsmache der islamistischen Terrorgruppen in Syrien und im Irak auf soziale Netzwerke im Internet. Der «Islamische Staat» besitzt keine Fassbomben, und so säen die Terroristen in der Bevölkerung auf anderen Wegen Angst und Respekt. Im Westen bekommen wir das nur dann mit, wenn ein westlicher Staatsbürger geköpft wird. Die vielen anonymen Videos von Opfern des Terrors sind eher für die syrische und die irakische Bevölkerung gedacht: Ein «schwuler Sünder» wird vor Publikum in der Stadt Raqqa vom Dach eines fünfstöckigen Hauses gestoßen, Leichen von «Ungläubigen» werden durch die Straßen geschleift, ein Kind wird dazu gezwungen, einem «Dschihad-Verweigerer» die Hände und Beine abzuhacken. Das «Kalifat» der IS-Terroristen spielt dabei genau wie das Regime mit Abschreckung und Angst. Diese Bilder sieht man in Syrien jeden Tag – und nicht nur auf Bildschirmen. Jeder Mensch würde vor dieser Gewalt flüchten.

Mohamed Amjahid

Es sieht nicht so aus, als würde in Syrien und in Teilen des Iraks in der nahen Zukunft Frieden herrschen. Wissenschaftlich nüchtern von «Push-Faktoren» zu sprechen, klingt in diesem Zusammenhang geradezu zynisch.

Bis Ende 2015 befanden sich laut UNHCR rund 95 Prozent der syrischen Flüchtlinge außerhalb Syriens in der Türkei, im Libanon, in Jordanien, im Irak und in Ägypten. In Syrien selbst sollen bis zu acht Millionen Menschen auf der Flucht sein.

Von der Weltöffentlichkeit fast unbemerkt, musste das Welternährungsprogramm der Vereinten Nationen in Jordanien im September 2015 seine Lebensmittelhilfen einstellen. Das Geld war ausgegangen, die Geldgeber aus dem Westen und den reichen Ländern am Arabischen Golf und in Asien hatten sich in ihrer Knauserigkeit überboten. Flüchtlinge sind auf diese Hilfen angewiesen – weil sie offiziell nicht arbeiten dürfen. Ein Bild machte damals in den arabischsprachigen sozialen Netzwerken die Runde. Es zeigte das Display eines Handys. Die UNHCR informierte alle registrierten Flüchtlinge im Land per SMS: «Wir sind traurig, dass wir Ihnen schreiben müssen, dass wir unsere Lebensmittelhilfen leider einstellen werden. Das gilt ab sofort und für die Zukunft.» Jede berechtigte Person hatte bis dahin weniger als einen halben Dollar pro Tag Unterstützung erhalten.

Selten fliehen Syrer direkt von Syrien nach Deutschland. Viele von ihnen leben lange Zeit in einem der Nachbarländer. Sie versuchen, sich dort eine vorübergehende Existenz aufzubauen. Viele hoffen, bald in ihre Heimat zurückkehren zu können. Doch der Krieg hört nicht auf, das Leben im Exil wird von Tag zu Tag schwieriger, und ein Leben in den Massenflüchtlingslagern ist unerträglich. In dieser Situation lösen die Willkommensgesten aus Deutschland Gefühle großer Hoffnung aus und wirken als starke «Pull-Faktoren».

Wenn Angela Merkel im Bundestag oder in der Bundespressekonferenz sagt, dass Flüchtlinge in Deutschland willkommen seien, dass die Bundesrepublik keine Syrer mehr abschieben werde, dann hören das die Menschen in Syrien, in den Flüchtlingsstädten Jordaniens, in den Auffanglagern in der Türkei, auf Lesbos, in Zügen in Mazedonien oder am Bahnhof Keleti in Budapest. Viele Schlagzeilen in arabischen Medien zu Merkels neuer Flüchtlingspolitik sprechen für sich:

«Merkel: Deutschland ist stark genug, um Flüchtlinge aufzunehmen» (Al Jazeera),

«Merkel: Wir werden mehr finanzielle Mittel für die Flüchtlinge bereitstellen» (Al Arabiya),

«Merkel: Es gibt keine Entschuldigung für Hetze gegen Flüchtlinge» (BBC Arabisch),

«Mama Merkel empfängt ihre ‹neuen Kinder› in Berlin» (Huffington Post Arabisch).

Zwischen Syrien und Deutschland liegt ein gefährlicher Weg durch halb Europa. Und dennoch sind die Menschen so verzweifelt, dass sie die Bilder von toten Menschen an den Küsten Griechenlands und die Bilder von mit Pfefferspray und Tränengas begrüßten Flüchtlingen an der Grenze zu Ungarn verdrängen. Und wie würde man selbst entscheiden: relativ sicher, aber hungernd und perspektivlos in Jordanien auf ein Ende des Krieges hoffen oder die gefährliche Reise nach Deutschland wagen?

Najib, ein 30-jähriger Designer aus Aleppo, hat sich zur Flucht nach Deutschland durchgerungen. Mehr als ein Jahr lebte er in der Türkei, hielt es dort aber mangels Beschäftigungsmöglichkeiten nicht mehr aus. Ich habe ihn im Spätsommer 2015 am Bahnhof Keleti in Budapest getroffen. Najib ist nicht sein wahrer Name, er wollte seinen Klarnamen nicht in einer Zeitung oder in einem Buch lesen.

Najib besitzt ein Handy. Er zieht es beim Gespräch mehrfach aus seiner Hosentasche und tippt dann einen langen Zahlencode ein: «Wenn mir die Polizei mein Telefon abnimmt, kommt sie wenigstens nicht so schnell an meine Daten.» Syrer sind oft staatskritische Menschen.

Das Smartphone hat den drahtigen jungen Mann auf seiner Reise über das Mittelmeer und den Balkan begleitet. Zwischendurch hat er ein paar der vielen Bilder seiner Flucht gelöscht, um den Speicherplatz zu entlasten. Es sind noch Bilder aus dem zerstörten Aleppo auf seinem Gerät zu sehen: «Sie erinnern mich daran, warum ich das alles

Mohamed Amjahid

hier mache.» In Mazedonien folgte Najib dem Verlauf der Schienen, in Serbien orientierte er sich mit Hilfe des eingebauten GPS-Systems. Immer wieder ruft er seine Familie in Syrien und in einem Flüchtlingslager in der Türkei an. «Damit meine Mutter und meine Tanten nicht vor Sorge sterben.» Eine Flucht ohne Smartphone kann sich Najib nicht vorstellen. Es ist Orientierungshilfe, Kommunikationsgerät, Informationsquelle und manchmal das einzige Mittel gegen die Langeweile. «Ich habe in Griechenland viel Candy Crush gespielt.» Ohne Beschäftigung wäre er verrückt geworden, sagt Najib.

Besonders interessant sind die Bilder aus Deutschland, die er auf seinem Handy vor und während seiner Flucht gesehen hat. Er hat sich gezielt über die politische Lage in Europa informiert und sich danach bewusst für Deutschland als Ziel entschieden.

Menschen benutzen überall auf der Welt Facebook, Twitter und Google mehr oder weniger auf die gleiche Weise. Doch nach welchen Informationen sucht jemand wie Najib? Der Syrer hatte an jenem Morgen in Budapest über die Kehrtwende im Kanzleramt in Berlin gelesen. Er schaute systematisch in arabischen und englischsprachigen Medien nach Nachrichten rund um die neue deutsche Asylpolitik. Viele Flüchtlinge blickten in sozialen Netzwerken auf eine deutsche Bundeskanzlerin, die von Verantwortung sprach, die erklärte, dass Deutschland «diese Herausforderung natürlich meistern wird». Und da war sie, die Information, auf die so viele verzweifelte Menschen ihre zukunftsweisende Entscheidung bauten. Es dauerte nicht mehr lange, bis Bilder von Merkel mit unmissverständlichen Kommentaren geteilt wurden: «Sie ist unsere Retterin.» Oder: «Eine Merkel ist besser als all unsere Präsidenten und Könige zusammen.» Vor allem Selfies von der Bundeskanzlerin mit Flüchtlingen beeindruckten viele Menschen. Im Irak und in Syrien gab es spontane Pro-Merkel-Demonstrationen. Nachdem so viele Länder sie abgelehnt, weitergereicht, lediglich toleriert und ihre eigenen Staaten sie verraten hatten und töten wollten, tauchte plötzlich Angela Merkel auf und sagte: Refugees welcome – gegen den Willen von so vielen anderen Entscheidungsträgern in ihrem Land. Auch das registrieren die Flüchtlinge.

Auf Facebook verbreiteten sich im September 2015 Bilder einer Demonstration im Irak. Einige Demonstranten hielten Banner hoch. Auf einem Plakat ist eine winkende Angela Merkel zu sehen, unter ihr wurde ein vollbesetztes Flüchtlingsboot aus dem Mittelmeer ins Bild kopiert. «Das irakische Volk sagt danke», steht oben auf Englisch in roten Lettern. «Gott segne Sie!», steht unten in dicker quietschgelber Schrift. Merkel thront übermächtig und groß am blauen Himmel und winkt das zu kentern drohende Flüchtlingsboot zu sich: die letzte Rettung für Menschen in Not.

Ein anderes im Internet verbreitetes Bild zeigt einen irakischen Demonstranten mit einem Merkel-Plakat. «Ich habe den Islam in ihr gesehen, den ich in unseren Parlamenten nie gefunden habe», steht auf Arabisch unter ihrem Konterfei.

Abbildung 1: Bilder einer Demonstration im Irak

Das reichste Land Europas sendete im Herbst 2015 eine Botschaft der Nächstenliebe und Verantwortung. So nahmen es viele Flüchtlinge wahr.

Was passiert also genau, wenn Angela Merkel und andere Politi-

Mohamed Amjahid

ker in Deutschland sagen, dass Deutschland vermeintlich seine Tore öffnet und Flüchtlinge aus Kriegsgebieten aufnimmt? Was passiert, wenn Bilder verbreitet werden, die Menschenketten für Flüchtlinge an deutschen Hauptbahnhöfen zeigen?

Um zu verstehen, welche Sogeffekte diese politische Kommunikation bei den Flüchtlingen hat, muss man sich auch die Äußerungen der anderen Staats- und Regierungschefs in der EU anschauen. Denn wie Najib sind viele Flüchtlinge sehr gut über die politische Weltlage informiert.

Dass Griechenland und Italien überfordert sind, dass slowakische und ungarische Politiker keine Muslime aufnehmen wollen, dass Frankreich angekündigt hat, bis zu 10 000 Flüchtlinge aufzunehmen (also so viele, wie an einem Wochenende in München angekommen sind), dass Großbritannien Migration allgemein eindämmen will, dass die Österreicher nun vermehrt die rechtsextreme FPÖ wählen, das und vieles mehr kommt an bei den Flüchtlingen.

Große Fernsehsender wie Al Jazeera, Al Arabiya, Sky News Arabisch oder CNN Arabisch stellen moderne Internetportale zur Verfügung, auf denen sich Syrer neben den sozialen Netzwerken informieren. Am Bahnhof Keleti waren auch Reporter arabischer Fernsehsender anwesend. Wenn die Flüchtlinge sie nicht direkt bei ihren Liveschaltungen beobachten konnten, haben sie sich die Berichte später in der Mediathek angeschaut. Dienste wie Google News werden ebenfalls genutzt. Eine kleine Suche nach «Almanya» bringt die aktuellsten Nachrichten zur Flüchtlingspolitik auf den Bildschirm. Meistens geht es in den Artikeln zu Deutschland um Flüchtlinge oder Autos.

Und diejenigen, die Bescheid wissen, sprechen mit denjenigen, die keinen Zugang zu Informationen haben. Am schnellsten verbreiten sich Informationen unter Flüchtlingen über «stille Post». Dadurch kommen aber auch falsche Gerüchte in Umlauf. Ein Flüchtling erzählt zum Beispiel, er könne garantiert in Berlin bleiben, wenn er es nur bis zur Hauptstadt schaffe. Oder es heißt, dass Asylanträge nur dann anerkannt werden, wenn ein Flüchtling perfekt Deutsch sprechen kann.

Die Mediennutzung und die Kommunikation der Flüchtlinge zeigt eines deutlich: Keine Abschottungspolitik kann diese Menschen davon abbringen, sich in Sicherheit zu bringen. Wenn sich Ungarn mit Zäunen umgibt, dann finden die Menschen andere Wege in die EU. Wenn die europäische Grenzschutzbehörde *Frontex* vor der griechischen Küste aufgerüstet wird, dann probieren es die Menschen an einer anderen Stelle. Und wenn bei der Versorgung der Flüchtlinge in anderen Staaten wie im Libanon, in Jordanien oder der Türkei gespart wird, dann wissen die Menschen, wo sie eher willkommen sind.

Zwar dementierte die Bundesregierung Gerüchte, dass die Dublin-Regelung ausgesetzt sei, dass Syrer nicht mehr durch das Asylverfahren müssten und direkt eine Aufenthaltserlaubnis bekommen würden; zwar sprach Angela Merkel schon im Oktober 2015 wieder von einer stärkeren Sicherung der EU-Außengrenzen. Bei den betroffenen Menschen aus dem Bürgerkrieg war da aber längst eine Botschaft angekommen: In Deutschland sind wir und unsere Kinder gut aufgehoben – falls wir es dorthin schaffen.

Bilder von überfüllten Unterkünften, brennenden Asylbewerberheimen und pöbelnden Nazis kommen auf Facebook, Twitter und WhatsApp bei den Flüchtlingen auch an, sie wurden und werden von den Worten der Kanzlerin aber überstrahlt.

Najib hatte beim Anblick von Meldungen aus Heidenau und Freital erklärt, dass er gerade aus dem von Assad-Truppen zerbombten Aleppo geflüchtet sei: «Die Chance, in Deutschland zu sterben, ist zumindest geringer.» Die EU ist im direkten Vergleich mit Ländern wie Jordanien selbstverständlich ein Hort des Wohlstandes für Flüchtlinge. Die Hoffnungen vor und während der Flucht sind entsprechend hoch. Doch dass in der Europäischen Union nicht alles gut läuft, konnten viele am eigenen Leib in Ungarn spüren. Am Bahnhof Keleti in Budapest herrschte Ende August und Anfang September 2015 Chaos. Die Ungewissheit, was wann passieren würde, zermürbte Flüchtlinge, Helfer und die anwesenden Journalisten.

Tatsache ist, dass damals wochenlang Senioren, Kinder, Säuglinge, Menschen mit Behinderung und viele junge Männer und Frauen auf

Mohamed Amjahid

dem nackten, dreckigen Boden am Keleti vor sich hin vegetierten. Es roch stark nach Exkrementen, und die Menschen wurden von Tag zu Tag, von Stunde zu Stunde verzweifelter. Sie suchten aktiv nach Wegen, dieser Falle zu entrinnen und den Weg durch den Rest des Labyrinths nach Westeuropa zu finden. Najib wollte so schnell wie möglich nach Deutschland: «Dort ist alles besser.» Nicht wenige der Flüchtlinge erlebten hier dann ein böses Erwachen, wenn sie zusammengepfercht in Heimen aufwachten, wenn sie schlicht in den «falschen Ort» vermittelt oder ihnen «deutsche Werte» wie Kleinkindern erklärt wurden.

Jedes längere Gespräch mit syrischen Flüchtlingen kommt irgendwann an den Punkt, an dem die Menschen über die europäische Flüchtlingspolitik nur den Kopf schütteln. Denn die Willkommenskultur, sie hat in Europa auch ihre Kehrseite.

Nachrichten über eine Kooperation der EU-Behörde *Frontex* mit der Türkei zur Sicherung der EU-Außengrenze in Griechenland, Pläne für mehr Auffanglager in anderen Nachbarstaaten Syriens, der «Kampf gegen Schleuser» und nicht zuletzt Äußerungen mehrerer europäischer Politiker, dass wir den Menschen «unsere Kultur» erklären sollen: Das alles zeigt, wie scheinheilig die deutsche Politik auch ist. Angela Merkel selbst, die ja für ihre Flüchtlingspolitik für den Friedensnobelpreis im Gespräch war, spielt ein doppeltes Spiel. Einerseits beharrt sie zu Recht auf dem Grundsatz, dass kein Hilfesuchender abgewiesen werden darf, andererseits trägt sie einen Großteil der Verantwortung für die bisherige Abschottungspolitik in der EU. Jeder Flüchtling hat das Recht, sich darüber zu empören.

Ein Bild aus der syrischen Kleinstadt Kafranbel zeigt, dass die nötige Dosis Skepsis bei vielen Syrern weiterhin präsent ist. Es wurde im Netz eifrig kommentiert und geteilt. Die Syrer, die dort im Bürgerkrieg ausharren, haben sich zur Mission gemacht, auf die syrischen und internationalen Missstände mit Humor und einer Prise Ironie aufmerksam zu machen.

Abbildung 2: Syrer aus Kafranbel demonstrieren Ende August 2015 gegen eine vermeintliche Willkommenskultur in Europa

Deutschland und Europa sagen «Willkommen»? Man hat den Aktivisten aus Kafranbel zufolge auf dem Weg dahin die Wahl: in einem Boot untergehen, am Stacheldraht verbluten oder in einem Lkw ersticken. Angela Merkel begrüßt die Flüchtlinge in Deutschland, nachdem sich ihre Regierung und ihre europäischen Partner mehr als fünf Jahre blind und taub gestellt haben. Und auch jetzt sind nur die Flüchtlinge willkommen, die den Todesparcours bis Deutschland überlebt haben. Für die meisten Syrer ist dies unverständlich.

Angela Merkel winkt mit der einen Hand die hilfesuchenden Flüchtlinge an das rettende Ufer Europas und sorgt mit der anderen Hand dafür, dass sie in Gummiboote steigen. Legale, sichere Wege in die EU gibt es so gut wie keine. Gegen Schleuser oder Fluchthelfer – wie sie einige Flüchtlinge nennen – geht nun die Bundeswehr vor. In Ungarn bewacht die Bundespolizei den Zaun mit.

Mohamed Amjahid

Es ist scheinheilig, die «europäischen Werte» zu feiern. Es ist scheinheilig, Deutschland zu feiern. Es ist scheinheilig, Angela Merkel zu feiern. Zumindest solange Menschen auch wegen der europäischen und deutschen Abschottungspolitik sterben.

Hasnain Kazim

«FÜR EINE FLUCHT NACH EUROPA FEHLT UNS DAS GELD. UND DER MUT»
Nirgendwo leben so viele Flüchtlinge wie in der Türkei

Als Ayush Mustafa auf türkische Soldaten trifft und die ihr zurufen, sie solle auf der Stelle umkehren, zurückgehen nach Syrien, bricht die 67-Jährige weinend zusammen. Sie ist Kilometer über Felder gelaufen, durch ein Loch im Zaun geklettert, nahe der türkischen Grenzstadt Kilis über Hügel gehumpelt, denn sie fühlt das Alter in ihren Hüften. Die Uniformierten blicken einander ratlos an. «Sie hatten Mitleid», erzählt Mustafa später. «Sie flüsterten miteinander, dann kam einer auf mich zu, half mir auf die Beine und fragte mich nach meiner Geschichte.»

Sie erzählt den Soldaten von ihrem Haus in einem Dorf nahe Aleppo. Seit dem Tag ihrer Hochzeit habe sie dort gelebt. Als ihr Mann vor ein paar Jahren starb, sei sie dort geblieben. Einsam sei es gewesen, aber doch auch schön und vertraut, weil sie sich mit den Nachbarn gut verstand und noch für sich selbst sorgen konnte. Sie schildert ihnen, dass sie ihren Bruder in einer Nachbarstadt für ein paar Tage besucht und bei ihrer Rückkehr Terroristen des «Islamischen Staates» (IS) in ihrem Haus vorgefunden habe. Wie die Männer ihr ein Gewehr an den Kopf hielten, sie anbrüllten, sie solle sich nie wieder hier blicken lassen, und dass sie jetzt nur noch das besitze, was sie am Leib trage und was sie von ihrem Besuch bei ihrem Bruder noch dabeihabe. Papiere habe sie keine, keinen Ausweis, keinen Pass, nichts.

Die türkischen Soldaten lassen sie passieren.

Ayush Mustafa nimmt einen Bus nach Gaziantep, wohin eine Tochter schon vor einem Jahr mit ihrer Familie geflüchtet ist. Seither gehört sie zu den rund zwei Millionen Syrern, die offiziell in der Türkei leben. Bis Ende 2015 sollen es 2,5 Millionen sein. Vielleicht sind es jetzt schon so viele, denn niemand weiß, wie viele Menschen sich nicht registrieren ließen. Mit jedem Tag, den der 2011 ausgebrochene Bürgerkrieg im Nachbarland andauert, werden es mehr. Nach Angaben des Flüchtlingshilfswerks UNHCR sind allein seit Juni mehr als 200 000 Menschen aus Syrien in die Türkei gekommen. Nur etwa 250 000 Syrer leben in den insgesamt 25 Camps überwiegend entlang der Grenze, die große Mehrheit schlägt sich in den Städten durch, lebt auf der Straße, in Parks, die Wohlhabenderen in Mietwohnungen und Hotels.

Nirgendwo sonst auf der Welt leben so viele Flüchtlinge wie in der Türkei. Zählt man die Menschen aus dem Irak, Afghanistan, Pakistan und aus mehreren afrikanischen Ländern dazu, sind es etwa 2,5 Millionen. Damit hat das Land mehr Menschen aufgenommen als ganz Europa. Flüchtlingscamps gleichen Städten mit Tausenden von Einwohnern, Lager- und Turnhallen wurden freigeräumt und Zelt- und Containerstädte aufgebaut. Nach eigenen Angaben hat die Regierung in den vergangenen vier Jahren rund sieben Milliarden Euro für Flüchtlingshilfe ausgegeben.

Ayush Mustafa hat mit der Familie ihrer Tochter eine Bauruine in Gaziantep aufgetan. Sie hat die Trümmer weggeräumt, ein paar alte Möbel auf einer Müllhalde gefunden und sich damit wohnlich eingerichtet. Bislang hat noch niemand Miete von ihr verlangt. Fühlt sie sich wohl in ihrem neuen Zuhause, in der Türkei? Sie lächelt traurig. «Ich bin hier in Sicherheit und muss nicht um mein Leben fürchten», antwortet sie. Aber sie vermisse ihr Haus, ihr Dorf, die Menschen, die Luft, die nach Heimat rieche. Möchte sie in der Türkei bleiben? Oder nach Europa weiterziehen? Sie schüttelt den Kopf. «Ich habe meinen Traum nicht aufgegeben, dass irgendwann wieder Frieden herrscht in Syrien und ich zurückkehren kann.»

In der Türkei bleiben die Menschen sich selbst überlassen. Außer einer kostenfreien Behandlung in staatlichen Krankenhäusern und, zumindest theoretisch, dem Zugang zu Bildung bekommen die Syrer in der Türkei nichts: keine Sozialhilfe, keine Lebensmittel, keine Betreuung. Die Hoffnung, dass der Arbeitsmarkt irgendwann für Syrer geöffnet wird, wie es türkische Politiker versprochen haben, hat sich bislang nicht erfüllt. Die meisten Syrer arbeiten deshalb illegal, als Kellner, Putzleute oder Verkäufer, und die Behörden schauen weg. Sie werden ausgebeutet, bieten sich manchmal für die Hälfte des Lohnes an, für den ein Türke arbeiten würde. Zahlt der Chef einmal das Geld nicht aus, bleibt ihnen nichts, als es hinzunehmen. Wie soll man als illegal Arbeitender etwas einfordern, gar einklagen?

Von allen Syrern in der Türkei sagen 56 Prozent einer Studie des britischen Sozialforschungsinstituts Xsights zufolge, dass sie planen, irgendwann nach Syrien zurückzukehren. 21 Prozent erklären, sie wollen in der Türkei bleiben. 16 Prozent sehen ihre Zukunft in einem anderen Land, viele davon nennen Deutschland als Ziel, aber auch die Niederlande und seltsamerweise Saudi-Arabien, das – wie die Golf-staaten – in der Kritik steht, keine oder zu wenig syrische Flüchtlinge aufzunehmen. Sieben Prozent der Syrer in der Türkei sagen, sie hätten keinerlei Zukunftspläne.

Aus türkischer Sicht galten die Syrer von Anfang an als «Gäste», wie viele türkische Politiker sie nennen, die irgendwann zurückkehren würden. Über den Bau von Flüchtlingscamps hinaus ist deshalb wenig geschehen, es gab keine Bemühungen, die Syrer dauerhaft in die tür-kische Gesellschaft zu integrieren. Man sieht es an den Lagern: Man hat versucht, die Bewohner nach ihren Herkunftsorten zu sortieren. Sie sollen in jenen Gemeinschaften leben, in denen sie irgendwann in Zukunft wieder in ihrer Heimat sein werden. Das ist die Hoffnung. Die Camps sind zweckmäßig, manche Menschen haben sich wohn-lich eingerichtet, haben vor den Zelteingängen Topfpflanzen und drinnen Bilder aufgestellt. Wo Platz ist, pflanzen sie Gemüse an. Viele Menschen leben auf wenigen Quadratmetern, sie teilen sich Gemein-schaftstoiletten und Duschen.

Allmählich dämmert den Türken, dass der Konflikt in Syrien länger dauern wird als erwartet – und dass die Syrer bleiben werden.

So wie Leyla Kadoor, 33. Sie ist, wie die meisten Syrer, vor dem Regime von Machthaber Baschar al-Assad geflohen, dessen Truppen

Hasnain Kazim

die eigene Bevölkerung terrorisieren. Die Luftwaffe zerstört mit Fassbomben Dörfer und Stadtteile, in denen die Regierung Oppositionelle und Rebellen vermutet. Die Regierenden nehmen in Kauf, dass Hunderte, gar Tausende Zivilisten sterben, die mit den Kämpfen nichts zu tun haben.

«Eines Tages kamen Hubschrauber und warfen Bomben auf unseren Ort», erzählt Kadoor. Eine davon traf ihr Haus, ebenfalls nahe Aleppo. Fünf Stunden lang war sie in den Trümmern gefangen. Als die Helfer kamen und sie befreiten, war ein zerquetschtes Bein nicht mehr zu retten. Die Ärzte in einem nahe gelegenen Krankenhaus amputierten es und rieten ihr, in die Türkei zu flüchten und sich dort behandeln zu lassen.

«Sie wollten mich in einem Krankenwagen in die Türkei fahren, aber nur mit meinem Mann, ohne meine fünf Kinder. Für die wäre kein Platz, sagten sie mir.» Also flüchtete sie lieber in einem Auto von Freunden mit der ganzen Familie. Sie schafften es, unbemerkt über die Grenze zu kommen. Ein Krankenhaus in Gaziantep nahm sie auf, ohne nach Papieren zu fragen. «Vier Monate lang wurde ich behandelt», sagt sie. «Meine Kinder und mein Mann haben sich in dieser Zeit in einem Park durchgeschlagen.»

Weinend erzählt Kadoor, wie ihr Mann sie, eine Frau «aus normalen Verhältnissen», kürzlich im Rollstuhl auf die Straße schob und sie gemeinsam zum ersten Mal in ihrem Leben bettelten, um sich und ihre Kinder zu ernähren. «Er schob mich durch die Stadt, und ich hielt meine Hand auf.» Es sei die größte Demütigung ihres Lebens gewesen.

Inzwischen arbeitet ihr Mann als Putzhilfe in einem Restaurant. Die Jahresmiete von 1500 Lira für ein Zimmer, umgerechnet etwa 430 Euro, können sie sich leisten.

«Ich will nie mehr zurück nach Syrien», sagt Kadoor. «Ich habe nur noch schlechte Erinnerungen an mein Heimatland: Bomben, Tod und Leid.» In der Türkei fühle sie sich allerdings auch nicht wohl. Türkische Kinder würden ihre Töchter und Söhne mit Steinen bewerfen und sich lustig machen über «die Araber», weil sie die türkische

Sprache nur bruchstückhaft beherrschen. «Es wird uns aber nichts anderes übrigbleiben, als uns hier auf Dauer einzurichten», sagt sie. «Für eine Flucht nach Europa fehlt uns das Geld. Und der Mut.»

Es ist die Not, die die Familie zum Bleiben in der Türkei zwingt. Wer beruflich qualifiziert ist, aber in der Türkei nur illegal einen schlechtbezahlten Job annehmen darf, und wer sich rein körperlich eine weitere Flucht zutraut, zieht Richtung Westen. Umfragen zufolge fühlen sich zwar nahezu alle Syrer, die außerhalb der Camps leben, sicher in der Türkei. Aber nicht einmal jeder zweite ist zufrieden mit dem Leben hier. Kein Wunder, denn acht von zehn Flüchtlingen beklagen, keinen Job zu finden oder nur einen schlechtbezahlten.

In manchen Orten verteilt das Welternährungsprogramm der Vereinten Nationen (WFP) zusammen mit dem Türkischen Roten Halbmond Lebensmittelhilfen: Geldkarten, auf die einmal im Monat eine Summe gebucht wird und mit denen die Flüchtlinge Grundnahrungsmittel kaufen können. Das nützt auch den örtlichen Ladenbesitzern, die damit ihre Umsätze steigern. Diese Hilfe, die im Oktober 2012 zunächst in den Camps begann und später auf Flüchtlinge, die außerhalb leben, ausgeweitet wurde, bekommen aber nur etwa 150 000 Menschen, also die wenigsten aller Flüchtlinge. Und da es an Spenden fehlt und den Hilfsorganisationen das Geld ausging, wurde die Summe, die den Menschen monatlich zugutekommt, immer wieder gekürzt. Derzeit sind es 50 Lira im Monat pro Person, umgerechnet nicht einmal 15 Euro. Immerhin etwas, um das Überleben zu sichern, aber nicht genug, um sich vernünftig zu ernähren. Den Menschen bleibt also nichts anderes übrig, als zu betteln oder illegal zu arbeiten.

Anfangs kam es nur selten zu Auseinandersetzungen zwischen Türken und Syrern. Doch die sozialen Spannungen nehmen zu, seit die Syrer unübersehbar sind in vielen Städten und Gemeinden: Proteste gegen die Zugezogenen, die nach Ansicht mancher Einheimischer ihnen die Jobs wegnehmen, gegen syrische Geschäftsleute, die den türkischen Kaufleuten Konkurrenz machen, gegen dramatisch steigende Mieten in grenznahen Städten. Die Preise für Hotelzimmer haben in Städten wie Kilis, Gaziantep oder Sanliurfa spürbar angezo-

Hasnain Kazim

gen. Immer häufiger kommt es zu Schlägereien zwischen Türken und Syrern.

Mahmud, 34 Jahre alt, ein Arzt aus Damaskus, findet die Zustände in der Türkei «unzumutbar». Er würde gerne in seinem Beruf arbeiten, in einem Flüchtlingscamp oder in einem Krankenhaus, um seinen Landsleuten zu helfen. «Ich will gar kein hohes Gehalt, ich wäre schon glücklich, wenn ich so viel verdiene, dass meine Frau, mein Sohn und ich davon leben können», sagt er. Aber sein Universitätsabschluss ist nicht anerkannt in der Türkei, und abgesehen davon würde er sowieso keine Arbeitserlaubnis erhalten. Also arbeitete er schwarz, in einem Restaurant in Istanbul, für umgerechnet 500 Euro im Monat. «Ich hatte Glück, mein Chef hat mir das Geld immer ausgezahlt.» Die Hälfte davon gab er für Miete aus, für ein heruntergekommenes Zimmer, das eigentlich viel billiger war. «Aber als der Vermieter hörte, dass ich Syrer bin, hat er den Preis fast verdoppelt.» Der Markt für einfache Wohnungen sei derzeit so umkämpft, dass die Eigentümer absurd hohe Preise verlangen könnten. Mit der anderen Hälfte seines Gehaltes brachte er seine Familie durch, in einer teuren Stadt wie Istanbul nicht einfach. «Aber mir reicht das Geld, nur würde ich es lieber für das bekommen, was ich gelernt habe, nämlich Arzt zu sein.»

Eines Tages, im September 2015, entdeckte Mahmud im Internet einen Aufruf, es jetzt, angesichts der Nachrichten aus Deutschland von den herzlich aufgenommenen Flüchtlingen, gemeinsam zu wagen und die Grenze zu Griechenland zu stürmen. Mehr als 35 000 Menschen schlossen sich der Facebook-Gruppe an.

«Ich war überhaupt nicht darauf vorbereitet, jetzt schon meine Sachen zu packen und mich auf den Weg zu machen», sagt Mahmud. «Aber dann dachte ich mir: Wann, wenn nicht jetzt?» Es entstand, berichtet er, «so etwas wie ein Herdentrieb: Jeder bekam mit, dass Leute jetzt gehen. Also sagten sie sich: Dann gehen wir auch.»

Mahmud verkaufte die wenigen Möbel, die die Familie besaß, kündigte die Wohnung, und die Familie machte sich auf den Weg Richtung Griechenland. Doch schon mehrere Kilometer von der Grenze entfernt, nahe der Stadt Edirne, hatte die türkische Polizei Kontroll-posten errichtet und ließ die Syrer nicht passieren.

Von Angela Merkels «Wir schaffen das» hatten nur ein paar Leute etwas mitbekommen, aber sie und die Fernsehbilder von Selfies, die die Kanzlerin mit Flüchtlingen macht, vom Polizisten, der einem sy-rischen Jungen seine Mütze aufsetzt, und von Helfern, die Spielzeug verteilen, verstärkten die Sogwirkung.

Mahmud und seine Familie haben es nach Griechenland geschafft, aber nicht auf dem Landweg. Am Ende, sagt er, habe er einsehen müs-sen, dass er die Polizisten nicht austricksen, die Mauern und Zäune nicht hätte überwinden können, schon gar nicht mit einem dreijäh-rigen Kind. Also zahlte er einem Schlepper 1200 Dollar pro Person für Plätze in einem Schlauchboot, das ihn und seine Familie auf eine griechische Insel brachte. Für seinen Sohn musste er den vollen Preis zahlen. Es war eine kurze, aber lebensgefährliche Fahrt. Hunderte Menschen sind in den vergangenen Monaten in den Fluten ertrunken bei dem Versuch, nach Europa zu kommen. «Ich hatte doch keine Wahl», sagt Mahmud heute. Zurück nach Syrien wäre noch gefähr-licher, in der Türkei zu bleiben keine Alternative gewesen, also: weiter Richtung Westen. «Die Türken und die Griechen wollen unbedingt verhindern, dass wir es auf dem Landweg schaffen. Dann müssen wir eben übers Meer.»

Wie Tausende hat Mahmud sich auf den Weg Richtung Europa gemacht. Nach Deutschland wolle er oder nach Frankreich, vielleicht auch nach Schweden, sagt er am Telefon. Er lebt jetzt in einer grie-chischen Flüchtlingsunterkunft.

Haben die Bilder von den Ankommenden, die in Deutschland von Einheimischen begrüßt werden, ihn zu diesem Schritt bewegt? «Nein», sagt er. «Ich habe schnell gemerkt, dass für mich in der Türkei ein wür-devolles Leben nicht möglich sein wird, weil ich keine Rechte habe.» Aber die Nachrichten aus Europa hätten ihn und viele seiner Freunde ermutigt, es jetzt zu wagen. «Wir wissen aber auch von den Problemen, von den brennenden Wohnheimen und den Protestmärschen gegen uns», sagt er. «Das haben wir auch gesehen, im Fernsehen.»

Hasnain Kazim

Zehn Tage haben seine Frau, sein Sohn und er im September in Istanbul auf dem Busbahnhof gezeltet, mit Tausenden anderen Menschen. «Angela Merkel, ich bin wie dein Sohn, ich möchte nicht ertrinken», haben einige junge Männer auf Plakate geschrieben, in Anspielung auf die vielen Menschen, die bei der Überfahrt von der Türkei nach Griechenland mit viel zu kleinen Schlauchbooten untergegangen sind. Mahmud und seine Familie sind mit dem Bus gefahren und haben sich, als die türkische Polizei sie stoppte, zu Fuß und per Anhalter durchgeschlagen bis zur Küste, wo sie in ein Boot gesetzt wurden.

Die Türkei hat die EU für den Tod der Flüchtlinge verantwortlich gemacht. Staatspräsident Recep Tayyip Erdogan sagte, Europa habe das Mittelmeer in ein «Grab» verwandelt und trage damit Mitschuld am Tod «jedes einzelnen Flüchtlings». In einer Rede vor Wirtschaftsvertretern sagte er Anfang September 2015: «Im Mittelmeer sind nicht nur Flüchtlinge ertrunken. Im Mittelmeer ist unsere Menschlichkeit ertrunken.» Dass die Türkei Flüchtlinge gleichwohl daran hindert, den Weg nach Westen zu gehen, indem sie Straßenkontrollen auf den Zufahrtswegen zu den Grenzen nach Griechenland und Bulgarien einrichtet und an der Ägäis Boote mit Flüchtlingen stoppt und zurückschickt, liegt vermutlich an einem Rücknahmeabkommen, das EU und Türkei Ende 2013 geschlossen haben. Demnach ist die Türkei seit Oktober 2014 verpflichtet, illegal über die Türkei in die EU eingereiste Flüchtlinge zurückzunehmen. Im Gegenzug erwägt die EU eine visafreie Einreise von Türken in den Schengen-Raum.

Europa will der Türkei mit Milliardensummen helfen, damit in dem Land weitere Flüchtlingsunterkünfte gebaut werden, in der Hoffnung, dass die Flüchtlinge dort bleiben. Man will ihr jetzt sogar durch die Wiederaufnahme der seit Jahren stockenden Beitrittsgespräche entgegenkommen, obwohl das Land in Sachen Demokratie – Einschränkung der Pressefreiheit, Einmischung in die Justiz, Gewalt gegen Demonstranten – beängstigende Rückschritte macht. Ob der Plan aufgeht, ob Millionen von Menschen bereit sein werden, in der Türkei zu bleiben ohne das Recht auf Arbeit und ohne Aussicht, zur türkischen Gesellschaft zu gehören, ist offen.

Stefan Buchen

DIE SCHLEPPER UND DIE BAUERNFÄNGER
Der Kampf gegen die Schleuser
ist nur eine Scheinlösung

1

Es war der vorläufige Höhepunkt von 16 Monaten hartnäckiger Ermittlungsarbeit. Am 14. Februar 2013 schleusen Matthias, Andreas und Jan ihren Gefangenen durch den Flughafen Athen und setzen ihn in eine Lufthansa-Maschine. Wäre es kein normaler Linienflug, könnten sich die drei deutschen Kriminalbeamten fühlen wie ein Entführungsteam der CIA. Flug 1751 hebt ab nach Berlin-Tegel. Der Gefangene trägt Handschellen.

Deutschen Boden hat der Gefangene noch nie betreten. Einen Anschlag hat er in Deutschland nicht geplant. Deutsche Touristen auf griechischen Inseln hat er weder überfallen noch ausgeraubt. Deutsche Gelder, die zur «Stabilisierung» der griechischen Staatsfinanzen nach Athen flossen, hat er auch nicht veruntreut. Er hat nie einem Deutschen etwas zuleide getan und dies auch nicht beabsichtigt. Und doch wollte Deutschland ihn unbedingt festnehmen, vor Gericht stellen und hinter Gitter bringen. Um das zu erreichen, hat man ganz tief in den «Instrumentenkasten» der europäischen Zusammenarbeit gegriffen.

Der Gefangene ist dreißig Jahre alt und hat schon ein paar silberne Haarsträhnen. Er ist kräftig gebaut, und auf dem Foto, das die Beamten kurz nach seiner Festnahme von ihm machten, blickt er trotzig. Seit 2005 lebte er in Athen. Er ist mit einer Polin verheiratet. Das Paar hat zwei Kinder. Der Gefangene stammt aus Syrien, aus dem Nordosten des Landes. Er spricht Kurdisch, Arabisch und inzwischen leid-

Stefan Buchen

lich Griechisch. Er hat die syrische Staatsangehörigkeit. Sein Name ist Mohammad Darwish, kurz «Hame».

Die deutsche Bundespolizei, Direktion Kriminalitätsbekämpfung, ist im Juni 2012 auf ihn aufmerksam geworden. Hame bekam aus Deutschland Anrufe von Leuten, deren Telefone abgehört wurden. Daraufhin zapfte die Bundespolizei seine beiden griechischen Mobiltelefone an und ließ die Gespräche ins Deutsche übersetzen. Der deutsche Staat ist überzeugt, dass Hame ihm erheblichen Schaden zugefügt hat. Die Bundesrepublik sieht in dem Gefangenen einen Schwerverbrecher. Die Bundespolizei ermittelte seine Privatadresse in Athen. Deutschland erwirkte einen europäischen Haftbefehl und überredete die griechischen Behörden, Hame in seiner Wohnung festzunehmen und an Deutschland auszuliefern. (Diese und weitere Details aus dem Ermittlungsverfahren «Cash», das die Bundespolizei ab 2011 gegen eine mutmaßliche Schleuserbande führte, hat der Autor Stefan Buchen in seinem Buch *Die neuen Staatsfeinde – wie die Helfer syrischer Kriegsflüchtlinge in Deutschland kriminalisiert werden* veröffentlicht. Das Buch erschien 2014 im Dietz-Verlag. Im Zuge seiner Recherchen hatte der Autor Zugang zu sämtlichen polizeilichen Ermittlungsakten.)

Deutschland wirft Hame vor, seine Souveränität verletzt zu haben. Zur Souveränität eines Staates gehört das Recht, dass er darüber bestimmen darf, welche Fremden, also Personen, die nicht zum «Staatsvolk» gehören, sein Territorium betreten dürfen und welche nicht. Fremde, die die Erlaubnis dazu haben, müssen dies mit gültigen Reisedokumenten nachweisen. Fehlen die erforderlichen Reisedokumente – je nach Herkunftsland sind das Personalausweis, Pass oder Visum –, gilt die Einreise der Fremden als unerlaubt. Hame hat von Athen aus syrischen Landsleuten geholfen, ohne gültige Papiere, also ohne Visa, in Deutschland einzureisen. Er hat ihnen Flugtickets besorgt und falsche Papiere, zum Beispiel polnische oder bulgarische Ausweise. Er hat griechische Grenzbeamte am Flughafen Athen bestochen, damit sie diejenigen seiner Landsleute, die überhaupt keine Papiere hatten, nicht einmal falsche, passieren ließen. Während seine syrischen Landsleute auf die Weiterreise nach Deutschland warteten, brachte Hame sie in Mietwohnungen in Athen unter, besorgte Kleidung und Lebensmittel. Die Bundespolizei beschuldigt Hame, führendes Mitglied einer internationalen Schlepperbande zu sein. Er habe Ausländer ohne Einreiseerlaubnis in Deutschland eingeschleust. Diese Taten habe er sich von den Ausländern bezahlen lassen. Hame ist also ein gewerblicher Schleuser. Darauf stehen in Deutschland bis zu zehn Jahre Haft.

2

In der Verfolgung und Festnahme von Mohammad Darwish, kurz Hame, in Athen und seiner Auslieferung nach Deutschland verdichtet sich die deutsche Syrienpolitik zwischen Sommer 2011 und Sommer 2015. Es ist die Zeit, in der sich die Proteste gegen Machthaber Baschar al-Assad zu einem grausamen Krieg mit multiplen militärischen und politischen Frontlinien auswuchsen. Bis Sommer 2011 hatte Deutschland mit Geld und Experten einen «Reformprozess» in Syrien unterstützt, der zur Einführung der sozialen Marktwirtschaft führen sollte, ohne dass die politischen Rahmenbedingungen der Diktatur angetastet werden sollten. Man setzte auf wirtschaftliche Liberalisierung unter der eisernen Faust des Diktators. Nachdem diese Politik gescheitert war, wollte man mit Syrien nichts mehr zu tun haben. Die Bundesregierung schottete sich mental und physisch vom Krisenherd im Nahen Osten ab. Die Priorität lag nun darauf, zu verhindern, dass die Flüchtlingskrise, die sich seit dem Winter 2011/2012 abzeichnete, nach Europa und Deutschland überschwappte. Deutschland unterstützte den Bau eines Grenzzauns zwischen der Türkei und Griechenland (später auch entlang der türkisch-bulgarischen Landgrenze). Ebenso setzte sich Deutschland für eine Verstärkung der Seepatrouillen im Ägäischen Meer zwischen Griechenland und der Türkei ein. «Operation Poseidon Sea» nannte man die Sicherung der europäischen Seeaußengrenze. Gesteuert wurde die Operation von

Stefan Buchen

der EU-Grenzschutzagentur *Frontex*. «Jede Maßnahme, die die Grenze sicherer macht, muss man begrüßen», sagte der damalige Bundesinnenminister Hans-Peter Friedrich (CSU) im März 2012 in Brüssel auf einer gemeinsamen Pressekonferenz mit seiner österreichischen Amtskollegin. Mit «sicherer» meinte er «undurchlässiger».

Dennoch beobachtete die Bundesregierung mit Sorge, dass immer mehr Syrer die europäische Außengrenze überschritten. Im Jahre 2012 waren es einige hundert pro Monat. Damit wurden Syrer die größte Flüchtlingsgruppe und lösten Afghanen und Somalier, die auch aus von Krieg gezeichneten Ländern flohen, ab. Entlang der Fluchtroute in der Türkei und in Griechenland sammelte Deutschland Informationen. An strategisch wichtigen Punkten wie den Flughäfen von Istanbul, Antalya und Athen waren «Dokumentenberater» der Bundespolizei stationiert, die helfen sollten, Reisende nach Mitteleuropa ohne gültige Papiere herauszufiltern und am Boarding zu hindern. Der Bundesnachrichtendienst (BND) durchforstete im Rahmen der «strategischen Fernmeldeaufklärung» die Telekommunikation im Krisengebiet, um sich ein Bild vom «Migrationsdruck» auf Deutschland zu machen.

«20 000 Syrer warten in der Türkei auf ihre Schleusung nach Deutschland»: Diese Zahl hatte die Bundespolizei Ende 2011 ermittelt. Heute erscheint die Zahl nicht sehr bedeutend, denn so viele Menschen kamen im September 2015 an einem Wochenende in Bayern an. 2012 jedoch waren 20 000 «Schleusungswillige» – so der polizeiliche Terminus – aus Syrien ein echtes Bedrohungsszenario. Dank der scheinbar erfolgreichen Abschottung und des «Dublin-Systems», das Flüchtlinge verpflichtet, in den Randstaaten der EU ihre Asylanträge zu stellen, hatte sich Deutschland an Zahlen um die 30 000 Flüchtlinge im Jahr gewöhnt, alle Herkunftsstaaten zusammengenommen.

20 000 zusätzliche syrische «Schleusungswillige» auf einen Schlag – das hatte für die Sicherheitsbehörden staatsgefährdendes Potenzial. «Die Einschleusung der syrischen Staatsangehörigen nach Deutschland ist durch das rechtzeitige Heranführen von Polizeikräften zu unterbinden.» Dieser Satz findet sich vielfach in den Akten des Straf-

verfahrens, das zur Festnahme von Hame in Athen führte. In diesem Sinne reisten die drei deutschen Kriminalbeamten Matthias, Andreas und Jan am 14. Februar 2013 nach Athen, um Hame dort in Handschellen abzuholen. Der Zugriff erfolgte, vordergründig betrachtet, noch «rechtzeitig», denn bis dato waren durch diesen Verdächtigen nur einige Dutzend syrische Kinder, Frauen und Männer nach Deutschland gelangt. Allerdings schafften es bis Mitte 2013 tatsächlich rund 20 000 Syrer nach Deutschland, gegen den Willen der Regierung und mit Hilfe von Schleusern.

Deutschland war 2012 und bis September 2013 strikt gegen die «Aufnahme» syrischer Kriegsflüchtlinge. An den deutschen Botschaften in Beirut, Ankara und Amman (die Deutsche Botschaft in Damaskus ist seit Frühjahr 2012 geschlossen) gab es praktisch keine Visa für Syrer. Eine organisierte «Wiederansiedlung» («resettlement») einer festgelegten Zahl entwurzelter Syrer in Deutschland kam für die Bundesregierung nicht in Frage. Seit langem in Deutschland lebende Bürger syrischer Herkunft – davon gab es etwa 40 000 – wandten sich an Menschenrechtsorganisationen und Abgeordnete mit der Bitte, ihre Verwandten aus dem Kriegsgebiet nach Deutschland holen zu dürfen. «Pro Asyl», die Grünen-Politikerin Claudia Roth und vor allem der damalige Vorsitzende des Auswärtigen Ausschusses im Bundestag Ruprecht Polenz (CDU) griffen diesen Vorschlag auf und warben für seine Umsetzung. Die Bundesregierung lehnte ab. «Nicht jeder darf nach Deutschland kommen, nur weil er da einen Verwandten hat. So weit werden wir die Zuwanderungstatbestände nicht ausweiten», beschied Innenminister Friedrich am 17. Januar 2013. Erst ab Ende 2013 flog Deutschland auf der Grundlage von eng begrenzten Aufnahmeprogrammen des Bundes und einzelner Länder einige tausend Syrer nach Deutschland. Zu dem Zeitpunkt saßen Hame und Hunderte andere Beschuldigte wegen «Einschleusen» von Syrern in Deutschland im Gefängnis.

Syrern standen also – genau wie Kriegsflüchtlingen aus anderen Herkunftsländern – in den ersten beiden Kriegsjahren überhaupt keine legalen Fluchtwege nach Europa zur Verfügung. Ihre einzige Chance, etwa zu Verwandten in Deutschland zu gelangen, war, die Hilfe von Schleusern in Anspruch zu nehmen. Dass die schutzsuchenden Menschen von den deutschen Strafverfolgern intern als «Schleusungswillige» bezeichnet werden, ist verräterisch. Dieser Begriff zeigt, dass sich in der Festnahme von Hame noch etwas anderes verdichtet: die Ausrichtung der deutschen (und europäischen) Migrations- und Flüchtlingspolitik. Der Begriff «Schleusungswillige» kriminalisiert neben den Schleppern auch die Schutzsuchenden, weil er unterstellt, dass diese bereit sind, sich mit illegalen Methoden Zugang zum Territorium der EU und Deutschlands zu verschaffen. Ein anderer Begriff hingegen fehlt völlig in den Akten, die die Verfolger von Hame angelegt haben: Flüchtlinge. Dabei sind die syrischen Männer, Frauen und Kinder, die im Laufe des Jahres 2012 zu Fuß die türkisch-griechische Landgrenze in Thrakien oder per Schlauchboot die Seegrenze in der Ägäis überquerten, dann in Athen strandeten und ihren Landsmann Hame um Hilfe baten, wohl nichts anderes als Flüchtlinge. Sie flohen vor dem Krieg und wollten nach Deutschland, weil sie dort Verwandte hatten.

Ohne Leute wie Hame wäre den Flüchtlingen 2012 die Flucht nach Deutschland nicht gelungen. Hier setzte die deutsche Flüchtlings- und Syrienpolitik an: Leute wie Hame mussten ausgeschaltet werden. Schleuser wie er waren das Schlupfloch, die undichte Stelle. Wenn man die stopfte, bekäme man den «Stöpsel auf die Flasche», um eine im politischen Diskurs des Herbstes 2015 geläufige Metapher zu verwenden.

3

«Schleuserbekämpfung ist der Schlüssel zur Eindämmung der illegalen Migration.» Dieser politische Glaubenssatz ist heute von der Realität überholt. Die Geschichte von Hames Festnahme und Auslieferung nach Deutschland Anfang 2013 scheint im Herbst 2015 unwirklich und ein wenig absurd. Flüchtlinge landen zu Zehntausenden in Schlauchbooten auf den griechischen Ägäisinseln, zum Teil vor laufenden Fernsehkameras. Griechische Fähren bringen die Menschen auf Staatskosten nach Athen. Von dort machen sie sich selbständig per Zug und Bus, also mit öffentlichen Verkehrsmitteln, auf den Weg zur mazedonischen Grenze, um über den Balkan weiter nach Mitteleuropa zu reisen. Einen «Schleuser» wie Hame brauchen sie in Griechenland nicht. Das Geld, das sie für die «Dienste» eines Hame ausgeben mussten, können sie sich nun sparen. Das europäische System der Abschottung ist kollabiert.

Die Europäische Union richtet in Griechenland und Italien Aufnahmezentren für Flüchtlinge ein. Von dort sollen die Menschen auf die einzelnen Mitgliedsstaaten verteilt werden, sofern ihre Schutzbedürftigkeit, also ihr Anspruch auf Asyl, festgestellt wird. Die Verteilung soll «geordnet» und «geregelt» erfolgen, auf Staatskosten, so der Plan. Die erste Gruppe – 19 Flüchtlinge aus Eritrea – wurden im Oktober 2015 nach diesem neuen «System» von Italien nach Schweden geflogen. 140 000 Flüchtlinge sollen in einer ersten «Phase» auf diese Weise von Griechenland und Italien, den beiden Ländern, wo die meisten Menschen aus anderen Kontinenten ankommen, auf die übrigen EU-Staaten «verteilt» werden. Die Europäische Union möchte, zumindest was die Grenzüberquerung innerhalb des Staatenverbundes betrifft, die Rolle der Schleuser selbst übernehmen. Solange dieses neue System nicht umgesetzt wird, schaffen die Flüchtlinge Tatsachen, indem sie weitgehend ungehindert ihren Weg über den Balkan nach Mitteleuropa finden. Der ungarische Zaunbau führt zu einer geringfügigen «Umleitung» der Route, aber nicht zu einem Stopp. Der Zaun von Viktor Orbán ist kein Stöpsel auf der Flasche.

Griechenland ist die bröckelnde Außenmauer der Festung Europa. Die Verfolgung von Schleppern bis nach Griechenland war eine Scheinlösung. Jetzt hat Deutschland kapituliert. Innenminister Thomas de Maizière (CDU) und Bundeskanzlerin Angela Merkel (CDU) sind Verfechter von Aufnahmezentren in Griechenland, von wo Flüchtlinge nach einem Verteilungsschlüssel in die übrigen EU-Staaten gebracht werden sollen. Die deutsche Staatsspitze betätigt

Stefan Buchen

sich also selbst als Schleuser. Wenn die Bundesregierung sich an den selbstgesetzten, bis Sommer 2015 geltenden Maßstäben misst, muss sie nun im Verdacht stehen, selbst eine Schlepperbande zu sein.

Wie gut die neuen «Aufnahme- und Verteilungszentren» in Griechenland und Italien funktionieren werden, steht in den Sternen. Werden die Flüchtlinge sich freiwillig dorthin begeben, weil sie dort ein faires und zügiges Verfahren erwartet? Oder entwickeln sich die neuen Einrichtungen eher zu Abschiebegefängnissen? Dann werden Flüchtlinge versuchen, sich der Einlieferung dorthin zu entziehen. Dann wird die Geschichte von vorn beginnen, und ein neuer Hame hätte in Athen wieder eine Aufgabe und die Chance, gegen Entgelt einen humanitären Zweck zu erfüllen.

Das «Schlepperunwesen» institutionalisiert sich nicht nur in Griechenland. Ungarn, Kroatien, Slowenien, Österreich: Alle Staaten auf der Balkanroute reichen Flüchtlinge nach Nordwesten weiter, in Bussen und Zügen. Die Busfahrer, Polizisten und Bahnbediensteten dieser Staaten tun das nicht eigenmächtig, sondern auf höchste Weisung hin. Für Flüchtlinge, die nach Schweden wollen, spielt Deutschland inzwischen auch aktiv und unverblümt die Rolle eines Transitlandes.

4

In der Flüchtlingskrise stellt die Bekämpfung der Schlepper eine Scheinlösung dar. Politiker meinen, je effektiver sie Schleppern das Handwerk legen, desto weniger Flüchtlinge kommen. Aber die Festnahme und Verurteilung von Hame und vieler anderer haben die Flüchtlinge nicht gestoppt und vor allem die gegenwärtige Krise nicht verhindert. Politiker, die im Kampf gegen Schlepper den Schlüssel sehen, betrügen sich und die Öffentlichkeit. Flüchtlingsströme werden durch Krieg und massive politische Verfolgung ausgelöst, vielleicht auch durch Naturkatastrophen, nicht aber durch die Existenz von Schleppern. Wenn in Teilen der Welt Zustände herrschen, die ein

Leben dort – und sei es ein bescheidenes Leben in Armut – nicht möglich machen, suchen die Menschen «en masse» einen sicheren Ort. Natürlich sind Flüchtlinge, die auf verriegelte Grenzen stoßen, auf Schlepper angewiesen. Wenn einige von diesen festgenommen werden, füllen andere die Lücke.

Die Formel «Je härter das Durchgreifen gegen Schlepper, desto weniger Flüchtlinge» stimmt nicht. Schon eher trifft die Formel zu: «Je weniger Grenzsicherung, desto weniger Schleuser», und: «Je undurchlässiger eine Grenze, desto mehr Dreistigkeit, kriminelle Energie und Professionalität legen Schleuser an den Tag und desto teurer und gefährlicher wird der Weg für die Flüchtlinge.» Das ist kein Appell für die bedingungslose Öffnung der Grenzen. Es ist ein Appell, von Scheinlösungen abzusehen.

Deutschland hat darauf gesetzt, dass die Sicherung der europäischen Außengrenzen und die Bekämpfung der Schlepper die Flüchtlinge fernhalten werden. Heute wissen wir, dass diese Politik von der Befassung mit den tatsächlichen Problemen abgelenkt hat. «Wir müssen den Krieg in Syrien beenden. Das ist sogar noch wichtiger und drängender, als sich um die Flüchtlinge zu kümmern», sagte Ruprecht Polenz (CDU), der damalige Vorsitzende des Auswärtigen Ausschusses des Bundestages, im Oktober 2012 mit Blick auf das Morden in Syrien (Quelle: persönliches Gespräch mit dem Autor). Von der Notwendigkeit, Schlepper zu jagen, sprach der kluge, aber wenig einflussreiche Politiker erst gar nicht.

Der vorherrschende Schlepperbekämpfungsdiskurs und die europäische Abschottungspolitik haben die wichtige Debatte über legale Zugangswege nach Europa jahrelang erstickt. Über Jahre hat sich sowohl bei Schutzbedürftigen als auch bei Arbeitssuchenden die Gewissheit eingeprägt: Wer nach Europa will, muss es auf gefährlichen, verschlungenen Wegen illegal mit Hilfe von Schleusern versuchen.

Stefan Buchen

5

Hame wurde im Februar 2013 in ein Gefängnis in Essen gebracht. Das lag daran, dass der angebliche Boss der Schleuserbande seinen Wohnsitz in der Ruhrgebietsmetropole hatte. Die Bundespolizisten sahen in dem 57-Jährigen den «Finanzchef». In Wahrheit ist er ein Ingenieur, der seit 30 Jahren für einen bekannten Essener Baukonzern arbeitet. Sein Verbrechen: In Deutschland lebende Familien syrischer Herkunft hinterlegten bei ihm Geld. Die Angehörigen dieser Familien in Syrien hoben denselben Betrag bei dem Bruder des Ingenieurs ab, der im Nordosten Syriens lebte. Mit diesem Geld bezahlten die Angehörigen ihre Flucht nach Deutschland. Der Essener Ingenieur und sein Bruder teilten sich drei Prozent der Beträge als «Überweisungsgebühr». Die Ermittler hörten das Telefon des Ingenieurs ab und vermerkten, dass er aus «Zugehörigkeitsgefühl» zu seinen Landsleuten handelte. Der Ingenieur stammt nämlich selbst aus Syrien. Er heißt Hanna L. und ist syrisch-orthodoxer Christ. Besorgt stellten die Ermittler fest, dass er den Leuten aus seiner alten Heimat unabhängig von ihrer Religionszugehörigkeit half. Ob sie nun Christen, Muslime oder Jeziden waren, spielte für ihn keine Rolle. Das erhöht aus Sicht der Fahnder den Kreis seiner «Kunden».

Sein Zugehörigkeitsgefühl hat Hanna L. bei den Syrern einen guten Ruf eingetragen. Gegenüber der Bundespolizei wird ihm sein Anstand zum Verhängnis. Die Beamten werten es nicht als positive Regung in Zeiten der Not. Sie fassen die Verbundenheit des Bauingenieurs mit seinen Landsleuten als Faktor auf, der die Einschleusung von Syrern nach Deutschland intensiviert. Durch Hanna L.s Geldüberweisungen kommen noch mehr unerwünschte Kriegsflüchtlinge nach Deutschland. Das «wiederholte» und «zugunsten mehrerer Ausländer» verübte «Einschleusen» wirkt laut § 96 Absatz 1 Ziffer 1b strafverschärfend. Das allein zählt aus Sicht des deutschen Staates.

6

Im politischen Diskurs ist häufig die Rede von «profitgierigen Schleppern, die die Not der Menschen ausnutzen», von «Verbrechern, die
wehrlose Flüchtlinge verleiten, auf seeuntaugliche Boote» zu steigen.
Diesen Typus gibt es natürlich. Aber warum beherrscht er so dominant den täglichen politischen Diskurs? Die Zitate, deren Liste man
beliebig verlängern könnte, unterstellen ein bestimmtes Verhältnis
zwischen Schleusern und Flüchtlingen. Demnach sind zuerst die
Schlepper da, die nach willfährigen Kunden suchen, ihren Opfern. Die
Schlepper, unentwegt auf der Suche nach neuen Profiten, streben danach, ihren Kunden ein Produkt, nämlich die Flucht, zu verkaufen.
Das Bundesinnenministerium geht sogar so weit, den Schleusern vor-
zuwerfen, dass sie mit der Reise bis in die deutschen Sozialsysteme
werben. In dieser Logik müssen die Schleuser den Menschen, etwa in
Syrien, erst aufschwatzen, dass ihre Situation schlecht ist und dass in
Europa eine bessere Zukunft auf sie wartet.

Man möchte sich nicht lange an dem Punkt aufhalten, dass diese
Erzählfigur den Flüchtlingen jegliches Urteilsvermögen abspricht
und sie zu willfährigen Lämmern degradiert. Wichtiger ist, zu betonen, dass Ursache und Wirkung in der Realität genau andersherum
liegen. Zunächst ist die Not der Flüchtlinge da, verursacht zum Beispiel durch den Krieg in Syrien und im Irak, den Krieg in Afghanistan,
die Diktatur in Eritrea oder den gescheiterten Staat in Somalia oder
Libyen. Wenn es für die Flüchtlinge einen bequemeren, ungefähr-
licheren und preiswerteren Weg an einen sicheren Ort nicht gibt,
suchen sie sich die Hilfe von Schleppern. Die Initiative geht von den
Flüchtlingen aus. Das ist der Bundespolizei und der Bundesregierung
wohlbekannt. Das hindert sie jedoch nicht, regelmäßig in der Öffentlichkeit einen anderen Eindruck zu erwecken. So war es auch im Fall
von Hanna L., Hame und den übrigen Mitgliedern ihrer «Bande».

Nach der Festnahme der mutmaßlichen Schleuser rühmten sich
die Strafverfolger des Zugriffs auf «eine Bande». Das klingt nach Kriminellen, die sich zu einem Verbrechen verabreden, um Profit oder

Stefan Buchen

sonstige unrechtmäßige Vorteile zu ergaunern. So war es im Fall aller sechs Beschuldigten, die als Resultat des Ermittlungsverfahrens «Cash» vor dem Essener Landgericht angeklagt wurden, nicht. Die Initiative ging von den Flüchtlingen aus. Sie hatten ein ideelles und ein geographisches Ziel. Sie wollten überleben und an einen sicheren Ort. Der sichere Ort war für sie Deutschland, weil sie dort Verwandte hatten. Auf dem Weg dorthin suchten sie sich Hilfe von verschiedenen Personen, um verschiedene Teilhindernisse zu überwinden. Hanna L. hat Geld von Deutschland nach Syrien transferiert, mit dem Schleuser bezahlt wurden. Hanna L. wusste aber nicht, wer die Schleuser waren. Er hat auch nie eigenhändig einen Flüchtling über irgendeine Grenze geschmuggelt. Selten kaufen die Flüchtlinge die Flucht «in einem Paket», all inclusive sozusagen.

Außer Hanna L. und Hame zählten die Bundespolizei und die Staatsanwaltschaft Essen noch zwei Taxifahrer aus Paris, einen Pizzaausbringer aus Freiburg und einen syrischen Flüchtling mit Wohnsitz in Mailand zu der «Bande». 270 syrische Staatsangehörige hätten die sechs Beschuldigten nach Deutschland geschleust, teilten Bundespolizei und Staatsanwaltschaft am Tag der Festnahme mit. Richtiger wäre es zu sagen, dass rund 270 syrische Kriegsflüchtlinge auf verschiedenen Etappen ihres Weges nach Deutschland von dem einen oder anderen dieser sechs Beschuldigten Dienste in Anspruch nahmen, für die sie bezahlt haben.

Für dieses Ermittlungsergebnis haben die Fahnder 15 Monate lang Dutzende Telefone abgehört, Hunderte Flüchtlinge vernommen, Tausende Seiten Akten produziert. Das Ermittlungsverfahren «Cash» war ein fulminantes Beschäftigungsprogramm für Übersetzer und Dolmetscher. Aus deutscher Sicht war es der Aufwand wert, um die «illegale Einreise» syrischer Kriegsflüchtlinge nach Deutschland zu verhindern.

Aus heutiger Sicht erscheint der Aufwand allein deshalb fragwürdig, weil es inzwischen ein Vielfaches an syrischen Flüchtlingen nach Deutschland geschafft haben. Die genaue Zahl kennt im Herbst 2015 niemand, aber rund 300 000 dürften es sein. Wollte man jeden Schlepper dingfest machen, dessen Dienste diese Menschen und die Flüchtlinge aus anderen Herkunftsländern in Anspruch nahmen, müsste Deutschland wohl alles stehen- und liegenlassen und sich nur noch mit der Schlepperkriminalität befassen. Dazu kommt es bekanntlich nicht. So weit reicht die Ahndungsmoral der Exekutive dann doch nicht.

Vor dem Landgericht Essen wurde Hame zu drei Jahren Haft verurteilt. Ein Taxifahrer aus Paris, der elfmal syrische Flüchtlinge über die Grenze nach Deutschland gefahren hatte, bekam zwei Jahre und zehn Monate. Hanna L., der einzige solvente Angeklagte, wurde zu zwei Jahren auf Bewährung und zu 110 000 Euro Geldstrafe verurteilt. Die drei Monate, die er in Untersuchungshaft saß, wird er nie vergessen. Außerdem bürdete ihm das Gericht die Kosten des Verfahrens in sechsstelliger Höhe auf.

Das Landgericht Essen hat sich geweigert, das Strafverfahren «Cash» und die «Taten» der Angeklagten anders zu deuten als Bundesinnenministerium, Bundespolizei und Staatsanwaltschaft. Die Richter wollten sich nicht von der Exekutive abgrenzen. Die Urteilssprüche sind ein typisches Beispiel für die Willfährigkeit der Justiz in Strafprozessen mit heiklem politischem Bezug.

Alleiniger Maßstab für das Gericht waren die Bestimmungen der Artikel 95 bis 97 des Aufenthaltsgesetzes, das die Bestrafung des «Einschleusens von Ausländern» regelt. In der Systematik dieses Gesetzes hängt zunächst alles von der Haupttat der «unerlaubten Einreise» ab. Diese Tat wird von den Migranten oder Flüchtlingen begangen, die ohne gültige Papiere in Deutschland einreisen. Das Gericht hat die Einreise der syrischen Flüchtlinge in jedem Fall als «unerlaubt» gewertet und damit die Haupttat als «begangen» angesehen. Von dieser Wertung hängt alles andere ab. Denn wenn die Einreise nicht unerlaubt war, kann auch die «Beihilfe» bei der Einreise, also die Schleusung, nicht verboten gewesen sein.

Dass die Einreise der von der «Bande» eingeschleusten syrischen Flüchtlinge «unerlaubt» gewesen sein soll, ist juristisch durchaus fraglich. Denn die Geschleusten haben sich dem ersten deutschen

Grenzbeamten, dem sie begegneten, etwa am Frankfurter Flughafen, als syrische Kriegsflüchtlinge zu erkennen gegeben und um Schutz in Deutschland gebeten. Daraufhin haben die Polizisten sie einreisen lassen. Ohne Ausnahme wurde den geschleusten Flüchtlingen der Schutzstatus zuerkannt. Die Menschen werden als schutzbedürftig angesehen. Kann ihre Einreise dann verboten gewesen sein? Juristisch löst die Justiz den Widerspruch mit einem Winkelzug auf. Sie sagt: Ja, die Einreise war verboten. Aber die Flüchtlinge werden dafür nicht belangt, weil sie ja schutzbedürftig sind. Sie haben einen «persönlichen Schuldaufhebungsgrund» und werden trotz der begangenen Haupttat «straflos» gestellt. Für diejenigen, die ihnen bei der Einreise geholfen haben, also die Schleuser, lässt die Justiz die Straflosigkeit nicht gelten.

Politisch wirft die Rechtsprechung einen großen Widerspruch auf: Deutschland tut alles, um die Einreise von Flüchtlingen zu verhindern, aber wenn die Flüchtlinge einmal da sind, dann werden sie freundlich willkommen geheißen. Diese Widersprüchlichkeit haftet natürlich auch der Politik der Bundeskanzlerin an. Sie hat weder dem Ziel der hermetischen EU-Grenzen noch der Politik der unnachgiebigen Schlepperbekämpfung je widersprochen. Die Flüchtlinge, mit denen sie im September 2015 Selfies machte, sind gegen ihren Willen nach Deutschland gekommen. In dem für sie typischen Pragmatismus war sie jedoch in der Lage, diese neue, unabänderliche Lage zu belächeln und zu akzeptieren, statt sie zu bekritteln und zu bemurren.

7

Der Kampf gegen die Schlepper konnte in Deutschland nur deshalb eine so hohe Priorität gewinnen, weil die Bundesregierungen – zumal seit den Anschlägen vom 11. September 2001 – die Migrations- und Flüchtlingspolitik als Teil der Sicherheitspolitik aufgefasst haben. Die «Begrenzung» der Migration, die im Zuwanderungsgesetz von 2004 als Ziel definiert ist, entspringt mehr sicherheits- als gesellschaftspolitischen Überlegungen.

In der Zeit nach 09/11 war der Kampf gegen Schlepper konzeptionell eng mit dem Kampf gegen den Terrorismus verknüpft. Im Sommer 2002 besuchte einer der mächtigsten Männer Syriens, der Geheimdienstkoordinator und Schwager von Machthaber Assad, Assif Schaukat, diskret das Bundeskanzleramt. Er schloss mit der Bundesregierung eine vertrauliche Kooperationsvereinbarung. Das Ziel war die gemeinsame Bekämpfung des islamistischen Terrorismus und die Eindämmung der «illegalen Migration» durch Verfolgung von Schleppern. Dies kam im Untersuchungsausschuss zur Arbeit der Geheimdienste im Jahr 2007 bei der Befragung des damaligen BND-Präsidenten Ernst Uhrlau (SPD) heraus. Der Bundesnachrichtendienst hat die Aufgabe, Aufklärungsarbeit im Bereich der internationalen Schleusungskriminalität zu leisten. Die entsprechende Unterabteilung ist in der Hauptabteilung «Terrorismus» angesiedelt. Das G-10-Gesetz, das die massenhafte «Fernmeldeaufklärung» durch den BND regelt, erlaubt es dem Geheimdienst ausdrücklich, personenbezogene Daten über verdächtige Schleuser an die Polizeibehörden weiterzuleiten, sowohl zur «Verhinderung» von Straftaten als auch zu ihrer «Verfolgung». Das heißt, letztlich darf der BND der Bundespolizei bei Ermittlungen zuarbeiten. Welche Relevanz dieser Aufgabenbereich in der Arbeit des BND hat, zeigt eine Auskunft des Bundeskanzleramtes vom Oktober 2013 an den Deutschen Bundestag. Abgeordnete hatten gefragt, wie viele Datensätze zu verdächtigen Personen der BND seit 2008 an Behörden mit Polizeiaufgaben weitergeleitet hat. Aus der Antwort, gezeichnet Ronald Pofalla (CDU), damaliger Chef des Bundeskanzleramts, geht hervor, dass der BND keine Datensätze zum Thema Waffenschmuggel oder Nuklearproliferation übermittelte, 9 Datensätze aus dem Bereich «internationaler Terrorismus» und 87 (!) aus dem Bereich «illegale Schleusung» («Staatsfeinde», S. 81). Es ist also äußerst wahrscheinlich, dass der BND auch für das Strafverfahren gegen Hame und Co. «zugeliefert» hat. Diese Betätigung des BND und die Bedeutung der Schlepperbekämpfung ganz allgemein werden von der Bundesregierung immer wieder damit begründet, dass Schleuser auch «Terroristen» nach Deutschland einschmuggeln

Stefan Buchen

könnten. Dieses Argument kommt auch in der Debatte um die aktuelle Flüchtlingswelle regelmäßig hoch.

Die Vorbildfunktion des Antiterrorkampfes für den Antischleuserkampf zeigt sich in der Gründung des «Gemeinsamen Strategie- und Analysezentrums illegale Migration», kurz GASIM, in Potsdam im Jahr 2006. Von der Bundespolizei über das Bundeskriminalamt bis zum BND arbeiten dort Mitarbeiter verschiedener Sicherheitsbehörden zusammen, um «Lagebilder» zu Flüchtlingsströmen zu erstellen und Informationen über Schleuserbanden zu sammeln. Der frühere BND-Präsident August Hanning bestätigte im *Tagesspiegel*, dass das GASIM sich in seiner Konzeption am GTAZ, dem Gemeinsamen Terrorabwehrzentrum, orientierte (*Tagesspiegel*, 18.7.2006). Das GTAZ, in dem auch Mitarbeiter unterschiedlicher Sicherheitsbehörden zusammenkommen, widmet sich vor allem dem islamistischen Terrorismus.

Die «Aufwertung» der Schleusungskriminalität durch die Bundesregierung hat einen wesentlichen Grund: Deutschland betrachtet diesen Kriminalitätsbereich in ähnlicher Weise als «staatsgefährdend» wie den Terrorismus. Die neueste Entwicklung besteht darin, dass nun eine weitere Institution zur Schleuserbekämpfung herangezogen wird, die bislang nicht involviert war: die Bundeswehr. Im Mittelmeer kreuzen zwei Schiffe der deutschen Marine mit dem Auftrag, «Schlepper festzunehmen» und «Schlepperboote zu versenken». Geht es nach dem Plan der Bundesregierung und der Europäischen Kommission, werden bald Spezialkommandos in Libyen landen, um Schleuser anzugreifen und unschädlich zu machen. Das sieht nach Militarisierung aus, der «Kampf» wird zum «Krieg» gegen Schlepper.

Es kann aber auch anders kommen. Die Politik könnte einsehen, dass der Kampf gegen Schlepper keinen Beitrag zur Bewältigung der Flüchtlingskrise leistet. Dass die Militärmission im Mittelmeer ein Flop ist, steht jedenfalls fest, bevor sie richtig begonnen hat (vgl. Friederike Böge: «Mission Impossible», *Frankfurter Allgemeine Zeitung*, 4.10.2015).

Hanna L., Hame und die anderen haben ihre syrischen Landsleute sicher an das gewünschte Ziel gebracht. Niemand ist durch sie an Leben oder Gesundheit zu Schaden gekommen. Im Detail zeugt ihr Handeln sogar von großer Fürsorge, die so gar nicht dem Bild entspricht, das man sich im öffentlichen Diskurs von «kriminellen Schleusern» macht. Hanna L. hat den Schleuserlohn zurückgezahlt, wenn die Flucht missglückte. Hame hat die Flüchtlinge in Athen «beherbergt» und «verpflegt», wie ihm selbst die Bundespolizei attestiert. Seine «Klienten» gelangten in den allermeisten Fällen direkt mit dem Flugzeug nach Deutschland, im Vergleich zu Lkw-Ladeflächen oder Schlauchbooten ein sicherer Verkehrsweg.

Dennoch versuchen Bundespolizei und Staatsanwaltschaft, die Beschuldigten gemäß der fest verankerten Vorstellung vom profitgierigen und skrupellosen Menschenhändler darzustellen. Dabei helfen ihnen der Gesetzgeber, die Detailregeln der Strafverfolgung, der fahnderische Erfindungsgeist und die Medien. Die Strafparagraphen des Aufenthaltsgesetzes stellen sich den Schlepper nicht nur als jemanden vor, der von seinen Kunden Geld verlangt. Der Schlepper ist ein Krimineller, der dazu neigt, seinen Job mit vorgehaltener Waffe zu verrichten, seine Klienten zu erpressen und zu nötigen, sie zu erniedrigen und sexuell auszubeuten, ihnen gesundheitlichen Schaden zuzufügen und sogar ihren Tod zu verursachen. Im Gesetz wird keineswegs behauptet, dass alle Schleuser zwangsläufig so sein müssen. Aber der Verdacht ist von vornherein gesät, dass Schleuser zu diesem Verhalten tendieren. Polizisten und Staatsanwälte, die mit diesem Ausländerstrafrecht auf Verbrecherjagd gehen, dürfen sich ermuntert fühlen, Rücksichtslosigkeit und Brutalität als Tätermerkmale vorauszusetzen.

Diese «strafverschärfenden Schleusermerkmale» sind vor allem dann ein dienliches Argument, wenn es um das Einreißen der persönlichkeitsrechtlichen Mauern geht. Ihre Anträge auf Telefonüberwachung und Observation der Verdächtigen begründen die Fahnder gern mit solchen Sätzen: «Durch das banden- und gewerbsmäßige Einschleusen von Ausländern wird konkret in die Rechtsgüter Leben, Gesundheit, Freiheit und Eigentum der Geschleusten in erheblichem Maße eingegriffen» (vgl. *Staatsfeinde*, S. 131, so wurde z. B. die Observation von Hanna L. begründet).

Um zu verdeutlichen, dass die Beschuldigten ganz real in diese hohen Rechtsgüter eingreifen, bringen die Herren des Ermittlungsverfahrens «Cash» die «Bande» mit einem Bootsunglück vor der türkischen Küste in Verbindung, bei dem am 6. September 2012 62 Menschen ertranken (vgl. *Staatsfeinde*, S. 136 ff.). Die Beschuldigten hatten mit diesem Unglück nichts zu tun. Dennoch nehmen die Strafverfolger darauf Bezug, als sie einen Monat später Strafanzeige gegen Hanna L. und die anderen stellen. Sie lautet auf «Einschleusen mit Todesfolge». Gegen besseres Wissen haben die Strafverfolger Hanna L. und die Mitbeschuldigten damit in die Nähe von Mördern gerückt. Auch wenn diese Anschuldigung später im Prozess keine Rolle spielte: Um die Beschuldigten von vornherein als schlimme Verbrecher zu brandmarken, war sie gut genug.

Was geschieht hier? Welches Rechtsgut schützt der Staat, wenn er Schleuser bekämpft? Die ehrliche Antwort ist einfach: «Der Schutzzweck der Strafvorschriften über das Einschleusen liegt zunächst in der Einhaltung und Durchsetzung der Pass- und Aufenthaltspflichten, in der Einhaltung des verwaltungsrechtlichen Genehmigungsverfahrens (...) und damit auch in der Begrenzung des nichtdeutschen Teils der Bevölkerung» (Schott: *Einschleusen*, S. 101). In anderen Worten: Es geht um den Hoheitsanspruch des Staates, zu bestimmen, wer einreisen darf und wer nicht. «Der Staat setzt sein Hausrecht durch», formulierte es Staatsanwalt Thomas Merz vor dem Landgericht Essen. In der öffentlichen Debatte, im gesetzgeberischen Diskurs und in der polizeilichen Praxis ist es jedoch schwierig, sich allein auf ein kaltes Prinzip zurückzuziehen, das man frei nach Carl Schmitt so fassen könnte: «Souverän ist, wer über die Einreise von Ausländern in sein Staatsgebiet entscheidet.»

Das Publikum da draußen besteht aus Menschen. Politiker, Ministerialbeamte und Polizisten sind auch Menschen. Die Funktionsträger des demokratischen Staates wollen sich gegenseitig versichern, dass sie im universellen Sinn «Gutes» tun. An dieser Stelle erweitert der Staat sein argumentatives Arsenal. Er sagt, dass die Schleuser bekämpft werden müssen, um die Flüchtlinge vor ihnen zu schützen. Es sei sozusagen ein Gebot der Menschlichkeit. Schleuser brächten mit ihrer Brutalität und Skrupellosigkeit die Flüchtlinge in Lebensgefahr. Indem er den Schleusern das Handwerk lege, rette der Staat die Flüchtlinge. Das kalte Prinzip der Durchsetzung der Einreisevorschriften wird zugekleistert mit dem moralischen Prinzip der Flüchtlingsrettung. Im offiziellen Diskurs bleibt meist nur Letzteres übrig.

Der offizielle Diskurs klingt zunächst überzeugend. Er stützt sich auf tatsächliche schreckliche Ereignisse, die in den Medien meist breiten Widerhall finden. In der Tat gibt es brutale und skrupellose Schleuser, die den Tod von Flüchtlingen zu verantworten haben. Das bereits erwähnte Unglück an der türkischen Küste wurde von Bootsschleusern verursacht, die trotz stürmischer See einen überfüllten Kutter Richtung Griechenland schicken wollten. Im Mittelmeer zwischen Libyen und Italien sind seit Oktober 2013 Tausende Flüchtlinge ertrunken, weil sie in seeuntauglichen Booten unterwegs waren. Am 27. August 2015 wurde auf dem Standstreifen einer österreichischen Autobahn ein Lastwagen mit 71 Leichen auf der Ladefläche entdeckt. Es ist unbestritten, dass sich in solchen Fällen die beteiligten Schlepper schwerer Straftaten schuldig machen.

Es fällt allerdings auf, dass politische Entscheidungsträger in solchen Momenten reflexartig auf die Empörung aufspringen. Sie nutzen die Gelegenheit, dem Publikum weiszumachen, dass allein die Schlepper schuld am Gesamtproblem des Flüchtlingselends seien. Die Frage, welche Mitverantwortung die Politik trägt, die die Grenzüberquerung durch schutzsuchende Flüchtlinge für «illegal» erklärt und diese damit auf immer längere und gefährlichere Routen abdrängt, fällt dann unter den Tisch.

Die Affäre «Cash» zeigt, wie falsch es ist, allen Schleppern Brutalität und Rücksichtslosigkeit zu unterstellen. Trotzdem berichteten die

Stefan Buchen

Medien auch über diesen Fall mit dem gewohnten Zungenschlag. Im Zusammenhang mit der Festnahme von Hanna L. in Essen druckte die *Westdeutsche Allgemeine Zeitung* ein Röntgenbild von zusammengepferchten Menschen auf der Ladefläche eines Lkw. Der Leser muss glauben, dass dieses Foto aus dem Strafverfahren gegen Hanna L. stammt. Dem ist aber nicht so. Es war ein beliebiges Foto, das die Zeitung einfach mal diesem Strafverfahren zugeordnet hat (vgl. «Zapp», NDR-Fernsehen, 11.9.2013). Anlässlich der Festnahme von Hanna L. und den anderen Beschuldigten titelte die *Berliner Morgenpost*: «Viele Kinder fielen den Kriminellen zum Opfer» (*Berliner Morgenpost*, 30.1.2013). Die gegenteilige Behauptung wäre zutreffender gewesen. Denn in den Polizeiakten kann man nachlesen, wie intensiv etwa Hame sich darum gekümmert hat, dass syrische Kinder wohlbehalten zu ihren Verwandten nach Deutschland gelangen. Die Bundespolizei kann sich sicher sein, dass sie, um «ihre Geschichte» zu platzieren, auf die tatkräftige Mithilfe gedankenloser Journalisten zählen kann. Das Klischee vom bösen Schleuser hat verfangen.

Wie unheilvoll Grenzschützer und Medien zusammenwirken können, war am Jahresbeginn 2015 erneut zu beobachten. In der Silvesternacht war im süditalienischen Hafen Gallipoli der Frachter *Blue Sky M* gelandet. Mehr als 750 meist syrische Flüchtlinge waren an Bord. Die Schlepper hätten das Schiff im Stich gelassen und es wäre um ein Haar gegen die apulische Küste geprallt, erklärte die EU-Grenzschutzagentur *Frontex* in Warschau. Im Übrigen sei das Schiff seeuntauglich gewesen. Das Schleppergeschäft habe «eine neue Stufe der Grausamkeit» erklommen, teilte eine *Frontex*-Sprecherin der Nachrichtenagentur dpa mit. «Neue Stufe der Grausamkeit» – das Zitat erschien am 2. Januar auf den Titelseiten der großen Zeitungen. In einer Recherche konnte dann enthüllt werden, dass die von *Frontex* aufgestellten Behauptungen, die von den Medien bereitwillig verbreitet worden waren, nicht stimmten. Die Mannschaft hatte den Frachter nicht im Stich gelassen. Die Gefahr eines Aufpralls auf die Küste hatte nicht bestanden. Im Übrigen belegten die Schiffspapiere, dass der Frachter in einem «befriedigenden Zustand», also seetauglich war

(Panorama: «Flüchtlingsschiff – wie *Frontex* die Wahrheit verdreht», ARD Fernsehen, 19.2.2015, nachzusehen hier: http://daserste.ndr.de/panorama/archiv/2015/Fuehrungsloses-Fluechtlingsschiff-Wie-Frontex-die-Wahrheit-verdreht-,schleuser164.html).

Unabhängig davon, ob man die Aufnahme von Flüchtlingen befürwortet oder ablehnt: Die Erfahrungen der vergangenen Jahre und Monate belegen eindrucksvoll, dass der Kampf gegen Schlepper ein untaugliches Mittel zur Verhinderung von Migration ist. Diese verbissen verfolgte politische Priorität konnte die Ankunft einer großen Zahl von Flüchtlingen nicht unterbinden. Es ist allerdings deutlich geworden, dass diese einseitige Politik zu großen Ungerechtigkeiten führt. Menschen landen im Gefängnis, weil sie unzweifelhaft anderen Menschen in Not geholfen haben. Das Ermittlungsverfahren «Cash» und ähnliche Fälle werfen die Frage auf, ob der Staat sich in Zeiten von Krieg und kollektiver Verfolgung hinter den einfach positivrechtlichen Normen des Strafrechts verstecken darf, um «seine Interessen» durchzusetzen. Realpolitisch drängt sich die Erkenntnis auf, dass der Antischleuserkampf in der Flüchtlingskrise nicht mehr als eine Scheinlösung bringt.

Das «Ausländerstrafrecht» sollte auf den Prüfstand. Das Beste wäre, den Straftatbestand des «Einschleusens von Ausländern» abzuschaffen, zumindest wenn es sich bei den «Ausländern» um Personen mit einem Bleiberecht handelt. Das würde keineswegs bedeuten, dass Schleuser per se straffrei bleiben. Schleuser, die Flüchtlinge schlecht behandeln, sollten wegen der Straftaten verfolgt, verhaftet und verurteilt werden, die sie wirklich begangen haben. Das kann Nötigung sein oder Freiheitsberaubung, Körperverletzung oder Totschlag. Wenn der Staat sich auf diese Fälle konzentrierte, würde er seinem Anspruch gerecht, Flüchtlinge vor skrupellosen Schleusern zu schützen.

Der Verzicht auf die Bestrafung von Schleppern würde die Flüchtlingskrise aber auch nicht lösen. Wer das glaubt, gibt sich ebenso einer Illusion hin. Ende 2015 ist klar: die Flüchtlings*krise* kann mit den herkömmlichen Mitteln der «Flüchtlings- und Migrations*politik*» nicht gelöst werden. Weder die Öffnung noch die Schließung der Grenzen,

Stefan Buchen

weder «Transitzonen» an der deutsch-österreichischen Grenze noch «Hot-Spots» in Griechenland und Italien werden die Krise bewältigen. Die Krise hat eine Dimension, die Einigung und Verständigung auf der allerhöchsten internationalen politischen Ebene notwendig machen. Nichts weniger als eine Neuordnung des Nahen und Mittleren Ostens, die menschliches Leben dort wieder erträglich macht, ist gefragt. Nur wer in dieser Richtung etwas erreicht, wird von sich behaupten können, dass er etwas gegen die Flüchtlingskrise getan hat.

Ingo Werth

«SORRY, SIR, THERE IS NO OTHER SHIP»
Die *Sea-Watch* und
unsere Mission im Mittelmeer

Wir, meine siebenköpfige Besatzung und ich, kreuzen mit unserem fast hundert Jahre alten umgebauten Fischkutter 24 Seemeilen vor der Küste Libyens, nordöstlich von Tripolis. Das Meer ist spiegelglatt. Gut für uns, hohe Wellen mag unsere «alte Lady» nicht. Flüchtlingsboote, die sich vom Strand der nordafrikanischen Küste aufgemacht haben, um das Gelobte Land Europa zu erreichen, können mit Wellen gar nicht umgehen.

Es ist 4.45 Uhr, als unsere Schiffsärztin, die gerade den Ausguck besetzt, Alarm schlägt und ruft: «An Steuerbord, etwa fünf Seemeilen entfernt, Schlauchboot in Sicht!» Das Signal ist der Auslöser für den gewaltigen Adrenalinschub, der uns jedes Mal begleitet, wenn es heißt, Menschen in oft hoffnungsloser Situation zu Hilfe zu kommen. Die Mannschaft ist innerhalb von zwei Minuten an Deck der *Sea-Watch* versammelt. Anzüge an, Helme und Handschuhe nicht vergessen, bereit, das antrainierte Programm «abzuspulen».

Wir setzen uns noch mal gemeinsam in die Messe, alle Helme wieder ab, jeder einen Tee, etwas runterkommen, und los geht's. Wir haben es so oft geübt: Das Schnellboot muss ins Wasser, unsere Mediziner haben ihre Notfallkoffer gepackt, alles klappt reibungslos, fünf Minuten später nimmt unser Beiboot Kurs auf ein zehn Meter langes und völlig überladenes Flüchtlingsboot. Schnell haben die drei das Boot erreicht und umrunden es zwei-, dreimal, damit alle Insassen unsere Leute sehen können, damit die ersten Worte gesprochen und Vertrauen aufgebaut werden kann. Männer erheben sich in dem Flüchtlingsboot, machen abwehrende Bewegungen mit den Händen, versuchen unserer Besatzung zu bedeuten, dass sie verschwinden soll, dass sie, die Menschen im Boot, keine Hilfe erwarten. Wir verstehen nicht, wir rechneten mit Freude über unser Erscheinen, das Gegenteil ist der Fall.

Es stellt sich heraus, dass wir auf ein Boot getroffen sind, dessen Insassen die Orientierung komplett verloren haben; sie wissen gar nicht, dass sie bereits in internationalen Gewässern sind. Sie haben Angst, dass unser Schnellboot zur libyschen Küstenwache gehört und dass wir sie zurück nach Libyen bringen wollen.

An Bord sind 115 Menschen. Kinder, Frauen, einige schwanger, und Männer aus den unterschiedlichsten Herkunftsländern. Sie sind so verängstigt, dass sie rufen: «Bevor ihr uns zurück nach Libyen bringt, wollen wir lieber hier und sofort im Meer untergehen und sterben!»

Frank, unser über Jahre erfahrener Einsatzleiter auf dem Beiboot, spielt alle Karten zur Vertrauensbildung aus, er hat inzwischen bemerkt, dass das Gummiboot im Begriff steht zu sinken. Er spricht auf Französisch, Englisch und nachher auf Deutsch zu den Menschen, um sie zu überzeugen, dass wir aus Deutschland kommen; er sagt Sätze wie: «Ich bin Frank, ich bin Arzt, die anderen beiden sind meine und eure Freunde, wir sind hier, um euch zu helfen.» Unser arabischsprechender Funker mit irakischen Wurzeln hält sich zurück. Jetzt nur keinen Zweifel aufkommen lassen, auch wenn wir uns dann besser verstehen könnten.

Das Eis ist nach einiger Zeit gebrochen, unsere Mannschaft fordert die Menschen im Boot auf, alles über Bord zu werfen, was nicht mehr gebraucht wird, darunter zwölf Kanister mit einem übelriechenden Benzingemisch. Gleichzeitig wird SOS ans Mutterschiff gefunkt, soll heißen: Wir brauchen Rettungsinseln – und zwar sofort!

Wir sind mit der *Sea-Watch* schon dicht bei, es wird sofort gehandelt. Inselcontainer werden mit dem Kran zu Wasser gelassen. Die Scheißdinger gehen nicht sofort auf, ein Tribut an unser Budget. Neue Inseln für 10 000 Euro das Stück konnten wir uns nicht leisten, Sea-Watch e. V. finanziert sich ausschließlich von Spenden, da muss man mit den Ausgaben vorsichtig sein, wir mussten gebrauchte kaufen, aber nach kurzer Zeit ist es geschafft. Mit einem lauten Zischen blasen sich beide Inseln auf, jede für 64 Menschen gedacht, und werden zum sinkenden Boot geschleppt.

Ruhe ist eingekehrt, alle 115 Menschen haben inzwischen Rettungswesten erhalten, die größte Gefahr ist gebannt, wir können mit dem Abbergen beginnen.

Direkt nachdem wir das Flüchtlingsboot im Morgengrauen identifiziert haben, war der Notruf an das MRCC (Maritime Rescue Coordination Center) rausgegangen, die Einsatzleitstelle in Rom, mit der Bitte, uns ein größeres Schiff zur Übernahme der zu Rettenden zu schicken. Wir sind zu klein, um so viele Menschen aufzunehmen. Rom sieht alle Schiffe, die sich in erreichbarer Nähe befinden, auf dem Bildschirm und beauftragt sie bei solchen Einsätzen, uns zu Hilfe zu kommen. Der Officer in Charge sagt meinem Ersten Offizier, mit dem ich mich auf der Brücke befinde: «Es dauert sechs Stunden, bis die *Bourbon Argos* von Ärzte ohne Grenzen bei euch ist.»

Ich lasse mir das Funkgerät geben und reklamiere in Rom, man möge uns eins der Kriegsschiffe der Europäischen Mission schicken. «Diese Schiffe müssen hier sein, es wird von unserer Regierung gesagt, Seenotrettung habe oberste Priorität, wo also sind sie???» Die Antwort, so wie in allen folgenden Einsätzen, lautet: «Sorry, Sir, there is no other ship.»

Wir haben die Rettungsinseln vorübergehend an dem völlig überfüllten Flüchtlingsboot festgemacht und beginnen mit der Rettung. Zwei von unseren Jungs sind jeweils auf einer Insel und sorgen dafür, dass alle sicher herüberkommen. Wir trennen die Frauen von den Männern, damit sie besser Ruhe finden, nehmen die Kinder und Schwerverletzten an Bord der *Sea-Watch* und versorgen sie so gut, wie unsere medizinischen Möglichkeiten es hergeben. Wir sind alle ganz dicht beieinander, verteilen Trinkwasser, unsere Jungs reden mit den Geretteten, sprechen über Fußball, über die Fluchtwege, versuchen, Kurzweil zu erzeugen, damit die Zeit bis zum Eintreffen eines größeren Schiffes für den Transport nach Sizilien oder Lampedusa überbrückbar bleibt.

Ingo Werth

Was wäre passiert, wenn wir dieses Boot und später folgende nicht aufgespürt hätten? Sie wären untergegangen, ohne dass ein Mensch davon Notiz genommen hätte. Sie hatten keinerlei Kommunikations- oder Notrufmöglichkeit.

Das Abbergen dauert bestimmt anderthalb Stunden, die verbleibenden viereinhalb Stunden bis zum Eintreffen der *Bourbon Argos* schaffen wir auch, danach sind alle platt. Ich übernehme die nächsten beiden Wachen der Einsatzleute, sie brauchen Zeit, um «runterzukommen» und sich auszuruhen. Die Nacht bricht herein, und wir sind sicher, dass am nächsten Morgen andere Boote unsere Hilfe brauchen werden.

***

Wir wissen aus Gesprächen mit vielen Geretteten, dass sie mitunter Jahre in Tripolis in der Kanalisation oder in abbruchreifen Hütten gelebt haben, um sich jeden Cent für die 300 oder 400 Euro teure letzte Stufe der Flucht zusammenzusparen. Europa zwingt diese Menschen, die vor Krieg, Vertreibung, Vergewaltigung, Hunger und Elend an ein rettendes Ufer fliehen müssen, auf diese total unsicheren Gummiboote, denn Europa hat sich längst abgeschottet, hat die legalen Wege für Menschen, die um Asyl fragen müssen, dichtgemacht. Eine Familie aus Syrien könnte für einen Bruchteil des Geldes, das sie an Schlepper zahlt, mit einem Airbus der Deutschen Lufthansa von Damaskus aus nach Europa gelangen, wenn man sie nur lassen würde. Eine EU-Richtlinie weiß dies zu verhindern, und damit trägt die EU einen Großteil der Schuld am Tod von vielen tausend Menschen, für die das Mittelmeer ein Massengrab geworden ist.

Europa hat sich abgeschottet, das Verhalten der europäischen Staaten ist beschämend. Man stelle sich vor, in Zeiten der Kriege in Europa hätten sich andere Staaten, die Zuflucht für Europäer gewährt haben, so verhalten. Die Kriege hätten Millionen mehr Tote gefordert als ohnehin schon.

«Sorry, Sir, there is no other ship» hat uns gezeigt, dass die EU es mit der Priorität der Seenotrettung nicht ernst meint; im Gegenteil erweckt der Umgang mit dem Problem den Eindruck, dass nur ein toter, ertrunkener Flüchtling auch ein guter Flüchtling ist. Es wäre so einfach, unterhalb der Ölplattform *El Bouri*, 50 nautische Meilen vor der libyschen Küste, ein Kriegsschiff zu platzieren, das 1500 Menschen aufnehmen kann. Unsere vier Rettungsschiffe von der Stiftung Seenotrettung für Flüchtlinge MOAS (Migrant Offshore Aid Station) und der internationalen Hilfsorganisation Ärzte ohne Grenzen (Médecins Sans Frontières, MSF) und Sea-Watch würden die Menschen weiter retten, sie dann aber beim Kriegsschiff abliefern, und wenn das voll ist, fährt es nach Sizilien und ein anderes nimmt seinen Platz ein. Die Rettungsschiffe müssten nicht mehr «Transportschiff» spielen, selbst nach Sizilien fahren, wären nicht mehr tagelang aus dem «Rettungsgeschäft», sondern könnten sofort wieder operieren.

Offizielle der europäischen Missionen behaupten, das Rettungsgebiet sei so groß wie die Bundesrepublik und man könne nicht überall sein. Dies, mit Verlaub, ist eine infame Lüge der europäischen Institutionen. Wir wissen inzwischen genau, wo die Flüchtlingsboote starten, und wir wissen auch genau, wo sie besonders häufig in Seenot geraten oder untergehen. Dies ist ganz einfach auf einer interaktiven Seite der Organisation «Watch the Med» oder an unseren Erfahrungen abzulesen. Es gibt im zentralen und westlichen Mittelmeer genau drei Routen, auf denen sich Flüchtlingsboote schwerpunktmäßig bewegen:

1. an der Straße von Gibraltar,
2. von dem im Westen von Libyen gelegenen Ort Zuwara (große Holzboote) und
3. 30 Kilometer östlich von Tripolis (Startpunkt von vielen überfüllten Gummibooten).

Wenn es ernst gemeint ist mit der Priorität der Seenotrettung, dann sind diese Gebiete mit geringem Aufwand zu überwachen. Wir wissen, dass die italienische Mission «Mare Nostrum» sehr erfolgreich gewesen ist. Mare Nostrum war im Herbst 2013 gestartet worden, nachdem in wenigen Tagen 400 Flüchtlinge ertrunken waren. Eingestellt wurde die Rettungsmission der italienischen Marine dann schon ein Jahr später, Ende Oktober 2014, nur deshalb, weil den Italienern das Geld dafür ausging: 9,5 Millionen Euro im Monat. Die gesamte EU sah sich nicht in der Lage, dieses Geld aufzubringen, um Menschen auf ihrem Fluchtweg zu beschützen und vor dem Ertrinken zu bewahren. Laut der Internationalen Organisation für Migration (IOM) hat die Operation Mare Nostrum in dem Zeitraum ihrer Aktivität rund 150 000 Menschen gerettet.

**

Im November 2014, zum Jahrestag des Mauerfalls in Deutschland, haben Freunde zusammengesessen und für sich diesen Zustand als unhaltbar erklärt; sie beschlossen zu handeln. Menschen aus Brandenburg, reine Landratten, erinnerten sich an ihre Zeit in der DDR, in der Flucht und Lebensgefahr beim Überqueren von Wasserwegen ein Thema gewesen war. Sie beschlossen, von ihrem Erspartem ein Schiff zu kaufen, Verbündete zu finden und das Schiff vor die libysche Küste zu schicken, um genau das zu tun, was wir in den letzten Monaten getan haben: Menschen vor dem Ertrinken zu retten.

Es wurde unsere «alte Lady» in Holland gekauft, nach Hamburg überführt und dort zu einem Rettungsschiff einfachster Art umgebaut. Tausende von Arbeitsstunden haben freiwillige Ingenieure, Schlosser, Schweißer, Tischler und Elektriker in diese Idee investiert. Am 19. April 2015 ist die *Sea-Watch* in Richtung Lampedusa ausgelaufen. Unser Motto war damals: Und wenn wir nur einen einzigen Menschen vor dem Ertrinken retten können, dann hat sich die gesamte Mission gelohnt – bis heute sind es mehr als 2000 Menschen, die durch unsere «alte Lady» und unsere Crews vor dem Tod bewahrt werden konnten.

Alle 14 Tage finden sich neue Crewmitglieder am Schiff ein, zwei der «alten» Crew bleiben auf dem Schiff, sechs neue kommen hinzu. Nach intensiven Vorbereitungen, Trainings und Gesprächen geht es dann für circa zwölf Tage auf die See.

Lampedusa war für uns eine gute Basis, geradezu ein schönes «Zuhause» für die erste Saison. Wir sind sehr dankbar, dass wir dort von den Menschen, auch den Entscheidungsträgern, so großartig aufgenommen worden sind.

Wir haben in den letzten Monaten jeden Tag viel gelernt: Wir waren ganz neu in dem Rettungsmetier, wir haben etwas getan, was vorher niemand tat. Wir haben aktiv nach Menschen in Seenot gesucht, wir haben Menschen gefunden, und wir konnten ihnen eine Hilfe sein.

Wir haben festgestellt und immer wieder reklamiert, dass die staatlichen Schiffe sich viel zu wenig oder falsch an diesen Rettungsmanövern beteiligt haben. Es ist ein Skandal, dass Schiffe der privaten Handelsschifffahrt die Aufgabe des Transports der Schiffbrüchigen zu übernehmen haben, während gleichzeitig unglaublich viele Kriegsschiffe aller Nationen im Mittelmeer «nutzlos» kreuzen.

Mehr über die Initiative Sea-Watch unter http://sea-watch.org.

Simone Schmollack

NACH DER ANGST IST VOR DER ANGST
Frauen auf der Flucht sind Gefahren, Gewalt und Vergewaltigungen ausgesetzt

Wenn Ines nachts auf die Toilette muss, weckt sie ihren Mann. Dann zieht sie sich vollständig an und läuft den langen Flur der Flüchtlingsunterkunft in Berlin hinunter bis zum Waschraum für Frauen. Ihr Mann wartet in der Tür des Familienzimmers, bis seine Frau wohlbehalten zurückkommt.

Ines ist 30 Jahre alt, sie hat zwei Kinder und einen Ehemann. Im Sommer ist die Familie aus einer kleinen Stadt in Syrien geflohen – vor dem Krieg, vor Überfällen, Gewalt und Vergewaltigungen. Sie sagt: «Wir wollten ein sicheres Leben. Deswegen sind wir nach Deutschland gekommen.» Sie ist dankbar, jetzt keine Fassbomben mehr fürchten zu müssen. Doch die fehlende Privatsphäre, nicht abschließbare Zimmer und Waschräume, mit fremden Männern auf engem Raum zu leben, wie es gerade in den Erstaufnahmelagern oft der Fall ist, lassen Ines nicht zur Ruhe kommen. Angst vor Gewalt hat sie noch immer.

303 443 Menschen beantragten bis Ende September 2015 in Deutschland Asyl. 2014 waren 70 Prozent der Antragsteller und Antragstellerinnen männlich und jünger als 30 Jahre alt. Sie kommen aus Syrien, Afghanistan, Somalia, Eritrea, Irak, dem Balkan.

Für Frauen ist die Flucht – zu Fuß, auf Schlepperbooten, in Zügen – in der Regel noch beschwerlicher und gefährlicher als für Männer. Deswegen fliehen viele Männer zunächst allein und holen später ihre Frauen und Kinder nach. Laut einer Statistik des Bundesamtes für Migration und Flüchtlinge kamen 2011 etwas mehr als 1000 Menschen im Zuge von Familienzusammenführungen aus Syrien nach Deutschland. Für das Jahr 2015 soll die Zahl im «niedrigen fünfstelligen Bereich» liegen, wie das Auswärtige Amt bestätigt. Bis eine Familie wieder vereint ist, kann es Monate dauern.

Einige Frauen fliehen aber auch allein oder zusammen mit ihren Kindern. Aus Kriegsgebieten machen sich Frauen häufig gemeinsam mit anderen Frauen auf den Weg: der Mutter, Schwestern, Cousinen. Die Ehemänner, Väter und Brüder sind nicht selten tot, Kriegsopfer oder kämpfen noch an der Front.

2013 waren nach Angaben des Flüchtlingswerks der Vereinten Nationen UNHCR knapp die Hälfte aller Flüchtlinge weltweit Frauen und Mädchen. Sie verlassen ihre Heimat aus denselben Gründen wie Männer: zerbombte Städte und Dörfer, kein Wasser, kein Strom, ein zerstörtes Leben, politische Unterdrückung. Daneben gibt es aber für Frauen häufig sogenannte geschlechtsspezifische Gründe zur Flucht, wie Marei Pelzer von der Menschenrechtsorganisation Pro Asyl erklärt: häusliche Gewalt, Zwangsverheiratungen, Genitalbeschneidungen, Ehrenmorde.

Vor einigen Monaten hat die Menschenrechtsorganisation Amnesty International eine Petition für zwei indische Schwestern aufgesetzt. Die beiden jungen Frauen, 15 und 23 Jahre alt, sollen dafür bestraft werden, dass sich ihr Bruder in eine verheiratete Frau verliebt hat. Der Dorfrat hatte eine Massenvergewaltigung der Schwestern beschlossen. Jetzt sind die beiden Frauen auf der Flucht.

Geschlechtsspezifische Verfolgung gilt seit der Genfer Flüchtlingskonvention 1951 als Asylgrund. Deutschland hat sich lange dagegen gesperrt, sogenannte nichtstaatliche Verfolgung wie Vergewaltigung und häusliche Gewalt als Fluchtursache anzuerkennen, dabei wird gerade sexuelle Gewalt in Kriegen oft strategisch ausgeübt. Mit dem Zuwanderungsgesetz von 2005 hat sich das geändert, die Betroffenen haben mehr Aussicht auf Asyl.

In der Realität sieht das allerdings oft anders aus. Unter den über 33 000 Asylbewerbern und Asylbewerberinnen, die 2014 in Deutschland als Flüchtlinge anerkannt wurden, waren nur 624, die wegen «geschlechtsspezifischer Verfolgung» nicht mehr abgeschoben werden dürfen – überwiegend Frauen, aber auch homosexuelle Männer.

Simone Schmollack

Viele Frauen, die aus geschlechtsspezifischen Gründen Asyl beantragen, haben keine Chance. «Ihnen wird vielfach unterstellt, sie hätten sich die Erlebnisse nur ausgedacht», sagt Juristin Pelzer von Pro Asyl. Die Asylverfahren seien oft formell und unsensibel. «Es werden Beweise verlangt, die die Frauen gar nicht bringen können», weiß auch Behshid Najafi, die als Beraterin bei Agisra, einem Hilfsprojekt für Migrantinnen und Flüchtlingsfrauen in Köln arbeitet. Sie selbst ist Ende der achtziger Jahre als damals Dreißigjährige aus dem Iran über Aserbaidschan nach Deutschland gekommen. Nach dem Studium hat sie 1993 zusammen mit anderen Agisra gegründet mit dem Ziel, Flüchtlingsfrauen zu unterstützen.

Najafi erzählt von einer Frau aus dem Iran, die mit zwei Kindern vor ihrem gewalttätigen Ehemann geflohen ist. Der hatte sie regelmäßig vergewaltigt und fast jeden Tag geschlagen, mitunter im Beisein der Kinder. Als sie sich mit einem anderen Mann traf, sollte sie wegen Ehebruchs gesteinigt werden. Sie konnte sich an niemanden wenden, und der Staat war ihr keine Hilfe.

Die Iranerin nahm ihre beiden Kinder und machte sich über Nacht auf und davon. Sie war mehrere Jahre unterwegs und kam schließlich über die Türkei nach Deutschland. Hier beantragte sie Asyl. Was sagten die deutschen Behörden? Die verlangten von der Iranerin ein Papier, mit dem sie die geplante Steinigung beweisen konnte.

Frauen, die ohne Ehemann oder andere männliche Bezugspersonen unterwegs sind, sind öfter körperlicher, sexueller und psychischer Gewalt ausgesetzt als Frauen, die im Familienverbund oder wie Ines mit Ehemann fliehen. «Manche müssen ohne Bezahlung arbeiten oder werden als Haushaltshilfen ausgebeutet», sagt Behshid Najafi von der Beratungsstelle Agisra. In Ländern wie der Türkei oder Jordanien, wo viele syrische Flüchtlinge zunächst unterkommen, arbeiten sie oft illegal. Frauen haben noch weniger Möglichkeiten, ein Gehalt einzufordern oder auf angemessene Bezahlung zu pochen. Eine Weiterreise nach Europa kostet aber mehrere tausend Euro. Einige Frauen verkaufen ihren Körper an die Schlepper. «Sie müssen das tun, um sich und das Leben ihrer Kinder zu retten», erklärt Najafi. Andere Frauen würden zur Prostitution gezwungen. Kürzlich sei eine Frau aus Somalia in die Kölner Beratungsstelle gekommen. Sie sei sieben Jahre lang auf der Flucht gewesen. «Sie ist schwer traumatisiert.»

Gewalt gegen Frauen gibt es überall. Doch flüchtende Frauen waren bereits in ihren Heimatländern besonderen Gefahren ausgesetzt und sind es auf der Flucht erst recht. Nicht wenige Frauen fühlen sich auch noch bedroht, wenn sie schon in Europa oder in Deutschland angekommen sind. Die Männer sind in der Mehrheit und dominieren allein dadurch in den Notunterkünften. Laut dem Bundesamt für Migration und Flüchtlinge lebten Flüchtlinge 2014 durchschnittlich sieben Monate zusammen auf engstem Raum, bevor sie in eigene Wohnungen oder kleinere Unterkünfte ziehen konnten.

«Viele Frauen fürchten sich vor sexuellen Übergriffen», sagt Najafi, «Migrantinnen sind besonders benachteiligt.» Wie häufig Angriffe gegen Migrantinnen und Flüchtlingsfrauen passieren – unterwegs und in den jeweiligen Ankunftsländern –, ist nicht bekannt. Es existieren keine validen Zahlen und keine aktuellen Erhebungen. Mitunter dringen Vorfälle sexualisierter Gewalt in deutschen Asyleinrichtungen an die Öffentlichkeit. So wie im Frühjahr 2015 in München, wo es zu massiven Übergriffen auf Frauen und zu Zwangsprostitution gekommen war. Überbelegte Unterkünfte, Zimmer, die nicht abzuschließen sind, fehlende Privatsphäre und die Perspektivlosigkeit befördern Gewalt. Die Gewerkschaft der Polizei indes wiegelt ab: Das seien Einzelfälle, nicht die Regel.

Heike Rabe, Expertin für geschlechtsspezifische Gewalt beim Deutschen Institut für Menschenrechte (DIMR) in Berlin, sieht ein anderes Problem. Sie sagt: «Die Polizei wird ja schneller bei sichtbaren Schlägereien gerufen. Die familiäre Gewalt in den Zimmern ist häufig nicht so offensichtlich.»

Eine Studie des Bundesfamilienministeriums von 2004, die Gewalt gegen Frauen in Deutschland untersucht hat, spricht davon, dass Flüchtlingsfrauen vor allem der Gewalt ihrer eigenen Ehemänner und Partner ausgesetzt sind. Auch Rabe bestätigt: «In Flüchtlingsunter-

Simone Schmollack

künften laufen viele Menschen Gefahr, sexualisierte und häusliche Gewalt durch Partner, Bewohner oder Personal zu erleben.» Wie in deutschen Familien auch – Gewalt gegen Frauen, schränkt Rabe ein, sei kein ausschließliches Flüchtlingsproblem.

Die Beraterinnen bei Agisra in Köln hören jeden Tag dramatische Geschichten. Aber sie können oft nicht helfen, wenn Opfer von den Drangsalierungen berichten, denen sie ausgesetzt sind. Frauenhäuser sind vielfach gezwungen, Flüchtlingsfrauen mit einem ungeklärten Aufenthaltsstatus abzuweisen, weil niemand finanziell für sie aufkommt.

39 Euro pro Person pro Tag kostet ein Platz in einem deutschen Frauenhaus durchschnittlich. Das bezahlen entweder die Kommunen oder die Frauen selbst, und dieses Geld haben Flüchtlingsfrauen nicht.

Trotzdem bekommen Frauenhäuser immer häufiger Anfragen von Flüchtlingsfrauen. 2013 (aktuellere Zahlen liegen nicht vor) waren knapp 19 Prozent der Frauen in den Hilfseinrichtungen solche mit einem «unsicheren Aufenthaltsstatus», wie der Verein Frauenhauskoordinierung in seiner Bewohnerinnenstatistik auflistet. Sie können dort sein, weil die Frauenhäuser ihnen auf eigene Rechnung helfen oder Spenden sammeln.

Thomas de Vachroi will sexualisierter Gewalt in Flüchtlingsheimen in jedem Fall vorbeugen. Der Pflege- und Sozialexperte leitet die Berliner Unterkunft, in der Ines und ihre Familie momentan leben. De Vachroi hat dafür gesorgt, dass es in dem Heim, einem früheren Rathaus, ein «Frauenzimmer» gibt. Hier dürfen nur Frauen und Kinder rein, Männer müssen draußen bleiben. An der Zimmertür klebt noch ein Hinweisschild, dass in diesem Raum mal eine Partei residierte: «Zi. 3100 CDU-Fraktion Geschäftszimmer».

Ines kommt jeden Tag hierher. Auch heute. Die junge Syrerin sitzt mit angezogenen Beinen in einem blauen Sessel. Ihre beiden Söhne, sechs und elf Jahre alt, hüpfen um sie herum. Sie trägt Jeans und ein Kopftuch. Über den Fußboden kullern Buntstifte, an der Wand stehen zwei Nähmaschinen. In einer Ecke stillt eine Mutter ihr Baby. Hier fühle sie sich sicher, sagt Ines: «Hier sind Frauen unter sich.»

Das sei anders, wenn sie in «ihrem» Zimmer sei, zwölf Quadratmeter für zwei Erwachsene und zwei Kinder. Manchmal fliege die Tür auf und fremde junge Männer stünden darin, sie haben sich im Zimmer geirrt. «Ich erschrecke mich jedes Mal fast zu Tode», sagt Ines. Es gebe aber auch Überfälle und Diebstähle im Heim, erzählt sie. Ihre beiden Kinder lasse sie jedenfalls abends nach 18 Uhr nicht mehr auf den Flur.

«Es muss getrennten Wohnraum für Männer und Frauen geben», fordert Harald Löhlein, Migrationsexperte beim Paritätischen Wohlfahrtsverband. Doch wie soll das angesichts der zahlreichen Zelt- und Container-Dörfer gehen? Trotzdem entstehen mancherorts Heime speziell für weibliche Geflüchtete. In Darmstadt beispielsweise wurde im Frühherbst eine Frauenunterkunft eröffnet, demnächst soll es in Gießen eine weitere geben.

Getrennte Unterkünfte sind nicht nur wichtig, um Gewalt gegen Frauen zu verhindern, sondern ebenso, um kulturbedingte Schamgrenzen zu respektieren.

Über ihren Körper und über Sex zu reden, insbesondere über sexuelle Übergriffe, fällt den meisten Frauen aus Flüchtlingsländern schwer. Deshalb erstatten viele Gewaltopfer keine Anzeige, sagt Rabe vom DIMR: «Das ist ja auch für viele deutsche Frauen schwierig.» Darüber hinaus hätten viele Frauen in ihrer Heimat schlechte Erfahrungen mit der Polizei gemacht. Rabe hat zudem gehört, dass viele Frauen fürchten, ihr Asylverfahren sei gefährdet, wenn sie Gewalt und Vergewaltigungen melden. Die Expertin gibt zu bedenken, dass Gewalterfahrungen in den geplanten Schnellverfahren für Asylanträge eine noch geringere Rolle spielen könnten.

In Berlin reicht de Vachroi ein einziges «Frauenzimmer» in seiner Notunterkunft nicht. Gerade hat er 80 Maler bestellt, die ehrenamtlich das gesamte Haus streichen. Nach den Verschönerungsarbeiten soll eine ganze Etage einzig für Frauen hergerichtet werden. Im Heim leben derzeit 817 Flüchtlinge, rund 200 von ihnen sind Frauen. Auf

Simone Schmollack

der Frauenetage soll es Nähstuben geben, einen Friseursalon, Kinderspielzimmer und Räume für Sprachunterricht.

Das ist wichtig. Denn Flüchtlingsfrauen halten sich fast die ganze Zeit in den Unterkünften auf. Während die Männer versuchen, mobil zu sein, gehen die Frauen selten auf die Straße, weil es in ihren Herkunftsländern oft nicht üblich ist, sich frei im öffentlichen Raum zu bewegen. Außerdem haben viele Angst vor Übergriffen. Das macht es schwer, ihnen praktisch zu helfen, hat Ulrike Helwerth erfahren. Die Journalistin setzt sich privat für Flüchtlingsfrauen ein. Sie sagt: «Hilfe, wie zum Beispiel Sprachkurse, muss zu den Frauen kommen.»

Saskia Hödl

JUNG, ALLEIN UND TRAUMATISIERT
Kinder und Jugendliche auf der Flucht brauchen besonderen Schutz

Unbegleitete minderjährige Flüchtlinge haben oft alles verloren. Wenn sie nach Deutschland kommen, benötigen sie besonderen Schutz. Das Gesetz ist aber nicht auf ihre speziellen Bedürfnisse ausgelegt.

Weltweit befinden sich derzeit laut UN-Flüchtlingshilfswerk rund 60 Millionen Menschen in Fluchtsituationen – gut die Hälfte von ihnen ist noch nicht einmal 18 Jahre alt. Während sich Kinder und Jugendliche, die gemeinsam mit ihren Familien fliehen, zumindest des Schutzes ihrer Angehörigen sicher sein dürften, sind unbegleitete Minderjährige oft komplett auf sich allein gestellt. Ohne jeden vertrauten Bezug, ohne genügend Sprachkenntnisse und ohne Geld müssen sie sich in einem fremden Land zurechtfinden und vor allem ihre rechtliche Situation verstehen. Nach den traumatisierenden Erfahrungen in ihrem Heimatland und ihrer meist nicht minder traumatisierenden und langwierigen Flucht stehen Kinder und Jugendliche in Transitländern oder dem Zielland außerdem vor möglichen weiteren Bedrohungen. Denn junge Flüchtlinge sind besonders gefährdet, zum Opfer von Menschenhandel, Ausbeutung und Gewalt zu werden. Nach der UN-Kinderrechtskonvention und der Aufnahmerichtlinie der Europäischen Union gelten unbegleitete minderjährige Flüchtlinge deshalb als besonders schutzbedürftige Personen.

Über die Fluchtgründe der Erwachsenen hinaus – etwa Krieg, politische Verfolgung und wirtschaftliche Not – gibt es bei Minderjährigen noch weitere, altersspezifische Fluchtursachen: Gewalt in der Familie, Zwangsbeschneidung oder Zwangsehe zum Beispiel. Viele

Saskia Hödl

Minderjährige fliehen außerdem aus ihren Herkunftsländern, weil sie nicht – oder nicht mehr – zum Kämpfen und Töten gezwungen werden wollen. Denn in vielen Ländern werden sie nach wie vor als Kindersoldaten eingesetzt oder zum Armeedienst gedrängt.

Laut UN gab es im Jahr 2014 weltweit 17 Länder, in denen es nach wie vor üblich ist, Kinder als Kanonenfutter in bewaffnete Konflikte zu schicken. Auch Vergewaltigung, Verstümmelung, Sklaverei und Entführungen von Kindern als Mittel der Kriegführung sind nach wie vor grausame Praxis, gerade von extremistischen Gruppen. In seinem Bericht über Kinder in bewaffneten Konflikten für 2015 äußert sich UN-Generalsekretär Ban Ki-moon besorgt über den Anstieg der Gewalt gegen Kinder auf ein bisher beispielloses Ausmaß. Er verweist auf zig Millionen Kinder, die in Konfliktsituationen aufwachsen müssen. Nicht nur in Nigeria, wo «Boko Haram» für Massenentführungen von Hunderten Mädchen verantwortlich war, wurden im vergangenen Jahr Kinder verschleppt – im Irak und in Syrien hat der «Islamische Staat» mehr als 1000 Jungen und Mädchen entführt. Weltweit gab es laut diesem UN-Bericht noch zahlreiche andere Länder, in denen langwierige oder akute Konflikte Minderjährige bedrohten: Afghanistan, die Zentralafrikanische Republik, Mali, Myanmar, Indien, Kolumbien, Pakistan, die Philippinen, die Demokratische Republik Kongo, Israel/Palästina, Somalia, Sudan, Südsudan und Jemen.

Die Lage in Deutschland

Als unbegleitete minderjährige Flüchtlinge gelten alle Menschen, die noch nicht 18 Jahre alt und bei ihrer Ankunft in Deutschland ohne sorgeberechtigte Begleitung sind. Dass sie allein sind, kann mehrere Gründe haben. Entweder wurden die Minderjährigen schon allein von ihren Familien nach Europa geschickt, oder sie haben ihre Angehörigen zuvor im Krieg verloren. Einige verlieren ihre Angehörigen aber auch erst während der Flucht. Wiederum andere werden nach der Einreise zurückgelassen.

Wenn es um die Gesamtanzahl der unbegleiteten Minderjährigen in Deutschland geht, muss zwischen jenen unterschieden werden, die Asyl beantragen, und jenen, die es nicht tun. Laut dem Bundesamt für Migration und Flüchtlinge (BAMF) haben im Jahr 2014 4399 unbegleitete Minderjährige in Deutschland einen Asylerstantrag gestellt. Die Zahl der Inobhutnahmen ist aber wesentlich höher. 2014 wurden Schätzungen der Diakonie Deutschland zufolge etwa 10 000 Kinder und Jugendliche in Obhut genommen. Nach Angaben der Bundespolizei kamen die meisten von ihnen über die österreichische und die französische Grenze nach Deutschland.*

Die Differenz zwischen der Zahl der Inobhutnahmen und der der Asylanträge erklärt der Bundesfachverband Unbegleitete Minderjährige Flüchtlinge (B-UMF) damit, dass häufig kein Asylantrag, sondern lediglich ein Antrag auf subsidiären Schutz gestellt werde. Subsidiärer (behelfsmäßiger) Schutz gilt in Fällen, in denen das Asylrecht nicht greift, aber dennoch schwerwiegende Gefahren für Freiheit, Leib oder Leben drohen. So können Minderjährige auch ohne Asylantrag nationale Abschiebungsverbote nach dem Aufenthaltsgesetz geltend machen und vorübergehend in Deutschland bleiben. Denn ein Asylverfahren ist meist auch bei Minderjährigen eine langwierige Angelegenheit. Die durchschnittliche Bearbeitungsdauer eines solchen Asylerstantrags bis zu einer behördlichen Entscheidung lag 2014 – je nach Herkunftsland – zwischen fünf und 20 Monaten. Einige soziale Dienste und NGOs raten heute deshalb mitunter sogar von einer Asylantragstellung ab, zumal es Minderjährigen oft schwerfällt, die Asylgründe nachvollziehbar vorzutragen und sie also wirksam geltend zu machen. Das BAMF geht im Sinne des Kindeswohls ebenfalls davon aus, dass es in gewissen Fällen sinnvoll sein kann, Minderjährigen die belastende Situation eines möglicherweise erfolglosen Asylverfahrens zu ersparen.**

Für das ganze Jahr 2015 rechnen die Jugendämter in Deutschland

---

* Deutscher Bundestag, Drucksache 18/5564
** Deutscher Bundestag, Drucksache 18/3850

Saskia Hödl

mit etwa 30 000 unbegleiteten minderjährigen Flüchtlingen. Von Januar bis August des Jahres wurden nach Angaben des BAMF bereits 6054 Asylerstanträge gestellt. Mit 2009 Anträgen führt Afghanistan wie schon im Vorjahr die Liste der häufigsten Herkunftsländer an. Inzwischen liegt Syrien mit 1149 Anträgen nicht mehr auf dem dritten, sondern auf dem zweiten Platz, gefolgt von Eritrea. Schon im Jahr zuvor waren mehr als die Hälfte aller Jugendlichen aus diesen drei Ländern gekommen. Weiter unter den zwölf häufigsten Herkunftsländern sind 2015: Irak, Somalia, Albanien, Kosovo, Gambia, Pakistan, Guinea, Äthiopien und Ägypten. Über die Gesamtzahl der Inobhutnahmen in Deutschland liegen für 2015 noch keine Zahlen vor. Dass die Minderjährigen mit Blick auf die Zahl aller ankommenden Flüchtlinge bisher einen eher kleinen Teil ausmachten, dürfte sich laut einer Einschätzung der SOS-Kinderdörfer demnächst ändern. Denn der Anteil der Jugendlichen, Kinder und Frauen in den europäischen Transitländern steige zusehends an, heißt es in einer Pressemitteilung.

Rund 23 Prozent der jungen Flüchtenden, die einen Asylerstantrag stellten, waren 2014 unter 16 Jahre alt, 77 Prozent waren zwischen 16 und 18. Die Antwort der Bundesregierung auf eine Große Anfrage der Grünen im Bundestag gibt außerdem Aufschluss darüber, dass sich über die Zeit der Anteil der 16- und 17-Jährigen im Verhältnis zu den anderen Altersgruppen zwar am stärksten erhöht hat, aber auch die Zahl der unter 14-Jährigen sich von 195 im Jahr 2010 auf 375 im Jahr 2013 beinahe verdoppelt hat. Der Blick auf die Geschlechterverteilung macht außerdem deutlich, dass pro Jahr zwischen 80 Prozent und 90 Prozent der unbegleiteten minderjährigen Ausländer Jungen sind. Doch die absolute Zahl der weiblichen unbegleiteten Minderjährigen hat sich zwischen 2010 und 2013 von 407 auf 726 ebenfalls erhöht.[*]

Für Kinder und Jugendliche ist die Flucht eine äußerst belastende Situation, gerade wenn sie allein sind. In Deutschland gibt es derzeit indessen kaum repräsentative Studien über den gesundheitlichen Zustand von Flüchtlingskindern. Erste Aufschlüsse über die körper-

[*] Deutscher Bundestag, Drucksache 18/5564

liche und seelische Verfassung von minderjährigen Flüchtlingen gibt jedoch eine aktuelle Studie von Medizinern der Technischen Universität München. Professor Volker Mall und Professor Peter Henningsen untersuchten eine repräsentative Gruppe von rund 100 syrischen Kindern und Jugendlichen in einer Erstaufnahmeeinrichtung in München, die maximal 14 Jahre alt waren. Es erwies sich, dass die Zahl der Kinder und Jugendlichen mit Belastungsstörungen, emotionalen Störungen und körperlichen Erkrankungen ungewöhnlich hoch war. Rund 22 Prozent hatten eine posttraumatische Belastungsstörung. 16 Prozent litten unter einer Anpassungsstörung – was sich etwa durch depressive Stimmung, Sorge und Angst äußert. Außerdem hatten 63 Prozent Karies, etwa ein Viertel litt unter Erkrankungen der Atemwege, und elf Prozent hatten infektiöse oder parasitäre Erkrankungen. Bei 42 Prozent der Untersuchten fehlten Impfungen, und jedes zehnte Kind in der Erstunterkunft musste akut behandelt werden. 60 Prozent der Untersuchten waren länger als zehn Monate auf der Flucht, was die Krankheitsbilder verstärkt haben kann. Die beiden Mediziner weisen in ihrer Untersuchung außerdem darauf hin, dass die anhaltende psychosoziale Belastung nach der Flucht – wie etwa ein unklarer Aufenthaltsstatus, die Trennung von Bezugspersonen, soziale Isolierung, Gewalterfahrung und Diskriminierung – für Kinder und Jugendliche ein weiteres Risiko sei.

Kinderrecht oder Ausländerrecht

Unbegleitete Minderjährige sollen nach ihrem ersten Behördenkontakt in Deutschland direkt an das Jugendamt weitergegeben werden, das dann für die Inobhutnahme bei einer geeigneten Person oder in einer Einrichtung verantwortlich ist, ebenso für die Bestellung eines Vormunds. Daran schließt sich das sogenannte Clearingverfahren an. Es unterscheidet sich von Bundesland zu Bundesland, und seine Dauer reicht von kurzen Gesprächen bis hin zu mehreren Wochen. Dabei geht es etwa um die Identitätsfeststellung, die Festlegung des

Alters, die Untersuchung der gesundheitlichen Verfassung, die Ermittlung des Bildungsstandes, die Suche nach Familienangehörigen, die Klärung des Aufenthaltsstatus und natürlich die Entscheidung, ob ein Asylantrag gestellt werden soll oder nicht.

Die rechtlichen Grundlagen für unbegleitete minderjährige Flüchtlinge in Deutschland sind komplex. Die nationalen, europäischen und internationalen Gesetze und Regelungen wurden in den vergangenen Jahren immer wieder geändert. Auf nationaler Ebene muss vor allem unterschieden werden zwischen dem Kinder- und Jugendhilferecht sowie dem Ausländerrecht. Das Kinder- und Jugendhilferecht definiert etwa das Recht aller jungen Menschen auf Förderung ihrer Entwicklung und auf Erziehung zu einer eigenverantwortlichen Persönlichkeit. Auch der Zugang zu sozialpädagogischen Leistungen ist hier geregelt. Die Bestimmungen für das Aufenthaltsrecht der unbegleiteten Minderjährigen ergeben sich aus dem Aufenthaltsgesetz. Derzeit stehen die deutschen Gesetze noch nicht im Einklang mit der UN-Kinderrechtskonvention. So haben unbegleitete Minderjährige nur eingeschränkte Rechte, wenn es um die Gesundheitsversorgung geht. Sie erhalten nur Leistungen nach dem Asylbewerberleistungsgesetz, was bedeutet, dass sie in der Regel erst dann behandelt werden, wenn sie unter Schmerzen oder einer akuten Krankheit leiden.

In Deutschland unterlagen unbegleitete Minderjährige bis Oktober 2015 schon ab 16 Jahren denselben Vorschriften des Asyl- und Aufenthaltsgesetzes wie Erwachsene. So war es möglich, dass 16- und 17-jährige Jugendliche das Asylverfahren ohne einen Vormund und ohne anwaltliche Betreuung durchlaufen haben. Das ändert sich mit dem am 1. November 2015 in Kraft getretenen «Gesetz zur Verbesserung der Unterbringung, Versorgung und Betreuung ausländischer Kinder und Jugendlicher». Es regelt unter anderem eine bundesweite Umverteilung der Minderjährigen per Quote. Zuvor wurden die Minderjährigen dauerhaft am Ankunftsort betreut, mit der Folge, dass der Großteil der jungen Flüchtlinge in einigen wenigen Ballungszentren wie Hamburg, Passau oder München lebt. Nun sollen die Behörden möglichst innerhalb von zwei Wochen über eine Weiterreise entscheiden. Spätestens nach einer Frist von vier Wochen soll jedoch kein Ortswechsel mehr stattfinden. Außerdem hebt das Gesetz das Höchstalter für die Betreuung von 16 auf 18 Jahre an.

Einige Organisationen und NGOs stehen diesem Gesetz teilweise kritisch gegenüber. Pro Asyl lehnt die Quotenverteilung in einer Stellungnahme vollständig ab, und auch der B-UMF kritisiert, dass die schnelle Umverteilung zulasten des Kindeswohls gehen könnte. Denn den bundesweit 600 Jugendämtern fehlt es an geeignetem Personal, außerdem gibt es nicht in allen Kommunen genügend Unterkünfte. Die Ämter könnten deshalb vermehrt auf Pflegefamilien zurückgreifen müssen, die wiederum zwar vorbereitet werden können, aber kein Ersatz für therapeutische Unterstützung sind. Der B-UMF kritisiert weiter, dass im Zuge des neuen Gesetzes ein Vormund erst nach der Umverteilung bestellt werden soll, obwohl er derzeit laut Gesetz unmittelbar nach Feststellung der Minderjährigkeit zu bestellen ist. Schließlich fehlen dem B-UMF Vorgaben für eine adäquate Alterseinschätzung. So sei nicht geklärt, zu welchem Zeitpunkt die Alterseinschätzung stattfindet.

Die Feststellung der Minderjährigkeit ist vor allem in Berlin und Hamburg schon lange ein Streitpunkt. Denn hier werden, wenn Zweifel an der Minderjährigkeit bestehen, umstrittene medizinische Methoden herangezogen, um zu klären, ob jemand tatsächlich minderjährig ist. Es wird geröntgt, und es werden Genitalien oder Brustdrüsen begutachtet, eine Praxis, die keineswegs genaue Ergebnisse erbringt und im Hinblick auf die menschliche Würde äußerst fragwürdig ist: eine Verletzung des Schamgefühls, die ein weiteres Trauma zur Folge haben kann. Dennoch sieht das neue Gesetz kein Verbot von Eingriffen wie der Genitaluntersuchung vor. Denn für den Umgang der Behörden mit den Flüchtlingen ist ihr Alter von entscheidender Bedeutung. Wenn festgestellt wird, dass ein Flüchtling nicht mehr minderjährig ist, genießt er oder sie auch nicht mehr die erweiterten Schutzrechte, sondern wird wie ein Erwachsener behandelt.

Und ist dann in der Regel weiter auf sich allein gestellt.

Jawad

«WAS IST DER UNTERSCHIED ZWISCHEN MIR UND DENEN?»
Meine lange Reise nach Deutschland

Jawad war vier Jahre alt, als er mit seinen Eltern aus Afghanistan flüchtete. Inzwischen lebt er in Hamburg. Er hat seine Geschichte aufgeschrieben.

Hallo, ich bin Jawad und ich wohne seit dreieinhalb Jahren in Hamburg. Ich komme aus Afghanistan und ich möchte die Geschichte erzählen, wie ich nach Hamburg gekommen bin. Es ist eine lange Geschichte. Dass ich aus meinem Land weggegangen bin, war nicht meine Entscheidung. Und es war auch nicht meine Entscheidung, dass ich in diesem Land geboren wurde.

Als ich vier Jahre alt war, musste ich mit meinen Eltern mein Dorf und Land wegen des Krieges in Afghanistan verlassen. Wir sind in den Iran geflüchtet. Im Iran war die Situation für Flüchtlinge aus Afghanistan nicht gut. Wir bekamen ein Papier, um nur kurzfristig da zu leben. Wir durften nicht zur Schule gehen, nicht arbeiten und nichts in unserem Namen kaufen. Sie machten viel Druck, damit wir so schnell wie möglich wieder zurückgehen. Wenn sie uns auf der Straße sahen, wurden wir immer kontrolliert, und es ist auch oft passiert, dass Männer, wenn sie von der Arbeit kamen, festgenommen und abgeschoben wurden.

Mein Vater arbeitete schwarz, als ich zehn Jahre alt war, fing auch ich an zu arbeiten. Ich half auf Tomatenfeldern. Mein Vater gab sich viel Mühe, damit ich zur Schule gehen konnte, aber es hat nie geklappt. Die iranische Behörde hat das immer abgelehnt. Später habe ich zwei Jahre lang als Tierarzthelfer gearbeitet. Und dann fünf Jahre als Tischler. Bei der Arbeit oder beim Einkaufen hatten wir immer Probleme mit den Menschen im Iran. Sie haben sich uns gegenüber richtig schlecht verhalten. Ich war Analphabet, aber mein Vater brachte mir ein bisschen Lesen und Schreiben bei.

Zwischendurch sind wir einmal nach Afghanistan zurückgegangen. Wir waren total müde und wollten einfach weg aus dem Iran. Aber als wir in Afghanistan ankamen, waren wir schockiert. Es gab keine Sicherheit dort, immer noch Krieg, immer noch Blut. Dieses Mal bekam ich alles mit. Nach zweieinhalb Monaten verließen wir Afghanistan wieder. Wir sind zurück in den Iran geflüchtet, aber die Situation dort war immer noch schlimm. Sie kontrollierten überall, manchmal auch aus Spaß. Auf der Arbeit bekam man oft sein Geld nicht.

Ich entschied mich, das Land zu verlassen. Ich habe mich mehrere Monate lang erkundigt und ich fand jemanden, der mir und meinen Freunden helfen konnte. Das war im Mai 2005. Wir sind dann in die Türkei gekommen, auch da war es schrecklich. Von der Türkei sind wir mit fünf Leuten mit dem Schlauchboot nach Mytilini gekommen. Dann bin ich weitergegangen nach Athen. Ich wollte in Griechenland bleiben und die Sprache lernen. Ich bin nach Kreta in ein Heim für minderjährige und unbegleitete Flüchtlinge gegangen.

Es war komisch, ich dachte die Sprache wäre Englisch. Ich hatte ein paar Wörter Englisch gelernt. Als ich ankam, war ich ganz überrascht, wie die Griechen sich verständigten. Nach zwei Jahren konnte ich gut Griechisch reden und ich half dem Dolmetscher im Heim. Dann bin ich nach Athen gegangen, um zu arbeiten, aber die Behörde half mir nicht gut. Ich wollte auch meine Familie besuchen, aber ich durfte nicht reisen. Deswegen entschied ich mich, Griechenland zu verlassen. Ich habe gemerkt, dass sich hier meine Träume nicht erfüllen konnten.

Dann bin ich nach Patras gegangen. Ich möchte nicht beschreiben, wie man sich die ganze Zeit versteckt. In Lkws und unter Lkws, wenn sie bei einer Ampel anhalten, während man von der Polizei und Rassisten gejagt wurde. Man war ganz alleine und gar nichts wert. Was mich motiviert hat, war meine Hoffnung. Die hat mich angetrieben.

Nachdem ich in Patras zwei Wochen versucht hatte, Griechenland zu verlassen, bin ich zurück nach Athen, und dann nach Korinth. Von dort bin ich dann nach Italien gelangt, in einem Lkw auf einem Schiff, zwei Tage und Nächte. Ich bin in Venedig angekommen und weiter nach Österreich. Dort hat die Polizei uns kontrolliert und verhaftet. Sie sagten, wir müssten zurück nach Griechenland. Ich wollte nicht und sagte das. Sie brachten uns in ein Abschiebelager, und ich ging in einen zehntägigen Hungerstreik. Ich habe nur wenig Wasser in der Nacht getrunken. In den Tagen habe ich 15 bis 16 Kilo verloren. Die Ärzte haben entschieden, mich freizulassen.

Es war ein Trick. Sie haben gesagt, hier ihr seid frei, ihr könnt Asyl beantragen. Als wir in die Behörde gegangen sind, brachten sie uns Essen. Aber danach kamen zwei Polizisten mit Handschellen und sagten, ihr müsst wieder ins Gefängnis, zum Abschieben. Ich war so enttäuscht und die ganze Welt war so dunkel, ich verlor meine Hoffnung. Drei Monate waren wir im Gefängnis in Wien. Es ging mir richtig schlecht, und ich bekam Anti-Depressions-Tabletten und Schlaftabletten, sodass ich die ganze Zeit schlief. Ich aß nur und ging dann wieder schlafen.

Es kam der Tag, an dem sie mich zum Flughafen bringen wollten. Ich habe mich geweigert. Es gab eine Heizung in meiner Zelle. Ich habe mich dazwischen geklemmt, damit ich selbst nicht rauskommen konnte. Sie sind reingekommen und haben geschrien und mich geschlagen, aber ich konnte nicht raus. Dann haben sie es gemerkt und Fachkräfte gerufen, die mich rausgeschnitten haben. Dann kamen so zehn bis zwölf Polizisten und schlugen mich zusammen. Sie setzten mich in ein Auto und brachten mich zum Flughafen. Einige Stunden später befand ich mich wieder in Athen.

Ich hatte keine Lust mehr zu leben. Glücklicherweise traf ich einen Freund auf der Straße, und er nahm mich zu sich nach Hause. Manchmal verließ ich das Haus zum Spazieren und manchmal ging ich so weit, dass ich nicht mehr wusste, wo ich war. Ich ging ans Meer und saß neben dem Meer und schaute aufs Wasser. Ich schaute auch auf die Menschen neben mir. Ich wollte wissen, was der Unterschied war zwischen mir und denen. Was habe ich falsch gemacht? Und warum ist das Leben so hart für manche Menschen? So viele Leute hier, Millionen, und die Stadt hat so eine lange Geschichte und Kultur, aber ich bin ganz alleine. Wieso ist das Leben so?

Nach drei Monaten habe ich von Anwälten Hilfe bekommen. Sie haben mir einen Platz in einem Haus für Flüchtlinge besorgt. Dann habe ich versucht mein Griechisch zu verbessern, und ich spielte wieder Fußball mit Freunden. Aber ich nahm immer noch diese Anti-Depressions-Tabletten. Ich fing an zu arbeiten und nahm weniger Tabletten. Es ging mir ein wenig besser. Ich bekam das Angebot, in Mytilini als Dolmetscher zu arbeiten. So bin ich nach Mytilini zurückgekommen. Ich kannte durch meine Situation sehr gut die Fachwörter und die Situation von Flüchtlingen. Es war eine gute Zeit. Aber immer noch durfte ich nicht reisen und meine Familie im Iran besuchen.

Ich entschied mich, nach Deutschland zu gehen. Ich bin illegal nach Deutschland geflogen. Ich dachte, ich würde vielleicht wieder nach Mytilini zurückgehen, aber dann blieb ich in Deutschland. Ich bin zur Schule gegangen und jetzt mache ich eine Ausbildung. Ich habe tolle Menschen getroffen, die mir helfen. Es ist fast wie eine Familie. Sie unterstützen mich immer, überall. Und ich fühle mich richtig gut in Hamburg.

Ich bin zwischendurch noch einmal nach Mytilini geflogen – als Tourist. Als ich ins Flugzeug stieg, dachte ich an die Zeit, in der ich in Mytilini mit dem Schlauchboot ankam, und an meine Zeit als Dolmetscher. Jetzt, dreieinhalb Jahre später, komme ich zurück als Tourist! So ist das Leben, immer überraschend.

Ich übernachtete bei einem alten Freund. Dann ging ich morgens durch die Stadt und traf ein paar Leute. Diesmal war es anders, sie hatten mehr Respekt und haben sich anders verhalten. Besonders, wenn sie merkten, dass ich deutsche Papiere hatte. Warum ist das so? Ich und mein Charakter – wir haben uns nicht verändert. Das ist für mich so unlogisch: Nur wegen eines Papiers bekommt man Respekt und nicht, weil man so ist, wie man ist. Die inneren Werte zählen

Jawad

nicht. Niemand kann sich aussuchen, wo er auf die Welt kommt, und niemand hat Schuld, irgendwo geboren zu sein, wo es nicht so gut ist.

Dieser Text stammt von der Website von Jugendliche ohne Grenzen (JOG)*, einem 2005 gegründeten bundesweiten Zusammenschluss von jugendlichen Flüchtlingen, dessen Arbeit dem Grundsatz folgt, dass Betroffene eine eigene Stimme haben. JOG wendet sich gegen jegliche Art von Diskriminierung und setzt sich gegen Abschiebungen, für ein echtes Bleiberecht und Zugang zu Bildung und zum Arbeitsmarkt für alle ein.*

Nähere Informationen gibt es unter http://jogspace.net/
    Unter http://birdsofimmigrants.jogspace.net finden sich Texte von nach Deutschland geflüchteten Jugendlichen, darunter der hier in kürzerer Form abgedruckte Text von Jawad.
    Birdsofimmigrants ist eine Plattform junger geflüchteter Menschen auf ihrem Weg in und um Europa herum.

Gabriele Gillen

WO BEGINNT DIE FESTUNG EUROPA?
Eine Reise durch Köpfe und Kontinente

> «Gegen die Drohung der Pariser Commune KEINER
> ODER ALLE steht das Prinzip Hoffnung der Marktwirt-
> schaft FÜR ALLE REICHT ES NICHT, das die Massen
> mobilisiert, damit die Eliten überleben können.» (Heiner
> Müller, Nachlassnotiz 1990)

Wo beginnt die Festung Europa? Sie beginnt mitten unter uns. In unseren Köpfen. Mit der Angstmache vor sozialer Konkurrenz und der Veränderung unserer vertrauten Gewohnheiten. Sie beginnt bei der kalkulierten Schmähung von Bundesinnenminister Thomas de Maizière, der Flüchtlingen Anfang Oktober im ZDF schlechtes Benehmen und mangelnde Dankbarkeit vorwarf; beim bayerischen CSU-Ministerpräsidenten Horst Seehofer mit seinem Gerede von «Notwehr» und «Sozialmissbrauch»; bei der Aufspaltung in gute, berechtigte «Kriegsflüchtlinge» und schlechte, nicht berechtigte «Wirtschaftsflüchtlinge»; bei der Bezeichnung von Flüchtlingen als «Schmarotzer», eine schon von den Nationalsozialisten benutzte abwertende und dehumanisierende Rhetorik, die fast immer am Anfang von Diskriminierung und Gewalt steht. Die Festung Europa beginnt bei der Behauptung, «unsere Werte» seien den Werten anderer Kulturen überlegen; beim ARD-*Bericht aus Berlin*, der Anfang Oktober Montagen von Angela Merkel im Tschador und einem von Minaretten umgebenen Reichstag zeigte und so die verbreiteten Abschottungs- und Ausgrenzungsphantasien illustrierte; sie beginnt bei den Leitartiklern und Politikern (auch unter den Grünen), die mit ihrem «Verständnis für die Sorgen der Bürger» die Rassisten und Rechtsradikalen stärken und ihnen dann mit schnellgestrickten Asylrechtsverschärfungen nachgeben, statt konkrete und seriöse Vorschläge und Finanzierungsvorschläge zu machen für den schnellen Bau von genügend (Sozial-)Wohnungen, Schulen und Kulturhäusern für alle, für Einheimische und Neuankömmlinge. Die Festung Europa beginnt bei den zündelnden Biedermännern, die die Not von Menschen missbrauchen, um den Abbau von Grundrechten und demokratischem Konsens zu fordern und zu betreiben.

Wo beginnt die Festung Europa? An den Stacheldrahtzäunen, die Ungarn im September und Oktober 2015 an den Grenzen zu Serbien und Kroatien installiert hat? Oder schon weiter östlich in den ukrainischen Internierungslagern für Migranten? Die Ukraine ist Teil der sogenannten Ostroute, eine Alternative zur Seeroute über das Mittelmeer. Hunderte von Flüchtlingen versuchen jedes Jahr, auf diesem Weg die Slowakei und damit die EU zu erreichen. Viele von ihnen stammen aus Somalia oder aus Afghanistan. Durch Berichte des *Spiegel* und des ARD-Magazins *Report Mainz* wurde im Februar 2015 bekannt, dass schon seit Jahren regelmäßig Flüchtlinge vom EU-Hoheitsgebiet – etwa aus Ungarn oder der Slowakei – ohne Chance auf ein Asylverfahren in die Ukraine zurückgeschoben werden, eine Praxis, die von einem Mitarbeiter des Flüchtlingshilfswerkes UNHCR bestätigt wurde. In der Ukraine werden die Flüchtlinge Monate oder auch Jahre inhaftiert, und zwar in speziellen, von der Europäischen Union mitfinanzierten Gefängnissen. Misshandlungen sind dort normal. In *Report Mainz* erzählte ein somalischer Flüchtling, der inzwischen in Deutschland lebt und mehrere Jahre in Haftanstalten in der Ukraine verbrachte: «Ich hatte keine Hoffnung mehr. Die Ukraine ist ein schrecklicher Ort für Flüchtlinge. Sie können dich foltern, dich schlagen.» Ein Bericht der Organisation *Human Rights Watch* prangerte bereits 2010 Missstände in den ukrainischen Internierungslagern für Flüchtlinge an. Die EU hat in den vergangenen Jahren einen zweistelligen Millionenbetrag in den Bau und die Renovierung von derartigen Haftanstalten investiert.

Festung Europa in Tunesien: Im Juli 2015 wurde durch eine Kleine Anfrage der Linken im Bundestag bekannt, dass die Bundesrepublik der tunesischen Polizei in diesem Jahr mit Schulungen und technischen Geräten, unter anderem zur erkennungsdienstlichen Behandlung, unter die Arme greift. Das Ziel sei, so heißt es in der Antwort auf die Kleine Anfrage, «Tunesien im Rahmen eines Grenzpolizeiprojekts bei der Bekämpfung illegaler Migration und bei der Verbesserung der Polizeiarbeit (...) zu unterstützen». Selbstverständlich unter «Beachtung der Menschenrechte». Insgesamt habe das Auswärtige Amt dafür 827 000 Euro «aus Mitteln der Transformationspartnerschaften» zur Verfügung gestellt. Im August hat zudem die Bundespolizei ein permanentes Büro in der deutschen Botschaft in Tunesiens Hauptstadt Tunis eröffnet. Neben der Unterstützung bei der Bekämpfung des Terrorismus und bei der Grenzsicherung, so das deutsche Innenministerium, soll die Bundespolizei «einen sichtbaren deutschen Beitrag zur Bekämpfung der Schleusungskriminalität (...) leisten».

Was natürlich heißt: zur Bekämpfung der Migration nach Europa. Mit Hilfe von Schleppern versuchen Flüchtlinge von Tunesien aus nach Italien, nach Lampedusa oder Sizilien überzusetzen. Noch im aktuellen Jahresbericht für das Jahr 2014 hat *Amnesty International* gewürdigt, dass Tunesien 2014 seine Grenze für Tausende vor den Kämpfen in Libyen fliehende Menschen offen gehalten hatte und sogar Flüchtende ohne Papiere passieren ließ. Die Zeiten sind vorbei. Auch mit deutscher Hilfe. Seit Monaten baut Tunesien an einer 168 Kilometer langen und zwei Meter hohen Sperranlage zur libyschen Grenze. Das Auswärtige Amt, so Andrej Hunko, Bundestagsabgeordneter der Linken, habe der örtlichen Grenzpolizei dafür 50 hochwertige Wärmebildkameras geschenkt. Tunesien, Mutterland des Arabischen Frühlings und das einzige Land, in dem die Revolution zu einer demokratischen Verfassung führte, ist immer noch weit von Rechtsstaatlichkeit entfernt. *Amnesty* berichtet, dass die tunesische Polizei weiterhin ohne Angst vor größeren Konsequenzen foltern kann, auch wenn die neue Verfassung Folter ausdrücklich verbietet: Schuldige werden im Dienst belassen, oder die Militärgerichtshöfe

Gabriele Gillen

setzen angeordnete Strafen herab. Die Anti-Terror-Gesetze aus Zeiten der Diktatur sind größtenteils weiter in Kraft.

Festung Europa: Schon seit Jahren wird Schritt für Schritt die Politik immer neuer Zäune, Gräben und hochgerüsteter Grenzüberwachung unter anderem nach Nordafrika exportiert. Sogenannte Anti-Terror-Dialoge führt die EU nicht nur mit Tunesien, sondern zum Beispiel auch mit Marokko oder dem wieder von einer Militärdiktatur beherrschten Ägypten. Ebenfalls durch eine Kleine Anfrage im Deutschen Bundestag wurde öffentlich, dass 2015 mehrere Konferenzen mit Polizisten und Geheimdienstmitarbeitern aus Ägypten stattgefunden haben. Im Mai 2015 waren Offiziere des ägyptischen Bereichs für Nationale Sicherheit eingeladen, bei den polizeilichen Sicherungen des DFB-Pokalfinales in Berlin zu hospitieren. Im gleichen Monat legte die «Internationale Vereinigung der Ligen für Menschenrechte» (FIDH) mit Sitz in Paris einen erschütternden Bericht vor: Polizeikräfte, Geheimdienstagenten, Mitarbeiter der Nationalen Sicherheit und Soldaten seien direkt an sexuellen Gewalttaten in den Haftanstalten des Landes beteiligt: Vergewaltigungen, «Jungfräulichkeitstests», Elektroschocks an Genitalien sowie sexuelle Erpressungen. Die Untersuchung stützt sich auf Aussagen von Opfern, Aktivisten und Zeugen. Es handele sich um eine zynische politische Strategie, um die Zivilgesellschaft zu knebeln und die Opposition zum Schweigen zu bringen, erklärte FIDH-Präsident Karim Lahidji. Dass die Opfer davor zurückschreckten, Klage zu erheben, und die Täter straflos blieben, sei Teil dieser Methode. Seit dem Sturz von Mohammed Mursi, Ägyptens erstem demokratisch gewählten Präsidenten, hätten entsprechende Straftaten deutlich zugenommen. Das Militär hatte den Islamisten Mursi 2013 entmachtet.

Die exterritoriale Migrationspolitik der Europäischen Union ist komplex. Schon lange sind zum Beispiel Nord- und Westafrika von einem schwer zu überblickenden Geflecht von bilateralen Abkommen mit Italien, Spanien, Frankreich oder der Bundesrepublik überzogen. Maßnahmen im Vorfeld einer gemeinsamen EU-Politik, eine Mischung aus Belohnungen und Bestrafungen, damit die Maghreb-staaten (Tunesien, Algerien, Marokko, Libyen und Mauretanien) zu Grenzagenten für die Europäische Union wurden und ihre eigene Bevölkerung an der Ausreise hinderten. Auf der Maßnahmenliste standen und stehen Entwicklungsgelder, Entschuldung, Handels-abkommen, kontingentierte Aufenthaltsgenehmigungen und die Ver-einbarung über gemeinsame polizeilich-militärische Maßnahmen.

Migrationssteuerung und globale Strukturpolitik gehen Hand in Hand, geleitet von den Interessen des Nordens. 2009 führte zum Bei-spiel Algerien in seinem Strafrecht das Delikt «illegale Ausreise» ein. Oder Libyen: Einst wurde das Land unter Oberst Muammar al-Gad-dafi für ganz Afrika geöffnet, hier trafen sich relativ ungehindert fünf afrikanische Migrationsrouten, und viele Flüchtlinge wollten weiter nach Europa. 2004 beschloss die EU auch deshalb die Aufhebung der Wirtschaftssanktionen und des Waffenembargos gegen das diktato-rische libysche Regime. Vor allem Italien, wo Tausende illegaler Ein-wanderer aus Afrika strandeten, drängte auf ein Ende der Sanktionen gegen Libyen. Mit der Aufhebung des Waffenembargos, so der ita-lienische Außenminister Frattini, könnten dem libyschen Staat die «notwendigen Werkzeuge» für wirksame Patrouillen an seinen Land- und Seegrenzen, für die Bekämpfung der illegalen Einwanderung und damit auch der Ausreise von Flüchtlingen Richtung Europa zur Verfügung gestellt werden. Und im gemeinsamen Beschluss zur Auf-hebung des Embargos betonten die europäischen Außenminister den Wunsch nach einer engen Zusammenarbeit in Flüchtlingsfragen. Seit 2003 entstanden in Libyen, aber auch in Tunesien immer mehr Flücht-lingslager, in denen die Flüchtlinge brutal eingesperrt wurden. Die Re-gime von Ben Ali und Gaddafi erledigten die Drecksarbeit für die EU und hinderten afrikanische Flüchtlinge, nach Europa weiterzureisen. Wofür die europäischen Regierungen Millionen Euro zahlten. In dem italienischen Dokumentarfilm *Come un uomo sulla terra* (Wie ein Mensch auf der Erde) aus dem Jahr 2008 berichten auch äthiopische und eritreische Flüchtlinge, dass die Offshore-Lösung europäischer

Gabriele Gillen

Migrationsbekämpfung mit schweren Menschenrechtsverletzungen bezahlt wird. In Libyen ist Gaddafi längst gestürzt, in Tunesien regiert seit dem «Arabischen Frühling» eine frei gewählte Regierung, aber am Prinzip der europäischen Migrationsbekämpfung hat sich nichts geändert. Der Schutz der Festung Europa ist territorial entgrenzt, das Grenzmanagement findet weit im Vorfeld Europas statt. So wie vor nicht allzu langer Zeit die Interessen Deutschlands bekanntlich am Hindukusch verteidigt wurden, so werden Europas Grenzen unter anderem in Afrika geschützt. Und statt Kampf gegen Diktaturen und andere Fluchtursachen findet hinter meist verschlossenen Türen ein Krieg gegen Flüchtlinge statt.

Fluchtursachen in Afrika, das sind Hunger und Sklavenarbeit, Folter und Krieg. Unter anderem dafür verantwortlich: die Präsidenten des Südsudan, des Sudan und Eritreas. Aber ausgerechnet mit diesen und anderen afrikanischen Staaten verhandelt die EU schon seit November 2014 im sogenannten «Khartum-Prozess» darüber, wie man Fluchtursachen bekämpfen und illegale Migration beenden kann. Nach Aussage der Bundesregierung hat «Deutschland den Khartum-Prozess mitinitiiert und maßgeblich mitgestaltet». Im Juli 2015 berichtete das ARD-Magazin *Monitor* über einzelne geplante Projekte.

Zum Beispiel Eritrea: Aus keinem anderen afrikanischen Land kommen so viele Flüchtlinge nach Deutschland. Die meisten Asylanträge werden in Kenntnis der Lage anerkannt. Der Menschenrechtsbericht der Bundesregierung spricht von einem «diktatorischen» Regime, das die eigene Bevölkerung massiv unterdrückt. Der im Frühsommer 2015 von den Vereinten Nationen veröffentlichte Bericht zu Eritrea kommt zum selben Ergebnis: Menschen werden dort willkürlich verhaftet, gefoltert, verschleppt oder ohne Gerichtsurteil hingerichtet. Die *Monitor* vorliegenden vertraulichen Verhandlungspapiere der EU belegen die geplante enge Zusammenarbeit der EU mit Eritrea, zum Beispiel bei der Bekämpfung von Fluchthelfern. Das Ziel der EU: Die Opfer der Diktatur sollen gefälligst nicht nach Europa kommen, sondern weiterhin in einem brutalen Unrechtsregime leben.

Fluchtursachen, so die menschenverachtende Logik hinter dieser Politik, sind nicht objektive Gewalt und Folter, Fluchtursache ist das subjektive Bedürfnis der Menschen, dieser Situation zu entfliehen. Weswegen man diejenigen, die noch die Kraft oder das Geld haben, sich mit Hilfe eines Fluchthelfers auf den Weg in ein besseres Leben zu machen, an ihrer Flucht hindern muss. Und zwar durch die Bekämpfung der Schlepper, ohne die unter den gegebenen Umständen niemand die Flucht aus Eritrea schafft. Der zynische Gipfel der geplanten Kooperation mit den regierenden Schergen: Die Bekämpfung der angeblich grundsätzlich kriminellen Schlepper wird noch als moralisch wertvolle Tat dargestellt.

Die Festung Europa wird mit Schamlosigkeit gebaut. Im Südsudan, auch dies ein Land mit Massentötungen, Racheakten, der Ermordung von Zivilisten, außergerichtlichen Exekutionen und Vergewaltigungen, ein Land, in dem Hunderttausende auf der Flucht bzw. in UNO-Lagern sind, will Europa mal wieder das «Grenzmanagement» verbessern. Für den Sudan wiederum, so belegen die *Monitor* vorliegenden Papiere, soll ein regionales «Trainingszentrum» zur Bekämpfung des Menschenhandels aufgebaut werden – zur Schulung sudanesischer Polizeibeamter und Mitarbeiter der Strafverfolgungsbehörden im «Migrationsmanagement». 2008 hatte der Internationale Strafgerichtshof gegen den seit 1993 regierenden Präsidenten Umar al-Baschir einen Haftbefehl wegen Völkermordes, Verbrechen gegen die Menschlichkeit und Kriegsverbrechen erlassen – und damit erstmals einen solchen Haftbefehl gegen einen amtierenden Staatschef. Doch wegen fehlender Kooperation des UN-Sicherheitsrates mit dem Internationalen Strafgerichtshof und der deshalb fehlenden Aussicht auf Erfolg wurden die Ermittlungen Ende 2014 eingestellt.

Bis Anfang der 1990er Jahre konnte man beinah ungehindert zu Fuß von Afrika nach Europa laufen. Nämlich über die einzigen Landgrenzen der beiden Kontinente, gelegen zwischen Marokko und den spanischen Exklaven Ceuta und Melilla. Doch dann begann die Euro-

Gabriele Gillen

päische Union, sich gegen Migration abzuschotten, 1993 wurden die ersten kleinen Zäune errichtet. Heute ist die Festung Europa nirgendwo so sichtbar wie in Ceuta und in Melilla. Für die meist von südlich der Sahara kommenden Flüchtlinge, die zum Schluss Algerien und dann Marokko durchquert haben, liegen die Orte nah und doch fern. Sechs Meter hohe doppelte Zäune, erst im vergangenen Jahr mit Bewegungsmeldern und Scheinwerfern weiter aufgerüstet, trennen hier Marokko von Spanien. Zäune aus Draht vom Typ «Concertina 22», bewehrt mit 22 Millimeter hohen Klingen, sonst eingesetzt zum Schutz von Atomkraftwerken, Munitionslagern und Flughäfen. Viele Flüchtlinge sind bei dem Versuch, den sogenannten «Nato-Draht» zu überwinden, schwer verletzt worden oder gar verblutet. Oft werden die Flüchtlinge, die es irgendwie über den Zaun schaffen, von spanischen Grenzschützern mit Schlagstöcken erwartet. 2014 ertranken mindestens elf Flüchtlinge bei dem Versuch, schwimmend und hinter dem Zaun die spanische Exklave Ceuta zu erreichen: Die spanischen Grenzschützer hinderten sie mit Gummigeschossen daran, bis ans Ufer zu kommen. Spaniens Abschottungspolitik ist brutal.

Der lebensgefährliche Sturm auf den Zaun, der «Sprung nach Europa», ist einer der letzten Wege in die EU, der ohne Hilfe von Schleppern möglich ist. Es ist der Weg für die Ärmsten der Armen. Nur rund zehn Prozent der Flüchtlinge kamen im Jahr 2014 über Ceuta und Melilla. Von denen wiederum kletterte nur ein Bruchteil über den Zaun. Die meisten Flüchtlinge reisten mit falschen Papieren ein oder versuchten es mit kleinen, in Marokko gekauften oder entwendeten Booten. Die Zäune in Ceuta und Melilla sind zum Symbol der Abschottung Europas geworden. In den vergangenen zehn Jahren hat Spanien weit mehr als 70 Millionen Euro in diese Grenzanlagen investiert. Der Aufwand hat sich aus der Sicht der spanischen Regierung gelohnt. Die Zahl der «Grenzverletzer» ist stark gesunken. 2014 gingen bei den spanischen Behörden nur 5615 Asylanträge ein. Gemessen an der Einwohnerzahl der viertniedrigste Wert in der EU.

Die Reduzierung der Flüchtlingszahlen nach Spanien ist auch Ergebnis neuer Abkommen mit Marokko und Mauretanien, die sich verpflichtet haben, Migranten an ihren Grenzen zurückzuweisen. Mit großer Härte hat die marokkanische Polizei die meisten Lager in den Wäldern um Ceuta und Melilla aufgelöst, wo die geflüchteten Afrikaner oft monatelang kampierten, um auf die Chance zum «Sprung nach Europa» zu warten.

Selten zeigen sich die Unterschiede zwischen der Welt der Armen und der Welt der Reichen so deutlich wie in Ceuta und Melilla, und kaum ein Foto belegt diese Unterschiede und die Festung Europa so eindrücklich wie das berühmte Golfplatz-Foto des spanischen Fotografen José Palazón: Während zwei Golfer auf einem Platz der spanischen Exklave Melilla Bälle abschlagen, versuchen im Hintergrund afrikanische Flüchtlinge über den Zaun nach Europa zu gelangen. Zwei Millionen Euro soll der Golfplatz an der Grenze in Melilla gekostet haben, schreibt die spanische Zeitung *El País*. Den Großteil finanzierte übrigens der Entwicklungsfonds der Europäischen Union, der sich die «Beseitigung von Ungleichheiten zwischen den verschiedenen Regionen» zur Aufgabe macht. Aber nur innerhalb der EU, was sonst?

Übrigens: In Spanien, das sich so massiv gegen afrikanische Einwanderer verschanzt, kommt der größte Teil der illegal im Land lebenden Migranten aus Lateinamerika.

Zum massiven Ausbau der Festung Europa gehört die «Grenzschutzagentur» *Frontex*. Die 2004 geschaffene Behörde, die ursprünglich lediglich den Schutz der EU-Außengrenze zwischen den Mitgliedsstaaten koordinieren sollte, hat sich immer mehr zu einer eigenständigen europäischen Grenzpolizei entwickelt, mit militärischer Infrastruktur und einem eigenen Überwachungsapparat. Längst ist *Frontex* auch für die Ausbildung von Grenzschutzbeamten, die Unterstützung von Mitgliedsstaaten mit eigenem Personal und eigener Technik und die Abschiebung von Flüchtlingen zuständig. *Frontex* kooperiert mit der europäischen Polizeibehörde *Europol* und den Sicherheitsbehörden von Drittstaaten. Zum Beispiel: Zwischen 2005 und 2008 führte sie insgesamt sechs große Einsätze im Mittelmeerraum durch – die Opera-

Gabriele Gillen

tionen «Hera» vor den Kanarischen Inseln und der Küste Westafrikas, die Operation «Nautilus» zwischen Libyen und Tunesien sowie Italien und Malta und «Poseidon» im östlichen Mittelmeer, insbesondere vor der Küste Griechenlands. Ziel der Operationen: Der konsequente Stopp illegaler Einwanderung durch Verhinderung der Einreise. Für «Hera» wurden von der spanischen Regierung Vereinbarungen mit Mauretanien und Senegal getroffen. Seither dürfen *Frontex*-Schiffe unter Beteiligung senegalesischer Soldaten direkt vor den Küsten patrouillieren, um Flüchtlingsboote zeitnah zur Umkehr zu bewegen. Dadurch wird der Grenzschutz aus dem europäischen Raum direkt vor die Küsten Afrikas verlagert. In den Tätigkeitsberichten von *Frontex* stehen die Zahlen zur Abwehr der Flüchtlinge. Der *Frontex*-Jahresbericht 2006 beschreibt die Operation Hera II und berichtet, dass im Einsatzzeitraum von August bis Dezember 2006 in der Nähe der afrikanischen Küste insgesamt «3887 illegale Einwanderer in 57 Cayucos (kleine Fischerboote) abgefangen und umgelenkt wurden». Aus der offiziellen Statistik des Einsatzes Hera 2008 geht hervor, dass *Frontex* in diesem Jahr 5909 Menschen auf hoher See oder vor den Küsten Afrikas abgedrängt bzw. zum nächsten Hafen von Senegal oder Mauretanien zurückeskortiert hat. Aufgrund der Abkommen mit Senegal und mit Mauretanien sei bei diesen Aktionen stets entweder ein senegalesischer oder ein mauretanischer Beamter an Bord des *Frontex*-Schiffs gewesen. Afrikanische Bürger werden nach entsprechenden Verträgen mit der EU auch von ihren eigenen Staaten an der Ausreise gehindert. Mit welchen Methoden *Frontex* bei der Abwehr von Flüchtlingsbooten vorgeht und wie die «Überzeugungsarbeit» bei solchen Einsätzen aussehen kann, schilderte im Juni 2008 der Haupteinsatzleiter der italienischen Militärpolizei in Rom, Saverio Manozzi, in einem Radiointerview mit dem SWR: «Wir wurden bei offiziellen Treffen mit Einsatzplänen und schriftlichen Befehlen konfrontiert, nach denen die Abwehr der illegalen Einwanderer darin besteht, an Bord der Schiffe zu gehen und die Lebensmittel und den Treibstoff von Bord zu entnehmen, sodass die Immigranten dann entweder unter diesen Bedingungen weiterfahren können, oder aber lieber umkehren.»

Frontex spielt ebenfalls eine wichtige Rolle bei der militärischen Abschottung des Mittelmeers und der Jagd auf Schleuserboote. Auf einem Sondergipfel der Staats- und Regierungschefs der Europäischen Union wurde Ende September 2015 beschlossen, dass *Frontex* nicht nur weitere Milliarden erhalten, sondern auch in den sogenannten «Hotspots» die Registrierung und Befragung von Flüchtlingen übernehmen soll. Für die EU hat die schnelle Fertigstellung dieser grenznahen Registrierungszentren in Italien, Griechenland oder Bulgarien höchste Priorität. Die geplanten «Hotspots» haben die Aufgabe, Flüchtlinge, die es trotz der Abschottung über die Grenzen nach Europa schaffen, direkt hinter der Grenze abzufangen und so lange festzuhalten, bis ihr Asylantrag einer ersten Überprüfung unterzogen ist. Damit will man die Flüchtlinge wieder in den Ländern an der EU-Außengrenze konzentrieren, entsprechend dem vorübergehend durch die Macht der Fakten außer Kraft gesetzten «Dublin-Abkommen». Das seit dem 1. September 1997 geltende Dublin-Verfahren der Europäischen Union sieht vor, dass Flüchtlinge grundsätzlich in dem Land das Asylverfahren durchlaufen, in dem sie angekommen sind. Ginge es also streng nach den EU-Verträgen, müssten die wirtschaftlich schwachen europäischen Mittelmeerländer ganz alleine mit den Flüchtlingen fertigwerden.

Langfristig soll die Aufgabe der «Hotspots» darin bestehen, so viele Flüchtlinge wie möglich zurückzuweisen. Nur noch die sollen in andere europäische Länder weiterreisen dürfen, zu deren Aufnahme sich ebendiese Länder im Rahmen einer freiwilligen Quote verpflichtet haben.

Zusätzlich zur Stärkung der Grenzsicherung durch *Frontex* findet seit Anfang Oktober im Mittelmeer Phase II des Militäreinsatzes gegen Schlepper statt, an dem 22 Nationen mit Schiffen, Fluggerät oder Personal beteiligt sind. Deutschland hat beschlossen, bis zu 950 Soldaten zu entsenden. Besonders geschmacklos ist, dass die Militärmission «Sophia», bei der es um die Vernichtung von Schlepperbooten und damit um die Verhinderung von Flucht geht, nach einem Mädchen benannt ist, das am 22. August nach der Rettung

Gabriele Gillen

Kristian, 7, Bosnien

Remiza, 55, Bosnien

Jelena und Tochter Natascha, Serbien

Wir können keine Schutzgelder in
Serbien zahlen, deshalb sind wir sicher,
solange wir in Deutschland sind.

Zaid, 28, Syrien

Ich bin Rechtsanwalt und habe in Syrien
für Human Rights Watch gearbeitet.

Tara, 29, Iran

Ich musste aus politischen
Gründen fliehen und mein Land,
den Iran, verlassen.

Sissoko, 37, Mali

Ich war Student. Aber dann
starb mein Vater, und ich musste
mich um meine Mutter und
meinen Bruder kümmern. Dann
kamen die Tuareg und haben
das Gebiet Azawad, auf dem wir
lebten, besetzt.

Egzona, 10, Kosovo

Ich möchte einen guten
Schulabschluss, um dann
zu studieren. Dann kann ich
mir irgendwann ein eigenes
Zuhause leisten.

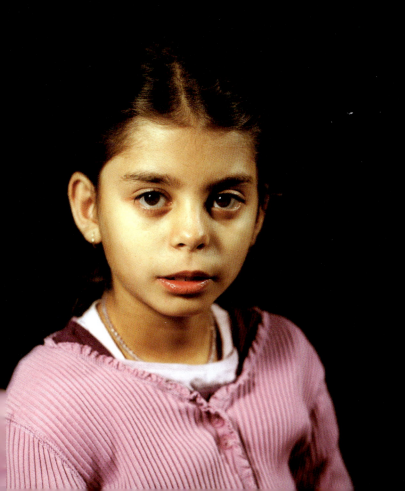

Adaris, 36, Kobani, Syrien

Osarumwense, 30, Nigeria

Atiqullah, 18, Afghanistan

Turha, 19, Somalia

Ivet mit Sohn Patrick, Bosnien

Als wir nach Deutschland kamen,
war ich sehr glücklich.

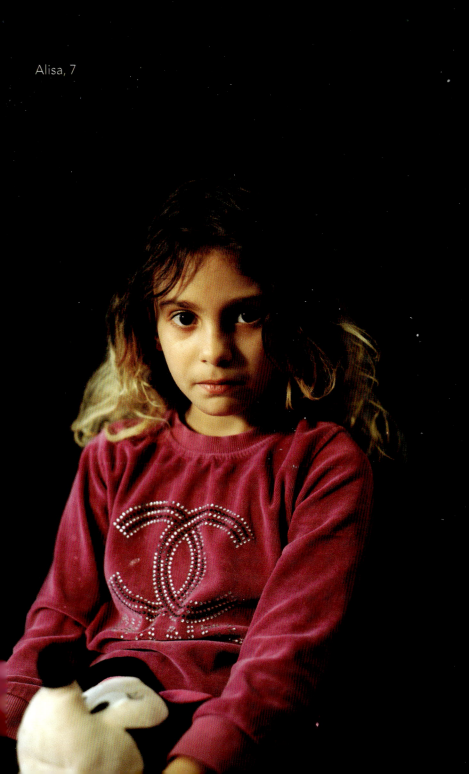

Alisa, 7

Ambrose, 26, Nigeria

Ich war glücklich, als ich
deutschen Boden betrat.

Almira, Andrea, Adam; Serbien

Musman, 18, Pakistan

Güte und Liebe verbinden alle
Menschen.

der Eltern auf dem deutschen Schiff *Schleswig-Holstein* geboren wurde. Mindestens so geschmacklos ist eine andere außenpolitische Offensive der EU: die geplante Zusammenarbeit mit der Türkei. Ohne Frage ein Jackpot für den türkischen Präsidenten Erdogan, in dessen Land die Menschenrechte ebenfalls bedroht sind. Die Türkei soll mehr Flüchtlinge aufnehmen und die schon im Land lebenden Flüchtlinge an der Ausreise hindern. Dafür bekommt Erdogan Geld, die Abschaffung der Visapflicht für die türkischen Staatsbürger und die Einstufung als «sicheres Herkunftsland». Nach Meinung von Angela Merkel und Bundesinnenminister Thomas de Maizière liegt in der Türkei der «Hauptschlüssel» zur Lösung der Krise, «weil von dort ganz viele Menschen kommen». Es gelte einen Interessenausgleich zu finden zwischen europäischen, deutschen und türkischen Interessen. Die Interessen der meist syrischen Flüchtlinge – die in der Türkei offiziell nicht arbeiten dürfen und deshalb zum Ärger vieler Türken notgedrungen illegal und für Hungerlöhne jobben – spielen offenbar keine Rolle. Auch nicht die staatlich organisierten gewalttätigen Attacken gegen Oppositionelle oder deren Inhaftierung. «Wir können nicht immer nur auf dem moralischen Sockel sitzen und alle Welt belehren über Menschenrechtszustände», so der Bundesinnenminister. So ist es wohl: Die Einhaltung von Menschenrechten würde den kalkulierten politischen Menschenhandel unmöglich machen. Und das wäre kaum im europäisch-deutsch-türkischen Interesse.

Wo beginnt die Festung Europa? Hier bei uns.

Als Folge der Jugoslawienkriege stieg 1992 die Zahl der Asylbewerber in Deutschland auf knapp 440 000 an. Gleichzeitig häuften sich die rassistischen Anschläge, wie in Rostock-Lichtenhagen, Solingen oder Mölln. Statt sich den Rassisten und Brandstiftern mit einer klaren Haltung entgegenzustellen, beschlossen CDU, SPD und FDP im Dezember 1992, das Asylrecht de facto abzuschaffen – das Volk sei mit den vielen Flüchtlingen überfordert. 1993 wurde die Grundgesetzänderung beschlossen und in Artikel 16a des Grundgesetzes festgelegt, dass sich nicht auf das Grundrecht auf Asyl berufen kann, «wer aus einem Mitgliedsstaat der Europäischen Gemeinschaften oder aus einem anderen Drittstaat einreist, in dem die Anwendung des Abkommens über die Rechtsstellung der Flüchtlinge und der Konvention zum Schutze der Menschenrechte und Grundfreiheiten sichergestellt ist». Praktischerweise fallen alle inzwischen (!) Deutschland umgebenden Länder unter diese Klassifizierung. Wer an der Staatsgrenze oder in Grenznähe aufgegriffen wird, kann sofort zurückgeschickt werden. Zur Abschaffung des Asylrechtes gehört auch das Prinzip der sicheren Herkunftsstaaten. Die werden, wie gerade wieder erfolgt (Albanien, Montenegro und der Kosovo), mit Zustimmung des Bundesrates festgelegt. Asylsuchende aus diesen Ländern werden in der Regel abgelehnt. In bestimmten Fällen, so sieht es das Dublin-Abkommen vor, können andere EU-Länder als die Ankunftsländer der Flüchtlinge die Durchführung der Asylverfahren übernehmen – etwa aus humanitären Gründen. Wie in den vergangenen Monaten geschehen. Doch die vorübergehend praktizierte Aufnahme der vielen, vor allem syrischen Flüchtlinge in der zweiten Jahreshälfte 2015 sollte nicht darüber hinwegtäuschen, dass die Bundesrepublik praktisch zwar eine Reihe von Schutzbestimmungen für Flüchtlinge, aber kein grundsätzliches Asylrecht mehr hat, weil die geltenden Gesetze einen Anspruch auf Asyl in Deutschland nur denen zugestehen, die nicht aus einem sicheren Drittstaat kommen. Also eigentlich nur jenen, denen es zum Beispiel gelingt, von Libyen nach Helgoland zu schwimmen. Kein Wunder also, dass viele eingereiste Flüchtlinge ihre Papiere vorher vernichtet haben. Wessen Identität nicht festgestellt werden kann, kann auch nicht ohne weiteres abgeschoben werden.

Wo beginnt die Festung Europa? Sie beginnt bei den von uns gewählten Volksvertretern. Hektisch wurde im Oktober ein Gesetzespaket zur Verschärfung des Asyl- und Flüchtlingsrechtes in Deutschland verabschiedet. Die überraschend schon am 24. Oktober in Kraft gesetzten Regelungen bedeuten in erster Linie viele neue Schikanen für die Flüchtlinge, die jetzt im Land sind: längere Aufenthaltszeiten in den Erstaufnahmelagern, die Umstellung vom Taschengeld auf Sach-

Gabriele Gillen

leistungen, um «Anreize für Wirtschaftsflüchtlinge» zu vermeiden, und – besonders menschenverachtend – das Verbot, Abschiebungen vorher anzukündigen, damit Flüchtlinge nicht untertauchen können. Anfang Oktober hat die EU ein zehnseitiges Papier zur «Zukunft der EU-Rückführungspolitik» verabschiedet. Vorgesehen sind unter anderem gemeinsame Abschiebeflüge, die von der EU-Grenzagentur *Frontex* finanziert und organisiert werden sollen. «Wir müssen diejenigen schützen, die internationalen Schutz brauchen», sagte Luxemburgs Außen- und Migrationsminister Jean Asselborn als Vertreter der amtierenden EU-Ratspräsidentschaft. «Diejenigen, die dies nicht brauchen, müssen in ihre Herkunftsländer zurückkehren.» Konsequente Abschiebungen seien «die andere Seite der Medaille» der EU-Flüchtlingspolitik. Die moralisch mächtigste Lüge in der öffentlichen Debatte über Flüchtlingspolitik tritt im hübschen Gewand der Humanität auf: die Errettung der wahren Asylsuchenden aus der Masse der Wirtschaftsflüchtlinge. Als seien Hunger und alltägliche Not kein Fluchtgrund, als berechtigten sie nicht, in den gut genährten Ländern um Hilfe zu bitten.

Auch im deutschen Kanzleramt wurde Ende Oktober ein weiteres Maßnahmenpaket zur Beschleunigung der Asylverfahren beschlossen. Abgelehnte Asylbewerber sollen schneller abgeschoben werden. Neben Linienflügen sollen künftig auch Transall-Maschinen die Menschen nach Hause bringen, im Cockpit Piloten der Bundeswehr. Außerdem sollen die Kriterien für geduldete Flüchtlinge und die rechtlichen Ansprüche gegen Abschiebeverfügungen geprüft und neu geregelt werden. Nachgedacht wird außerdem über das generelle Ende des in verschiedenen Bundesländern vielfach praktizierten Winter-Abschiebe-Stopps. Abgelehnte Asylbewerber sollten so davor geschützt werden, bei der Rückkehr in ihre Herkunftsländer Kälte und Schnee ausgesetzt zu sein.

Während all diese Beschlüsse fallen, warten im Oktober in Kroatien oder Slowenien Tausende von Flüchtlingen bei Regen und Kälte, ohne Essen oder Getränke, ohne warme Kleidung oder Zelte an den Grenzen, die im Stundentakt geöffnet und wieder geschlossen werden. Slowenien ist nach der Schließung der Grenze zu Kroatien durch Ungarn zum letzten Nadelöhr auf der sogenannten Balkanroute geworden und hat nun auch noch den Einsatz der Armee an der Grenze zu Kroatien beschlossen. Und der bayerische Ministerpräsident Seehofer droht, Flüchtlinge nach Österreich zurückzuschicken.

Die apokalyptischen Bilder der frierenden, hungernden, verzweifelten Menschen im Schlamm, in den humanitären Niemandsländern an den Grenzen, treffen den Fernsehzuschauer bis ins Mark. Doch Europa schaut nur zu und gleichzeitig weg. EU-Kommissionschef Juncker lädt zwar zum nächsten Krisengipfel in die wohltemperierten Brüsseler Räume, aber tut nicht das, was er tun müsste. Sein wichtigster Job wäre: Erst mal ein paar Millionen locker machen für schnelle Soforthilfe, für Nahrung und Decken. Und vielleicht für geheizte Busse. Und dann ein paar Telefonate, um zu klären, wie die Menschen möglichst schnell weiter kommen. Das reiche Europa, das so eifrig an der Festung arbeitet, beherbergt derzeit nur rund 15 Prozent aller Schutzsuchenden weltweit. Mit ausreichender finanzieller Unterstützung der wirtschaftlich schwachen europäischen Länder könnte dieser Kontinent noch sehr viel mehr Flüchtlinge aufnehmen. Das Gegenteil liegt in der Luft: Die Balkanroute, auch dieser Weg in die Europäische Union, könnte in Kürze geschlossen sein. Und dann der nächste und bald der letzte. Der Krieg gegen die Armen hat eine neue Eskalationsstufe erreicht.

Wo beginnt die Festung Europa? Sie beginnt bei Angela Merkel.

Anfang September 2015 konnten wir Bilder vom Bahnhof in Budapest sehen. Auch hier verzweifelte Menschen, die Schilder hochhielten: «Germany» stand darauf. Oder «Mother Merkel, help us!». Selfies von Flüchtlingen mit Angela Merkel überschwemmten die sozialen Netzwerke. Wochenlang mussten wir es ertragen: Angela Merkel, stilisiert und sich selbst stilisierend als Mutter der Verzweifelten, als Heilige der Flüchtlingskrise. Im Windschatten dieser Inszenierung wurde allerdings eifrig die alte kalte Kriegspolitik fortgeführt – eine perfide Doppelstrategie, die bis zu den fallenden Umfragewerten für die CDU durchaus erfolgreich war. Immer noch glaubt ein großer Teil der Deutschen und der ahnungslosen Flüchtlinge an die Nächstenliebe der Pfarrerstochter aus der Uckermark.

Das perfide Dublin-System, das eigentlich alle Flüchtlinge in den Ankunftsländern festhält, ist im Grunde eine deutsche Erfindung. Und im Grundsatz hält die Bundesregierung an Dublin fest. Zusätzlich hat die Koalition schon im Sommer 2015 ein Gesetz beschlossen, das es nun erlaubt, alle Flüchtlinge, die sich nicht an das Dublin-Abkommen halten, also nicht in dem Land bleiben, in das sie in die EU eingereist sind, sofort nach Grenzübertritt zu inhaftieren. Als Haftgründe gelten: falsche oder unvollständige Angaben gegenüber den Behörden, ein fehlender Pass, Geldzahlungen an Schlepper oder die Umgehung von Grenzkontrollen bei der Einreise. Also alle unvermeidlichen Begleiterscheinungen einer Flucht. Dies ist keine Abkehr von Dublin, dies ist eine Radikalisierung. Nicht nur im Umgang mit den wirtschaftlich schwachen Randstaaten, sondern auch im Umgang mit den Flüchtlingen. Zwar wurde das Dublin-Abkommen nach dem Willen von Angela Merkel für syrische Flüchtlinge vorübergehend ausgesetzt, aber Flüchtlinge aus Somalia, dem Iran oder dem Irak werden weiterhin ins Elend abgeschoben, nach Bulgarien oder Ungarn. Schon 2013 und 2014 ist die Zahl der Abschiebungen aus Deutschland gestiegen. Insgesamt wurden 2014 fast 11 000 Flüchtlinge abgeschoben. Hinzu kamen 2967 Zurückschiebungen und 3612 Zurückweisungen an der deutschen Grenze, insbesondere an Flughäfen.

Nein, Angela Merkel ist nicht mitleidig, sondern heuchlerisch. Ihr «Wir schaffen das»-Satz ist gemessen an der Realpolitik schlicht eine Platitude, ohne inhaltlichen Kern. Viele Bausteine der Festung Europa wurden mit ihrer Hilfe gefertigt oder – bildlich gesprochen – gar von ihr in Auftrag gegeben. Dabei könnte Angela Merkel ihr Mitgefühl, wäre es denn da, auf europäischer Ebene leicht beweisen. Durch den Einsatz für besondere finanzielle Hilfen nicht für *Frontex*, sondern für die ärmeren europäischen Länder, dann, wenn sie einer gerechten Quotenregelung für Flüchtlinge zustimmen. Sie könnte auf gemeinsamen und besseren europäischen Asylstandards bestehen, natürlich auch in der Bundesrepublik. Sie könnte für legale Fluchtwege und humanitäre Visa streiten, Visa, die schon von den deutschen Botschaften vergeben werden und den Flüchtlingen die gefährlichen Fluchtwege ersparen. Sie tut nichts davon. Stattdessen lässt sie freundlich lächelnd Waffen auch in Krisengebiete exportieren, macht Geschäfte mit Despoten, stimmt für Freihandelsabkommen und Handelsabschlüsse, die die wirtschaftlichen Grundlagen der Flüchtlingsherkunftsländer weiter zerstören – und beschließt gemeinsam mit ihren EU-Partnern die weitere Abschottung der EU-Grenzen.

Deutschland im Herbst 2015: Die Stimmung ist angespannt. Die geschürte Angst vor zu vielen Flüchtlingen bekommt panische Züge, schlimmer noch: Der Populismus ist Teil des politischen Mainstreams geworden. Die Baumaßnahmen und die Verträge mit den Diktatoren, die die Flüchtlinge an der Ausreise hindern sollen, dauern ein wenig länger, aber die mentale Mauer ist schon längst errichtet. Die Abwehr gegen die wachsende Zahl von Flüchtlingen ist vielleicht auch deshalb so heftig, weil sie den reichen Norden mit seinen gesellschaftlichen Lebenslügen konfrontieren: dass unser Wohlstand ausschließlich das Ergebnis von unserer eigenen Hände Arbeit sei, dass wir nicht vom ungerechten Welthandel und von Ausbeutung profitieren, dass alles so bleiben kann, wie es ist – und bitte so bleiben soll.

Je höher die Mauer, desto größer offenbar die Angst. Vor neuen Ideen, vor notwendigen Kompromissen, vor dem Verlust von Macht, vor dem Teilen von Reichtum. Je höher die Mauern, desto undemokratischer das eingemauerte System. Völker können in einen Dialog treten, einen Krieg beginnen oder sich hinter Mauern verschanzen. Sie können aus Grenzen Gefängnismauern machen und Kriegsfronten mit Schießbefehlen. Je nach Blickrichtung, von innen oder von außen. Das eine bedingt das andere. Doch Mauern sind eine primitive und bequeme Antwort auf die komplizierten Fragen nach Freiheit, Sicherheit und Identität. Mauern, Sperranlagen und Schießbefehle verhärten die Fronten zwischen Feinden. Wer Mauern baut, sieht die Menschen auf der anderen Seite nicht. Das macht es leichter, sie zu entmenschlichen, sie zu verachten. Aber Mauern machen die Angst vor dem Fremden nicht kleiner, sie vergrößern die Angst. Je mehr Sicherheitsschlösser, desto weniger Bewegungsfreiheit. In der mongolischen Tradition galten Verteidigungsanlagen als Zeichen von Feigheit. Es zuzulassen und auszuhalten, dass sich Ideen und Bewegungen und andere kulturelle Traditionen frei bewegen können, dazu braucht es in allen Systemen großen Mut.

Es gibt viele moralische, soziale und wirtschaftliche Argumente gegen den Bau von Trennungsmauern. Das stärkste Argument ist jedoch das pragmatische: Mauern funktionieren einfach nicht. Keine Mauer ist jemals hoch genug, lang genug oder massiv genug, um uns vor Veränderungen oder Gefahren zu schützen. Die Statistik beweist: In den streng bewachten *Gated Communities* der Reichen gibt es genauso viele Morde wie in den offenen Stadtteilen. In der Enge des selbstgezimmerten Gefängnisses wächst die häusliche Gewalt. Mauern sind letztlich wirkungslos. Aber vorher bescheren sie uns ein Leben in Enge und Angst.

Wer Mauern rund um Europa möchte, sollte bedenken, dass in der Geschichte nur jene Grenzen hilfreich waren, die gleichzeitig Treffpunkte waren. Die meisten Mauern der Geschichte wurden eingerissen oder überrannt oder waren am Ende einfach morsch. Die Chinesische Mauer wurde von den Mongolen überrannt, die Mauern um die jüdischen Ghettos ersparten uns nicht die Verantwortung für den Genozid, der «antifaschistische Schutzwall» hielt nur 28 Jahre. Für viele der Eingesperrten eine lange Zeit, für die Geschichte seit der Jungsteinzeit nur eine Episode. Doch die Folgen, zum Beispiel die Mauertoten oder die hinter der Mauer gewachsene Angst vor dem Fremden, werden noch lange zu den offenen Wunden der deutsch-deutschen Geschichte gehören. Wie die toten Flüchtlinge an den europäischen Mittelmeerstränden zur Geschichte Europas und der EU.

Stichwort: Sicherer Herkunftsstaat

«Sicherer Herkunftsstaat» ist ein Begriff aus dem deutschen, österreichischen und dem schweizerischen Asylrecht. Aber mit Ausnahme von Schweden und Italien nutzen alle Länder der Europäischen Union die Möglichkeit, Staaten als sichere Herkunftsstaaten einzustufen. Für die Bundesrepublik wird der sogenannte «Sichere Herkunftsstaat» in Art. 16a Abs. 3 Grundgesetz definiert. Als sichere Herkunftsstaaten gelten Staaten, in denen weder politische Verfolgung noch eine «unmenschliche oder erniedrigende Bestrafung und Behandlung stattfindet».

Der Asylantrag eines Flüchtlings aus einem «sicheren Herkunftsstaat» wird in der Regel ohne Überprüfung als «offensichtlich unbegründet» abgelehnt, da das Bundesamt für Migration davon ausgeht, dass dem Antragsteller «keine Gefahr der asylrelevanten Verfolgung droht». Ausnahmen gibt es, wenn der Bewerber bei der Identitätsprüfung besondere Umstände geltend machen und eine individuelle politische Verfolgung nachweisen kann. Wenn dem Antragstellenden kein Asyl gewährt, die Eigenschaft als Flüchtling nicht anerkannt bzw. ein anderer Schutzstatus nicht zugestanden wird, erlässt das Bundesamt für Migration und Flüchtlinge nach § 34 Absatz 1 Asylverfahrensgesetz eine Abschiebungsandrohung. In «offensichtlich unbegründeten» Fällen beträgt die Ausreisefrist eine Woche, in sonstigen Fällen nach § 38 Absatz 1 Asylverfahrensgesetz einen Monat. Die Frist für eine mögliche Klage gegen die Anordnung beträgt eine Woche, wobei Klagen keine aufschiebende Wirkung haben. Noch gibt es aber die Möglichkeit, zusätzlich einen Eilantrag auf aufschiebende Wirkung der Klage zu stellen. Länder der Europäischen Union gelten automatisch als sicher, darüber hinaus hat die Bundesrepublik folgende Länder zu «sicheren Herkunftsstaaten» erklärt: Ghana, seit 1993; Senegal, seit 1993 (mit halbjähriger Ausnahme 1995); Bosnien und Herzegowina, seit 2014; Mazedonien, seit 2014; Serbien, seit 2014; Albanien, seit November 2015; Montenegro, seit November 2015; Kosovo, seit November 2015.

Deutschland und Europa

Herfried Münkler

DIE SATTEN UND DIE HUNGRIGEN
Die jüngste Migrationswelle und ihre Folgen für Deutschland und Europa

Über die längste Zeit ihrer Geschichte ist die Menschheit migriert. Wenn das Ursprungsgebiet des Menschen irgendwo in Äquatorialafrika zu suchen ist, so waren es weitreichende Migrationsbewegungen, die zur Besiedlung des gesamten Globus geführt haben. Diese Besiedlung hat sich über Zehntausende von Jahren hingezogen, und auf ihren Wanderungen haben die Migranten Aussehen, Charakter und Lebensweise verändert: Immer wieder aufs Neue hat sich der Mensch, «das nicht festgestellte Tier» (Nietzsche), den jeweiligen klimatischen und ökologischen Gegebenheiten angepasst, in die er eingewandert ist und in denen er sich nunmehr hat behaupten müssen. Das unterscheidet ihn von den an bestimmte geologisch-ökologische Bedingungen gebundenen Tieren und macht seine Sonderstellung in der Vielfalt des Lebens aus. Das Menschengeschlecht ist erst durch Migration zu dem geworden, was es heute ist.[*]

Freilich bewegen sich die Migrationsströme schon seit langem nicht mehr, wie das bei der Besiedlung des Globus der Fall war, in menschenleere Gebiete hinein, sondern treffen inzwischen auf sozial wie politisch hochkomplexe Ordnungen, die auf ihre Ankunft in der Regel nicht eingestellt sind und große Probleme haben, die Migranten aufzunehmen und zu integrieren. Darin besteht zugleich die Differenz der jüngsten Migrationsbewegungen zum allmählichen Vordringen deutscher Bauern etwa, die sich seit dem 10. und 11. Jahrhundert

---

[*] Vgl. hierzu Yuval Noah Harari, *Eine kurze Geschichte der Menschheit*, München 2013, S. 11–98.

über Elbe und Oder hinweg nach Osten bewegt haben, oder auch zur Besiedlung Nordamerikas durch europäische Auswanderer, bei der eine langsame, aber kontinuierliche Bewegung von der Ost- zur Westküste Nordamerikas zu beobachten gewesen ist.* Beide Migrationsbewegungen stießen dabei auf eine autochthone Bevölkerung, die sie jedoch, weil die Neuankömmlinge technisch, wirtschaftlich und sozial überlegen waren, verdrängten bzw., wo es zu Konflikten kam, gewaltsam unterwarfen. Die ursprünglichen Bewohner dieser Gebiete hatten gegen die Einwandernden keine Chance und wurden von diesen marginalisiert oder ausgerottet. Liest man in diesen Tagen einige Verlautbarungen der sich selbst so bezeichnenden «besorgten Bürger», die sich gegen die jüngste Migrationswelle abschotten wollen, kann man den Eindruck gewinnen, sie befänden sich in einer ähnlichen Situation wie die slawischen Stämme östlich der Elbe oder die indianischen Ureinwohner Amerikas. Das ist aber eine vollkommen verfehlte Identifikation, denn im aktuellen Fall liegt die technologische, ökonomische und soziale Überlegenheit bei den Eingesessenen und der Anpassungsdruck wird auf die Neuankömmlinge ausgeübt. Es sind weder Siedler noch Eroberer, die zurzeit nach Europa kommen, sondern Flüchtlinge, gleichgültig, ob sie vor Krieg und Gewalt oder vor Hunger und Elend fliehen.

In der jüngeren Geschichte Europas ist seit der Entstehung von Territorialstaaten im Verlauf des 15. bis 17. Jahrhunderts die Vorstellung aufgekommen, die Zeit der großen Wanderungen sei nunmehr zu Ende und das Leben der Menschen sei damit definitiv stationär geworden. Auf der Grundlage dieser Annahme wurden politische und gesellschaftliche Ordnungen entworfen, die ganz selbstverständlich davon ausgingen, dass sich das Leben der Menschen in einer wesentlich sesshaften Form vollziehe, und dementsprechend wurden aus dieser Annahme auch die Werte und Normen des menschlichen

---

* Ausführlich zu den unterschiedlichen Formen der Wanderung bzw. Eroberung von Räumen Massimo Livi Bacci, *Kurze Geschichte der Migration*, Berlin 2015, S. 13–38.

Herfried Münkler

Zusammenlebens, der gesellschaftlichen Entwicklung und der politischen Ordnung abgeleitet. Fast alle größeren Ordnungsentwürfe der politischen Ideengeschichte beruhen auf Gleichgewichtsannahmen innerhalb eines territorial definierten Raumes, in denen nachhaltige Migrationsbewegungen, die sie in Frage stellen könnten, nicht vorgesehen sind. Die einzige Ausnahme von der normativen Dominanz des Stationären ist die biblische Exodus-Erzählung über die vierzig Jahre während Wanderung des Volkes Israel von Ägypten ins Gelobte Land, in der das Umherziehen freilich als eine Phase der Prüfung durch Gott und der Selbstreinigung der Menschen beschrieben wird. So ist auch im Buch Exodus die Wanderung in der Wüste nur eine Zwischenphase, die zur Vorbereitung auf die Ankunft in Kanaan dient, dem Land, wo «Milch und Honig fließen». Obwohl – oder vielleicht auch weil – sich im 20. Jahrhundert durch Krieg und politische Entscheidungen gewaltige Bevölkerungsverschiebungen vollzogen haben, ist die Vorstellung eines «Ankommens», des Findens einer neuen Heimat, dominant geblieben, und daran hat sich auch dadurch nichts geändert, dass inzwischen so viele Menschen wie nie zuvor touristisch oder geschäftlich unterwegs sind. Andererseits, so sagen es die Schätzungen der damit befassten Organisationen, gibt es zu Beginn des 21. Jahrhunderts auch so viele Flüchtlinge wie noch nie zuvor. Normativer wie emotionaler Bezugspunkt unserer Vorstellungen bleibt der umgrenzte Raum, in dem wir «zu Hause» sind. Das gilt auch für diejenigen, die jetzt auf welchem Weg auch immer nach Europa, nach Deutschland kommen: Sie haben ihr «Zuhause» aufgegeben, um in einem anderen Land ein neues «Zuhause» zu finden. Ihr Antrieb ist nicht die Idee der Bewegung, sondern die der Ankunft.

Dennoch ist es hilfreich, sich die Migrationen der Vergangenheit in ihrer strukturellen Beschaffenheit noch einmal genauer vor Augen zu führen, um die Besonderheit der jüngsten Migrationswelle zu begreifen und die mit ihr verbundenen neuen Herausforderungen zu beschreiben. Da ist zunächst der Umstand, dass die aktuelle Migration sehr viel dynamischer vonstattengeht als bei den Migrationsbewegungen der Vergangenheit. Selbst die schubartige Bewegung germanischer Stämme, die wir als «Völkerwanderung» bezeichnen und bei der sich die Migranten deutlich schneller bewegten als bei den erwähnten Besiedlungsmigrationen, war ungleich langsamer als die gegenwärtigen Flüchtlingsströme, denn die germanischen Stammesverbände haben ihre Wanderungen immer wieder durch längere Zwischenphasen unterbrochen, in denen sie in Grenzräumen des Römischen Reichs angesiedelt wurden. Verglichen mit der jüngsten Migrationswelle haben sich frühere Migrationen im Schneckentempo fortbewegt. Das ist in Anbetracht der gewachsenen Mobilität und der dramatischen Beschleunigungspotenziale in der modernen Welt eigentlich nicht überraschend, hat aber dazu geführt, dass diese Migrationswelle auf Staaten und Gesellschaften trifft, die sich darauf nicht vorbereitet haben und mit ihrer Bearbeitung schlichtweg überfordert sind. Diese Überforderung ist umso größer, je mehr die betroffenen Staaten auf den Blockadeeffekt von Grenzen und entsprechenden Grenzsicherungssystemen gesetzt haben. Sie haben sich damit falschen Erwartungen und irrigen Prognosen hingegeben und tun das zum Teil immer noch. Nicht zuletzt die Schnelligkeit der Migrationsbewegungen hat in den Gesellschaften, auf die sie getroffen sind, Angst und Panik ausgelöst.

Für viele sind die jüngsten Flüchtlingsströme auch deswegen so schockierend, weil sie die lange gehegte und gepflegte Vorstellung von der Steuerbarkeit der Migration zerstört haben. Wo Kriege oder Naturkatastrophen Flüchtlingsströme in Gang setzen, hat sich die Idee ihrer Lenkbarkeit und Kontrolle jedoch schon immer als Illusion erwiesen – zumal Europa sich von den USA, Kanada und Australien, den in der Regel angeführten Beispielen für eine effektiv gesteuerte Zuwanderung, geographisch in einem wesentlichen Punkt unterscheidet: Dort ließ und lässt sich der Zustrom von Migranten steuern, weil man für die Fahrt über den Ozean das Ticket auf einem großen Schiff braucht, und auf die Verteilung solcher Tickets können die Einwanderungsländer Einfluss nehmen. So haben sie die Immigration ihrer Kontrolle unterworfen. Vor allem in den 1920er

Herfried Münkler

Jahren haben die USA das in großem Stil getan. Wie die Schlauch-boote zeigen, in denen die Schleuser die Migranten aus Afrika und dem Vorderen Orient losschicken, lässt sich die Seefahrt im Mittel-meer nicht in vergleichbarer Form unter Kontrolle bringen; der Weg von der Türkei nach Griechenland oder von Libyen nach Italien ist kurz. Die Überfahrt in zum Teil kaum seetauglichen Schiffen ist zwar riskant, aber nicht unmöglich, und der Zwang zu Hilfsaktionen, der von ertrunkenen Migranten ausgeht, mindert das Überfahrtsrisiko für die Nachfolgenden. Deswegen sind alle Projekte, in denen die USA, Kanada oder Australien zum Vorbild für eine europäische Ein-wanderungspolitik gemacht worden sind, sehr schnell Makulatur geworden. Es gibt zwar Politiker, die das notorisch ignorieren, aber der Praxistest, wenn es zu ihm denn käme, würde sie sehr schnell eines Besseren belehren. Im Prinzip genügt dafür aber der Blick auf die Weltkarte.

Doch so schnell will und kann man in Europa die Vorstellung von der Steuerbarkeit der Flüchtlingsströme nicht aufgeben: Man *will* nicht, weil fast alle Zukunftsvorstellungen der wohlhabenden Gesell-schaften daran hängen, dass sich Zuwanderung steuern lässt, und man *kann* nicht, weil die Funktionsmechanismen unserer Gesell-schaften relativ inflexibel sind und nur schwer auf einen größeren Ansturm von Migranten umgestellt werden können. Das macht den zweiten großen Unterschied zu früheren Migrationsbewegungen aus: Sie treffen auf Gesellschaften, die durch die Entwicklung des Wohl-fahrtsstaates hochgradig verletzlich sind und in denen gerade die Angehörigen des unteren sozialen Segments darauf achten, dass möglichst wenig Migranten aufgenommen werden, weil sie – mit einem gewissen Recht – befürchten, dass sie dann die nicht un-endlich vermehrbaren Leistungen des Wohlfahrtsstaats mit diesen werden teilen müssen. Zur irrationalen Selbstidentifikation mit den autochthonen Völkern Nordamerikas und der Angst des Überrannt- und Marginalisiertwerdens kommt somit noch das kurzfristige Mo-tiv der sich verschärfenden Verteilungskämpfe hinzu. Je komplexer und sozial anspruchsvoller eine Gesellschaft ist, desto verwundbarer ist ihr sorgfältig austariertes Gleichgewicht durch migrantische Veränderungen.

Im Unterschied zu früheren Migrationen geht es heute nicht mehr um die damals mehr oder weniger verfügbare Ressource Boden, sondern um Transferleistungen der soziopolitischen Gemeinschaft an diejenigen, die in ihr zeitweilig oder dauerhaft am schlechtesten gestellt sind. Um es auf eine einfache (und damit sicherlich verkürzte) Formel zu bringen: Je größer das Ausmaß der internen Umverteilung ist, desto inflexibler ist ein Gemeinwesen, wenn Neuankömmlinge eintreffen, die in den Zuwendungstöpfen und Verteilungsregeln nicht vorgesehen waren. Wo die soziale Ordnung bis ins Detail durchgeplant und mit statistischen Extrapolationen bis weit ins nächste Jahrzehnt erwartungssicher gemacht worden ist, wird der Zustrom von Migranten in der Regel eher als Gefahr denn als Chance wahrgenommen. Die mit den Flüchtlingsströmen verbundene Angst ist inzwischen bis in die Mitte der Gesellschaft vorgedrungen, weil unsere Gesellschaften nur in sehr geringem Maße stressresistent sind. Oder einfacher formuliert: Es sind satte, zumeist überalterte Gesellschaften, die sich einer als bedrohlich empfundenen Herausforderung stellen müssen, aber nicht stellen wollen. Die mit Brandstiftung gegen Flüchtlingsheime auf der einen und mit Willkommensplakaten und Hilfsaktionen für Flüchtlinge auf der anderen Seite ausgetragenen politischen Kämpfe werden um das Selbstverständnis dieser Gesellschaften geführt, und dieses Selbstverständnis entscheidet über die Spielräume, die der Politik bei der Bearbeitung der Flüchtlingsströme zur Verfügung stehen.

In der Frage, ob die Neuankömmlinge den reichlich vorhandenen Grund und Boden in Anspruch nehmen und dabei die Grenze des Siedlungsgebiets immer weiter nach Westen verschieben, wie das bei der europäischen Auswanderung nach Nordamerika lange der Fall war, oder ob sie zunächst einmal durch zusätzliche Transfers des Sozialstaats alimentiert werden müssen, liegt ein weiterer Unterschied zwischen früheren Migrationen und der gegenwärtigen Flüchtlingswelle: Für die bereits in den USA oder Kanada ansässig gewordenen

Europäer waren die nachfolgenden Migranten keine Konkurrenz, sondern eine Verstärkung bei der Eroberung und Besiedlung des Halbkontinents. Diese Sicht einer Verbesserung der eigenen Situation ist in Europa heute sicherlich nicht ohne weiteres naheliegend. Die Parallelisierung zeigt aber, in welcher Richtung nach Lösungen gesucht werden muss: Wie lassen sich die Migranten aus Konkurrenten um knappe Ressourcen in Beiträger zur Bearbeitung von Mängeln und Defiziten der sie aufnehmenden Gesellschaft verwandeln? An der Beantwortung dieser Frage hängen Erfolg oder Scheitern aller Projekte zur Bewältigung des gegenwärtigen Flüchtlingszustroms. Das ist der Schlüssel zu dem Projekt einer «Ent-fremdung der Fremden».

Um das nachvollziehen zu können, lohnt sich ein weiterer Blick in die Geschichte der menschlichen Wanderungsbewegungen. Über Jahrzehntausende waren unsere Vorfahren Jäger und Sammler, was heißt, dass sie, zumal wenn sie in Steppen- und Präriegebieten lebten, den jahreszeitlichen Wanderungen der großen Herden folgten und dort in Konkurrenz mit Raubtieren ihre Nahrung suchten. Das änderte sich erst mit der neolithischen Revolution vor 10 000 bis 12 000 Jahren, also mit der Entstehung von Ackerbau und Viehzucht, in deren Folge größere Menschengruppen auf Dauer sesshaft wurden.* Mit der bäuerlichen Wirtschaftsweise entstand jedoch ein schwieriges Verhältnis zu den fortbestehenden Nomadengruppen: Aus einer zuvor selbst praktizierten Lebensform wurde eine Bedrohung, die es aus Sicht der sesshaft Gewordenen abzuwehren galt, notfalls mit Waffengewalt. Die nomadischen Wildbeuter wurden als räuberisch und zerstörend wahrgenommen, und dementsprechend waren die Bauern bestrebt, die wandernden Herden und Horden von ihren Feldern und Bewässe-

---

* Zur Entstehung von Sesshaftigkeit und deren Folgen für das Leben der Menschen vgl. Josef H. Reichholf, *Warum die Menschen sesshaft wurden. Das größte Rätsel unserer Geschichte*, Frankfurt am Main 2008, S. 27–47 und 191–286, sowie Hansjörg Küster, *Am Anfang war das Korn. Eine andere Geschichte der Menschheit*, München 2013, S. 95–174.

rungssystemen fernzuhalten. Sie verteidigten ihr Territorium, und alles weist darauf hin, dass mit dem Sesshaftwerden größerer Gruppen von Menschen die Intensität der gewaltsam ausgetragenen Konflikte zugenommen hat.[*] Aber um Krieg führen zu können, bedurften die bäuerlichen Gesellschaften einer herrschaftlichen Organisation. So entstanden mit dem Sesshaftwerden der Menschen Frühformen der Staatlichkeit, und damit wurde die Unterscheidung zwischen eigen und fremd noch einmal verschärft.[**]

Freilich, je effektiver die Bauern produzierten und je besser sie gegen die räuberischen Nomaden geschützt wurden, desto größer wurden die Städte, die im Einzugsbereich ihrer Dörfer entstanden, und diese Städte entwickelten sich zu Sammelorten von Fremden und zum Ausgangspunkt für Veränderung und Innovation. Zugleich erwiesen sie sich aber auch als Orte der «Zivilisation» des Fremden: Anstelle nomadischer Räuberbanden, gegen die sich die Bauern mit bewaffneter Hand zur Wehr setzten, begegneten einem in den Städten Kaufleute und Händler, die einen kontinuierlichen Beitrag zum Wachstum von Wohlstand und Reichtum leisteten – nicht nur in den Städten, sondern auch den umliegenden Dörfern, die sowohl vom Handel als auch vom technischen Fortschritt profitierten. Ist das bäuerliche Land auf Dauer und Beharrung ausgerichtet, so ist die Stadt ein Ort der Bewegung und Veränderung, und dabei wird sie auch zum Impulsgeber für eine langsame und schrittweise «Modernisierung» des bäuerlichen Wirtschaftens.[***]

Die Stadt hat aber ein zentrales Problem, und das ist ihr notorisches

---

[*] Vgl. die Hinweise zu den Ursachen einer verstärkten Belligerenz infolge von Vorratswirtschaft bei Armin Eich, *Die Söhne des Mars. Eine Geschichte des Krieges von der Steinzeit bis zum Ende der Antike*, München 2015, S. 54–75 und öfter.
[**] Zur frühen Geschichte des politischen Umgangs mit dem/den Fremden vgl. Erhard Oeser, *Die Angst vor dem Fremden. Die Wurzeln der Xenophobie*, Darmstadt 2015, S. 29–51; allgemein zu dieser Frage Herfried Münkler (Hg.), *Furcht und Faszination. Facetten der Fremdheit*, Berlin 1997.
[***]Die hier schematisiert dargestellte Entwicklung verlief historisch komplexer und ist durch Rückschläge wie Entwicklungssprünge gekennzeichnet.

Herfried Münkler

demographisches Defizit: Bis weit ins 19. Jahrhundert hinein war in den Städten die Sterblichkeitsrate durchweg höher als die Geburtenrate, und so waren die Städte auf einen kontinuierlichen Zuzug von Menschen vom Land, aus den umliegenden Dörfern oder von weiter her angewiesen. Die negative demographische Bilanz der Städte hatte viele Ursachen: Eine davon waren die schlechten hygienischen Verhältnisse, die immer wieder zu Krankheitswellen und Seuchen führten, in deren Folge die Bevölkerung schrumpfte und anschließend «vom Land her» wieder aufgefüllt werden musste; eine andere bestand darin, dass der Unterhalt von Kindern in der Stadt erheblich aufwendiger war als in den Dörfern und sich obendrein die Arbeitskraft der Kinder in der bäuerlichen Wirtschaft sehr viel besser verwerten ließ als in den Handwerksbetrieben und Kontoren der Stadt. In diesem Sinn haben sich Stadt und Land wechselseitig ergänzt. Vom Hochmittelalter bis zum Beginn der Industrialisierung in Europa glich die Stadt-Land-Beziehung einem homöostatischen System, das nur durch Kriege und Naturkatastrophen immer wieder einmal aus dem Gleichgewicht gebracht wurde. Und auch die Herausforderung durch das Fremde wurde in der Komplementarität von Stadt und Land bearbeitet: Die Bauern misstrauten den Fremden und sorgten dafür, dass sie nicht in die Dörfer kamen – und vor allem nicht dortblieben. Aber in der Stadt waren die Fremden das Lebenselixier eines Handels, von dem auch die Bauern profitierten. So wurden die Fremden in einer eigentlich fremdenaversen Welt doch noch akzeptiert – wenn es nicht zu viele waren und solange sie sich in den Städten konzentrierten. Und die Städte wiederum waren infolge ihres demographischen Defizits über die Anwesenheit von Händlern und Reisenden hinaus dauerhaft darauf angewiesen, immer neue Fremde aufzunehmen und heimisch zu machen.

Mit der Industrialisierung weitete sich das beschriebene Verhältnis zwischen Stadt und Land aus: von abgelegenen und unterentwickelten Räumen hin zu industriellen Ballungszentren, und dementsprechend war das 19. Jahrhundert durch gewaltige Wanderungsbewegungen geprägt, zumeist freilich innerhalb eines Staates, und die Migration diente dazu, die Arbeitskraft dorthin zu bringen, wo sie nachgefragt wurde. Diese binnenstaatliche Wanderung hat sich inzwischen zu einer Austauschbeziehung globalen Ausmaßes gesteigert, und ein Teil der Migrationsströme, die Europa zurzeit herausfordern, resultiert daraus, dass die europäischen Produktionsstandorte und die Nachfrage nach Dienstleistungen immer wieder aufs Neue Arbeitskraft anziehen, weil sie mehr Arbeitskraft benötigen, als dort vorhanden ist. Europa, das im 19. Jahrhundert noch mehr als fünfzig Millionen Menschen nach Amerika abgegeben hat, ist inzwischen auf den Import von Menschen aus anderen Regionen angewiesen, um seinen gegenwärtigen Bevölkerungsstand und damit letztlich sein Wohlstandsniveau halten zu können. Vor allem Deutschland, das eine der niedrigsten Geburtenraten in Europa hat, bedarf der Zuwanderung, um seine Produktionskapazitäten aufrechtzuerhalten und seine komplexen Systeme der Alterssicherung zu stabilisieren. Gleichzeitig ist gerade Deutschland für Zuwanderer attraktiv, weil es Arbeit und ein Wohlstandsniveau bietet, das für die Migranten in ihren Herkunftsländern nicht zu erreichen ist. Das alles erinnert in mancher Hinsicht an die einstige Stadt-Land-Beziehung und die in sie eingelassenen Systeme des Austauschs. Was wir derzeit erleben, ist also bei allen bisher aufgeführten Unterschieden zu früheren Migrationsbewegungen doch auch nicht gänzlich neu. Neu sind eigentlich nur die Dynamik der Migration, die deutlich eingeschränkte Flexibilität des Wohlfahrtsstaates und die im Vergleich zu früheren Migrationsbewegungen sehr viel größere kulturelle Kluft, die Ansässige und Migranten voneinander trennt.

Was in der gegenwärtigen Debatte über Gefahren und Chancen der Zuwanderung nur selten erwähnt wird und doch von großer Bedeutung ist, ist die prinzipiell innovative Rolle von Fremden, die als Gruppe wie ein Generator des Neuen gegen die Ermüdungsprozesse und die lähmende Selbstzufriedenheit sozial stabiler und wirtschaftlich wohlsituierter Gesellschaften anarbeiten. Es waren auch in der Vergangenheit vor allem Fremde, die sozioökonomische Erstarrung verhinderten – sei es, weil sie Neues mitbrachten, sei es, weil sie

Herfried Münkler

hungrig waren und fleißiger arbeiteten als viele Eingesessene, die sich im Bestehenden eingerichtet hatten.* Das könnte auch jetzt wieder eine wichtige Rolle spielen: Viele kommen, weil sie sich ein besseres Leben erhoffen, aber um dieses zu erreichen, müssen sie mehr und besser arbeiten als die Alteingesessenen. Für die am unteren Rand der Gesellschaft Stehenden sind diese Fremden insofern eine Bedrohung; für die Gesellschaft als Ganzes können sie dadurch hingegen zu einer Bereicherung und Revitalisierung werden. Das ist eine der Auflösungen dessen, was mit Blick auf die gegenwärtigen Migrationswellen als Herausforderung und Chance zugleich bezeichnet wird.

Lassen sich diese historischen Beobachtungen für den Umgang mit den aktuellen Herausforderungen durch die Flüchtlinge aus dem Vorderen Orient und dem subsaharischen Afrika fruchtbar machen? In Grenzen jedenfalls kann man das annehmen, etwa beim Blick auf staatliche Sozialleistungen, die in modernen Gesellschaften für eine begrenzte Zeit das Funktionsäquivalent zu Grund und Boden in der alten bäuerlichen Gesellschaft darstellen. Sie sind einerseits eine Voraussetzung dafür, dass die Neuankömmlinge, die für lange Zeit, wenn nicht für immer, bleiben werden, die Kraft und Initiative entwickeln können, die sie zu einer Bereicherung und Verstärkung unserer Gesellschaft machen und in ihnen das Empfinden nähren, dass sie der Gesellschaft, die sie in dieser Art aufgenommen hat, etwas zurückgeben sollten. Aber diese Sozialleistungen sind – und das ist der Unterschied zur Aneignung von Grund und Boden durch die bäuerlichen Siedlungsmigranten – nicht auf Dauer gestellt, und sie sollten auch nicht so beschaffen sein, dass man sich darin auf Dauer einrichten kann. Sie sollen nicht, wenn auch auf niedrigem Niveau, «satt machen» und dazu führen, dass die positiven Effekte der Neuankömmlinge durch ihre unverzügliche Verwandlung in Langzeit-

---

* Diese Funktion des Fremden ist vor allem von dem Wirtschaftshistoriker Werner Sombart herausgestellt worden; Sombart, *Der Bourgeois. Zur Geistesgeschichte des modernen Wirtschaftsmenschen*, München und Leipzig 1923, S. 380 ff. und insbes. S. 393 ff.

arbeitslose verspielt werden. In Analogie zu den Siedlungsmigranten heißt das: Der an sie übertragene Grund und Boden musste immer wieder aufs Neue bearbeitet werden, und wer hier die Hände in den Schoß legte und darauf wartete, dass alles von selber gedieh, scheiterte und reihte sich ein in die gar nicht so kleine Schar der Remigranten. Die Migranten dürfen nicht dazu verleitet werden, sich in einem stabilen Milieu sozialer Abhängigkeit auf sehr bescheidenem Niveau einzurichten, sondern die Kraft und der Elan, die ihnen den langen Weg in die Mitte Europas ermöglicht haben, müssen aufrechterhalten und als Anstrengung fortgesetzt werden, es in der Aufnahmegesellschaft «zu etwas zu bringen». Vermutlich sind sie genau mit dieser Absicht hergekommen, und es gäbe nichts Verheerenderes, als wenn die aufnehmende Gesellschaft diese Absicht durch bürokratische Prozeduren und gelangweiltes Desinteresse zerstören und in Resignation verwandeln würde.* Das ist freilich leichter gefordert als tatsächlich praktiziert, läuft es doch darauf hinaus, dass man den Migranten die Chance geben muss, mit den in dieser Gesellschaft Alteingesessenen um Arbeitsplätze und Aufstiegschancen zu konkurrieren. Das wird nicht die Mitte der Gesellschaft und schon gar nicht deren obere Schichten, sondern vorerst die unteren sozialen Segmente betreffen. Das hinzubekommen, ist die erste große Herausforderung der Politik: einerseits die Leistungskonkurrenz zuzulassen und andererseits die Entstehung von konkurrierendem Sozialneid mit all seinen gesellschaftlichen Spaltungseffekten zu verhindern.

Diese Freisetzung von Leistungsbereitschaft bei den Migranten kann die Aufnahmegesellschaft eher und umso zuverlässiger erwarten, je freundlicher und hilfsbereiter sie die Menschen nach ihrer langen und gefährlichen, in jedem Fall erschöpfenden Reise aufnimmt. Die Exodus-Erzählung des Alten Testaments ist das Leitnarrativ der gegenwärtigen Konstellation, und wenn das Aufnahmeland den Neuankömmlingen tatsächlich als das «Gelobte Land» erscheint, ist das

---

* Dazu ausführlich John Kenneth Galbraith, *Die Arroganz der Satten. Strategien für die Überwindung der weltweiten Massenarmut*, Bern/München 1980, S. 103 ff.

Herfried Münkler

eine gute Voraussetzung dafür, dass diese Menschen es für sich auch dazu machen, also arbeiten und alle Anstrengungen unternehmen, sich zu integrieren, und dadurch einen Beitrag leisten zur Wirtschaftskraft und politischen Stabilität des Aufnahmelandes. Insofern könnte sich die «Willkommenskultur» in Deutschland, die von einigen europäischen Beobachtern verspottet und von anderen fälschlich für den Flüchtlingsstrom verantwortlich gemacht worden ist, zuletzt nicht als Ausdruck soziokultureller Naivität erweisen, wie Thilo Sarrazin und seine Anhänger zu behaupten nicht müde werden, sondern als eine Investition in die Leistungs- und Integrationsbereitschaft der Ankömmlinge, die sich in den nächsten Jahren mehr als amortisieren wird.

Das heißt andererseits aber auch, dass von den Migranten mehr erwartet werden darf und erwartet werden muss als bloß die Fortsetzung ihres früheren Lebens mit seinen Besonderheiten und Eigenheiten in einem anderen Land. Ein in diesem Sinn verstandenes Multikultiprojekt wird scheitern, weil es die Toleranz der aufnehmenden Gesellschaft gegenüber den zunächst noch Fremden *überfordert* und die anfänglich durchaus vorhandene Integrationswilligkeit der Migranten *unterfordert*. Solche Mischungen aus Über- und Unterforderung sind ein zuverlässiges Modell fürs Scheitern. Aus den Migranten müssen vielmehr, wenn sie auf Dauer bleiben wollen, «Deutsche» werden – ein Imperativ, der sich zwingend aus den vorangegangenen Überlegungen ergibt. «Deutsche werden» heißt, dass sie sich auf diese Gesellschaft einlassen und mit deren Wohl und Wehe identifizieren. Und das wiederum heißt, dass zur Arbeits- und Leistungsbereitschaft ein schnelles Erlernen der deutschen Sprache hinzukommen muss, und zwar in einer anspruchsvollen Form. Unzureichende Sprachfähigkeit blockiert sozialen Aufstieg, und die Chance zu sozialem Aufstieg bietet die beste Gewähr für Integration und Identifikation. Die Gesamtbilanz der Migrantenintegration in die deutsche Gesellschaft wird nicht nur davon abhängen, dass es Chancen und Perspektiven für die Neuankömmlinge gibt, sondern dass diese auch mit der entschiedenen Erwartung verbunden sind, angenommen und genutzt zu werden. Das hilft einerseits den Migranten und führt andererseits dazu, dass die Angst vor ihnen, die bei vielen Alteingesessenen jetzt noch zu beobachten ist, allmählich schwindet, und die Ablehnung, die es in hohem Maße gibt, sich mit der Zeit in Anerkennung verwandelt. Eine solche Form der starken Integration ist nicht auf den Arbeitsplatz beschränkt, sondern erfasst auch die Zivilgesellschaft, vom Sportverein bis zu gesellschaftlichen Initiativen und politischen Parteien.

Neben dem Beitrag zur Steigerung, zumindest zur Aufrechterhaltung der Wirtschaftskraft würden die Flüchtlinge aber auch, jedenfalls bei gelungener Integration in die Gesellschaft, einen Beitrag zur Schließung der demographischen Lücken leisten, die in Deutschland im Verlauf der letzten Jahrzehnte entstanden sind. Die meisten der Migranten gehören jedenfalls jenen Alterskohorten an, in denen der demographische Aufbau Deutschlands Defizite aufweist, von denen die Demographen gesagt haben, sie seien nicht mehr zu schließen – jedenfalls nicht durch Reformen und Anreize, mit dem die Politik eine Umorientierung erreichen und eine Erhöhung der Geburtszahl bewirken will. Das ist richtig, solange man nur die bestehende Gesellschaft als ein in sich geschlossenes System betrachtet und eine nachhaltige Einwanderung außer Betracht lässt. Legt man jedoch das hier ausführlicher beschriebene System von Stadt und Land zugrunde und setzt die bundesrepublikanische Gesellschaft in Analogie zu den Städten mit ihrer – aus der Binnenperspektive betrachtet – notorisch negativen Bevölkerungsbilanz sowie der permanenten Zuwanderung vom Lande, so sind, das zeigt das Stadt-Land-System, solche Defizite sehr wohl auszugleichen. Es seien aber doch Fremde und keine Deutschen, lautet sogleich der Einwand. Freilich: Die in die Städte zuwandernden Bauern waren zunächst auch Dörfler und keine Städter. Aber sie wurden es nach einiger Zeit, und daran sollte man sich orientieren.

Sollte in Deutschland die Integration der Flüchtlinge gelingen, dann würde die Republik über eine weitere sinnstiftende Erzählung hinsichtlich ihrer Leistungsfähigkeit in Situationen der Herausforderung verfügen – und es sind solche Mythen im Sinne orientierender

Herfried Münkler

und bestätigender Erzählungen, aus denen soziopolitische Verbände auf Dauer ihre Kraft schöpfen.* Noch wichtiger wäre eine solche Erzählung für Europa, das seit dem Verblassen der «Nie wieder Krieg»-Erzählung dringend eines neuen Sinnstiftungs- und Orientierungsmythos bedarf. Ob eine etwaige Erfolgserzählung eher eine deutsche oder eine gesamteuropäische Narration werden wird, ist zurzeit nicht absehbar, auch wenn im Augenblick manches dafür spricht, dass die Herausforderung Europas durch die Migranten die Risse in der Europäischen Gemeinschaft eher vergrößern als schließen wird. Sollte die Bearbeitung der Migrantenströme eine überwiegend deutsche Aufgabe bleiben und es Deutschland gelingen, diese Herausforderung im beschriebenen Sinn zu meistern, wird der Einfluss der «Macht in der Mitte» innerhalb der EU weiter steigen, weil dann der Gebrauch ökonomischer und fiskalischer Machtressourcen seitens der Bundesregierung nicht mehr durch die Bilder eines kalten und hartherzigen Deutschland konterkariert werden kann.** Insofern hat sich nicht nur die Bundesregierung auf einen riskanten Weg begeben, als sie sich aus humanitären Gründen zur Aufnahme der syrischen Bürgerkriegsflüchtlinge entschloss, sondern auf ihre Weise auch die anderen europäischen Regierungen, wenn sie sich an diesem Projekt nicht beteiligen und Deutschland dabei erfolgreich sein sollte. Das ist der Grund dafür, warum schon jetzt einige Regierungen in Europa damit beschäftigt sind, das humanitäre Engagement der Deutschen kleinzureden und als eine Politik der moralischen Erpressung zu denunzieren. Wie auch immer die Herausforderung durch die Migranten enden wird: Sie wird weitreichende Folgen für die EU und ihre inneren Strukturen haben.

---

* Dazu Herfried Münkler, *Die Deutschen und ihre Mythen*, Berlin 2009, S. 411 ff.
** Vgl. Herfried Münkler, *Macht in der Mitte. Die neuen Aufgaben Deutschlands in Europa*, Hamburg 2015.

Jochen Oltmer

SCHUTZ FÜR FLÜCHTLINGE
IN DER BUNDESREPUBLIK DEUTSCHLAND
Der Blick zurück

Flucht und Asyl im 19. und frühen 20. Jahrhundert

Die Geschichte des Asyls kann man bis ins Altertum zurückverfolgen. In der Moderne hatte besonders die Etablierung der Nationalstaaten im 19. Jahrhundert Flucht und Asyl aus politischen Gründen zur Folge. Einige zehntausend Menschen, die sich gegen das herrschende System ihres Heimatlandes aufgelehnt hatten, wurden staatlich verfolgt und sahen sich zur Flucht gezwungen. Frühsozialistische Handwerker befanden sich ebenso darunter wie nationalliberale Intellektuelle oder Mitglieder bewaffneter nationaler Befreiungsbewegungen. Viele von ihnen kamen aus Deutschland, besonders in der Zeit des Vormärz, der gescheiterten Revolution von 1848/49 und im späten 19. Jahrhundert im Kontext des Bismarck'schen Anti-Sozialistengesetzes 1878 bis 1890.

Vor dem Ersten Weltkrieg existierten im Wesentlichen zwei unterschiedliche rechtliche Formen des Flüchtlingsschutzes. Zum einen konnten Flüchtlinge ohne Rücksicht auf ihre Fluchtmotive im Rahmen von geltenden Einwanderungsregelungen aufgenommen werden. Ihr Rechtsstatus unterschied sich dann nicht von dem nicht primär politisch motivierter Zuwanderer. Vor allem Großbritannien und die USA wurden auf diese Weise wichtige Aufnahmeländer europäischer Flüchtlinge des 19. Jahrhunderts, speziell aus dem deutschsprachigen Raum. Zum anderen war die Gewährung eines spezifischen Rechtsstatus für Flüchtlinge möglich. Hier wurde von den jeweiligen Aufnahmestaaten eine Ausnahme von zwischen den Staaten bestehenden Abkommen zur Auslieferung ausländischer Staatsangehöriger gemacht. Damit boten sie Schutz vor der Überstellung an die Herkunftsländer. Politisches Asyl im engeren Sinne war also im 19. Jahrhundert zumeist ein Bestandteil des Auslieferungsrechts.

Seit den Revolutionen von 1830 wurden beispielsweise in Frankreich und Belgien politisch motivierte Rechtsverstöße als Gründe für eine Nichtauslieferung von Flüchtlingen an ihre Heimatregierungen gesetzlich festgeschrieben. Vorbildcharakter für Westeuropa entwickelte dabei das belgische Auslieferungsgesetz von 1833, dem 1849 ähnliche Regelungen in den Niederlanden, 1870 in Luxemburg sowie 1892 in der Schweiz folgten. Obwohl sich der Grundsatz der Nichtauslieferung politischer Flüchtlinge in einigen westeuropäischen Staaten durchsetzte, blieb die Macht des aufnehmenden Staates faktisch unbeschränkt, nach Belieben auszuweisen, abzuschieben oder zurückzuweisen. Ein Gericht anzurufen war nicht möglich, von den Niederlanden seit 1849 abgesehen. Asyl war in den Aufnahmestaaten Europas damit ein politisch motivierter Akt der Duldung.

Anders als viele Länder Westeuropas kennzeichnete die Staaten Mittel- und Osteuropas eine asylfeindliche Haltung. Gleichzeitig waren sie Hauptausgangsräume von Migrationen aus politischen Gründen. Deutschland beispielsweise nahm im 19. Jahrhundert kaum politisch Verfolgte auf – im Gegenteil: Die Staaten des Deutschen Bundes reagierten 1832 auf das Hambacher Fest mit der Übereinkunft der gegenseitigen Auslieferung politischer Straftäter (wie zum Beispiel oppositionelle Politiker, Schriftsteller oder Journalisten), während dies bei gewöhnlichen Straftaten erst mehr als zwei Jahrzehnte später festgelegt wurde. Auf die innerdeutsche Auslieferungsverpflichtung von 1832 folgte 1834 ein Vertrag Preußens, Österreichs und Russlands über die gegenseitige Auslieferung bei politisch motivierten Delikten.

Fluchtbewegungen hatten im 19. Jahrhundert dennoch eine vergleichsweise geringe Dimension. Das änderte sich erst mit dem Ersten Weltkrieg. Nun gewann politisch bedingte Migration erheblich an Gewicht. Massenabwanderungen begleiteten vor allem den russischen Bürgerkrieg 1918 bis 1922 sowie die Staatenbildungsprozesse der Nachkriegszeit in Ost-, Ostmittel- und Südosteuropa. In Europa verließen bis Mitte der zwanziger Jahre rund zehn Millionen Menschen aufgrund der politischen Folgen des Ersten Weltkriegs ihr Heimatland. Deutschland wurde in dieser Zeit neben anderen westeuropäischen Ländern zu einem Hauptziel dieser Bewegungen und bot – mindestens temporär – Schutz für Hunderttausende.

Während die wenigen Flüchtlinge, die im 19. Jahrhundert in europäischen Staaten Aufnahme fanden, vor allem als sicherheitspolitisches, gelegentlich auch als außenpolitisches Problem galten, wurde die Massenzuwanderung des neuen «Jahrhunderts der Flüchtlinge» zur Herausforderung für den Sozialstaat. Ängste vor einer Zunahme der Erwerbslosigkeit, einer Überforderung des sozialen Sicherungssystems sowie einer kulturellen «Überfremdung» beherrschten die Debatte in den zwanziger Jahren auch in Deutschland. Dennoch schuf die Weimarer Republik rechtliche Kategorien für die Aufnahme von Flüchtlingen. Im «Deutschen Auslieferungsgesetz» von 1929 wurde ein Verbot der Auslieferung bei politischen Straftaten erstmals auf eine rechtliche Grundlage gestellt. Mit der preußischen «Ausländer-Polizeiverordnung» vom April 1932 legte sich Preußen die Selbstverpflichtung auf, politischen Flüchtlingen Asyl zu gewähren. Mit der nationalsozialistischen Machtübernahme wenige Monate später wurde Deutschland allerdings wieder asylfeindlich und trieb außerdem bekanntermaßen Menschen zu Hunderttausenden ins Exil. Im Zweiten Weltkrieg wurde schließlich ein bis dahin nicht gekanntes Ausmaß von Flucht, Vertreibung und Deportation in Europa erreicht, insgesamt fünfzig bis sechzig Millionen Menschen.

Gewalt- und Zwangsmigrationen

Der Begriff Migration meint jene regionale Mobilität, die weitreichende Konsequenzen für die Lebensverläufe der Wandernden hat. Migranten überschreiten staatliche Grenzen, werden aus einem Rechtsverband ausgeschlossen und in einen anderen inkludiert. Aber auch räumliche Bewegungen innerhalb eines Staates können als Migration bezeichnet werden, beispielsweise Massenmigrationen im Kontext der Industrialisierung und Urbanisierung; beides bewegte Menschen sehr häufig dazu, sich mit anderen wirtschaftlichen Gegebenheiten und Ordnungen, kulturellen Mustern sowie neuen gesellschaftlichen Normen und Strukturen auseinanderzusetzen. Viele Migrantinnen und Migranten versuchen, sich durch einen dauerhaften oder temporären Ortswechsel andernorts Arbeits- und Siedlungsmöglichkeiten zu erschließen und ihre Bildungschancen zu verbessern. Die räumliche Bewegung soll ihnen zu größerer Handlungsmacht verhelfen.

Allerdings konnten die Steuerungs- und Regulierungsanstrengungen insbesondere staatlicher Akteure die Handlungsmacht und damit die Freiheit und Freizügigkeit von Einzelnen oder Gruppen so weit beschränken, dass Formen von Gewalt- und Zwangsmigration (Flucht, Vertreibung, Deportation usw.) die räumliche Mobilität dominierten. Von Gewalt- und Zwangsmigration spricht man, wenn keine realistische Handlungsalternative besteht. Die Menschen fliehen vor Gewalt, die ihr Leben und ihre Freiheit bedroht, meist aus politischen, ethnonationalen, rassistischen oder religiösen Gründen. Zwangsmigration kann aber auch gewaltsame Vertreibung, Deportation oder Umsiedlung bedeuten, die sich auf ganze Bevölkerungsgruppen erstreckt. Nicht selten verbinden sich solche Formen mit Zwangsarbeit.

Zwangsmigration war im 20. Jahrhundert zumeist Ergebnis von Krieg, Bürgerkrieg oder Maßnahmen autoritärer Systeme im Kontext der beiden Weltkriege. Neben den fünfzig bis sechzig Millionen Flüchtlingen, Vertriebenen und Deportierten infolge des Zweiten Weltkriegs – nicht weniger als zehn Prozent der Bevölkerung des Kontinents – war auch die Nachkriegszeit durch millionenfache Folgewanderungen gekennzeichnet. Mit und unmittelbar nach dem Kriegsende wurden etwa 25 Millionen Menschen zur Migration gezwungen, vornehmlich in Mittel-, Süd- und Osteuropa. Dazu zählten auch Rückwanderungen von Flüchtlingen, Evakuierten, Vertriebenen, Deportierten oder Kriegsgefangenen sowie Ausweisungen, Umsiedlungen, Vertreibungen oder Fluchtbewegungen von Minderheiten aufgrund der Bestrebungen von Siegerstaaten, die Bevölkerung ihres zum Teil neugewonnenen Territoriums zu homogenisieren.

In den folgenden Jahrzehnten gab es derart große Fluchtbewegungen nur in Kriegen und Bürgerkriegen außerhalb Europas – vor allem im Nahen Osten (Palästina, Iran, Irak, Syrien), in Ostafrika (Äthiopien, Eritrea), in Südasien (Afghanistan, Sri Lanka) oder auch in Lateinamerika (Kolumbien). Außerdem verursachten die «Stellvertreterkriege» des «Kalten Kriegs» millionenfache Fluchtbewegungen in und aus Korea, Indochina und Afghanistan.

Viele Menschen zogen von Ost- nach Westeuropa: Vor allem im Kontext der Destabilisierung eines politischen Systems im Osten, das den kurzzeitigen Zusammenbruch der restriktiven Grenzregime zur Folge hatte, kam es zu vermehrter Abwanderung, zum Beispiel aus Ungarn 1956, aus der Tschechoslowakei 1968 sowie mit der Auflösung des «Ostblocks» in den späten achtziger und frühen neunziger Jahren.

Einen Sonderfall bildete bis zum Bau der Berliner Mauer 1961 die DDR. Zwar wurde die innerdeutsche Grenze bereits Anfang der fünfziger Jahre weitreichend abgeriegelt und damit die Bewegungsmöglichkeit zwischen Ost- und Westdeutschland erheblich behindert. Die besondere Stellung Berlins aber ließ Grenzsicherungsmaßnahmen zwischen den alliierten Sektoren der Stadt lange nicht zu, sodass die DDR beziehungsweise die UdSSR die Abwanderung kaum kontrollieren oder gar blockieren konnten. Von der Gründung der beiden deutschen Staaten 1949 bis zum Bau der Mauer 1961 wanderten über drei Millionen Menschen aus der DDR in die Bundesrepublik, aber auch mehr als 500 000 in die umgekehrte Richtung. Während die Zahl der Deutschen, die in den fünfziger Jahren aus der Bundesrepublik in die DDR zogen, konstant blieb, waren Ost-West-Bewegungen größeren Schwankungen unterworfen. Die Zahlen pendelten in den fünfziger Jahren zwischen jährlich 150 000 und 330 000. Die planmäßigen Kollektivierungen 1952/53, der 17. Juni 1953 und die Verschärfung der DDR-Passrichtlinien 1956/57 führten zu ungewöhnlich vielen Emigrationen.

Der Bau der Mauer reduzierte die Bewegungen zwischen der DDR

Jochen Oltmer

und der Bundesrepublik massiv. Wanderungen aus der Bundesrepublik *in* die DDR überschritten bis in die achtziger Jahre nicht 5000 pro Jahr, in der Regel waren es 2000 bis 3000 Personen jährlich. Die Zahl der Abwanderungen *aus* der DDR erreichte in den späten sechziger, siebziger und frühen achtziger Jahren pro Jahr circa 13 000 bis 20 000. In der Endphase der DDR stieg sie weiter an und erzielte 1984 nach dem bundesdeutschen Milliardenkredit an die DDR und einer Bewilligung von 32 000 Anträgen auf Ausreise aus der DDR mit dem Ziel, die innenpolitische Situation zu beruhigen, einen Spitzenwert von über 40 000 Auswanderern. Mit der Öffnung der Mauer 1989 stellten über 340 000 Personen einen Antrag im asylähnlichen Notaufnahmeverfahren, mit dem die Bundesrepublik Zuwanderer aus der DDR nach «echten Flüchtlingen» und «Wirtschaftsflüchtlingen» kategorisierte. Vom Bau der Mauer bis Ende 1988 fanden insgesamt über 600 000 Menschen ihren Weg von Ostdeutschland nach Westdeutschland, wobei der überwiegende Teil mit Ausreisegenehmigungen die Grenze überschreiten konnte, die vor allem Rentnern und anderen Nichterwerbstätigen bewilligt wurden. Erwerbstätige durften die DDR legal kaum verlassen, und nur wenigen gelang die Flucht in den Westen.

Neben dem Ost-West-Konflikt verursachte auch die Dekolonisation seit dem Zweiten Weltkrieg umfangreiche Fluchtbewegungen. Ausgangspunkt war der rasche Rückzug Großbritanniens vom indischen Subkontinent 1947. Die nationalistisch aufgeheizte, von zahllosen Gewalttaten gekennzeichnete Atmosphäre der Teilung in die Staaten Indien und Pakistan mündete 1947/48 in die Flucht und Vertreibung von vierzehn bis sechzehn Millionen Menschen. In den folgenden Jahrzehnten führte das Ende der globalen Imperien der Niederlande, Frankreichs sowie Portugals zu millionenfachen Gewalt- und Zwangsmigrationen.

Asyl

Asyl bezeichnet einen Schutzstatus für Migrantinnen und Migranten, deren Flucht der aufnehmende Staat als alternativlos aus einer Nötigung zur Abwanderung aus politischen, ethnonationalen, rassistischen oder religiösen Gründen anerkennt. Der Status kann mehrere Schutzmaßnahmen beinhalten:

1. die Verhinderung der Abweisung an den Staatsgrenzen,
2. das Verbot der Auslieferung an den Herkunftsstaat,
3. den Schutz vor Ausweisung bei solchen ausländischen Staatsangehörigen, die sich legal im Inland aufhalten,
4. den Verzicht auf Abschiebung.

Einen derart umfassenden Asylschutz bieten völkerrechtliche Bestimmungen und nationale Gesetzgebungen allerdings selbst im Europa des 21. Jahrhunderts nur in Ausnahmefällen.

Bindend sind mit der 1951 abgeschlossenen Genfer Flüchtlingskonvention allein das Verbot der Ausweisung und der Abweisung an den Grenzen. Bis heute haben mehr als 140 Staaten die Genfer Flüchtlingskonvention und das erweiternde Protokoll über die Rechtsstellung der Flüchtlinge von 1967 unterzeichnet.

Die Aufnahmekriterien von Flüchtlingen liegen im Ermessen der Staaten, und die Bereitschaft, Schutz zu gewähren, wurde immer durch Individuen, Kollektive und (staatliche) Institutionen ausgehandelt, deren Interessen, Kategorisierungen und Praktiken sich stets wandelten. Mit der Veränderung der politischen, publizistischen, wissenschaftlichen und öffentlichen Wahrnehmung von Migration wandelte sich auch die Perspektive darauf, wer unter welchen Umständen als Flüchtling verstanden und wem in welchem Ausmaß und mit welcher Dauer Schutz oder Asyl zugebilligt wurde.

In einem knappen Überblick sollen zentrale Stationen des Aushandlungsprozesses von Asyl in der Bundesrepublik nachvollzogen werden, um so wesentliche Elemente der politischen Diskussion in

Jochen Oltmer

der Bundesrepublik um die Aufnahme von Flüchtlingen herauszuar-
beiten.

Das Asylgrundrecht der Bundesrepublik Deutschland

Die Erfahrungen der nationalsozialistischen Diktatur, des Zweiten
Weltkriegs und der damit verbundenen Flüchtlingsbewegung mach-
ten neue Mechanismen des Schutzes für politisch Verfolgte notwen-
dig. Die Allgemeine Erklärung der Menschenrechte der Vereinten
Nationen von 1948 schrieb erstmals ein individuelles Asylrecht fest.
Artikel 14 Absatz 1 lautet: «Jeder Mensch hat das Recht, in anderen
Ländern vor Verfolgungen Asyl zu suchen und zu genießen.» Selten
wurde diese Formel allerdings in nationales Recht überführt. Eine
Ausnahme bildete die Bundesrepublik Deutschland. Der 1948/49 geschaffene Artikel 16 Absatz 2 Satz 2 des Grundgesetzes, «Politisch
Verfolgte genießen Asylrecht», sicherte ein im internationalen Vergleich weitreichendes Grundrecht auf dauerhaften Schutz. Auf dieses Recht hat jeder politisch Verfolgte, der nach Westdeutschland
kommt, ohne Einschränkungen einen verfassungsrechtlich einklag-
baren Anspruch.

Das Asylgrundrecht war eine Reaktion auf die systematischen Vertreibungen im «Dritten Reich» und markierte damit eine symbolische
Distanzierung von der nationalsozialistischen Vergangenheit. Darüber hinaus demonstrierte es gegenüber den drei westlichen Besat-
zungsmächten die Anerkennung der von den Vereinten Nationen
festgeschriebenen Menschenrechte. Getragen wurde dieses Asylrecht
vor allem von der Annahme des Parlamentarischen Rates, dass mehr-
heitlich deutsche Flüchtlinge aus der Sowjetischen Besatzungszone
das Asylrecht im Westen in Anspruch nehmen würden. Die Konkurrenz der politischen Systeme in Ost und West und die bevorstehende
Teilung Deutschlands wirkten entscheidend auf die Formulierung des
Grundrechts auf Asyl ein.

Von Beginn an umstritten: Asyl zwischen 1950 und 1980

Weil das Grundgesetz den Tatbestand der «politischen Verfolgung» nicht näher definierte, kommt es seither immer wieder zu Diskussionen darüber, was das Politische ist und welche Form und Reichweite die Verfolgung zu gewärtigen hat. In den fünfziger Jahren vertrat die Bundesregierung die Auffassung, der junge westdeutsche Staat könne angesichts Millionen deutscher Vertriebener aus dem Osten und der Massenzuwanderung aus der DDR nicht auch noch Flüchtlinge aus dem Ausland aufnehmen. Erst mit den revolutionären Ereignissen in Ungarn, die in Westdeutschland weithin positiv bewertet wurden, lockerte sich diese Haltung. Nach der Niederschlagung der Aufstände durch die sowjetische Rote Armee flohen rund 225 000 Ungarn über die österreichische und jugoslawische Grenze. Die Regierung Adenauer wollte zunächst keine Ungarn aufnehmen. Allenthalben aber gab es aus der Zivilgesellschaft und in den Medien Solidaritätsbekundungen für die im Westen als Freiheitskämpfer verstandenen Ungarn. Viele sahen in ihnen Verbündete im Kampf gegen den Kommunismus, denen jede mögliche Unterstützung zuteilwerden müsse. Das Bundeskabinett beschloss angesichts der zahlreichen Forderungen nach einer Öffnung gegenüber den Flüchtlingen die Aufnahme von 10 000 Ungarn; bis Ende November 1956 kamen schließlich 16 000 in die Bundesrepublik. Nach den USA (80 000), Kanada (37 000), Großbritannien (22 000) und Österreich (18 000) zählte damit die Bundesrepublik zu den wichtigsten Aufnahmestaaten.

Neben der Gewährung von Asyl wurden auch Integrationshilfen festgelegt. Dazu zählte die Unterstützung bei der Suche nach Wohnungen und Sprachkursen, die Vergabe von Krediten zur Existenzgründung und Sozialleistungen für jene, die nicht erwerbsfähig waren. Dass die Hilfen relativ großzügig ausfielen, lag auch an der entspannten Situation des westdeutschen Arbeitsmarkts, der sich der Vollbeschäftigung näherte und auf zusätzliche Arbeitskräfte angewiesen war.

Dennoch sollte das Gewicht der Bundesrepublik als Asylland nicht

Jochen Oltmer

überschätzt werden. In den zwanzig Jahren von der Staatsgründung 1949 bis 1968 beantragten hier insgesamt nur knapp über 70 000 Menschen Asyl. Die Asylbewerberzahlen bewegten sich jährlich zwischen rund 2000 (1953) und 51 000 (1979). Bis in die sechziger Jahre kamen Asylsuchende überwiegend aus Ost-, Ostmittel- und Südosteuropa: Die jährlichen Anteile von Asylsuchenden aus dem «Ostblock» schwankten zwischen 72 und 94 Prozent. Neben der Aufnahme der Ungarn wurde rund 4000 Tschechoslowaken nach dem «Prager Frühling» 1968 Asyl gewährt. Die Flüchtlingspolitik der Bundesrepublik war eindeutig antikommunistisch motiviert. Die Bereitwilligkeit, mit der tschechische und slowakische Zuwanderer aufgenommen wurden, resultierte darüber hinaus auch aus dem hohen Arbeitskräftebedarf und der Tatsache, dass die Asylsuchenden in aller Regel jung waren sowie über fachliche und akademische Ausbildungen verfügten.

Deutlich kontroverser fielen die Debatten über die Aufnahme von Flüchtlingen nach dem Militärputsch in Griechenland 1967 und in Chile 1973 aus, die sich nicht in das Muster einer antikommunistisch konnotierten Flüchtlingsaufnahme fügen ließ. Dass schließlich griechischen und chilenischen Kommunisten und Linken trotz heftiger Kritik Schutz in der Bundesrepublik gewährt wurde, zeigt, dass mittlerweile das Asyl als ein universales Menschenrecht gesehen wurde, das nicht entlang politischer Einstellungen verhandelt werden dürfe. Gerade das Engagement zahlreicher Hilfsorganisationen und anderer zivilgesellschaftlicher Akteure trug dazu bei, dass die Aufnahme überhaupt möglich wurde.

Bei der Diskussion um die Flüchtlingsaufnahme spielten neben sicherheitspolitischen und ideologischen Bedenken auch außenpolitische Rücksichtnahmen eine Rolle. Das galt etwa im Fall des Algerienkrieges, der 1962 zur Unabhängigkeit Algeriens von der französischen Kolonialmacht führte. Algeriern einen Flüchtlingsstatus zuzubilligen glich einem Affront gegenüber Frankreich. Zugleich wollte die Bundesrepublik aber verhindern, wegen einer strikten Abwehr algerischer Asylgesuche in den Ruf zu geraten, die höchst umstrittene französische Kolonialpolitik zu unterstützen. Zu einem innenpolitischen

Konflikt weitete sich auch die Diskussion um die Aufnahme jugoslawischer Staatsbürger in den sechziger Jahren aus, die zwischen 1963 und 1966 mehr als die Hälfte aller Asylbewerber stellten.

Das neue Ausländergesetz von 1965 definierte zwar die «politische Verfolgung» auch nicht näher, vereinheitlichte das Verfahren zur Anerkennung von Flüchtlingen aber. Zentral zuständig war nun das Bundesamt für die Anerkennung ausländischer Flüchtlinge in Nürnberg-Zirndorf. Weitreichende Konsequenzen hatte die Einführung der Duldung von abgelehnten Asylbewerbern. Mit der Duldung verbindet sich bis heute zwar kein Aufenthaltsrecht, sie bietet aber aus politischen oder humanitären Gründen einen zeitweiligen Schutz vor einer Abschiebung.

Auch wenn bereits seit den späten sechziger Jahren Teile der bundesdeutschen Administration auf eine Beschränkung des Zugangs zum Asyl drängten und in der medialen sowie politischen Debatte die Stimmen lauter wurden, die vor einem Missbrauch des Rechtsinstruments warnten, blieb das Grundrecht auf Asyl unangetastet. Mehrere höchstrichterliche Urteile beseitigten in den siebziger Jahren sogar bürokratische Barrieren, die verhindern sollten, dass Flüchtlinge das Asylrecht in Anspruch nahmen.

Besondere politische und mediale Aufmerksamkeit erhielt Mitte der siebziger Jahre die Aufnahme vietnamesischer Flüchtlinge. Das Ende des Vietnamkrieges führte zur Abwanderung Hunderttausender aus dem zerstörten Land, gutbegründete Schätzungen sprechen von 1,5 Millionen. Sie erreichte ihren Höhepunkt von 1979 bis 1982. Wegen der völlig überfüllten Lager in den Anrainerstaaten und der humanitären Not von Bootsflüchtlingen im Südchinesischen Meer versprachen viele Staaten Hilfe. Die Teilnehmer der Genfer Indochina-Konferenz im Juli 1979 erklärten sich bereit, 260 000 «Boat-People» aufzunehmen. Der größte Teil kam in die USA und nach Kanada, aber auch Frankreich, Australien und Großbritannien nahmen jeweils mehrere zehntausend Vietnamesen auf.

Bereits kurz nach der Eroberung der südvietnamesischen Hauptstadt Saigon durch nordvietnamesische Truppen 1975 entschied

Jochen Oltmer

auch die Bundesrepublik, vietnamesische Flüchtlinge aufzunehmen. Das zugesagte Kontingent wurde trotz vieler kritischer Stimmen mehrfach ausgeweitet und umfasste schließlich 38 000 Flüchtlinge. Das Besondere war, dass diese Menschen nicht mittels individueller Asylverfahren aufgenommen wurden, sondern kollektiv mit der Übernahmeerklärung des Bundesinnenministeriums, die ihnen die Rechtstellung als Flüchtlinge gewährte und eine unbefristete Aufenthaltserlaubnis beinhaltete.

Mehr als 10 000 vietnamesische «Boat-People» rettete das vom privaten Hilfskomitee «Ein Schiff für Vietnam» (seit 1982: «Cap Anamur/Deutsche Not-Ärzte e. V.») mit Hilfe zahlloser Spenden gecharterte Hospitalschiff *Cap Anamur*, das seit Sommer 1979 im Südchinesischen Meer kreuzte. Im Sommer 1982 unterbrach der Aufnahmestopp weiterer vietnamesischer Kontingentflüchtlinge die Arbeit der *Cap Anamur*. Proteste und eine breite Unterstützung für die Hilfsaktionen führten zu einer Aufhebung des Stopps. Das Rettungsschiff war noch bis 1986 im Südchinesischen Meer tätig.

Asylpolitische Konflikte der achtziger und neunziger Jahre und die Einschränkung des Asylgrundrechts

Die Aufnahme der südvietnamesischen Flüchtlinge markierte die wachsende Bedeutung der Flüchtlingszuwanderung von außerhalb Europas seit Anfang der siebziger Jahre. Der Militärputsch in der Türkei, der Systemwechsel im Iran mit der Einrichtung der «Islamischen Republik» und der innenpolitische Konflikt in Polen angesichts des Aufstiegs der Gewerkschaftsbewegung «Solidarność» waren 1980/81 Auslöser für neue starke Flüchtlingszuwanderungen. 1980 überschritt die Zahl der Asylsuchenden erstmals in der Geschichte der Bundesrepublik die Marke von 100 000. Nach einem kurzzeitigen Rückgang in den folgenden Jahren wurden es gegen Ende der achtziger Jahre wieder mehr Asylbewerber. Hintergrund waren nun die politischen und wirtschaftlichen Krisen in Polen, Ungarn und der Tschechoslowakei und später in Rumänien, Bulgarien und Albanien. Die Zahl der Asylantragsteller in der Bundesrepublik wuchs 1988 auf einen Wert von über 100 000, erreichte 1990 rund 190 000 und 1992 schließlich den Höchststand von fast 440 000. Zugleich änderte sich die Zusammensetzung der Gruppe der Asylbewerberinnen und Asylbewerber. 1986 waren noch rund 75 Prozent aus sogenannten Entwicklungsländern gekommen; 1993 hingegen stammten 72 Prozent aus Europa.

Die Reaktionen blieben nicht aus. Mögliche Grenzen der Aufnahmebereitschaft («Asylantenflut», «Das Boot ist voll») und der vorgebliche Missbrauch des Asylrechts wurden politisch und publizistisch scharf diskutiert. In der Folge wurde der Grenzübertritt und der Zugang zu Asylverfahren eingeschränkt. Bereits 1986 versuchte die Bundesregierung die Asylmigration einzudämmen. Seit Oktober sperrte sie die Einreisewege über die DDR und Ostberlin und verabschiedete die Asylrechtsnovelle vom Januar 1987, die unter anderem restriktive Visavorschriften für Asylsuchende aus den neun afrikanischen und asiatischen Hauptherkunftsländern umfasste. Diese politische Reaktion auf den Anstieg der Asylantragszahlen war wegweisend: Je häufiger das Asylrecht seit den späten siebziger Jahren in Anspruch genommen wurde, desto stärker wurde es mit Hilfe gesetzlicher Maßnahmen und Verordnungen eingeschränkt.

Die Bundesrepublik war mittlerweile ein anerkanntes Mitglied der westlichen Staatenwelt. Die Bundesregierung fühlte sich nicht mehr verpflichtet, besondere moralische Standards demonstrieren zu müssen. Das offene Asylrecht musste nicht mehr als symbolische Distanzierung zur nationalsozialistischen Vergangenheit wirken. Die innerdeutsche Aufnahme von Flüchtlingen aus der DDR spielte ohnehin keine Rolle mehr im Asylverfahren. Bereits 1951 waren die Zuwanderungen aus der DDR durch die Einführung des asylähnlichen «Notaufnahmeverfahrens» aus dem Asylrecht herausgenommen worden.

Mit der deutschen Wiedervereinigung 1990 und dem Ende des «Kalten Krieges» diente die Flüchtlingsaufnahme nicht mehr als Erfolgsnachweis in der globalen Systemkonkurrenz. Vielmehr stand jetzt die Zusatzbelastung für den Sozialstaat im Vordergrund der De-

Jochen Oltmer

batte, zumal Ende der achtziger und Anfang der neunziger Jahre nicht nur die Zahl der Asylsuchenden in der Bundesrepublik wuchs. 1987 waren zudem die Aussiedlerzahlen massiv angestiegen, 1988 waren es mehr als 200 000 und 1990 fast 400 000. Hinzu kam in Westdeutschland die Zuwanderung aus der späten DDR und aus den neuen Bundesländern: 1989 gingen fast 390 000 und 1990 rund 395 000 Menschen aus dem Osten in den Westen. Außerdem wurden temporär Hunderttausende Bürgerkriegsflüchtlinge aus dem Raum Ex-Jugoslawiens aufgenommen, denen zwar Schutz gewährt wurde, die aber nicht zum Asylverfahren zugelassen wurden.

Die oft polemisch geführte politische und publizistische Debatte um die Reform des Asylrechts Anfang der neunziger Jahre wurde seit Herbst 1991 begleitet von zunehmender Gewalt gegen «Fremde» und deren Akzeptanz durch größere Teile der Gesellschaft, zunächst in den neuen Bundesländern, dann auch im Westen der Republik. Opfer waren meist Flüchtlinge: In Hoyerswerda wurden im September 1991 Asylsuchende angegriffen, verletzt und aus ihren Unterkünften vertrieben, in Hünxe im Oktober 1991 zwei Flüchtlingskinder bei einem Brandanschlag schwer verletzt, in Rostock-Lichtenhagen Asylbewerber im August 1992 in ihren in Brand gesetzten Unterkünften belagert und angegriffen. In Mölln im November 1992 und in Solingen im Mai 1993 verbrannten nach Anschlägen auf ihre Häuser Mitglieder türkischer Familien, die seit langem in Deutschland lebten oder hier geboren und aufgewachsen waren.

Die Änderung des Grundrechts auf Asyl auf der Basis des im Dezember 1992 vereinbarten Asylkompromisses der Regierungskoalition von CDU/CSU und FDP mit der oppositionellen SPD wurde am 1. Juli 1993 rechtskräftig. Nach dem seither gültigen Artikel 16a des Grundgesetzes hat in aller Regel keine Chance mehr auf Asyl, wer aus «verfolgungsfreien» Ländern stammt oder über sogenannte «sichere Drittstaaten» einreist, mit denen Deutschland lückenlos umgeben ist. Asylrechtsreform und verschärfte Grenzkontrollen drückten die Zahl der Asylsuchenden 1993 auf circa 320 000. 1998 unterschritten sie wieder die Schwelle von 100 000 und sanken danach weiter.

Die permanente Aushandlung von Asyl

Was «politische Verfolgung» ist und wem Asyl gewährt werden kann, war von Beginn der Bundesrepublik an umstritten. Dennoch ergaben sich – und zwar bis in die jüngste Vergangenheit – mehrfach politische und gesellschaftliche Konstellationen, in denen die Aufnahme einzelner Flüchtlingsbewegungen mit einem relativ breiten Konsens gefordert, begrüßt und mit einem hohen zivilgesellschaftlichen Engagement ermöglicht wurde. Gleichzeitig fielen Asylsuchende immer wieder unter den Generalverdacht einer potenziellen Belastung und Bedrohung für Sicherheit, wirtschaftliche Prosperität, soziale Systeme oder spezifische kulturelle und politische Werte einer als homogen imaginierten Gesellschaft. Insbesondere in den achtziger und neunziger Jahren wurden viele Zugangswege zum Asyl geschlossen. Ähnlich sieht es auf europäischer Ebene aus, beschränkte sich die Kooperation der EU-Mitgliedstaaten bislang doch ganz wesentlich auf die Entwicklung von restriktiven Regeln für eine gemeinsame Grenz- und Visapolitik und die Zusammenarbeit zur Begrenzung der Asylzuwanderung.

Literatur

Jochen Oltmer, Globale Migration. Geschichte und Gegenwart, München 2012.

Jochen Oltmer, Migration im 19. und 20. Jahrhundert, 2. Aufl. München 2013.

Patrice G. Poutrus, Zuflucht im Nachkriegsdeutschland. Politik und Praxis der Flüchtlingsaufnahme in Bundesrepublik und DDR von den späten 1940er bis zu den 1970er Jahren, in: Geschichte und Gesellschaft, 35. 2009, S. 135–175.

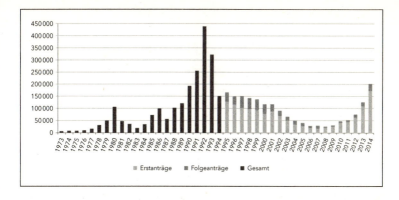

Schaubild: Zahl der Personen, die in der Bundesrepublik Deutschland 1973–2014 einen Asylantrag stellten (Quelle: Bundesamt für Migration und Flüchtlinge, Nürnberg)

Patrick Gensing

«DIE VOLKSFRONT VON RECHTS»
Vom Netz auf die Straße und zurück – wie NPD, AfD und Co sich radikalisieren

Wenn die Angst herrscht:
warum das Thema Flüchtlinge zieht

«Die Angsträume werden größer in unserem Land, gerade für blonde Frauen werden sie leider immer größer. Und das im eigenen Land, liebe Freunde! Das ist unerträglich!»[*]
(Björn Höcke, AfD-Fraktionsvorsitzender in Thüringen)

«Zum Beispiel ist ein zwölfjähriges Mädchen vergewaltigt worden, im Bereich Unterweser. (...) Wenn so etwas passiert, und man greift aus political correctness nicht ein und macht Täter nicht dingfest, das ist Anarchie dann.»[**]
(AfD-Politiker Uwe Wappler konnte auf Nachfrage keine Details zu dem Fall nennen, schließlich räumte er eine inkorrekte Darstellung ein. Den Fall hatte es gar nicht gegeben.)

Angst um Kinder und Frauen, Angst um den Arbeitsplatz, Angst vor dem Wertverlust des Eigenheims, vor Krankheiten, um die Heimat, vor der Veränderung, Angst vor islamistischen Terroristen – wenn es um geflüchtete Menschen geht, wird rechtsradikale Propaganda facettenreich. Kein anderes Thema lässt die Grenzen zwischen rechten Hooligans, rechtspopulistischen sowie rechtsextremen Organisationen und «besorgten Bürgern» so effektiv verschwimmen. Die Parolen

[*]   https:/ daserste.ndr.de/panorama/archiv/2015/panorama5858.pdf
[**] http://daserste.ndr.de/panorama/archiv/2015/Diebe-Raeuber-Vergewalti-ger-Geruechte-ueber-Fluechtlinge,geruechte100.html

Patrick Gensing

von AfD, NPD, «Pegida» – und auch einigen konservativen Hardlinern – lassen sich kaum voneinander unterscheiden, erscheinen weitestgehend austauschbar.

«Wir sind nicht das Sozialamt der Welt.» (NPD-Wahlslogan)
«Wir sind nicht das Weltsozialamt.» (AfD-Wahlslogan)*

Die Hetze gegen Flüchtlinge ist bei einem Teil der Gesellschaft erfolgreich. Das hat Gründe: Damit eine politische Kampagne funktioniert, muss das Thema alltagstauglich sein, die Menschen persönlich ansprechen und berühren – auf der emotionalen Ebene. Angst ist eines der stärksten Gefühle, das der Mensch kennt. Sie wird in der Psychologie als Kombination der Furcht mit anderen Grundemotionen wie Kummer, Wut und Scham verstanden.**

Angst ist ein unbestimmtes Gefühl – und sie lässt sich politisch instrumentalisieren, längst nicht nur von Rechtsradikalen. Die Politik mache, so der italienische Politikwissenschaftler Carlo Galli, aus der Angst als einem eigentlich passiven ein aktives Gefühl. «Die Politik geht von der individuellen Schwäche aus und transformiert sie in eine kollektive Kraft.»***

Dort, wo Modernisierungsschübe besonders stark sind, kann die Angst besonders mächtig werden, gerade wenn viele Menschen diese Modernisierung aus ideologischen Gründen ablehnen oder sich davon zunehmend überfordert fühlen – das ist die dunkle Seite der Freiheit.

Viele der «Pegida»-Teilnehmer und rechten Wutbürger wurden noch in der autoritären DDR erzogen und fühlen sich offenkundig

---

* Siehe auch: http://afdodernpd.de/
** LEXIKON DER PSYCHOLOGIE: Angst, Essay von Wolfgang Tunner, www.spektrum.de/lexikon/psychologie/angst/956
***LO GALLI, DAS KALKÜL DER ANGST, Die politische Produktivität eines Gefühls – von Machiavelli bis Nietzsche – «Lettre International» Sommer 2012, www.lettre.de/beitrag/galli-carlo_das-kalk%C3%BCl-der-angst

in einer modernen, unübersichtlichen Gesellschaft nicht wohl bzw. lehnen sie stark ab.

Die erste rassistisch grundierte Massenbewegung im vereinigten Deutschland ist in Sachsen beheimatet, wo auch die NPD und AfD ihre Hochburgen haben. Nirgendwo sonst sind diese und andere rechtsradikale Organisationen so erfolgreich wie hier.*

In vielen anderen Regionen Deutschlands, wo das Zusammenleben unterschiedlicher Menschen längst erprobter Alltag ist, ziehen die schrillen Parolen der Rechtspopulisten und Rechtsextremen kaum; dort, wo Angst, Wut und vielleicht auch Scham Teile der Bevölkerung beherrschen, gehört fremdenfeindliche Hetze zum Alltag. Sie wird von vielen Menschen aufgenommen. Und gerade weil Parolen von «Überfremdung», «Umvolkung» oder «Lügenpresse» so normal geworden sind, verstehen viele Menschen gar nicht, was daran problematisch sein sollte – und warum demokratische Politiker, liberale Medien und andere Bürger diese Kampfbegriffe, die teilweise direkt im Nationalsozialismus wurzeln, deutlich zurückweisen.

Die rechten Milieus haben sich eine eigene Sprache, eigene Codes und auch eine eigene Teilöffentlichkeit geschaffen – mit eigenen Medien und Meinungsführern. Die neuen Rechtsradikalen bewegen sich in einem eigenen Wahrnehmungskosmos, in dem sie – «das Volk» – von der Politik – dem «Merkel-Regime» – unterdrückt werden. Ihrer Vorstellung nach jagen Horden von Einwanderern deutsche Frauen und Kinder, es herrscht die Angst. Sie leben in einer rechten Parallelwelt – NPD und AfD sind ihre parlamentarischen Vertretungen. Die Strategie von neurechten Vordenkern, als gesellschaftliche Stichwortgeber zu fungieren, ist aufgegangen, die «Volksfront von rechts» existiert.

Die Kommunikation zwischen den politischen Lagern scheitert, weil gar keine gemeinsame sprachliche Ebene mehr zwischen «Lügenpresse» und «Volksverrätern» auf der einen und dem selbsternannten

---

* Siehe auch: Sachsen rechts unten 2015, www.kulturbuero-sachsen.de/images/ PDF/Sachsen_rechts_unten_2015_KulturbueroSachsen.pdf

Patrick Gensing

«Volk» auf der anderen Seite existiert. Die Kommunikationsversuche beförderten eher noch die Wagenburgmentalität und eine weitere Radikalisierung bei «Pegida»-Anhängern und Sympathisanten – und auch auf der anderen Seite wächst das Unverständnis über die rechten Wutbürger. Eine Spirale, die Politiker und Medien durch Gesprächsangebote durchbrechen wollten; es blieb bei dem Versuch.

Der Kampf um das Netz und die Straße

In Ostdeutschland haben Rechtsextreme fast flächendeckend Bürgerinitiativen oder sogar «Bürgerwehren» gegen geflüchtete Menschen organisiert: «Parchim sagt Nein zum Asylheim!», «Nein zum Heim in Nauen!», «Schneeberg wehrt sich!», «Nein zum Heim – Erzgebirge». Allein die Suche «Nein zum Heim» erbringt auf Facebook als Resultat rund 70 «Bürgerinitiativen». Vielen Gruppen haben sich mehrere tausend Mitglieder angeschlossen. Die Namen gleichen sich, entscheidend ist der stets lokale Bezug. Man könnte auch sagen: Hinter der Mobilisierung von lokalen rassistischen Protesten steckt System. Besonders dort, wo die NPD stark vertreten ist, finden sich viele solcher Initiativen.*

So beispielsweise in Mecklenburg-Vorpommern, wo es in vielen, vor allem ländlichen Regionen ein engmaschiges Netz von brauner Infrastruktur gibt, das seit den neunziger Jahren aufgebaut worden ist.

> «Es gilt nun, unsere Heimat zu schützen, ja den ganzen Kontinent Europa vor Islamisierung und Balkanisierung zu bewahren. Daher ist der Widerstand nicht nur ein grundgesetzlich geschütztes Recht, sondern Pflicht für jeden verantwortungsbewussten Deutschen und Europäer.»

---

* Siehe auch: www.welt.de/politik/deutschland/article145789205/Das-Neonazi-Netz-hinter-den-Fluechtlingsangriffen.html

(NPD-Politiker Udo Pastörs zu einer rechtsextremen Demonstration am 19. Oktober 2015 in Parchim auf Facebook)

Auch in den östlichen Bezirken Berlins sind Neonazis äußerst aktiv, um die Stimmung anzuheizen und um sich als vermeintliche Ordnungsmacht aufzuspielen. In Berlin-Pankow organisiert die NPD Aktionen gegen Roma und obdachlose Menschen im Ortsteil Blankenburg. Gleichzeitig übernahm dort der lokale NPD-Kreisverband offenbar die Logistik auf diversen Demonstrationen und Kundgebungen, die sich gegen ein Containerdorf für Geflüchtete richteten. Zudem hatte die NPD auf Facebook angekündigt, dort regelmäßig auf «Kiezstreife» gehen zu wollen, was im Herbst bereits mehrfach geschehen sein soll. Neonazis verteilten Pfefferspray an Passanten, um so ein Klima der Unsicherheit zu schüren.[*]

In Sachsen erproben Rechtsextreme schon lange das erfolgreiche Zusammenspiel zwischen Hetze gegen Flüchtlinge im Netz und Demonstrationen, denen sich Tausende Bürger anschließen: In Schneeberg starteten die rassistischen Proteste bereits im Jahr 2013. Dort war es unter anderem die Facebook-Seite «Schneeberg wehrt sich», auf der sich zahlreiche Bürger gegen Flüchtlinge organisierten. Zu einem «Fackellauf» rief ein Funktionär der NPD auf, der auch in der «Bürgerinitiative» tatkräftig mitmischte, rund 1800 Menschen folgten. Auch in Freital war eine «Bürgerinitiative» aktiv, der Name erinnert stark an die aus Schneeberg: «Freital wehrt sich!» Sächsische Politiker begegneten dem Protest gegen Flüchtlinge mit sehr viel Verständnis, suchten das Gespräch. Bei einer Bürgerversammlung kam es zu Tumulten, es gab Angriffe auf Flüchtlinge, und später explodierte das Auto eines Linken-Politikers, der sich gegen rassistische Hetze engagiert.

In Tröglitz im südlichen Sachsen-Anhalt bedrohten Rechtsextreme den Bürgermeister ganz offen, erst im Netz, dann zogen sie an seinem Haus vorbei. Er hatte sich dafür ausgesprochen, Flüchtlinge in der Stadt aufzunehmen. Einige Zeit später brannte das Gebäude, in dem

[*] apabiz Nr. 71, Seite 7

Patrick Gensing

Flüchtlinge untergebracht werden sollten. Medien berichteten nach dem Anschlag über Freude der Bevölkerung.*

Gemeinsam ist den verschiedenen rechtspopulistischen und rechtsextremen Organisationen, dass das Thema Asyl für sie seit Monaten eine überragende Bedeutung einnimmt; die Mehrzahl ihrer Artikel und Kommentare im Netz handeln davon. Die Neonazi-Splitterpartei «Der III. Weg» bietet auf ihrer Homepage sogar ein Handbuch zum Herunterladen an: «Wie be- bzw. verhindere ich die Errichtung eines Asylantenheims in meiner Nachbarschaft». In dem «Leitfaden» erläutern die Neonazis die rechtlichen Möglichkeiten, gegen eine geplante Unterkunft zu klagen, erklären dezidiert, wie eine Bürgerinitiative angeschoben und vernetzt werden kann. Vom Netz auf die Straße – die teilweise gewalttätigen Proteste in mehreren deutschen Städten werden oft begleitet von systematischen Kampagnen.

Die sozialen Netzwerke sind dabei ein Tor in die braune Parallelwelt: Wer erst einmal einige «Bürgerinitiativen» abonniert hat, dem schlägt Facebook automatisch weitere Seiten vor: Seien es Sektionen der «German Defense League» oder Gruppen gegen die «Lügenpresse» oder auch Dutzende Aufrufe zu Veranstaltungen von Rechtsextremen, die von einer völkischen Revolution träumen. Sprache und Inhalte in diesen Gruppen sind massiv menschenverachtend. Wer wissen möchte, was sich hinter Warnungen vor einer Verrohung der Gesellschaft verbirgt, wird hier fündig: In der geschlossenen Gruppe «Zentralrat der Deutschen» machen sich Nutzer ungeniert über den Erstickungstod von Flüchtlingen in einem Lkw lustig. Einer schreibt von «Gammelfleisch», andere bedauern, dass nicht noch mehr Menschen ums Leben kamen.**

Durch gegenseitiges «Liken» vernetzen sich Facebook-Gruppen und -Seiten gegen Flüchtlingsunterkünfte untereinander. Der Weg von einer Initiative «besorgter Bürger» zu handfesten Gewaltaufrufen

* Siehe auch: www.welt.de/politik/deutschland/article139138597/Keiner-hier-will-Asylbewerber-niemand.html
** Quelle: verdeckte Recherche auf Facebook

ist dann oft nur ein «Gefällt mir» entfernt. Die Seite «Maximaler Widerstand» beispielsweise hat sich auf Propaganda gegen Muslime spezialisiert. Ob brutale Attacken von islamistischen Terroristen im Irak oder eine Schlägerei zwischen Jugendlichen in Essen: Schuld ist stets «der Islam», dessen Anhänger in einer Art weltweiter Verschwörung die gesamte Erde erobern wollen. Dementsprechend kommentieren die Macher von «Maximaler Widerstand» auf Facebook begeistert eine Meldung, wonach ein 26-Jähriger in Hannover auf Salafisten geschossen habe, mit den Worten: «Endlich! Leider keine Opfer! Aber wir sagen Euch … das wird Schule machen! Wir hoffen darauf!»

Auch die Gruppe «Deutscher Widerstand» zeigt sich auf Facebook offen militant: In einer Kampfmontur legt eine vermummte Person Blumen auf deutschen Soldatengräbern ab, dazu werden Fotos veröffentlicht, wie ein Koran verbrannt oder als Zielscheibe bei Schießübungen benutzt wird. Mehr als 1000 Personen folgen dieser Seite. Typisch für die rechtsradikale Ideologie und Rhetorik ist der Versuch, die eigene Aggression und Gewalt als Notwehr zu legitimieren.

Ein wichtiger Stichwortgeber für diese Szene ist der Blogger Michael Mannheimer, der regelmäßig als Redner bei Demonstrationen auftritt. Er erklärte bei einer Kundgebung von «Bärgida», sämtliche Medien und Parteien sowie Gewerkschaften hätten sich gegen das Volk verschworen und planten einen Genozid an den Deutschen.[*]

Angestachelt von solchen Legenden, diskutieren in geschlossenen Gruppen auf Facebook mehrere tausend Mitglieder über eine völkische Revolution in Deutschland. Offenkundig können es fanatische Rassisten und Antisemiten kaum noch erwarten, bis es endlich losgeht mit dem Kampf: Die Neonazi-Band «Landser» veröffentlichte ein aktuelles Musikvideo mit dem Titel: «Ich sehe den Rassenkrieg beginnen!» Auch der Neonazi-Barde Frank Rennicke singt davon, dass der «US-Lügenkrieg» komme und dass man sich schon einmal dafür

---

[*] http://michael-mannheimer.net/2015/09/20/passend-zur-aktuellen-lage-mannheimer-prangert-bereits-im-maerz-2015-die-bundesregierung-wegen-voelkermord-an-deutschen-an-und-fordert-die-entmachtung-merkels/

Patrick Gensing

rüsten solle. Ein Leser meines Blogs «publikative.org» beschrieb mir im Oktober seine Phantasien für einen Bürgerkrieg. Unter dem Pseudonym «Linke nach Guantanamo» kommentierte er:

> «Die Merkel-Regime treuen Linksfaschisten Grokodil-Reiter/ Merkel-Jugend sind geistig und körperlich zu schwach um selbständig denkenden Leuten gegenüberzutreten. Die Merkel-Kollaborateure d. h. ISIS-Fetischisten-GutmenschInnen und Lügenpressehetzer werden es bald merken [...] Sollte es dann zu einem Reichstagsbrand 2 kommen mit brennenden und explodierenden Lügenpressehäusern, dann ist das alles auf die Rückgradlosigkeit, linientreuen Regimearschkriecherei und political correctness zurückzuführen.»

Ein «Pegida»-Anhänger aus Sachsen-Anhalt machte sich im Oktober nicht einmal die Mühe, seine Faxnummer zu verstecken, und drohte der «Lügenpresse» und den «Volksverrätern» in einem handgeschriebenen Brief ebenfalls den Krieg an: «Ihr wollt Krieg – Ihr werdet ihn bekommen».

Der Doppelanschlag von Anders Breivik in Norwegen im Jahr 2011, aber auch der Angriff auf die Politikerin Gabriele Reker in Köln im Oktober 2015 belegen, wie weit sich einzelne Personen in den neuen Parallelöffentlichkeiten im Netz radikalisieren können. Dazu kommen Aufmärsche und Hunderte Angriffe auf Unterkünfte von Flüchtlingen, durch die die gesellschaftliche Stimmung weiter aufgeheizt werden soll. Der Bielefelder Konfliktforscher Andreas Zick warnte angesichts dieser Entwicklung bereits vor einer rechtsterroristischen Mentalität.* Denn die Hetze bleibt nicht ohne Folgen – und irgendwann werden aus Schlagworten Brandsätze.

---

* www.deutschlandfunk.de/krawalle-in-heidenau-es-bildet-sich-eine.694. de.html?dram%3Aarticle_id=329115

Terror von rechts: Im völkischen Dschihad

Taten statt Worte – so fasste der «Nationalsozialistische Untergrund» seine Strategie zusammen. Rechtsterrorismus kommt ohne Bekennerschreiben aus, die Tat ist seine Botschaft. Auch zu Attacken auf Flüchtlingsunterkünfte bekennt sich in der Regel niemand – sie erklären sich von selbst. Die Vorarbeit wurde unter anderem in sozialen Netzwerken geleistet: Dort werden Feindbilder geschaffen, Hassbotschaften geteilt, einzelne Personen dämonisiert und schließlich entmenschlicht. Einige Hetzer handeln dann tatsächlich – so zuletzt für die Täter von Köln und auch von Trollhättan in Schweden, wo drei Menschen bei einem rassistischen Anschlag auf eine Schule starben.

Solche zumeist unorganisierten Attentäter werden einsame Wölfe genannt; Einzeltäter, die zwar allein zuschlagen, sich aber als Teil einer Bewegung verstehen und einer größeren Sache dienen wollen – dem imaginären Kampf gegen die «Islamisierung des Abendlandes». Dieser Kampf umfasst aber eben nicht nur «Widerstand» gegen eine vermeintliche Islamisierung, sondern auch Maßnahmen gegen diejenigen, die als Wegbereiter der angeblichen Islamisierung ausgemacht wurden. Und so schärften NPD, «Pegida» und andere Rechtsradikale ihre Feindbilder: Statt ausschließlich gegen Flüchtlinge – angebliche islamistische «Invasoren» – ging es zunächst auch gegen die «Lügenpresse», bis schließlich die politische Spitze des Landes ins Visier genommen worden ist. Einen Galgen, reserviert für Kanzlerin und Vizekanzler, präsentierten Demonstranten im Oktober in Dresden. Zudem werden Politiker immer wieder als «Volksverräter» beschimpft, weil sie zu viele Flüchtlinge ins Land ließen. Sich dabei selbst als «das Volk» zu bezeichnen, ist ein Kennzeichen rechtsradikaler Ideologie, die damit die eigene Gruppe als homogenes Kollektiv verabsolutiert. Auch ein manifestiertes Freund-Feind-Denken, das bei «Pegida» Woche für Woche geradezu beispielhaft aufgeführt wird, ist Teil des rechten Weltbildes.

Patrick Gensing

Wer in unserer Zeit statt Volk Bevölkerung und statt Boden Landbesitz sagt, unterstützt schon viele Lügen nicht. Er nimmt den Wörtern ihre faule Mystik. Das Wort Volk besagt eine gewisse Einheitlichkeit und deutet auf gemeinsame Interessen hin, sollte also nur benutzt werden, wenn von mehreren Völkern die Rede ist, da höchstens dann eine Gemeinsamkeit der Interessen vorstellbar ist. Die Bevölkerung eines Landstriches hat verschiedene, auch einander entgegengesetzte Interessen. (Bertolt Brecht, 1935)

Der Staatsrechtler Carl Schmitt, ein ideologischer Wegbereiter der Nazis, behauptete 1928 in seinem Buch «Der Begriff des Politischen», dass nur Kollektive wie das Volk oder die Nation als politische Subjekte gelten und diese Kollektive homogen sein müssten. Daher besteht «Pegida» so lauthals darauf, das Volk zu sein. Wer dieser Logik zufolge Andersartigkeit akzeptiert, schwächt das Kollektiv – und daher richtet sich der Hass ganz besonders gegen die, die das «Volk verraten» durch eine liberale Einwanderungspolitik oder den Schutz von Minderheitenrechten. Daher hetzen «Pegida» und andere Rechte nicht nur gegen Flüchtlinge, was schlimm genug wäre, sondern stellen das System des liberalen Rechtsstaats zur Disposition, weil dieser keine homogenen geschlossenen Kollektive kennt, sondern jedem menschlichen Individuum seine Grundrechte garantiert.

Mit ihren aggressiven Demonstrationen und Gewalttaten tun die selbsternannten Retter des «Abendlandes» genau das, was sie ihren Feinden vorwerfen: Sie versuchen, die Meinungsfreiheit einzuschränken (Drohungen gegen Andersdenkende und Angriffe auf Journalisten), sie hetzen gegen freiheitliche Werte (Religionsfreiheit, Ehe für alle, Minderheitenrechte) und greifen ausgerechnet die an, die angeblich Opfer von gewalttätigen Einwanderern werden: In Köln attackierte der 44-jährige Attentäter eine Frau, in Schweden stach der Angreifer in einer Schule, in der viele Geflüchtete lernen, auf Kinder ein. Auch Breivik erschoss Jugendliche, in denen er vermeintliche Kollaborateure einer angeblichen Islamisierung erkannt haben wollte.

Auf T-Shirts von Neonazis stehen Parolen wie «Vernichtet den

Feind» oder «Gegen Demokraten – helfen nur Granaten»; Endzeit-szenarien, wonach Deutschland bald der «Volkstod» drohe, erhöhen den Handlungsdruck in einer Bewegung, in der eine explosive Mischung aus Männlichkeitskult und Minderwertigkeitskomplexen, Waffenfetisch und Weltherrschaftsträumen ohnehin prägend ist. «Werde unsterblich», propagierten Neonazi-Gruppen. Mit Fackeln ziehen sie durch Kleinstädte und produzieren martialische Videos ihrer Aufmärsche. Die selbsternannten «politischen Soldaten» sehen sich in einer geradezu religiösen Mission: Der Einzelne zählt nichts, das völkische Kollektiv alles. Unsterblich wird, wer sein Leben für den Kampf gibt: Sie zelebrieren eine Art völkischen Dschihad.

Tatsächlich ist der Rechtsterrorismus kein neues Phänomen in Deutschland, ganz im Gegenteil: Der Terror von rechts hat eine lange Tradition, bereits in der Weimarer Republik schlugen braune Gewalttäter zu und ermordeten politische Gegner. Und nachdem der staatliche braune Terror der Nationalsozialisten durch die Alliierten beendet worden war, agierten Alt- und Neonazis aus dem Untergrund heraus, sie verübten Brandanschläge, erschossen zahlreiche Menschen und legten Bomben.[*]

Dass Rechtsradikale und Neonazis dabei als Einzeltäter oder in Kleinstgruppen staatliche Repräsentanten als Ziel ihrer Attacken auswählen, ist keineswegs die Ausnahme. Zu diesem Ergebnis kam der Wissenschaftler Daniel Köhler, der eine Datenbank zu rechtsextremen Terrorgruppen und Attacken anlegte und Hunderte rechtsterroristische Vorfälle und rechtsextreme Tötungsdelikte auswertete.[**]

Der Terror von rechts hat Dutzende Todesopfer gefordert, seit der Wiedervereinigung töteten rassistische und rechtsextreme Gewalttäter nach inoffiziellen Statistiken mehr als 180 Menschen. Leider

[*] Siehe dazu auch: «Terror von rechts – die verdrängte Bedrohung», http://schwarzkopf-stiftung.de/wordpress/wp-content/uploads/2014/06/Kurzfassung-Referat-Patrick-Gensing.pdf

[**] www.girds.org/aktuelles/neue-veroeffentlichung-zum-thema-rechtsterrorismus

Patrick Gensing

dürfte es nur eine Frage der Zeit sein, bis es weitere Todesopfer zu beklagen gibt – denn die Gewalt von rechts geht erbarmungslos weiter.

Die Vermessung des Hasses:
Das Problem ist im Osten größer!

Nach Brandanschlägen und weiteren Angriffen auf Flüchtlinge und deren Unterkünfte warnen Politiker und Kommentatoren regelmäßig, das Problem des Rechtsextremismus auf Ostdeutschland zu begrenzen, auch wenn das eigentlich niemand macht. Selbstverständlich gibt es genauso offenen Rassismus und Neonazis auf dem Gebiet der alten Bundesrepublik – dennoch sind Neonazis und damit auch rechtsextreme Gewalt im Osten deutlich stärker beziehungsweise gefährlicher. Das zeigt beispielsweise die Aufarbeitung der Verbrechen des NSU. Das Unterstützernetzwerk der Terrorzelle wuchs in Thüringen und Sachsen – und breitete sich bis nach Baden-Württemberg und Bayern aus. Denn dorthin zogen mehrere führende Neonazis aus den neuen Bundesländern – und bauten neue Strukturen auf. Der NSU war eine Art Konterrevolution: Die Rechtsterroristen wollten ihre «weiße» und weitestgehend ausländerfreie Ex-DDR verteidigen – gegen die multikulturelle Gesellschaft aus Westdeutschland: «Thüringer Bratwurst statt Döner», so ihre Parole. Auch die NPD ist in den neuen Bundesländern deutlich stärker als auf dem Gebiet der alten Bundesrepublik. 2004 zog erstmals seit der Wiedervereinigung eine Neonazi-Partei in einen deutschen Landtag ein – in Sachsen. 2006 folgte der NPD-Triumph in Mecklenburg-Vorpommern. Gestützt auf das dichte Netzwerk der «Freien Kameradschaften», baute die Partei ihre Strukturen gezielt aus. Ihre Bundeszentrale liegt im ehemaligen Ost-Berlin. Die Parteizeitung *Deutsche Stimme* ist in Sachsen angesiedelt. Die Nachwuchsorganisation «Junge Nationaldemokraten» agierte erst von Sachsen-Anhalt, nun von Mecklenburg-Vorpommern aus. Bei Wahlen erreicht die NPD bis heute im Osten deutlich höhere Ergebnisse als im Westen. Sie ist dort besonders stark, wo kaum Menschen mit Migrationshintergrund leben. Die NPD schafft es dort immer wieder, größere Demonstrationen zu initiieren, an denen auch viele «normale» Bürger teilnehmen.

Die Gefahr, Ziel einer rechtsextremen oder rassistischen Gewalttat zu werden, ist im Osten um ein Vielfaches höher. Im Jahr 2014 hat die Polizei nach vorläufigen Angaben 162 rechtsextreme Angriffe auf Flüchtlingsheime registriert, 70 davon im Westen – und 92 in Ostdeutschland. Nicht nur nach absoluten Zahlen liegt der Osten also vorn; wenn man die Zahlen in Relation zur Bevölkerungszahl setzt, ergibt sich ein noch deutlicheres Bild: Auf dem Gebiet der neuen Bundesländer leben lediglich 16 Millionen Menschen – im Westen dagegen rund 64 Millionen. Damit gab es im Osten 2014 auf eine Million Einwohner statistisch 5,75 rechtsextreme Attacken auf Flüchtlinge, im Westen liegt dieser Wert fünfmal niedriger: bei 1,09. Diese Zahlen sind kein statistischer Ausreißer, seit der Wiedervereinigung sieht es bei rechtsextremen Gewalttaten und Tötungsdelikten ganz ähnlich aus. Auch im Westen schlagen Neonazis zu – doch weil sie prozentual weniger sind und auf viel mehr Gegenwehr stoßen, längst nicht so oft.

Für 2015 liegen noch keine abschließenden Zahlen vor, klar ist nur, dass die Gewalt von rechts massiv gestiegen ist: Bis Mitte Oktober hatte es laut BKA-Angaben fast 580 Angriffe auf Flüchtlingsunterkünfte gegeben. Überwiegend handelte es sich um Sachbeschädigungen, Propagandadelikte und Volksverhetzungen. Auch 91 Gewaltdelikte wurden gezählt, darunter waren 46 Brandstiftungen. Die meist männlichen Täter griffen aber auch zu Waffen wie Zwillen mit Stahlkugeln, Holzknüppeln und Buttersäure. Sie handelten oft in Gruppen und kamen aus der Nachbarschaft. Die Zahl solcher Straftaten steige dramatisch, die Dynamik sei ungebrochen, warnte BKA-Präsident Holger Münch.[*]

In ganz Deutschland fühlen sich offenkundig bislang nicht als poli-

---

[*] www.focus.de/politik/deutschland/600-angriffe-auf-asylunterkuenfte-bka-chef-muench-warnt-fluechtlingskrise-gefaehrdet-innere-sicherheit_id_5048904.html

Patrick Gensing

tische Fanatiker aufgefallene Bürger dazu berufen, die «Verteidigung des Abendlandes» in die eigenen Hände zu nehmen. «Wir haben es mit der ganzen Breite der Bevölkerung zu tun», sagt Bernd Merbitz. Er leitet das Operative Abwehrzentrum in Leipzig (OAZ), zuständig für alle politischen Straftaten. Der Täter sei längst «nicht immer der klassische Rechtsextremist, der schon viele Vorstrafen hat»*.

Die meisten Anschläge bleiben unaufgeklärt; dabei könnte die Erkenntnis, dass viele Täter aus dem Nahbereich kommen, helfen, die Verantwortlichen zu finden.

Auch Drohungen gegen Politiker und Flüchtlinge seien im Osten geradezu Alltag, sagt Anetta Kahane von der Amadeu-Antonio-Stiftung. Im Oktober bedrohten Rechtsextreme beispielsweise in Bernau und Leipzig bekannte Lokalpolitiker, zudem werden immer wieder Büros von Parteien angegriffen.**

«Es passiert dort, weil wir dort eine fast flächendeckende Subkultur rechter Kameradschaften haben, die das immer schon so gemacht haben – und weil viele Leute passiv sind. Im besten Fall fürchten sie sich, im schlechtesten Fall sympathisieren sie mit diesen Haltungen. Es gibt kaum ein bürgerliches Milieu, aus dem ein gesellschaftliches Engagement kommt, das sagt: So etwas wollen wir hier nicht haben.»***

Die Teilnehmerzahlen von «Pegida-Spaziergängen» sind zu einem Pulsmesser der Republik geworden. Dabei ist «Pegida» ein regionales Phänomen. Eine «Pegida»-Anhängerin schrieb mir, die «Pegida»-Demonstranten «wollen sich von dem politischen, aufgezwungenen System befreien». Die Wut in den alten Ländern gegen «Pegida» komme daher, «dass der Protest gegen die multikulturelle Gesellschaft aus dem Osten kommt». Ausländer- und Fremdenfeindlichkeit in

---

* www.tagesschau.de/inland/fluechtlingsunterkuenfte-anschlaege-101.html
** Siehe auch: www.rbb-online.de/politik/beitrag/2015/10/morddrohung-gegen-buergermeister-von-bernau.html und www.rbb-online.de/politik/beitrag/2015/10/morddrohung-gegen-buergermeister-von-bernau.html
*** www.badische-zeitung.de/deutschland-1/wenn-drohungen-von-rechten-zum-alltag-gehoeren--102159982.html

Deutschland sind laut diversen Studien in den Ost-Bundesländern am stärksten vertreten. Am meisten Zustimmung zu ausländerfeindlichen Aussagen gibt es einer Leipziger Untersuchung zufolge in Sachsen-Anhalt. Es folgen Bayern, Mecklenburg-Vorpommern, Thüringen und Brandenburg. Das Fazit der Forscher: Fremdenhass und Übergriffe sind kein rein ostdeutsches Phänomen. Allerdings seien die Probleme mit Rechtsextremismus und ausländerfeindlichen Einstellungen in Ostdeutschland weiter verbreitet. Erklärt wird das meist damit, dass in Ostdeutschland viel weniger Ausländer leben. Die Akzeptanz steigt oft mit einer höheren Ausländerquote in der Bevölkerung. Einzige Ausnahme im Westen: Bayern.*

Anetta Kahane kommentierte: In großen Städten im Osten gebe es «zwei, drei Prozent Migranten, auf dem Land gibt es sie oft gar nicht. Das ist eine rein weiße Gesellschaft. Sie haben keine Berührung mit Migranten und wollen das nicht.»** Die andauernde rechtsextreme Gewalt sorgt dafür, dass viele Migranten den Osten meiden.

Allerdings entwickelt sich die Gesellschaft auch in den neuen Bundesländern selbstverständlich nicht einheitlich – und verglichen mit den neunziger Jahren gibt es beträchtliche Fortschritte beim Kampf gegen Neonazis. Doch wer Rechtsextremismus und Rassismus erfolgreich bekämpfen will, braucht klare Analysen und muss die Frage stellen: Warum sind Rechtsextreme wo erfolgreich? Die Behauptung, das Problem sei bundesweit überall gleich verbreitet, hilft bei solchen Analysen nicht weiter.

Gegen reaktionäre Ideologien: Mehr Offenheit wagen!

Rechtsextreme Vordenker hatten bereits in den neunziger Jahren ein Konzept entwickelt, wonach ihr Kampf auf drei Ebenen geführt

* http://research.uni-leipzig.de/kredo/Mitte_Leipzig_Internet.pdf
** www.badische-zeitung.de/deutschland-1/wenn-drohungen-von-rechten-zum-alltag-gehoeren--102159982.html

Patrick Gensing

werden soll: Kampf um die Parlamente, um die Straße sowie um die Köpfe. Das Drei-Säulen-Modell, später wurde es noch um den «Kampf um den organisierten Willen» ergänzt, vereinte verschiedene Handlungsansätze, um völkische Ideen zu verbreiten und eine schlagkräftige Bewegung, den «nationalen Widerstand», zu formen, die öffentlichkeitswirksam handeln kann. Die NPD sollte als parlamentarischer Arm und Dachorganisation dieser Bewegung fungieren.[*]

Diese Vision schien Anfang der 2000er Jahre zunächst Realität zu werden, als die NPD in Sachsen und Mecklenburg-Vorpommern in die Landtage einzog. Doch kurz danach zerstritt sich die Bewegung, weil sie nicht weiterwuchs und weil es nun auch darum ging, Posten und Geld zu verteilen. Der Abstieg der NPD ließ die Idee einer «Volksfront von rechts» in Vergessenheit geraten, doch mittlerweile ist dieser (Alb-)Traum Wirklichkeit geworden – wenn auch anders als von der NPD geplant, denn sie spielt in der neuen internetbasierten Bewegung nicht die Führungsrolle. Vielmehr ist die Partei nun nur ein Akteur von vielen.

Dafür sitzt die AfD mittlerweile in mehreren Landtagen, den Sprung über die Fünf-Prozent-Hürde verpasste sie bei der Bundestagswahl nur knapp. In aktuellen Umfragen liegt sie bundesweit oft deutlich über der Sperrklausel. Die Flügelkämpfe zwischen dem politisch erzkonservativen sowie wirtschaftlich marktradikalen Flügel um Bernd Lucke auf der einen und teilweise offen neurechten AfD-Funktionären auf der anderen Seiten ist entschieden: Die ganz rechten Kräfte konnten sich durchsetzen – und die AfD wird von vielen Experten als der parlamentarische Arm von «Pegida» gesehen. Lucke hatte offenbar angenommen, er könne mit einem «Rechtspopulismus light» die Wählerstimmen aus dem Milieu einsammeln – und dennoch eine imaginäre rote Linie nach ganz rechts ziehen. Doch die Geister, die er selbst rief und auch durch Parolen bediente, vertrieben ihn schließlich.

[*] Siehe auch: www.blaetter.de/archiv/jahrgaenge/2006/september/die-vier-saeulen-der-npd

Die AfD entfernte sich von ihrer Gründungsidee, denn mit dem Thema Euro lassen sich nur bedingt Emotionen, Angst und Wut schüren. Angetreten, um für die D-Mark und gegen Bürokraten in Brüssel zu kämpfen, konzentriert sich die AfD mittlerweile vor allem auf das Thema Flüchtlinge und versucht, durch radikale und öffentlichkeitswirksame Aktionen bei der potenziellen Anhängerschaft zu punkten. So kündigte AfD-Vize Alexander Gauland Anfang Oktober an, Strafanzeige gegen Kanzlerin Merkel zu stellen. Mit Blick auf die Entscheidung der Bundesregierung, Tausende von Flüchtlingen, die in Ungarn festsaßen, nach Deutschland reisen zu lassen, sagte Gauland, die Kanzlerin habe «sich als Schleuser betätigt». Die Anzeige gegen Merkel war kein Zufall: Die Kanzlerin mauserte sich im Spätsommer und Herbst des Jahres zur größten Feindin der neuen Rechten. Ende August wurde sie in Heidenau als «Volksverräterin» beleidigt. Im Oktober folgte die Anzeige der AfD, wenige Tage später machte sich jemand die Mühe, einen Galgen zur «Pegida»-Demonstration in Dresden zu schleppen und diesen dort für Merkel und Vizekanzler Gabriel zu «reservieren». Kurze Zeit darauf stach ein 44-Jähriger in Köln auf die Politikerin Henriette Reker ein – als eine Repräsentantin des demokratischen Systems.

Neben der Aggressivität ist die beachtliche Dynamik und die Vielfalt von Akteuren und Aktionsformen für die neue rechte Bewegung bezeichnend. Die lose und dezentrale Struktur macht die Auseinandersetzung mit dem Phänomen schwierig. Die Bewegung wird zusammengehalten durch einen Minimalkonsens, der sich durch Abgrenzung definiert: Man ist gegen geflüchtete Menschen und gegen gleiche Rechte für Minderheiten. Gleichzeitig misstraut die Bewegung massiv der parlamentarischen Demokratie sowie den etablierten Medien.

Neu ist, dass sich diese Kräfte mittlerweile organisieren können und ein gemeinsames Thema gefunden haben: Propaganda gegen geflüchtete Menschen. Die Rechtsradikalen agieren dabei nicht nur am digitalen Stammtisch, sondern auch in Parlamenten und auf den Straßen. Die neuen Wutbürger behaupten, sie folgten keiner Ideologie, man sei ganz normal und lediglich besorgt über Veränderungen.

Patrick Gensing

Demokratie bedeutet ihrem Verständnis nach, immer den Willen der «normalen» Mehrheit (also den eigenen) durchzusetzen – Minderheitenrechte und Kompromisse stören da nur. Die neue nationalistische Bewegung will sich nicht mit der komplizierten Welt und einer ausdifferenzierten Gesellschaft beschäftigen, trotzig und lautstark erklärt man sich selbst zum Volk, um Konflikte, Gegensätze und Widersprüche einfach auszublenden.

Diese Ressentiments und den Hass einfach als «Sorgen» zu verharmlosen, nützt nichts, im Gegenteil. Vielmehr gilt es, eine klare und nachvollziehbare Gegenposition einzunehmen. Norwegens Ministerpräsident Stoltenberg fand nach dem Terroranschlag von «Islamkritiker» Breivik 2011 die richtigen Worte: «Unsere Antwort wird mehr Offenheit und mehr Demokratie sein!»[*]

Denn genau diese Offenheit bekämpfen die selbsternannten Retter des Abendlandes, wenn sie hetzen und zur Gewalt aufrufen. Die Auseinandersetzung wird langwierig und schwierig, denn der «rechte Rand» in der Bundesrepublik ist bürgerlicher geworden. Eine gute Nachricht ist das nicht – aber auch kein Grund zum Aufgeben: Denn «das Volk» bzw. die Mehrheit in der Gesellschaft sind die rechten Hetzer beileibe nicht – auch wenn sie das gerne behaupten.

[*] http://publikative.org/2012/07/22/wir-ehren-die-toten-und-freuen-uns-uber-das-leben/

Thomas Straubhaar

ES KOMMEN MENSCHEN,
GEBT IHNEN ARBEIT
Ökonomische Aspekte der gegenwärtigen
Flüchtlingszuwanderung

Im August 2015 rechnete das Bundesamt für Migration und Flüchtlinge mit etwa 800 000 Flüchtlingen, die in diesem Jahr nach Deutschland kommen würden.* Gegen Jahresende ging man von noch mehr Menschen aus. Das ist die höchste Zahl, die jemals innerhalb eines Jahres in einem OECD-Land verzeichnet wurde.** Welche ökonomischen Chancen und welche Herausforderungen bringt diese Flüchtlingswelle mit sich? Der folgende Beitrag setzt sich mit den wirtschaftlichen Konsequenzen der Zuwanderung auseinander – humanitäre und soziale Aspekte sind gleichwohl ebenso wichtig.

Flüchtlinge fordern Europa heraus

Die Bilder gleichen sich seit Jahren. Überall auf der Welt. Jetzt sind im Osten und Süden Europas Hunderttausende verzweifelter Menschen zu sehen, die trotz Lebensgefahr versuchen, Grenzbefestigungen, Wasserläufe oder das Mittelmeer zu überqueren. Menschen, die größte persönliche Risiken in Kauf nehmen, um dem politischen Ter-

---

* Prognoseschreiben des BAMF vom 20. August 2015; abrufbar unter:
www.bamf.de/SharedDocs/Anlagen/DE/Downloads/Infothek/DasBAMF/
2015-08-20-prognoseschreiben-asylantraege.pdf?__blob=publicationFile
** OECD, Migration Policy Debate N°7, September 2015, S. 4; abrufbar unter:
www.oecd.org/migration/Is-this-refugee-crisis-different.pdf

ror von Diktatoren, dem religiösen Fanatismus von Ideologen oder der ökonomischen Hoffnungslosigkeit in ihrer Heimat zu entrinnen. Sie wollen nur eines: an einen Ort gelangen, von dem sie sich Sicherheit, Schutz und ein Leben jenseits von Willkür, Verfolgung, Armut und Elend erhoffen.

Europa tut sich schwer mit diesen Menschen vornehmlich muslimischen Glaubens und ihren zum Teil anderen Werten. Viele Länder fürchten den Verlust politischer Stabilität, kultureller Identität und ökonomischer Prosperität. Hoffnungen, Erwartungen und auch Forderungen von Flüchtlingen auf der einen und die Eigeninteressen der durch Globalisierung, Strukturwandel, Euro-Krise, durch Staatsverschuldung und Überalterung verunsicherten europäischen Gesellschaften auf der anderen Seite prallen aufeinander. Das macht es Provokateuren leicht, Stimmung gegen Flüchtlinge zu schüren und Ängste vor Überfremdung zu befeuern. Wer in dieser Gemengelage Vorurteile streut oder populistische Parolen ausgibt, findet rasch Gehör. Grenzzäune werden erhöht und Stacheldraht ausgerollt, Flüchtlingsheime in Brand gesetzt, und es wird gegen die Aufnahme Asylsuchender protestiert.

Aus guten humanitären Gründen bietet das europäische Asylrecht Menschen in Not Zuflucht. Wenn Flüchtlinge jedoch um Asyl nachsuchen, werden sie an den Grenzen Europas mit Gewalt abgeschreckt und ferngehalten. Europa widerspricht mit seiner auf Abwehr und Abschreckung ausgerichteten Asylpolitik den eigenen moralischen, auf die Aufklärung und die universale Garantie von Grund- und Menschenrechten zurückgehenden Grundsätzen.

Wann ist ein Flüchtling ein Asylsuchender?

«Politisch Verfolgte genießen Asylrecht.» So klar und eindeutig formuliert Artikel 16a (1) des Grundgesetzes für die Bundesrepublik Deutschland die rechtliche Sachlage. Doch während Menschen auf der Flucht vor politischer Verfolgung in Deutschland Schutz finden können, sollen Menschen auf der Flucht vor wirtschaftlicher Not wieder in ihre Heimat zurückgeschickt werden.

Was aber, wenn brutale Diktatoren, religiöse Fanatiker oder Feudalherrscher Minderheiten, Andersgläubige und Andersdenkende zwar nicht direkt und offensichtlich politisch terrorisieren, sondern wirtschaftlich ausbeuten, schikanieren, enteignen und entrechten? Dann wird eine Unterscheidung in politische und ökonomische Fluchtursachen schwierig, meist willkürlich und zu oft für abgewiesene Wirtschaftsflüchtlinge zum Todesurteil.

Wie schwierig die Trennung zwischen politischen und wirtschaftlichen Flüchtlingen werden kann, zeigt sich, wenn zynische Machthaber Menschen ganz bewusst durch ökonomische Diskriminierung und Kriminalisierung bis hin zum Berufsverbot zur Flucht treiben, um sich so einer lästigen Opposition auf elegante Art und auf Kosten der Aufnahmeländer zu entledigen. Immer wieder haben sich Diktatoren und Einheitsparteien grausamer Methoden bedient, ethnische oder religiöse Minderheiten durch Ausgrenzung, Ausbeutung und Missachtung elementarer Grundrechte ökonomisch und gesellschaftlich derart zu schikanieren, dass es am Schluss keiner direkten politischen Verfolgung oder Gewalt mehr bedurfte, um Andersdenkende aus ihrem Heimatland zu verjagen.

Wem aus den ärmsten Ländern kann und soll mit guten moralischen Gründen die Zuwanderung nach Europa untersagt werden? Sind sie nicht beide gleichermaßen in ihrer Existenz bedrohte Flüchtlinge: der politisch Verfolgte und der ökonomisch Notleidende?

In beiden Fällen werden in den Herkunftsstaaten fundamentale Grundwerte missachtet und sind Menschen existenziell so gefährdet, dass Bleiben keine Option mehr ist und Flucht die einzige Lösung. Die stärksten Migrationsbewegungen finden zudem innerhalb der weniger entwickelten Regionen in Afrika, Asien, Lateinamerika und in der ehemaligen Sowjetunion statt.* Die Türkei, der Libanon und

---

* Vgl. dazu die Daten in: International Organization for Migration, *World Migration Report 2013*, Genf 2013, S. 55; abrufbar unter: http://publications.iom.int/

Thomas Straubhaar

Jordanien tragen die überragende Last der syrischen Massenflucht. Es wirkt befremdlich, wenn in reichen westeuropäischen Ländern von kaum zu bewältigenden Lasten, nicht tragbaren Kosten der Integration und Überfremdungsängsten die Rede ist.

In der Menschheitsgeschichte sind durch politische Akte Grenzen über mehr Menschen verschoben worden, als Menschen über Grenzen gezogen sind.* Man denke an die neuen Nationalgrenzen in Europa nach den Weltkriegen, an das Ende der Kolonialisierung in Afrika oder Asien oder an den Zusammenbruch der Sowjetunion. Über Nacht wurden Menschen zu Ausländern im ehemals eigenen Land. Oft blieb ihnen nichts anderes übrig, als wegzuziehen, um als Flüchtlinge andernorts weiter ihre Religion ausüben, ihre Sprache sprechen und ihre Kultur bewahren zu können.

Wir sollten in der aktuellen Diskussion nicht vergessen, dass einige Fluchtursachen nicht zuletzt Folgen geopolitischer Entscheidungen der USA und Europas sind.

Warum nicht offene Grenzen für alle?

Ökonomisch gesehen stellt sich die Frage, warum die Aufnahmegesellschaft den Flüchtlingen nicht den roten Teppich ausrollt und Asylsuchende als neue Arbeitskräfte von morgen mit offenen Armen willkommen heißt. Warum gelten Flüchtlinge in Deutschland als Bedrohung des Wohlstands?

bookstore/index.php?main_page=product_info&cPath=37&products_id=1017; und für ein Update aus dem April 2015: World Bank, Migration and Development Brief 24 vom 13. April 2015; abrufbar unter: http://siteresources.worldbank.org/INTPROSPECTS/Resources/334934-1288990760745/MigrationandDevelopment Brief24.pdf

* Vgl. dazu Mirjana Morokvasic und Hedwig Rudolph (Hg.), *Wanderungsraum Europa. Menschen und Grenzen in Bewegung*. Berlin (edition sigma) 1994.

Die *ökonomische Theorie* kann eindeutig und schlüssig belegen, dass internationale Migrationsbewegungen positiv zu bewerten sind. Wie Freihandel auf Gütermärkten ist eine ungehinderte grenzüberschreitende Mobilität von Menschen notwendig, um das Sozialprodukt zu maximieren. Denn sie balanciert Ungleichgewichte aus. Auswanderung verringert einen Überschuss an Arbeitskräften in den Herkunftsregionen, wie er beispielsweise derzeit in vielen Ländern Afrikas mit einer Vielzahl unter- oder unbeschäftigter Jugendlicher existiert. Und Einwanderung beseitigt einen Mangel an Fachkräften in den Zielländern Europas, der von vielen deutschen Firmen beklagt wird. Deshalb führen offene Grenzen zu mehr Wohlstand für alle.

Migration schafft eine makroökonomische Win-win-Situation für die Herkunfts- und die Aufnahmegesellschaft sowie die Wandernden selbst:*

– Die wandernden Menschen profitieren, weil sie politischer Verfolgung oder wirtschaftlicher Not entfliehen können. Sie erhalten die Chance, in wohlhabenderen Regionen mehr aus ihren individuellen Fähigkeiten zu machen und besser zu verdienen als in ihren armen Herkunftsstaaten. Dadurch wird ihr eigener ökonomischer Lebensstandard angehoben. Meist sind die Einwanderer auch in der Lage, etwas zu sparen und die Ersparnisse an ihre Familienangehörigen in der Heimat zu senden. Diese Rücküberweisungen sind für die Herkunftsgesellschaften eine oft unverzichtbare Überlebenshilfe. Sie dienen zurückgelassenen Ehepartnern, Eltern und Kindern dazu, Alltagsgüter zu kaufen oder das Schulgeld zu bezahlen. Oft werden die während der Auswanderung angesparten Finanzmittel – vor allem bei einer späteren Rückkehr in die Heimat – auch als Grundkapital genutzt, um Häuser zu bauen, ein kleines Gewerbe oder eine Tätigkeit als Selbständiger auf die Beine zu stellen.

---

* Zum «Triple Win»-Ansatz einer fairen und gerechten Migrationspolitik vgl. Bertelsmann Stiftung (Hg.), *Migration gerecht gestalten (Weltweite Impulse für einen fairen Wettbewerb um Fachkräfte)*, Gütersloh 2015.

Thomas Straubhaar

- Auch für die Herkunftsregion insgesamt spielen die Rücküberweisungen eine wichtige Rolle. Nach Angaben der Weltbank flossen über diesen Kanal 2014 etwa 440 Milliarden US-Dollar in die weniger entwickelten Volkswirtschaften, ein Vielfaches der offiziellen staatlichen Entwicklungshilfe und in den meisten Ländern deutlich mehr als die Direktinvestitionen privater Firmen aus den Industrienationen.* Die Rücküberweisungen entsprechen in einigen Ländern des Nahen Ostens und den Balkanländern mehr als 10 Prozent des Bruttoinlandsproduktes (BIP), in Nordafrika sind es etwas weniger als 10 Prozent des BIP.
- Für die ärmeren Herkunftsregionen mindert die Abwanderung zudem das Problem, neue Jobs für eine wachsende junge Bevölkerung finden zu müssen. Der amerikanische Ökonom Charles Kindleberger brachte es in den sechziger Jahren wunderbar auf den Punkt: «Was ist wohl klüger: wenn junge Menschen im Süden ohne Hoffnung arbeitslos bleiben oder im Norden ihre großartigen Talente zum Einsatz bringen?»**
- Wurde lange Zeit die Abwanderung von klugen Köpfen negativ bewertet und als «Brain Drain» bezeichnet, erkennen empirische Studien mittlerweile eher einen «Brain Gain» oder einen «Brain Exchange» für die Auswanderungsgesellschaft.*** Dafür sorgt neben den Rücküberweisungen und den positiven Folgen bei einer späteren Rückkehr in die Heimatländer der Anreizeffekt. Er entsteht, wenn sich in der Herkunftsgesellschaft mehr Menschen anstrengen, eine bessere (Aus)bildung zu erhalten, in der Hoffnung, dass sie einen Studienplatz oder einen Job im Ausland bekommen

* World Bank, Migration and Development Brief 24 vom 13. April 2015; abrufbar unter: http://siteresources.worldbank.org/INTPROSPECTS/Resources/334934-1288990760745/MigrationandDevelopmentBrief24.pdf
** Charles P. Kindleberger, *Europe's Postwar Growth*, Cambridge (Mass.): Harvard University Press 1967, S. 99.
*** Vgl. dazu Frédéric Docquier und Hillel Rapoport, Globalization, Brain Drain, and Development, *Journal of Economic Literature*, Vol. 50 (2012) No. (3), S. 681–730.

können. Dadurch kann das allgemeine Bildungsniveau stimuliert werden, und solange nur ein Teil von ihnen das Land tatsächlich verlässt und alle anderen sich in der Heimat einbringen, wirkt sich der verbesserte Bildungsstand makroökonomisch positiv auf die Herkunftsgesellschaft aus.*

– Die Aufnahmeländer erhalten durch die Zuwanderung neue Arbeitskräfte, deren Bildung und Ausbildung sie nicht finanzieren mussten. Flüchtlinge und andere Zuwandernde bringen eine Menge von Wissen und Können, Fähigkeiten und Kenntnissen mit, die den Arbeitsmärkten der Zielländer zusätzlich zur Verfügung stehen. So kann die Zuwanderung den oft beklagten Fachkräftemangel in Europa mindern.

Betrachtet man diese Vorteile der Migration, stellt sich die Frage, warum Staaten die Zuwanderung überhaupt begrenzen. Die ökonomische Theorie, die sich auf Migration allgemein bezieht, lässt sich auf Flüchtlinge übertragen – auch sie bringen Wissen und Können mit. In aller Regel sind sie motiviert, zu arbeiten und ihre Fähigkeiten der Gesellschaft zur Verfügung zu stellen.

Gleichwohl ist festzuhalten, dass ökonomische Kosten-Nutzen-Kalküle im Asylverfahren keine Rolle spielen dürfen. Da geht es um Humanität, nicht um Profit. Für Flüchtlinge müssen die Grenzen offen bleiben – wie es das Grundgesetz einfordert.

Deutschland hat in der Nachkriegszeit und nach dem Zusammenbruch der Sowjetunion viele gute Erfahrungen mit Einwanderern,

---

* Das Argument, dass Migrationsmöglichkeiten zu einem Brain Gain führen können, weil sie Anreize schaffen, dass sich viele Menschen besser ausbilden, wurde von Oded Stark, Christian Helmenstein und Alexia Prskawetz, A Brain Gain with a Brain Drain, *Economics Letters*, Vol. 55 (1997), S. 227–234, in die Literatur eingebracht und durch eine Vielzahl von Studien auch empirisch bestätigt (vgl. Docquier/Rapoport, a. a. O.). Allerdings gibt es auch kritische kontroverse Meinungen (so z. B. Mehdi Chowdhury, Migration, Human Capital Formation and the Beneficial Brain Drain Hypothesis: a Note, *Migration and Development*, Vol. 3 (2014), S. 174–180.).

Thomas Straubhaar

Flüchtlingen, Über- und Rücksiedlern gemacht und vor einem halben Jahrhundert selber noch aktiv Gastarbeiter angeworben, um Lücken auf dem heimischen Arbeitsmarkt zu schließen. Aus wirtschaftlicher Perspektive sollte es insofern keine künstlichen Zuwanderungshemmnisse geben.

Aus verschiedenen Gründen sieht die ökonomische Praxis anders aus als die ökonomische Theorie. Neben den positiven Effekten für den Arbeitsmarkt erzeugt Zuwanderung speziell im Niedriglohnsektor eben auch Verteilungs- und Verdrängungswirkungen, die in Teilen der Aufnahmegesellschaft Ängste hervorrufen.

«Man hat Arbeitskräfte gerufen, und es kommen Menschen»*, hat Max Frisch geschrieben. Diese Menschen bringen ihre Familien, ihre Kultur und ihre Religion mit, sie knüpfen soziale Kontakte und möchten ökonomische Perspektiven, Chancengleichheit und politische Mitsprache.

Beim Umgang mit Zuwandernden und Flüchtlingen geht es langfristig um die Teilhabe an gemeinsamen öffentlichen Gütern und darum, wie Rechte und Pflichten mit neuen Mitgliedern der Gesellschaft zu teilen sind. Dabei spielen Kernbereiche der Staatlichkeit und Schlüsselfragen der (doppelten, mehrfachen) Staatsbürgerschaft in einer zunehmend mobileren modernen Technologie- und Kommunikationsgesellschaft eine zentrale Rolle.

Die von der ökonomischen Theorie geltend gemachten wirtschaftlichen Vorteile von Migration sind bei angeworbenen Fachkräften, die direkt einen Arbeitsplatz haben, offensichtlich. Flüchtlinge sind hingegen zunächst von den Sozialsystemen abhängig. Sie benötigen Sozialleistungen, die über Steuergelder finanziert werden. Sie nutzen öffentliche Güter (Justizwesen, innere und äußere Sicherheit), Infrastrukturanlagen (Verkehrs-, Telekommunikations- und Energienetze) und Dienstleistungen (Gesundheits-, Bildungswesen), die allen zur

---

* Max Frisch, Vorwort. In: Alexander J. Seiler, *Siamo Italiani – Die Italiener*, Zürich (EVZ-Verlag) 1967, S. 7.

Verfügung stehen und die direkt über Abgaben und Gebühren oder indirekt über Steuern finanziert werden. Die Kassen der Kommunen und Länder sind so zusätzlich belastet, und es steht weniger öffentliches Geld für andere und anderes zur Verfügung.

Die durch die Allgemeinheit zu tragenden Integrationskosten dürften keine Bagatelle sein. Wenn innerhalb eines Jahres gegen 800 000 Menschen zusätzlich in Deutschland leben sollten – immerhin mehr, als die Stadt Frankfurt Einwohner hat –, ist es auch für ein wohlhabendes Land eine Herausforderung, so rasch genügend zusätzliche Kapazitäten an Wohneinheiten und in Kindergärten, Schulen und Ausbildungseinrichtungen, im Gesundheitswesen oder bei der Infrastruktur aus dem Boden zu stampfen, wie notwendig wären, um den Flüchtlingen und ihren Familien eine menschenwürdige Perspektive zu bieten.

Es ist auch nicht immer davon auszugehen, dass anerkannte Asylsuchende – wenn sie denn dürften – so reibungslos in der Lage wären, wirtschaftlich in Deutschland auf eigenen Beinen zu stehen, beispielsweise, weil sie die Sprache nicht sprechen, die verwendeten Technologien nicht kennen, mit den rechtlichen Spielregeln oder den gesellschaftlichen und politischen Umgangsformen noch nicht vertraut sind.

Dass anerkannte Asylsuchende finanziell vom Staat abhängig sind, hat dabei in erster Linie mit der aktuellen Gesetzgebung zu tun. Derzeit dürfen Flüchtlinge in den ersten drei Monaten ihres Aufenthaltes überhaupt nicht arbeiten. Danach haben sie schlechte Chancen, weil es «bevorrechtigte Arbeitnehmer» gibt, Deutsche oder EU-Angehörige. Erst nach fünfzehn Monaten dürfen Asylbewerber und geduldete Flüchtlinge ohne Beschränkungen arbeiten. Unter einer gesetzlichen Regel, die Asylsuchenden untersagt, ein eigenes Einkommen zu erwirtschaften, obwohl sie arbeiten könnten und auch wollen, kann eine ökonomische Kosten-Nutzen-Analyse des Flüchtlingswesens selbstredend nur negativ ausfallen. Deshalb drängt sich die Frage auf, ob Asylsuchende nicht viel rascher und einfacher eine Arbeitserlaubnis erhalten sollten.

Thomas Straubhaar

Sollen Flüchtlinge arbeiten dürfen?

Vehement fordern die Arbeitgeber das Recht auf Arbeit für Flüchtlinge. Richtig so. Viele der Asylsuchenden sind gut ausgebildet, motiviert und wollen alles andere als den öffentlichen Kassen zur Last fallen. Ökonomisch gesehen ist es Unsinn, angesichts der Arbeitsmarktlage in Deutschland und der knapper werdenden Fachkräfte auf das Potenzial von Menschen zu verzichten, die ohnehin bereits hier leben.

Dennoch muss man vor falschen Erwartungen warnen. Auch wenn die Flüchtlinge viel Wissen und Können mitbringen, müssen sie zunächst eingearbeitet werden und oftmals Sprachkenntnisse erwerben, um als Fachkräfte eingesetzt zu werden. Eine Mehrheit der deutschen Manager hält eine rasche und erfolgreiche Beschäftigung von Flüchtlingen in gehobenen Tätigkeiten für realitätsfremd.* Die Produktionstechnologien unterscheiden sich, nicht alle Fähigkeiten der Asylsuchenden sind direkt übertragbar. Nicht zuletzt sind die Menschen mit traumatischen Erfahrungen von Verfolgung und Flucht belastet. Die Arbeitgeber sind also gefragt: Sie müssen schnell eine gezielte Einarbeitung anbieten.

Die fehlenden Strukturen für eine Eingliederung von Flüchtlingen in den Arbeitsmarkt weisen deutlich auf Deutschlands Versäumnis hin, ein Einwanderungsgesetz zu schaffen. Wer im Nahen Osten oder Afrika politisch unterdrückt oder wegen seines Glaubens verfolgt wird, kann in Europa auf Asyl hoffen. Wer aus wirtschaftlicher Not kommt, ohne Perspektive auf Besserung lebt, aber gut ausgebildet ist, hat rechtlich so gut wie keine Chance, Asyl zu erhalten. Die Hürden für Nicht-EU-Angehörige, Arbeit in Europa zu finden, sind derzeit extrem hoch, und so sind die Unternehmen noch zu wenig eingestellt auf Zuwanderer. Wirtschaftsflüchtlingen bleibt nur der Seiteneingang des Asyls, da ihnen der Haupteingang der legalen Arbeitsmigration verwehrt wird.

---

* Vgl. *Welt Online*, abrufbar unter: www.welt.de/wirtschaft/article145787815/Fluechtlinge-als-Fachkraefte-Manager-sind-skeptisch.html

Was wäre eine pragmatische Lösung für die kurze Frist?

Die Flüchtlingspolitik steckt in der Zwickmühle. Während die ökonomische Theorie Hoffnung macht, sind die Kommunen derzeit überfordert. Es gibt keine einfache Antwort auf die Frage, wie weit die Grenzen für Flüchtlinge zu öffnen sind. Ökonomische und vor allem rechtliche Rahmenbedingungen schließen Extremlösungen aus – in beide Richtungen. Es wird darum gehen, mit Vernunft und Augenmaß kluge, pragmatische Kompromisse zu finden zwischen Menschlichkeit, gesellschaftlicher Akzeptanz, ökonomischer Verhältnismäßigkeit und rechtlicher Durchsetzbarkeit.

Fakt ist: Die Ursachen der Flucht werden weder kurzfristig verschwinden, noch können viele Asylsuchende mit gutem Gewissen in ihre Heimat abgeschoben werden. Das heißt, Deutschland wird sich in den nächsten Monaten und Jahren an die vielen Neuankömmlinge gewöhnen. Die Mehrheit der Flüchtlinge ist relativ gut ausgebildet, jung und zupackend, bereit und willig, ein neues Leben aus und mit eigener Anstrengung anzufangen.

Will man unter diesen Umständen die Flüchtlinge über lange Monate in provisorischen Zeltunterkünften, behelfsmäßigen Baracken und Containern, ohne Arbeit, ohne Perspektive und ohne Chancen auf ein selbstbestimmtes Leben von der deutschen Bevölkerung abschotten? Der gesunde Menschenverstand warnt: Das kann nicht gutgehen!

Nach der großen Jahrhundertflut bedurfte es genauso schneller pragmatischer Lösungen wie nach dem Zusammenbruch der Finanzmärkte und der Rezession nach 2008. Manchmal müssen Bestimmungen über Arbeitserlaubnis, Baubewilligungen, öffentliche Ausschreibungen, Standardverfahren und auch Finanztransfers vorübergehend und befristet ausgesetzt werden – bei allem Respekt vor der Rechtsstaatlichkeit, die unverzichtbar ist für das Wohlergehen einer Gesellschaft.

Kinder anerkannter Flüchtlingsfamilien sollten nicht als vorübergehende «Problemfälle» auf Schulen verteilt werden. Vielmehr muss

Thomas Straubhaar

klar sein, dass sie langfristig hierbleiben und auch jene Lücken füllen können, die durch die geringen Geburtenzahlen in Deutschland entstehen. Sie müssen genau die gleichen Bildungs- und Weiterbildungschancen erhalten und nutzen können wie ihre deutschen Mitschüler. Dafür ist es wichtig, dass sie dabei unterstützt werden, schnell die Sprache und die gesellschaftlichen Anforderungen zu lernen. Das gilt ganz besonders auch mit Blick auf das duale Ausbildungssystem für Jugendliche. Die Verbindung von Theorie in der Berufsschule und Praxis im Lehrbetrieb bietet gerade für anerkannte junge Flüchtlinge eine hervorragende Chance der raschen und erfolgreichen Integration.

Bei der Arbeitssuche sollten Zeugnisse und Diplome der Flüchtlinge unbürokratisch anerkannt werden. Das heißt nicht, dass Ärztinnen oder Krankenpfleger aus dem Nahen Osten ohne weitere Nachweise sogleich als vollwertiges Fachpersonal in deutschen Spitälern eingesetzt werden. Aber man könnte es der Leitung des Krankenhauses, Alten- oder Pflegeheims überlassen, qualifizierte Flüchtlinge «on the job» zu testen und zu prüfen, wie der Ausbildungsstand und das Fachwissen jeweils sind und wie durch gezielte Einarbeitung und Eingliederung nachgeholfen werden kann.

Die Erfahrung hat gezeigt, dass anerkannte Flüchtlinge möglichst dezentral in die Aufnahmegesellschaft zu integrieren sind, um eine Ghettoisierung zu verhindern. Die Kommunen sind in der Pflicht. Deshalb ist es notwendig, dass der Bund die Kommunen finanziell massiv unterstützt. Dafür braucht es keine neuen Sondersteuern. Eine Umschichtung innerhalb bestehender staatlicher Budgets genügt. Ein mit Bundesmitteln großzügig ausgestatteter «Flüchtlingsfonds» sollte den Kommunen jetzt schnell für einen mehrjährigen Planungshorizont die Finanzmittel verschaffen, die unverzichtbar sind, wenn die Integration der Asylsuchenden gelingen soll. Damit sind zusätzliches Personal in Kindertagesstätten und Schulen, Schulmahlzeiten, Sport- und Kulturangebote für Jugendliche, aber auch Sprachkurse, zusätzliche Berufsschulangebote und Integrationshilfen für Flüchtlingsfamilien zu finanzieren.

Es ist unstrittig, dass ein rasches und großzügiges Asylverfahren, eine vollständige Integration anerkannter Flüchtlinge in das Bildungssystem und den Arbeitsmarkt und ein «Flüchtlingsfonds» nicht alle bestehenden Probleme lösen. Die Attraktivität Deutschlands als Ziel für Flüchtlinge wird steigen und damit der Druck auf die Kommunen. Deshalb bedarf es weiterer, längerfristig ausgelegter Maßnahmen. Parallel zur kurzfristigen Hilfe gilt es, mit Nachdruck die Ursachen der Massenmigration in den Herkunftsländern zu bekämpfen. Ebenso muss weiter an einer europäischen Quotenregelung gearbeitet werden, um anerkannte Flüchtlinge gleichmäßig über Europa zu verteilen.

Pragmatismus ersetzt nicht die intensive Suche nach grundsätzlichen langfristigen Konzepten. Dennoch kann es derzeit nicht um perfekte Antworten aus dem Lehrbuch alter Prinzipien gehen. Dafür ist es zu spät. Und für nachhaltige Grundsatzlösungen ist es zu früh. Die Flüchtlinge sind bereits hier. Sie werden eine Weile bleiben. Deshalb muss Deutschland jetzt viele Probleme schnell und konkret klug lösen.

Was wäre ein nachhaltiger Lösungsansatz für die lange Frist?

Das komplexe Spannungsfeld zwischen humanitären Verpflichtungen, ökonomischen Kosten und gesellschaftlichen Ängsten der Aufnahmegesellschaft und der Not der Flüchtlinge braucht Lösungsansätze:

1. Kaum eine der Fluchtursachen lässt sich in den Zielländern Europas beheben. Alles, was im Norden passiert, hilft den Menschen aus dem Süden bestenfalls im Einzelfall aus der Notlage. Für die Massen der von Willkür und Zwang Verfolgten sind alle Maßnahmen jenseits der Heimat wirkungslos, nicht nachhaltig oder sogar kontraproduktiv, wenn Flucht Despoten in die Hände spielt, weil

Thomas Straubhaar

sie die Opposition aus dem Land treiben und so kritische Gegner mundtot machen. Wirtschaftsschwache Herkunftsregionen von Flüchtlingen müssen unterstützt werden, um ihnen langfristige Perspektiven in ihrer Heimat zu geben. Eine gemeinsame europäische Außen- und Sicherheitspolitik sowie eine effiziente Entwicklungszusammenarbeit sind notwendig.

2. Nachhaltige Lösungen können nicht gegen, sondern nur mit dem Willen der Regierungen der Herkunftsländer umgesetzt werden. Hier bedarf es der internationalen Zusammenarbeit von Aufnahme- und Herkunftsländern. Sie muss darauf ausgerichtet sein, durch ökonomische Anreize, aber auch Sanktionen den Schutz von Minoritäten einzufordern und sicherzustellen, dass deren Leib und Leben nicht aus politischen oder religiösen Gründen bedroht werden.

3. Nationale Asylpolitik ist zum Scheitern verurteilt. Ein einzelnes europäisches Land kann politisch keinen Druck auf Krisenstaaten aufbauen. Humanismus endet nicht an nationalen Grenzen. Er ist eine Verpflichtung, die alle Staaten der Europäischen Union gemeinsam haben. Wird Asylpolitik nicht als gemeinsame europäische Verantwortung verstanden, versuchen einzelne Regierungen – trotz der Dublin-Abkommen, die das eigentlich verhindern sollten –, Flüchtlinge zu Durchreisenden zu machen und eine Daueraufnahme zu verhindern. Das heißt, eine Quotenregelung für Europa ist notwendig. Außerdem sollte der EU-Migrationskommissar weit mehr Kompetenzen und ein größeres Budget erhalten, als sie dem aktuellen Amtsinhaber Dimitris Avramopoulos zugestanden werden. Die präventive Arbeit wird die EU viel Geld kosten. Dennoch bleibt Prävention die nachhaltigere Lösung und letztlich auch die kostengünstigere.

Deutschland und die übrigen EU-Staaten müssen schnellstmöglich nach einer Vergemeinschaftung der Migrationspolitik streben, insbesondere auch der Flüchtlingspolitik. Ein Verzicht auf Passkontrollen innerhalb des Schengen-Raums und die Freizügigkeit der Arbeitskräfte innerhalb des Gemeinsamen Marktes verlangen zwangsläufig nach einer gemeinsamen Migrationsstrategie. Die Zeit der nationalen Migrationspolitik in Europa ist abgelaufen.

Pauline Endres de Oliveira

SCHUTZ ODER ABWEHR?
Die Entwicklung des Asylrechts in der EU

Die aktuelle Flüchtlingskrise scheint eine historische Zeitenwende einzuläuten. Gegenwärtig sind rund sechzig Millionen Menschen weltweit auf der Flucht. Sie alle sind auf den Schutz der Staatengemeinschaft angewiesen – so wie einst Millionen von Europäern, die vor dem Nationalsozialismus und den Schrecken des Zweiten Weltkrieges flohen. Das heutige Flüchtlingsrecht entstand als Folge dieser Entwicklung. Denn die Gewährung von Asyl hatte zwar Tradition, international verbindliche Regelungen zum Schutz von Flüchtlingen gab es Anfang des 20. Jahrhunderts jedoch noch nicht.

Die Geburtsstunde des internationalen Flüchtlingsrechts

1938 kamen Vertreter von 32 Staaten im französischen Évian zusammen, um zu besprechen, wie mit den vom Nationalsozialismus Verfolgten umgegangen werden sollte. Doch keiner wollte sich der europäischen Flüchtlinge annehmen. Millionen von Menschen wurden ihrem Schicksal überlassen. Einige von ihnen brachten sich mit Hilfe von Fluchthelfern rechtzeitig in Sicherheit, die Mehrheit aber fiel dem Nationalsozialismus und den Folgen des Krieges zum Opfer. Trotz dieser historischen Tragödie ist auch die aktuelle Flüchtlingspolitik von teils mangelnder Aufnahmebereitschaft und fehlender Solidarität der Staaten untereinander geprägt; im Gegensatz zu damals sind Staaten heute aber zum Flüchtlingsschutz verpflichtet.

Infolge der Gräuel des Zweiten Weltkrieges verabschiedeten die

Vereinten Nationen 1948 die Allgemeine Erklärung der Menschenrechte. Das darin enthaltene Recht, *Asyl zu suchen und zu genießen*, sowie das *Recht auf Ausreise* bilden die ersten Grundpfeiler des individuellen Flüchtlingsschutzes. Eine konkrete und vor allem verbindliche Regelung wurde dann 1951 mit dem *Abkommen über die Rechtsstellung der Flüchtlinge* (Genfer Flüchtlingskonvention) geschaffen, dem Grundstein des internationalen Flüchtlingsrechts. Der Begriff «Flüchtling» wurde definiert, Rechte und Pflichten festgeschrieben und die Staaten an das Prinzip des *non refoulement* gebunden. Dieses Gebot der «Nichtzurückweisung» in einen Staat, wo schwerwiegende Menschenrechtsverletzungen drohen, ist bis heute das Kernprinzip des Flüchtlingsschutzes. Der Hohe Flüchtlingskommissar der Vereinten Nationen (UNHCR) sollte über die Durchführung der Genfer Flüchtlingskonvention wachen. In der Annahme, dass die damalige Flüchtlingskrise bald enden würde, war dieses Mandat anfangs auf drei Jahre begrenzt, wurde dann in Anbetracht andauernder weltweiter Konflikte und Kriege mehrmals verlängert und schließlich unbefristet erteilt.

Die Genfer Flüchtlingskonvention war ursprünglich auf europäische Flüchtlinge nach dem Zweiten Weltkrieg zugeschnitten, weshalb sie eine geographische und zeitliche Beschränkung erhielt, die erst mit dem Zusatzprotokoll von 1967 aufgehoben wurde. Flüchtling nach der Konvention ist heute *jede* Person, die sich aus begründeter Furcht vor Verfolgung *wegen* ihrer Rasse, Religion, Nationalität, politischen Überzeugung oder Zugehörigkeit zu einer bestimmten sozialen Gruppe außerhalb ihres Heimatlandes befindet. Gemeinsam mit ihrem Zusatzprotokoll ist die Genfer Flüchtlingskonvention die «Magna Charta» des Flüchtlingsschutzes und elementarer Bestandteil des europäischen Asylsystems.

Pauline Endres de Oliveira

Die Entstehung des Gemeinsamen Europäischen Asylsystems

Das Recht eines Staates, Einreise und Aufenthalt von Personen zu regeln, die keine Staatsbürger sind, ist ein wichtiger Ausdruck staatlicher Souveränität. Die Existenz des Gemeinsamen Europäischen Asylsystems (GEAS) ist deshalb nicht unbedingt selbstverständlich. Das Gemeinsame Asylsystem hängt direkt mit dem europäischen Integrationsprozess zusammen. Die Schaffung eines Gemeinsamen Marktes und die Öffnung der Binnengrenzen mit dem *Schengener Abkommen* von 1985 markieren den Beginn der innereuropäischen Freizügigkeit. Gleichzeitig führten zahlreiche Krisen in den achtziger und neunziger Jahren zu großen Fluchtbewegungen nach Westeuropa. Um die Migration trotz offener Binnengrenzen und Bewegungsfreiheit weiterhin kontrollieren zu können, mussten die Staaten sich über Außengrenzschutz, Einreise- und Aufenthaltsrecht einig werden. Mit dem *Schengener Durchführungsübereinkommen* wurden 1990 daher zwischen einigen europäischen Staaten gemeinsame Visaregelungen sowie Abkommen zur polizeilichen und justiziellen Zusammenarbeit verabschiedet. Das *Dubliner Übereinkommen* aus dem gleichen Jahr, Vorgängerregelung der aktuell geltenden sogenannten *Dublin-III-Verordnung*, regelte die Zuständigkeit für Asylverfahren von Beginn an durch das «One State Only»-Prinzip, also den Grundsatz, dass Asylsuchende nur in einem Staat einen Asylantrag stellen sollten, dieser dann aber auch zur Prüfung verpflichtet ist. Nach und nach wurden Kompetenzen im Asyl- und Migrationsrecht auf die Europäische Gemeinschaft und später auf die EU übertragen; gemeinsame Standards für die Asylantragsprüfung und das Asylverfahren wurden geschaffen. Auf der Basis der Genfer Flüchtlingskonvention entstand das Gemeinsame Europäische Asylsystem.

Der bereits stark sicherheitspolitisch geprägte Harmonisierungsprozess des europäischen Asyl- und Migrationsrechts führte nach den Terroranschlägen 2001 in New York und 2004 in Madrid zu noch restriktiveren Regelungen für die Einreise nach und den Aufenthalt in Europa. Datenbanken und Verordnungen für die Speicherung von Fingerabdrücken, Passbildern, Visa- und Einreiseinformationen wurden geschaffen oder weiter ausgebaut, um Migrationsbewegungen besser zu steuern. Außerdem wurden die EU-Außengrenzen verschärft kontrolliert – seit 2005 von der neugegründeten Grenzschutzagentur *Frontex*. Das Bild der «Festung» entstand.

Gleichzeitig kam es aber auch zu wichtigen Verbesserungen der Rechte von Asylsuchenden *in* der EU: Während die Genfer Flüchtlingskonvention ursprünglich für den Schutz von Menschen gedacht war, denen *staatliche* Verfolgung aufgrund ihrer Ethnie, Religion oder politischen Überzeugung drohte, wird eine solche Auslegung den heutigen Realitäten nicht mehr gerecht. Daher konkretisierte das europäische Asylsystem mit der sogenannten *Qualifikationsrichtlinie* die Begriffe der Genfer Flüchtlingskonvention und stellt heute unter anderem klar, dass eine Verfolgung auch von nichtstaatlichen Akteuren ausgehen kann. Darüber hinaus wurde ein gesonderter Status für Personen geschaffen, denen Menschenrechtsverletzungen wie Folter, unmenschliche oder erniedrigende Behandlung, Todesstrafe oder willkürliche Gewalt im Rahmen eines Krieges drohen, die aber anders als beim Flüchtlingsschutz nicht im Zusammenhang mit besonderen persönlichen Merkmalen («Rasse, Religion, Nationalität, Zugehörigkeit zu einer bestimmten sozialen Gruppe oder politische Überzeugung») stehen. Dieser Status nennt sich «subsidiärer Schutz».

Ein Asylantrag ist nach europäischem Recht ein Antrag auf *internationalen Schutz*, dieser beinhaltet sowohl den Flüchtlingsschutz nach der Genfer Flüchtlingskonvention als auch den subsidiären Schutz nach der Qualifikationsrichtlinie. Der *internationale Schutz* ist der Kern des europäischen Flüchtlingsrechts und bindet alle Mitgliedsstaaten.

Pauline Endres de Oliveira

Flüchtlingsschutz in Deutschland

Ein individuelles Recht auf Asyl existierte in Deutschland bereits vor der Verabschiedung der Genfer Flüchtlingskonvention 1951 und lange vor der Entstehung des europäischen Asylsystems. Nach den Schrecken der Naziherrschaft sollte ein uneingeschränktes individuelles Recht auf Asyl direkt in der Verfassung verankert sein: «Politisch Verfolgte genießen Asylrecht», lautete der damalige Artikel 16 Absatz 2 Satz 2 des Grundgesetzes von 1949. Doch als Deutschland sich in den Neunzigern mit einer wachsenden Zahl von Asylsuchenden konfrontiert sah, wurde diese Selbstverpflichtung relativiert; es kam zur massiven Verschärfung des Asylrechts. Der sogenannte Asylkompromiss von 1992/93 führte zu einer Änderung des Grundgesetzes: Aus dem damals noch ohne Einschränkungen geltenden Grundrecht auf Asyl wurde der heutige Artikel 16a, dessen Anwendungsbereich durch die Drittstaatenregelung stark eingeschränkt ist; diese bestimmt, dass eine Person, die durch einen sogenannten *sicheren Drittstaat* nach Deutschland eingereist ist, sich nicht auf das Asylrecht nach dem Grundgesetz berufen kann. Zu sicheren Drittstaaten gehören alle Mitgliedsstaaten der Europäischen Union sowie Norwegen und die Schweiz. In Abwesenheit legaler Zugangsverfahren für Asylsuchende, die eine Einreise auf dem Luftweg ermöglichen würden, betrifft die sichere Drittstaatenregelung fast alle Asylantragstellenden. Asylanerkennungen nach dem Grundgesetz liegen daher bei weniger als 1 Prozent. Außerdem führte der Asylkompromiss die Kategorie der «sicheren Herkunftsstaaten» und das sogenannte Flughafenverfahren ein; beides Rechtsinstitute, die erhebliche Einschränkungen für Asylsuchende mit sich bringen. Personen, die aus einem als «sicher» erklärten Staat kommen, können in Deutschland zwar noch immer einen Asylantrag stellen, aber die Erfolgschancen sind gering und ihre Rechte gegenüber anderen Asylsuchenden stark eingeschränkt; vor allem sind die Fristen für die Einlegung von Rechtsschutz gegen eine Ablehnung kürzer. Letzteres gilt auch für das Flughafenverfahren, das zurzeit an fünf deutschen Flughäfen durchgeführt wird.

Aktuell wird angesichts der steigenden Asylantragszahlen wieder über erhebliche Verschärfungen des Asylrechts nachgedacht – sogar die Abschaffung oder zumindest die Einführung einer «Obergrenze» des Grundrechts auf Asyl wird diskutiert. Stellt eine Person in Deutschland einen Asylantrag, prüft das *Bundesamt für Migration und Flüchtlinge* nicht nur das Asylrecht nach dem Grundgesetz, sondern insgesamt vier Schutzformen: Erfüllt eine Person die Flüchtlingseigenschaft nach der Genfer Flüchtlingskonvention, droht ihr also aufgrund bestimmter persönlicher Merkmale Verfolgung? Steht ihr Asyl nach dem Grundgesetz zu? Ist sie subsidiär schutzberechtigt? Oder stehen einer Abschiebung andere Gründe wie schwere Krankheit entgegen? Auch wenn man das Asylgrundrecht aus der Verfassung streichen würde, bliebe Deutschland weiterhin an internationale und europäische Vorgaben gebunden – die Zuerkennung der Flüchtlingseigenschaft oder einer anderen Schutzform würden davon also nicht berührt. Eine Abschaffung des Asylgrundrechts wäre allerdings ein schwerwiegender Angriff auf die Werte, denen sich Deutschland aufgrund der eigenen Geschichte verschrieben hat.

In der Kritik steht derzeit auch die Erweiterung der Liste *sicherer Herkunftsstaaten*. Neben den Mitgliedsstaaten der EU standen bisher nur Senegal und Ghana auf dieser Liste, bis kürzlich Bosnien und Herzegowina, Serbien und Mazedonien hinzukamen. Nun sind auch Albanien, Montenegro und Kosovo zu sicheren Herkunftsstaaten erklärt worden. Die Erweiterung ist eine direkte Reaktion auf den Anstieg der Asylanträge von Menschen aus diesen Ländern. Das ist rechtlich äußerst bedenklich, da der Anstieg von Asylantragszahlen gerade kein Indiz für die Sicherheit eines Landes ist.

Zahlreiche weitere Verschärfungen des Asylrechts wurden im Oktober 2015 beschlossen. So kann nach dem Asylverfahrensbeschleunigungsgesetz die Zeit, die Asylsuchende in einer Erstaufnahmeeinrichtung wohnen müssen, von drei auf sechs Monate erhöht werden; Asylsuchende aus sicheren Herkunftsstaaten sollen sogar für die gesamte Dauer ihres Asylverfahrens in diesen Einrichtungen wohnen. Das geht direkt einher mit der Verlängerung des Arbeitsverbotes, das grundsätzlich für die Zeit des Aufenthaltes in einer Erstaufnahme-einrichtung gilt. Diese Änderungen führen nicht zu einer Beschleunigung des Verfahrens, wie es der Name des Gesetzes nahelegt, sondern zu einer Beschränkung der Rechte der Asylsuchenden.

Verfassungsrechtlich bedenklich ist die Entscheidung, das Asylbewerberleistungsgesetz um Möglichkeiten der Leistungskürzung zu erweitern sowie einen Vorrang von Sachleistungen zu ermöglichen, wodurch nicht nur das Selbstbestimmungsrecht der Betroffenen eingeschränkt, sondern auch ein erheblicher Verwaltungsaufwand begründet wird. Das Asylbewerberleistungsgesetz ist die Folge der letzten massiven Verschärfung des Asylrechts der neunziger Jahre. Asylsuchende unterliegen damit gesonderten Regeln in Bezug auf soziale Leistungen, die grundsätzlich unter dem Hartz-IV-Satz liegen. Allerdings stellte das Bundesverfassungsgericht in einer Grundsatzentscheidung im Jahr 2012 klar, dass die Menschenwürde und das Sozialstaatsprinzip nicht nur die Wahrung des *physischen*, sondern auch des *soziokulturellen* Existenzminimums gebieten; eine Absenkung von Leistungen unter das menschenwürdige Niveau ist verfassungswidrig.

Ein weiteres Beispiel für politische Schnellschüsse ist der Vorschlag, Transitzentren an den Grenzen Deutschlands zu errichten, um dort Asylanträge zu bearbeiten. Neben einem Verstoß gegen Grundrechte der Betroffenen würde die dauerhafte Errichtung solcher Zentren eine Wiedereinführung von Binnengrenzkontrollen bedeuten und nicht nur der europäischen Idee, sondern auch geltendem europäischem Recht widersprechen. Auch europäische Bürger wären von der Wiedereinführung der Grenzkontrollen betroffen.

Die Herausforderungen der heutigen Zeit:
Verteilung und Zugang

Europäische Richtlinien legen heute einheitliche Mindeststandards für die nationalen Asylverfahren, die Aufnahme von Asylsuchenden und den Inhalt der jeweiligen Schutzformen fest. Im Rahmen des sogenannten Dublin-Verfahrens wird bestimmt, welcher Mitgliedsstaat für die Prüfung eines Schutzgesuchs zuständig ist. Geregelt wird das zurzeit durch die Dublin-III-Verordnung von 2013. Danach ist in der Regel immer der Staat zuständig, den die schutzsuchende Person zuerst betreten hat. Aufgrund der fehlenden legalen Zugangsverfahren sind das grundsätzlich die Mittelmeeranrainer, Bulgarien und Ungarn. Da Asylsuchende nicht nur während ihres Asylverfahrens, sondern auch danach nicht einfach in einen anderen europäischen Staat weiterwandern dürfen, sind diese Staaten für das Asylverfahren und auch für die Aufnahme nach der Schutzgewährung verantwortlich.

Diese ungleiche Verteilung führt zu Spannungen zwischen den Mitgliedsstaaten. Die unterschiedlichen Aufnahmebedingungen und die schwankende Anerkennungspraxis gefährden die Rechte der Asylsuchenden; denn selbst in manchen europäischen Ländern erwarten sie menschenunwürdige Lebensbedingungen und kein faires Asylverfahren. Individualinteressen sollen zwar durch besonderen Schutz von Minderjährigen und Familien, durch Informationsrechte, ein Recht auf Anhörung und Rechtsschutz gesichert werden; doch das Verfahren wird der Realität nicht gerecht. Schutzsuchende, die in andere Mitgliedsstaaten weiterflüchten, werden mit großem Verwaltungs- und Vollzugsaufwand wieder in den für sie zuständigen Staat überstellt. Das Bild des «*Verschiebebahnhofs*» steht daher schon lange für das Dublin-System.

Eine umfassende Reform ist überfällig. Ganz gleich, wie sie ausfallen wird – sei es eine Neuordnung der Zuständigkeit oder die Einführung einer Verteilungsquote für die Mitgliedsstaaten –, das System kann nur funktionieren und rechtsstaatlich sein, wenn gleiche Standards herrschen und berechtigte Interessen der Schutzsuchenden wie die Wahrung der familiären Einheit und Rechtsschutzmöglichkeiten bei der Verteilung berücksichtigt werden. Auch andere Bindungen zum jeweiligen Zielland wie Sprachkenntnisse und Voraufenthalte sind wichtig, da sie die Integration erleichtern können.

Neben einer solidarischen Verantwortungsteilung und menschen-

Pauline Endres de Oliveira

würdigen Aufnahme von Asylsuchenden ist die Regulierung des Zugangs in die EU nach wie vor eine der größten Herausforderungen. Flüchtlinge sind auf den Schutz anderer Staaten angewiesen; es gibt aber keine internationale Rechtsnorm, die ein Einreiserecht für Flüchtlinge festlegt. Asyl kann eine Person auch in der EU nur beantragen, wenn sie sich bereits an der Grenze, im Territorium oder im Transitbereich befindet. Ein Asylantrag in einer deutschen Botschaft ist grundsätzlich nicht möglich, und private Transportunternehmen verweigern die Beförderung, da sie Passagiere ohne Visum oder gültige Reisedokumente nicht an Bord nehmen dürfen. In Abwesenheit legaler Einreisemöglichkeiten lassen sich viele Menschen auf irreguläre und lebensgefährliche Fluchtwege ein. Allein im Jahr 2015 kamen 3000 Menschen bei dem Versuch ums Leben, über das Mittelmeer in die EU zu gelangen.

Auch wenn der Ursprung jeder Tragödie auf dem Mittelmeer eine Kombination von Fluchtursachen und fehlenden legalen Zugangswegen ist, muss die Wahrung menschenrechtlicher Standards bei der Außengrenzkontrolle unabdingbar sein. Grundsätzlich sind sowohl die Grenzschutzagentur *Frontex* als auch die Mitgliedsstaaten an die Einhaltung der Menschenrechte gebunden, nicht nur auf dem Festland und an der Grenze, sondern auch auf hoher See, wie der Europäische Gerichtshof für Menschenrechte im Jahr 2012 befand. Doch die Einhaltung menschenrechtlicher Standards bei der Grenzkontrolle bleibt problematisch.

Ausblick

Die EU hat eines der liberalsten Asylsysteme der Welt, und dennoch sterben jährlich Tausende Menschen vor den Küsten Europas. Entstanden ist ein *Asylparadox*, dessen Auflösung nicht in Sicht ist. Solange es Fluchtursachen gibt, werden Menschen fliehen. Und in Abwesenheit legaler Zugangsmöglichkeiten werden sie weiter auf irreguläre Wege zurückgreifen. Eine Folge davon ist, dass die besonders

Schutzbedürftigen, Frauen, Kinder, ältere Menschen und Kranke, in den Krisenregionen zurückbleiben. Forderungen, Empfehlungen und Ansätze für die Schaffung legaler Zugangswege gab und gibt es zahlreiche, jedoch fehlt es bislang an politischem Willen zur Umsetzung. Die deutschen humanitären Aufnahmeprogramme für Flüchtlinge aus Syrien sind ein positives Beispiel. Weitere wichtige Maßnahmen liegen in der Erleichterung von Nachzugsverfahren für Familienangehörige sowie von Neuansiedlungsprogrammen *(resettlement)*, also einer Aufnahme besonders schutzbedürftiger Personen, die nicht in ihren Erstzufluchtsstaaten bleiben können.

Wie glaubwürdig die gemeinsamen Werte und Rechte sind, denen sich Deutschland und die Europäische Union vor dem Hintergrund der eigenen Geschichte verschrieben haben, zeigt sich, wenn es darauf ankommt, sich zu ihnen zu bekennen. Knapp 65 Jahre nach Unterzeichnung der Genfer Flüchtlingskonvention kommen Flüchtlinge nicht mehr aus Europa, sondern aus allen Ecken der Welt. Das Recht hat sich fortentwickelt, und Europa ist in der Position, Schutzsuchende aufnehmen zu können. Dieser Position in Anbetracht der historischen und globalen Verantwortung mit einer humanen Flüchtlingspolitik gerecht zu werden, ist heute eine der größten Herausforderungen für die Europäische Union. Eine Herausforderung, der die Mitgliedsstaaten nicht alleine, sondern nur gemeinsam begegnen können.

Stichwort: Abschiebungen

«Nachts ist die Angst am größten. Im Dunkeln, das hat Nurhan M. gelernt, kommen die Deutschen. Die Nachbarn, eine Familie aus dem Irak, wurden gerade erst abgeholt.» So beginnt ein Bericht im *Spiegel* vom Mai (19/2015) über eine syrische Familie, die ebenfalls abgeschoben werden sollte. Zurück nach Bulgarien, wegen des Dublin-Abkommens (siehe S. 186). In ein Land, dessen Sicherheitskräfte *Human Rights Watch* und *Pro Asyl* zufolge Flüchtlinge misshandeln. Es geht eine Angst um in diesem Land, von der niemand wissen will.

Schon vor dem Asyl-Beschleunigungsgesetz nahm die Zahl der Abschiebungen deutlich zu, bis Ende August 2015 auf 11522, die meisten in die Balkanstaaten. Das waren mehr als im gesamten Vorjahr (10884) oder 2013 (10198) und 2012 (7651). 2014 kamen zu den Abschiebungen 2967 Zurückschiebungen in das Land, von dem eine unerlaubte Einreise erfolgte, und 3612 Zurückweisungen an den Grenzen. Fast die Hälfte der Ab- und Rückschiebungen ging in EU- oder Schengen-Staaten, war im Prinzip also eine Umverteilung innerhalb Europas.

Abschiebungen werden ausgesetzt, wenn zum Beispiel eine Klage dagegen läuft, Flüchtlinge keinen Pass besitzen, ernsthaft krank oder von Gefahr für Leib und Leben im Heimatland bedroht sind. Meist wird dann eine Duldung ausgesprochen. Insgesamt leben 142000 Ausländer mit Duldung im Land, 55000 davon seit fünf oder gar zehn Jahren. Ein unsicherer Status, doch viele haben sich längst eingelebt.

Juristisch ist die Abschiebung eine Zwangsmaßnahme, die Vollstreckung der Ausreisepflicht, wenn abgewiesene Asylsuchende ohne Schutzanspruch das Land nicht verlassen. Nach der jüngsten Gesetzesverschärfung darf sie nicht mehr angekündigt werden. Sie wird von Landesbehörden oder der Bundespolizei umgesetzt. Meistens (2014 zu 80 Prozent) geschieht es per Flugzeug, entweder in das Herkunftsland oder das Dublin-Drittland. Voraus geht oft Abschiebungshaft, 2012 und 2013 waren davon laut einer BAMF-Studie über das gesamte Jahr verteilt jeweils rund 5000 Menschen betroffen. *Frank Strickstrock*

Peter Müller

ORGANISIERTE VERANTWORTUNGS-
LOSIGKEIT
Die EU und die Flüchtlinge

Wenn es um die Flüchtlingskrise geht, sind Europas Spitzenpolitiker nie um hehre Worte verlegen. «Europa ist heute ein Leuchtturm der Hoffnung und ein Hafen der Stabilität in den Augen vieler Frauen und Männer im Nahen Osten und in Afrika», rief EU-Kommissionspräsident Jean-Claude Juncker den Abgeordneten im Europäischen Parlament bei seiner Rede zur Lage der Union Anfang September 2015 zu. «Das ist etwas, auf das wir stolz sein sollten, nicht etwas, das wir fürchten sollten.» Auch Frankreichs Staatschef François Hollande warnte die Parlamentarier in Straßburg wenige Wochen später, dass Abschottung keine Lösung sei. «Es gibt keinen Stacheldraht, der hoch genug ist gegen diese Herausforderungen», sagte er. Und selbst die sonst eher nüchterne deutsche Bundeskanzlerin zeigt neuerdings Pathos, wenn sie die Einheit der Europäer beschwört. «Wir dürfen nicht der Versuchung erliegen, in nationalstaatliches Handeln zurückzufallen», sagte sie, «ganz im Gegenteil.»

Mit der Realität in Europa haben diese feierlichen Worte freilich nur wenig zu tun. Die menschliche Tragödie an den Stränden des Mittelmeers und den Binnengrenzen des Kontinents ist zur Schicksalsfrage für die EU geworden. Der Union droht die Spaltung: Der Süden will die Flüchtlinge loswerden, der Osten keine aufnehmen, und Kernländer wie Deutschland weigern sich, die Last allein zu tragen. Hunderttausende suchen in Europa Sicherheit vor Verfolgung und Bürgerkrieg, so wie es ihnen die europäischen Verträge versprechen. Stattdessen landen sie im zynischen Verschiebebahnhof eines europäischen Asylrechts, das seinen Namen nicht verdient.

Peter Müller

Im Lissabon-Vertrag feiert die EU sich als «Raum der Freiheit, der Sicherheit und des Rechts». Doch in den vergangenen Monaten verloren diese schönen Begriffe ihre Bedeutung wie im Zeitraffer. Im Mittelmeer ertranken 2015 bereits mehr als 2000 Flüchtlinge, in Österreich erstickten 71 Menschen qualvoll in einem Lkw, darunter vier Kinder. In Budapest stürmen Migranten aus Syrien Züge nach Deutschland, und in der französischen Hafenstadt Calais vegetieren Tausende unter Zeltplanen dahin – ohne Strom und Wasser.

Noch schlimmer ist die Lage in Griechenland, das nach der jahrelangen Wirtschaftskrise mit der Versorgung der Hilfesuchenden überfordert ist. Auf der Insel Kos sperrte die Polizei Flüchtlinge über Stunden und Tage fast ohne Nahrung in einem Stadion ein, um sie zu registrieren. Und an der Grenze von Serbien nach Kroatien warten Mitte Oktober 2000 Flüchtlinge bei strömendem Regen auf freiem Feld auf ihre Weiterreise, eine Sprecherin des UN-Flüchtlingshilfswerks UNHCR spricht vom «Vorhof der Hölle».

Fassungslos müssen die Europäer täglich neue Horrornachrichten aus der Parallelwelt der Flüchtlinge zur Kenntnis nehmen, das Bild des ertrunkenen Flüchtlingsjungen Aylan ging um die Welt. Diese Krise unterscheidet sich grundlegend von den vielen Krisen der Europäischen Union in den vergangenen Jahren. Anders als beim Scheitern des Verfassungsvertrages im Jahr 2005 beschäftigt das Schicksal der Flüchtlinge nicht nur die politische Elite. Und anders als in der Euro-Krise geht es nicht um schwer fassbare Milliardenpakete und komplizierte Rettungsschirme, sondern, ganz einfach, um Menschen in Not.

Immer mehr Bürgern wird klar: Dieses Problem wird bleiben, einfache Lösungen gibt es nicht. In den ersten neun Monaten dieses Jahres sind nach Angaben der EU-Grenzschutzbehörde *Frontex* mehr als 710 000 Flüchtlinge in die Europäische Union gekommen, das sind mehr als doppelt so viele wie im gesamten vergangenen Jahr. Die Hauptlast tragen Deutschland und – im Verhältnis zur Einwohnerzahl – Schweden. Allein im September wurden in der Bundesrepublik fast 164 000 neue Asylsuchende registriert. Politiker rechnen damit, dass 2015 über eine Million Migranten nach Deutschland kommen könnten. «Langfristig ist es nicht tragbar, dass nur zwei EU-Länder – Deutschland und Schweden – mit leistungsfähigen Asylstrukturen die Mehrheit der Flüchtlinge aufnehmen», warnt der Hohe Flüchtlingskommissar der Vereinten Nationen, António Guterres, der oberste Interessenvertreter der Flüchtlinge.

Doch statt in der Krise solidarisch zusammenzustehen, flüchtet sich die europäische Politik in organisierte Verantwortungslosigkeit. Die Mitgliedsländer des größten Wirtschaftsraums der Welt wären verpflichtet, die Not der Flüchtlinge zu lindern. Stattdessen wachsen an Europas Außengrenzen immer neue Zäune in den Himmel, und im Inneren herrscht Misstrauen. Europa verabschiedet sich von seinen Regeln. Mit jedem Stück Zaun zerbricht die Union ein Stück mehr. In der Krise suchen die Mitgliedsstaaten Zuflucht bei den althergebrachten Mitteln nationaler Souveränität: Stacheldraht, Wasserwerfern und Passkontrollen.

Kanzlerin Merkel fürchtet zu Recht, dass die Flüchtlingskrise die europäische Idee zerstören könnte. Doch auch die Deutschen wirken daran mit. Ausgerechnet sie waren es, die Mitte September wieder Kontrollen an der Grenze zu Österreich einführten und somit die Schengen-Regeln zumindest zeitweise außer Kraft setzen.

Schengen ist nicht irgendein Gesetz im europäischen Regeldickicht. Schengen ist wie ein Barometer für den Zustand der Union. Wer am Traum von einem Europa ohne Grenzen rührt, rührt am Kern der Union. Nirgendwo ist Europa näher bei den Menschen, als wenn sie von Berlin nach Barcelona, von Krakau nach Paris reisen, ohne ihren Pass vorzeigen zu müssen. Keine europäische Errungenschaft war für die neuen Mitglieder aus Osteuropa bedeutender, als sie nach Jahrzehnten hinter dem Eisernen Vorhang der Europäischen Union beitraten.

«Wenn wir jetzt nicht zu Lösungen kommen, gerät mehr ins Rutschen als die Regeln von Schengen und Dublin, da dürfen wir uns keine Illusionen machen», warnte der Präsident des Europäischen Parlaments, Martin Schulz (SPD), im September im *Spiegel*. «Europa fußt auf dem Versprechen, dass man auf der Grundlage eines fairen

Peter Müller

Miteinanders gemeinsame Probleme löst. Wenn uns das in dieser Situation nicht gelingen sollte, nimmt diese Idee – die die einzige Chance Europas im 21. Jahrhundert ist – nachhaltigen Schaden.»

Einer, dem die europäische Idee noch etwas bedeutet, ist Ali. Ende August steht er vor einem Verschlag aus Plastikplanen in Calais, einem der Brennpunkte der europäischen Katastrophe. «Ist das Europa?», fragt er und zeigt auf seine Behausung. Mit ein paar Zweigen und Papierabfall entfacht er zwischen drei Steinen ein kleines Feuer, um Reis zu kochen. Ali ist 29, stammt aus der sudanesischen Krisenregion Darfur und ist Ingenieur. Er trägt Jeans und einen dünnen Wollpullover, Ende August ist es noch nicht kalt in den Dünen von Calais.

Auf dem Weg nach Nordfrankreich hat er die Wüste nach Libyen durchquert und dann Schleusern mehrere tausend Euro gezahlt, damit sie ihn über das Mittelmeer bringen. Hier, am Ärmelkanal, ist er fast 5000 Kilometer von seiner Heimat entfernt und noch immer nicht am Ziel. Wie viele der mehr als 3000 Menschen im «Dschungel», einem illegalen Flüchtlingscamp, strebt er nach Großbritannien. «In London habe ich Freunde», sagt er.

In der Ecke der kleinen Hütte steht ein Sack Kartoffeln, Wasser und Strom gibt es nicht. Man tut den französischen Behörden nicht unrecht, wenn man hinter den Lebensbedingungen hier System vermutet. Doch die wenigsten lassen sich davon abschrecken.

Willkommen im Europa im Jahre 2015: Jeden Abend macht sich Ali mit seinen Freunden auf, um eine Lücke im meterhohen Sicherheitszaun zu finden, der den Fährhafen von Calais und die Einfahrt zum Eurotunnel wie ein gigantisches Gefängnis umgibt. Jede Nacht versuchen Patrouillen der französischen Polizei mit Spürhunden, die Flüchtlinge von ihrem gefährlichen Vorhaben abzuhalten. Tägliche Routine im Herzen Europas, eine Routine, bei der es regelmäßig Verwundete und Tote gibt. «Ist das Europa?», fragt Ali noch einmal.

Die Frage ist berechtigt. Eigentlich sieht das Regelwerk von Dublin vor, dass der Staat für die Flüchtlinge zuständig ist, in dem sie zum ersten Mal den Boden der EU betreten. Diese Staaten übernehmen das Asylverfahren und die Rückführung erfolgloser Bewerber, so zumindest die Theorie. Ali müsste also in einem Land bleiben, in das er gar nicht möchte und das ihn auch nicht aufnehmen will. Doch die europäischen Regeln sind brüchig geworden. Italiener, Griechen, Ungarn und Österreicher schicken die Flüchtlinge oft einfach weiter, und die Slowakei will lieber nur Christen und keine muslimischen Flüchtlinge aufnehmen. Stattdessen stranden sie im bayerischen Passau, am Münchner Hauptbahnhof oder eben in Calais.

Ein Regelbruch, sicherlich. Aber einer, der nicht wirklich überraschend kommt. Vor allem Deutschland hatte es sich mit den Statuten von Dublin bequem gemacht, schließlich trugen andere, die EU-Staaten mit Außengrenzen, die Hauptlast. Dass eine gewisse Anzahl von Asylsuchenden schon immer unkontrolliert weiterzog, nahm man stillschweigend in Kauf, solange die Zahlen beherrschbar blieben. Alle Vorstöße der EU-Kommission und des Europäischen Parlaments, das europäische Asylsystem zu verbessern, sind in den vergangenen Jahren nicht zuletzt auch am Widerstand der Deutschen gescheitert.

Dabei war es nie ein Geheimnis, dass das Gemeinsame Europäische Asylsystem bislang nur auf dem Papier existiert. Zwar gibt es eine Vielzahl von EU-Richtlinien, in denen Anerkennungskriterien, Asylverfahren und die Rückführung detailliert geregelt sind. Doch die Umsetzung in nationales Recht obliegt den Mitgliedern, entsprechend unterschiedlich fallen die Ergebnisse aus. «Das Resultat ist ein weitgehend intransparentes und unklares Sammelsurium von obligatorischen und zwingenden Vorschriften», schreibt der Konstanzer Rechtsprofessor Kay Hailbronner in der *FAZ*. «Eine klare und berechenbare Botschaft nach außen, wer unter welchen Voraussetzungen einen Anspruch auf Aufnahme und Schutzberechtigung in den EU-Mitgliedsstaaten hat und wer mit Rückführung rechnen muss, wird dadurch nicht vermittelt.»

Für Flüchtlinge gleicht das europäische Asylrecht einer Lotterie. Auf welche Leistungen Migranten Anspruch haben, wie sie versorgt und untergebracht werden, all das unterscheidet sich deutlich von Land zu Land. In Deutschland erhalten anerkannte Flüchtlinge Sozialleistungen, Sprachkurse, eine Wohnung. In anderen Ländern gibt es das alles nicht. Europaweit geltende Mindeststandards für den Umgang mit Asylbewerbern sind nie richtig umgesetzt worden. Die EU-Mitgliedsstaaten können sich noch nicht einmal darauf verständigen, wer als Flüchtling zu gelten hat. So wurden 2014 in Finnland beispielsweise 43 Prozent der Asylanträge von Kosovaren anerkannt, in Deutschland lediglich 1,1 Prozent.

Mitunter sind die Unterschiede bei der Behandlung von Migranten so groß, dass es nicht möglich ist, Flüchtlinge in den Staat zurückzubringen, in dem ihr Verfahren gemäß den Dublin-Regeln eigentlich stattfinden müsste. So hat Deutschland ähnlich wie Schweden und andere Länder die Rückführung nach Griechenland schon vor Jahren gestoppt. Verschiedene Gerichte hatten zu erkennen gegeben, dass die Aufnahmebedingungen in dem Land menschenunwürdig seien.

«Das Problem ist kein europäisches Problem. Das Problem ist ein deutsches Problem», sagt Viktor Orbán, Ungarns nationalkonservativer Regierungschef, Anfang September. Der Rechtspopulist steht neben EU-Parlamentspräsident Schulz auf der Bühne in Brüssel. Er ist in die europäische Hauptstadt gekommen, um das EU-Spitzenpersonal vorzuwarnen: Ungarn werde die Grenze zu Serbien noch schärfer abschotten.

Orbáns Satz löste in Deutschland viel Empörung aus, doch Ungarns Regierungschef steht mit seiner Ansicht zur Flüchtlingskrise nicht allein. Viele Osteuropäer sind wie er der Meinung, dass sich Deutschland mit hohen Standards und langwierigen Asylverfahren vielen Flüchtlingen als Zielland geradezu andiene. Auch die widersprüchlichen Botschaften Berlins zum Dublin-Verfahren riefen auf dem Rest des Kontinents Kopfschütteln hervor. «Das ist menschlich verständlich, aber der Effekt ist, dass über die Balkanroute noch mehr Menschen nach Deutschland wollen», sagt selbst ein zurückhaltender Diplomat wie Luxemburgs Außenminister Jean Asselborn.

Luxemburg hatte im zweiten Halbjahr 2015 die Ratspräsidentschaft inne und Asselborn die wenig dankbare Aufgabe, auf dem Höhepunkt der Flüchtlingskrise zu vermitteln. «Wenn es uns gelingt, dass sich am Ende nicht der Süden Europas und die klassischen Länder gegen den Osten stellen, haben wir viel erreicht», sagt er im vergangenen September.

Es ist ein schwerer Weg. Denn es gibt keine gemeinsame europäische Identität, keine allen gemeinsamen Erfahrungen, wenn es um Migration und Integration geht. Während sich viele Staaten Westeuropas heute, mit der Erfahrung der Gastarbeiter und Arbeitsmigranten und oft nach jahrzehntelangem Diskurs, als Einwanderungsländer verstehen, ist dies ihren Nachbarn im Osten des Kontinents fremd. In manchen Regionen im Baltikum stammt über die Hälfte der Bevölkerung aus Russland, Polen befürchtet einen Ansturm von Flüchtlingen aus der Ukraine, ungarische Politiker betonen, dass ihr Land vor vielen hundert Jahren schon einmal von Muslimen überrannt worden sei. Diese zum Teil irrationalen Ängste sind im nationalen Gedächtnis dieser Länder eingegraben, sie lassen sich nicht per Mehrheitsentscheid in Brüssel beiseite wischen.

Dazu kommt, dass sich die boomende Wirtschaft in vielen osteuropäischen Ländern in der Vergangenheit vor allem auf die Städte beschränkt hat. Gerade die Menschen auf dem Land finden, es müssten erst einmal die Lebensbedingungen in ihrer Heimat verbessert werden, bevor man Flüchtlingen aus Syrien und Eritrea helfen könne.

Doch zur Wahrheit gehört ebenfalls, dass auch in den «alten» EU-Mitgliedsstaaten rechte Kräfte wegen der Flüchtlingskrise Aufwind verspüren. In Österreich konnte die rechtspopulistische FPÖ bei Landtagswahlen zulegen, und in Frankreich schüren der rechtsextreme Front National und seine Vorsitzende Marine Le Pen die Angst vor Migranten. In Deutschland wächst die AfD in Umfragen an, und in Großbritannien frohlockt die UK Independence Party, dass die Gegner einer weiteren EU-Mitgliedschaft ihres Landes beim geplanten Referendum mit der Flüchtlingskrise endlich ein zündendes Thema haben.

Sicher, Ende September 2015 einigten sich die EU-Innenminister darauf, neben den bereits beschlossenen 40 000 Flüchtlingen, die in Griechenland und Italien gestrandet waren, noch einmal 120 000 weitere Migranten umzusiedeln. Doch der Preis war hoch. Um den Plan durchzusetzen, mussten Ungarn, Rumänien, Tschechien und die Slowakei überstimmt werden, im konsensverliebten Brüssel bei einer so umstrittenen Frage eine ziemlich einmalige Aktion. Die Verletzungen werden lange bleiben und womöglich den Europäischen Gerichtshof beschäftigen. «Lieber gehe ich in ein Strafverfahren gegen die Slowakei, als dass ich dieses Diktat respektiere», drohte der slowakische Ministerpräsident Robert Fico nach der Entscheidung.

Um die widerstrebenden Ostländer zum Einlenken zu bewegen, brachten Politiker zeitweilig sogar Sanktionen ins Spiel. «Die Europäische Union sollte Projekte in jenen Ländern, die derzeit kaum Asylbewerber aufnehmen, nur noch dann mitfinanzieren, wenn es dort endlich eine Bereitschaft zur ausreichenden Aufnahme gibt», sagte etwa der österreichische Bundeskanzler Werner Faymann.

Und auch Kanzlerin Merkel ist auf die Osteuropäer wütend, beim internen Treff mit ihren Parteifreunden von der Europäischen Volkspartei machte sie Anfang Oktober keinen Hehl aus ihrer Verärgerung. «Wie sollen wir für die Freiheit der Christen in der Welt eintreten, wenn wir sagen, Muslime und eine Moschee kommen bei uns nicht ins Land? Das geht nicht. Eine prinzipielle Haltung wie die ist – ich muss es so hart sagen – eine Gefahr für Europa.»

Die Flüchtlingsdebatte rührt am Kern der Union, niemand weiß das besser als Kommissionschef Juncker. Der Mann war fast 20 Jahre lang Premierminister in Luxemburg und in der Finanzkrise Chef der Euro-Gruppe. Es gibt keine europäische Weichenstellung in den vergangenen Jahrzehnten, die Juncker nicht mitgeprägt hätte. Bei seinem Amtsantritt im Herbst vergangenen Jahres hatte er versprochen, dem bürokratischen Brüsseler Apparat ein politisches Gesicht zu geben. Doch nun hat die Krise zehntausende Gesichter, und Junckers Kommission wirkt wie eine Behörde grauer Beamter, die der Jahrhundertaufgabe nicht gewachsen ist.

Anfang September suchte Juncker die Flucht nach vorne und legte ambitionierte Pläne vor, um die Krise in den Griff zu kriegen. Kernstück ist ein sogenannter permanenter Notfallmechanismus zur Verteilung von Flüchtlingen. Künftig sollen sie nach vorher beschlossenen Kriterien (Wirtschaftskraft, Einwohnerzahl, Zahl der Asylanträge, Belastung durch irreguläre Grenzübertritte) auf die Mitgliedsstaaten verteilt werden. Mit diesem Notfallmechanismus will Juncker das Verfahren von Dublin retten, das Länder wie Italien und Griechenland überfordert.

Parlamentspräsident Schulz machte schon mal klar, dass das Vorhaben im Europäischen Parlament Priorität genießt. «Wenn wir über die Bankenunion im Eilverfahren abstimmen können, muss dies im Fall der Flüchtlinge erst recht möglich sein.»

Doch nach den Streitigkeiten der vergangenen Monate erscheint das reichlich optimistisch. Schon die Umsetzung der durch Mehrheitsentscheid erzwungenen Verteilung von 160 000 Flüchtlingen gestaltet sich zäh. Anfang Oktober konnte immerhin ein erstes Flugzeug von Rom aus in Richtung Stockholm abheben. Am Flugsteig drängelte sich viel politische Prominenz, doch an Bord waren gerade mal 19 Flüchtlinge aus Eritrea. Die allermeisten Flüchtlinge wollen gar nicht erst in die Mühlen der EU-Verteilung geraten und stellen in Griechenland auch weiterhin keinen Asylantrag. Ihr Ziel heißt Deutschland, und ihr Weg dorthin bleibt vorerst die Balkanroute.

Zudem verteilen Quoten das Problem nur, sie lösen es nicht. Eine zweite wichtige Baustelle der Europäer ist daher der Schutz der Außengrenzen. «Wir sind derzeit nicht in der Lage, das Management unserer gemeinsamen Außengrenzen sicherzustellen», mahnte EU-Ratspräsident Donald Tusk in seinem Einladungsschreiben an die Staats- und Regierungschefs zum Flüchtlingsgipfel. Und ohne diesen Schutz, so die Überlegung vieler in Europa, lasse sich der grenzfreie Raum von Schengen im Inneren nicht aufrechterhalten. Bei den Beschlüssen der EU-Gipfel im September und Oktober war von der deutschen Willkommenskultur denn auch nicht mehr viel zu spüren: Es ging um mehr Kontrolle, mehr Geld für die Grenzschutzagentur

Peter Müller

Frontex und mehr Hilfe für Griechen und Italiener, um mit der Registrierung der Flüchtlinge fertigzuwerden.

Entscheidendes Instrument hierfür sollen die sogenannten Hotspots sein. In solchen Erstaufnahmezentren in Griechenland und Italien sollen Migranten künftig registriert werden, wie es die Bestimmungen von Dublin eigentlich vorsehen. Experten der EU sollen den überforderten nationalen Behörden dabei helfen. Im Idealfall, so der Plan, warten die Flüchtlinge dann dort, bis ihre Asylverfahren abgeschlossen sind, oder für diese Zeit in der EU verteilt werden.

Zudem strebt die EU eine gemeinsame Liste sogenannter sicherer Herkunftsstaaten an. Flüchtlinge aus diesen Ländern können leichter abgeschoben werden, wenn sie keinen Anspruch auf Asyl haben. Während die EU-Minister sich rasch darauf verständigen konnten, dass die Länder des westlichen Balkans, also etwa Albanien und Serbien, sichere Herkunftsländer sind, war dies im Fall der Türkei heftig umstritten.

Die Türkei gilt in der Flüchtlingskrise immer mehr als Schlüsselland. Über zwei Millionen Flüchtlinge aus Syrien leben dort derzeit. Mit Hunderten Millionen Euro wollen die Europäer die Türken dazu bringen, neue Flüchtlingslager zu bauen und den Syrern mit Schulen und besseren Unterkünften eine Perspektive zu bieten. Doch die Politiker in der Türkei wissen, dass sie sich ihre Rolle als Schleusenwärter teuer abkaufen lassen können. Politikern wie Staatspräsident Recep Tayyip Erdogan geht es nicht nur um Geld, sie fordern dort Rabatt, wo es die Europäer mindestens genauso schmerzt – bei ihren Werten.

Die Europäer müssen sich unangenehmen Fragen stellen. Kann man die Türkei tatsächlich als sicheres Herkunftsland einstufen, wie türkische Politiker es fordern und die EU-Kommission vorschlägt? Immerhin liegt die Anerkennungsquote türkischer Asylbewerber in der EU, vor allem wegen des Konflikts mit den Kurden, noch immer bei über 20 Prozent. «Sicheres Herkunftsland – das ist wie ein TÜV-Siegel», sagt der Vorsitzende des Europaausschusses im Deutschen Bundestag Gunther Krichbaum (CDU). «Ich bin da zurückhaltend.

Denken Sie nur an den wieder aufgebrochenen Konflikt mit den Kurden oder die Pressefreiheit.»

Auch die jahrzehntealte Frage nach einem EU-Beitritt der Türkei ist auf einmal wieder aktuell. Die EU-Kommission würde die Verhandlungen gern beschleunigen und mehrere sogenannte Verhandlungskapitel eröffnen. Wie will man schließlich einem Land einen Beitritt verwehren, das man gleichzeitig zum sicheren Herkunftsstaat für Flüchtlinge erklärt?

Eine europäische Weisheit lautet: Europa wächst in der Krise. Doch die Flüchtlingskrise, so scheint es, bringt oft nur das Schlimmste hervor: Misstrauen, gegenseitige Schuldzuweisungen und Häme für eine deutsche Kanzlerin, die zumindest eine Zeitlang versuchte, das Flüchtlings-Sommermärchen Wirklichkeit werden zu lassen.

In Wahrheit ist Europa nicht für die Krise gemacht. Die eingeübten Entscheidungsmechanismen funktionieren, wenn es darum geht, im Binnenmarkt den Wohlstand aller zu mehren. Sie versagen aber, wenn es gilt, Lasten gemeinsam zu tragen. So wächst jede Entscheidung zur Chefsache. Zuletzt mussten sich die Staats- und Regierungschefs auf dem Höhepunkt der Griechenlandkrise mit Details eines Rettungspakets herumplagen, die die allermeisten gar nicht mehr verstanden.

Bei der Flüchtlingskrise kam es ähnlich. Immerhin scheinen Deutschland und Frankreich inzwischen an einem Strang zu ziehen. Beim EU-Gipfel Ende Juli hatten sich Kanzlerin Merkel und Präsident Hollande noch nicht besonders engagiert, der Gipfel endete als Desaster und mit dem zwischenzeitlich berühmt gewordenen Wutausbruch des italienischen Regierungschefs Matteo Renzi: «Entweder es gibt Solidarität – oder verschwendet nicht unsere Zeit», schimpfte er damals.

Nun liegen die Vorschläge der Kommission auf dem Tisch, doch sie können nur ein erster Schritt sein. «Die europäische Flüchtlingspolitik muss sich ändern, sonst sterben weiter täglich Menschen im Mittelmeer», warnte Stefan Kessler vom Jesuiten-Flüchtlingsdienst in Berlin bereits im Sommer.

Peter Müller ·

Ähnlich wie wegen der Eurokrise die Währungsunion durch eine gemeinsame Finanzpolitik ergänzt werden muss, können auch Schengen und Dublin in Zukunft nur funktionieren, wenn die Europäer Asylstandards tatsächlich angleichen, sich auf einen festen Verteilungsschlüssel einigen und endlich damit beginnen, die Ursachen der Migration ernsthaft zu bekämpfen. Dazu gehört zum Beispiel auch eine Klimapolitik, die ihren Namen verdient. Es sind fast alles Jahrhundertaufgaben.

Fernziel der Europäer muss sein, die Fluchtursachen zu bekämpfen. Natürlich wird es Europa nicht gelingen, kurzfristig Syrien zu befrieden oder aus Afghanistan eine Demokratie nach westlichem Vorbild zu formen. Doch es würde schon helfen, wenn die Europäer sich bei der Entwicklungshilfe an das hielten, was sie selbst versprochen haben. Eigentlich hatten die EU-Mitglieder schon vor zehn Jahren vereinbart, ihre Zahlungen bis 2015 auf 0,7 Prozent des Bruttoinlandsprodukts aufzustocken. Doch bisher hat kaum ein Land dieses Ziel erreicht. Selbst wenn es darum geht, beispielsweise einen neuen EU-Hilfsfonds für Syrien auszustatten, zögern die EU-Mitglieder. «Es reicht nicht, Versprechen abzugeben, es müssen Taten folgen», schimpft Kommissionschef Juncker ungewöhnlich undiplomatisch.

Dazu kommt, dass Europas Stellung in der Welt nicht stärker wird, wenn es sich bei einer so zentralen Frage wie der Flüchtlingskrise im Inneren tief zerstritten zeigt – im Gegenteil. «Unser Mangel an Einigkeit im Inneren hat Folgen für unser Auftreten nach außen», mahnte die EU-Außenbeauftragte Federica Mogherini bei einer Anhörung im Europaparlament. Der syrische Bürgerkrieg, eine der Hauptursachen der Flüchtlingskrise, wirft ein Schlaglicht auf die Schwierigkeiten einer gemeinsamen europäischen Außenpolitik: Während Frankreichs Staatschef Hollande seine Flugzeuge Bomben im Kampf gegen den IS werfen lässt, kann sich Kanzlerin Merkel inzwischen sogar vorstellen, mit dem syrischen Diktator Baschar al-Assad zu verhandeln.

Vor allem aber muss eine realistische Flüchtlingspolitik erkennen, dass sich Europa nicht komplett abschotten kann. Der alternde Kontinent sollte Zuwanderung als Chance begreifen und Migranten europaweit einheitliche, legale Zuwanderungsmöglichkeiten bieten. Die Organisation für Wirtschaftliche Zusammenarbeit und Entwicklung (OECD) verweist in ihren Studien immer wieder auf die wirtschaftspolitischen Vorteile für Länder, die Immigranten aufnehmen. 65 Prozent des Wachstums der Erwerbsbevölkerung in der EU in den Jahren von 2000 bis 2010 seien auf Zuwanderung zurückzuführen, schreibt OECD-Generalsekretär Ángel Gurría. «Ein syrischer Bauingenieur mit Universitätsabschluss muss nach seiner Ankunft in München vielleicht ein wenig Deutsch lernen, aber danach wird er nicht lange warten müssen, bis ihm die ersten Arbeitgeber eine Stelle anbieten.» Das Ergebnis: Statt Hilfsleistungen zu empfangen, zahlen manche Migranten schon bald Steuern und Sozialversicherungsbeiträge wie heimische Arbeitnehmer.

Andere Wege gibt es nicht, jedenfalls keine wünschenswerten. Europa kann die Flüchtlingskrise nur gemeinsam bewältigen. «Zur Herausbildung einer europäischen Identität gibt es nur eine Alternative», schrieb Jürgen Habermas einmal. «Der alte Kontinent verschwindet von der weltpolitischen Bühne.» Der Philosoph hat recht. Aber die Flüchtlingskrise zeigt, wie weit der Weg noch ist.

WOHIN SIND WIR UNTERWEGS?
Eine Erläuterung und vier Berichte
zu dem Tafelteil in diesem Buch

Täglich sind sie in den Nachrichten, aber ihre Gesichter und ihre Geschichten bleiben uns meist fremd: Menschen auf der Flucht. Martin Lilkendey aus Köln, hauptamtlicher Dozent für künstlerische Praxis und Kunstdidaktik an der Universität Koblenz, hat sich vorgenommen, das zu ändern. Mit einem Fotoprojekt in einem Kölner Flüchtlingsheim.

Martin Lilkendey hat bis November 2015 über 150 Porträts von Menschen unterschiedlicher Herkunft auf der Internetseite «Where are we going» veröffentlicht. Gemeinsam ist ihnen, dass sie ihre Heimat verlassen haben und in einem Kölner Wohnheim untergebracht waren oder sind. Auf der Homepage www.wherearewegoing.net sind bei manchen Flüchtlingen ausführliche Interviews hinterlegt, bei anderen liest man nur kurze Zitate oder allein ihren Namen und das Alter. *Auf den folgenden Seiten sind vier der längeren Texte abgedruckt, die kurzen stehen bei den Porträts im Tafelteil.*

Martin Lilkendey hat auf dem Gelände des Flüchtlingsheims einen kleinen Container mit einem Stativ und einem Hintergrund aufgestellt. Einmal die Woche ist er zwei bis drei Stunden dort gewesen und hat jeweils etwa zehn Porträts angefertigt. Dabei verzichtete er auf jegliche Vorgabe für die Menschen, wie sie gucken, wie sie sich geben sollten. Die Menschen selbst entscheiden, dass sie an «Where are we going» teilnehmen wollen und wie sie sich vor der Kamera präsentieren. Martin Lilkendey hat jeweils zwei Fotos gemacht, eines davon wurde für die Website ausgewählt.

Um sein Projekt ins Werk zu setzen, hat der Fotograf sich an die Stadt Köln und den Kölner Flüchtlingsrat gewandt. Anfängliche

Skepsis gegen das Vorhaben konnte er zerstreuen. Der Kontakt zu den Menschen läuft über Sozialarbeiter des DRK in der Einrichtung, die oft selbst aus den Ländern der Flüchtenden stammen, sie darauf ansprechen, ob sie teilnehmen möchten, und bei Bedarf auch dolmetschen.

Wir drucken eine Auswahl von Porträts im Tafelteil dieses Buches ab, weil wir Menschen auf der Flucht aus den unterschiedlichen Herkunftsländern ein Gesicht geben möchten. Weil wir nicht nur Beiträge *über* sie drucken wollten. Weil diese Menschen Subjekt des Projektes waren und ausdrücklich mit der Veröffentlichung ihrer Bilder einverstanden sind. Und weil ihre Fotos so beeindruckend sind. Weil sie uns durch ihre Präsenz ganz unmittelbar mitteilen, dass und warum sie unter uns sind. Willkommen!

Remisza, 55, Bosnien (Tafelteil, Seite 2)

Ich war schon einmal in Deutschland, in der Zeit des Bürgerkrieges in Jugoslawien. Wir haben damals in Montenegro gelebt und sind dann für vier Jahre hierhergekommen, nach Deutschland. Wir hatten gehofft, dass nach dem Krieg alles besser wird für uns Roma, dass wir bessere Lebensbedingungen haben werden – und sind wieder zurückgegangen, nach Bosnien. Aber es war fürchterlich. Uns wurde verboten zu arbeiten, wir hatten Probleme mit der Polizei, wurden belästigt, geschlagen, verfolgt. Wir wollten ein kleines Holzhaus für unsere Familie bauen – aber auch das wurde uns verboten. Wir werden in Bosnien diskriminiert, weil wir Roma sind, wir dürfen nicht zum Arzt gehen, wenn wir krank sind, haben keine Staatsangehörigkeit. Ich habe dann für mich und meine Familie Asyl in Deutschland beantragt.

Diese Diskriminierung ist fürchterlich. Ich musste in Bosnien Essen für mich und meine Kinder in Mülltonnen suchen. Wir mussten auf der Straße schlafen, weil uns niemand eine Arbeit gegeben hat und wir kein Geld hatten für eine Wohnung.

Für mich gibt es eigentlich keine Zukunft mehr. Ich kann nur sterben. Ich kann nirgendwo mehr hin. Ich bin krank. Und am schlimmsten ist, dass ich auch für meine Kinder keine Zukunft sehe.

Ich träume davon, dass meine Kinder irgendwann in Deutschland eine Stelle bekommen könnten. Vielleicht in einer Fabrik. Oder dass wir einen kleinen Laden aufmachen.

Ich würde gerne mit meiner Familie wie die Deutschen leben. Ein besseres Leben.

Tara, 29, Iran (Tafelteil, Seite 5)

Ich musste aus politischen Gründen fliehen und mein Land, den Iran, verlassen. Im Iran habe ich Kommunikationswissenschaft und Journalismus studiert. Ich bin jetzt 29 und habe sieben Jahre als Sozialjournalistin gearbeitet. Zuerst bin ich vom Iran in die Türkei geflohen. Dort hatte ich Glück und musste nur eine Woche bleiben, bei Freunden von mir war das oft anders. Mit einem deutschen Pass bin ich dann weiter nach Deutschland, ich erinnere mich sogar noch an den Namen, der daraufstand. Für den Weg habe ich 11 000 Euro bezahlt, ein Mann hat mir dabei geholfen.

Als ich in Deutschland ankam, blieb ich eine Woche bei meiner Tante in Essen, danach bin ich nach Dortmund, dort musste ich mich vorstellen. In Dortmund gab es keinen Platz für mich, deswegen musste ich erst nach Bielefeld und dann nach Halberstadt. Nach einer Woche habe ich das Asylbewerberinterview gemacht und kam später in ein Dorf in der Nähe von Magdeburg. Insgesamt war ich nur vier Monate in Asylbewerberheimen.

Schlimmer für mich war die Suche nach einer eigenen Wohnung. Als wir in den Heimen waren, war es sehr viel besser als jetzt, wir waren viel weniger Menschen. Ich habe ein Praktikum bei der Caritas gemacht und habe gesehen, wie schlimm es jetzt ist.

Bevor wir damals nach Ostdeutschland kamen, haben viele geweint. Wir hatten von dem Rassismus dort gehört, gerade in kleinen Städten, und wir kamen in eine kleine Stadt. Während der Flucht hatte ich keine Zeit zu weinen, aber dort weinte ich mich in den Schlaf. Ich war in einem Raum mit ungefähr sechs Betten untergebracht. Als ich aufwachte, schaute ich aus dem Fenster und sah ein wunderbares Bild. Bis zum Ende meines Lebens werde ich es nicht vergessen.

Nachdem der Antrag genehmigt worden war, konnte ich mir eine Stadt aussuchen, und so kam ich nach Köln. Ein Jahr lang habe ich nach einer Wohnung gesucht, dadurch hat sich bei mir alles verschoben. Es ging hin und her, ich hatte keinen festen Ort, an dem ich bleiben konnte.

Nachdem ich einen Integrationskurs gemacht hatte, suchte ich lange Zeit nach einem Deutschkurs, denn ich wusste, dass ich studieren wollte. Es war nicht leicht, die Kurse der Universität waren zu teuer, und die Kurse des Jobcenters halfen nicht wirklich. Durch Zufall habe ich die Bildungsberatung der Otto-Benecke-Stiftung gefunden und konnte dort einen Kurs machen. Mittlerweile habe ich auch die Prüfung für die Uni geschafft.

Als ich nach Deutschland kam, habe ich viel darüber nachgedacht, was man mit anderen Sprachen machen kann. Ich habe mir Köln als Stadt ausgesucht, weil es ein Zentrum für Medien ist. Nach einem Praktikum beim *Kölner Stadt-Anzeiger* habe ich einiges realistischer gesehen. Ich habe gemerkt, dass es für mich nicht möglich ist, mit der deutschen Sprache als Journalistin zu arbeiten. Jetzt möchte ich soziale Arbeit studieren und hier mit Flüchtlingen arbeiten; ich hoffe, dass ich irgendwie helfen kann.

Ich möchte die Deutschen noch um eine Sache bitten: Sie haben mir oft gesagt, die Flüchtlinge integrieren sich nicht. Viele wollen sich integrieren, aber sie stehen vor einer kalten Wand. Wir brauchen nicht unbedingt Geld, Kleidung oder Spielzeug; was wir am meisten brauchen, ist Kontakt. Wir können nicht einfach durch die Straßen laufen und sagen: Redet bitte mit uns. Wir brauchen Menschen, die dazu bereit sind.

Wohin sind wir unterwegs?

Sissoko, 37, Mali (Tafelteil, Seite 6)

Ich komme aus Mali, war dort Student. Aber ich konnte mein Studium nicht beenden, weil mein Vater gestorben ist und ich mich um meine Mutter und meinen Bruder kümmern musste. Dann, vor drei Jahren, kamen die Tuareg und haben Azawad, das Gebiet, in dem ich lebte, besetzt. Sie kamen von überall her, aus Libyen, aus Somalia. Drei Männer kamen zu uns nach Hause und haben uns bedroht. Wir sollten uns mit ihnen solidarisieren und ihnen Geld zahlen. Sonst würden sie uns töten. Dann haben sie mir meinen Pass weggenommen. Ich konnte ihnen kein Geld zahlen – und deshalb musste ich fliehen. Sonst hätten sie mich umgebracht. Ein Nachbar von mir, ein Mann, den ich seit unserer gemeinsamen Kindheit kannte, wurde vor meinen Augen von den Tuareg getötet.

Ich bin zu Fuß nach Algerien geflohen. Aber dort konnte ich nicht bleiben, weil ich keinen Pass mehr hatte. Die Behörden wollten mich zurück nach Mali schicken. Obwohl ich ihnen gesagt habe: «Die Tuareg werden mich töten, wenn ich zurückgehe!» Also bin ich weiter geflohen, nach Libyen und von dort aus mit einem Boot nach Italien.

Die Schifffahrt nach Italien war fürchterlich. Drei Tage und Nächte ohne Wasser, ohne Essen. Drei Menschen sind vor Verzweiflung über Bord gesprungen und ertrunken. Ich habe gebetet, habe Gott gebeten, mir zu helfen, mir beizustehen.

Von Italien aus bin ich dann mit einem Bus nach Deutschland gekommen, zunächst nach Dortmund, dann nach Köln. Ich wollte schon immer einmal nach Deutschland, schon als ich noch in Friedenszeiten in Mali gelebt habe. Aber ich merke, dass ich hier auch nicht willkommen bin.

Ich will doch nur mein Leben schützen. Es ist eine schlimme Situation. Wenn Gott mich fragen würde: «Willst du noch weiterleben?», ich würde antworten: «Nein, Gott, bitte nimm mich zu dir.»

Es gibt für mich keinen Ausweg. Ich kann nie wieder nach Mali zurück. Die Tuareg würden mich sofort umbringen. Aber hier in Deutschland gibt es für mich auch keine Zukunft. Ich weiß nicht mehr, wer ich eigentlich bin und wo ich hingehöre. Es gibt keinen Ausweg, keine Hoffnung.

Zaid, 28, Syrien (Tafelteil, Seite 4)

Ich komme aus Kobane und bin Kurde. Ich wurde das erste Mal 2004 mit sechzehn Jahren vom syrischen Militär festgenommen, als es in Qamischli und Kobane Aufstände gab, weil Kurden massiv vom syrischen Militär verprügelt wurden. Ich glaube, es ging ursprünglich um ein Fußballspiel. Obwohl ich mit den Ausschreitungen nichts zu tun hatte, wurde ich, weil ich Kurde bin, verhaftet.

Nach meiner Entlassung durfte ich sechs Jahre in Syrien nicht in die Schule oder die Universität gehen oder eine Ausbildung machen. Ich habe dann in Beirut Jura studiert und bin 2014 nach meinem Examen über die Türkei nach Kobane zu meiner Familie zurückgekehrt und habe dann für *Human Rights Watch* gearbeitet.

Schon eine Woche nach meiner Rückkehr mussten wir wieder fliehen, diesmal vor dem IS. Zuerst gingen nur die Frauen und Kinder, weil wir die Bauernhöfe nicht verlassen wollten. Als wir hörten, dass der IS nur noch fünf Kilometer von uns entfernt war, sind wir auch in die Türkei gegangen.

Jetzt bin ich hier, aber meine Familie und meine Verlobte sind immer noch in der Türkei. Ich bin der Stadt Köln und Deutschland dankbar, dass ich hier sein kann, obwohl ich viel lieber auf dem normalen Weg hergekommen wäre. Ich würde gerne weiter als Anwalt arbeiten und mich vielleicht von hier, von Deutschland aus, für die Menschenrechte nicht nur in Syrien einsetzen. Es wäre doch schön, wenn alle Menschen in Frieden leben könnten.

***

Die Berichte wurden aufgezeichnet von Martin Lilkendey.
Siehe auch: www.wherearewegoing.net

Ausblick

Naika Foroutan

EIN NEUES LEITBILD
FÜR DEUTSCHLAND
Pluralität als gesellschaftliche
Aufgabe für die Zukunft

In Deutschland wird in diesem Jahr mit über einer Million geflüchteter Menschen gerechnet. Die Reaktionen der Bevölkerung sind gespalten.

Anfang September 2015 dominierten die Bilder vom Münchner Hauptbahnhof die Medien. Geflüchtete Menschen wurden unter Applaus begrüßt; es zeigte sich eine überwältigende Willkommensbereitschaft. Aus Ungarn angereist, wurden die Flüchtlinge mit Lebensmitteln, Wasser und Babywindeln von Münchner Bürgerinnen und Bürgern empfangen – es gab emotional überwältigende Aktionen von helfenden Menschen, die viele in ihrem Deutschlandbild überraschte.

Die ehrenamtliche Arbeit professionalisiert sich bereits seit über einem Jahr zunehmend. Es gründen sich immer mehr Plattformen, auf denen Hilfsdienste koordiniert werden, und seit Monaten finden sich kontinuierlich Menschen ein, um kreativ Hilfe anzubieten. Sie organisieren Fahrdienste und übersetzen in Behörden und anderswo, betreuen Flüchtlingskinder, bieten ärztliche Versorgung oder Übernachtungen an.

Das bundesweite zivilgesellschaftliche Engagement für Geflüchtete war noch nie so hoch wie heute. Hilfsorganisationen registrieren einen Zuwachs von 70 Prozent mehr Ehrenamtlichen. Viele der Helfer sind gar nicht oder nur lose in Initiativen organisiert. Zu diesem Ergebnis kam eine Studie von Serhat Karakayali und Olaf Kleist für das Berliner Institut für empirische Integrations- und Migrationsforschung (BIM).* In ihrer Erhebung stellten sie fest, dass die Arbeit für und mit Geflüchteten derzeit wesentlich von Ehrenamtlichen getragen wird. Bereits seit einigen Jahren engagieren sich immer mehr junge wie alte Menschen freiwillig für die Belange von Geflüchteten in Deutschland. Sie haben überdurchschnittlich oft einen Migrationshintergrund und rekrutieren sich zu zwei Dritteln aus Frauen.

Gleichzeitig gibt es eine andere, unschöne Seite: Die rassistischen Ausschreitungen in Heidenau im Freistaat Sachsen wie auch die vielen Sachbeschädigungen, Übergriffe und Brandanschläge im gesamten Bundesgebiet erinnern stark an die neunziger Jahre. Bis Oktober 2015 gab es 500 Angriffe auf Unterkünfte von Geflüchteten, zwei Drittel der Tatverdächtigen seien Bürger aus der Region, «die sich bisher nichts zuschulden kommen ließen», so Innenminister Thomas de Maizière.

Dazwischen gibt es eine Bevölkerungsgruppe, die nach beiden Seiten mobilisierbar zu sein scheint. In Deutschland ist diese Mitte derzeit stärker pro Einwanderung positioniert, was auch mit der stabilen wirtschaftlichen Situation zusammenhängt und dem Wissen um demographische Untersuchungen, die aufzeigen, dass Deutschland ohne Einwanderung sein Rentensystem auf Dauer nicht aufrechterhalten kann. In Frankreich, Dänemark, Großbritannien, Ungarn und Polen, wo rechtspopulistische Parteien zwischen 25 und 50 Prozent der Wählerstimmen auf sich vereinen, wird die unentschiedene Mitte deutlich stärker von den Rechten mobilisiert.

Laut ZDF-Politbarometer sagten Anfang September fast zwei Drittel der Befragten, Deutschland könne so viele Flüchtlinge verkraften. Der ARD-Deutschlandtrend im Oktober zeigte eine Trendwende. 51 Prozent gaben zu, die vielen Flüchtlinge machten ihnen Angst.

---

* Serhat Karakayali, J. Olaf Kleist: EFA-Studie: Strukturen und Motive der ehrenamtlichen Flüchtlingsarbeit in Deutschland, 1. Forschungsbericht: Ergebnisse einer explorativen Umfrage vom November/Dezember 2014, Berlin: Berliner Institut für empirische Integrations- und Migrationsforschung (BIM), Humboldt-Universität zu Berlin 2015. www.bim.hu-berlin.de/media/2015-05-16_EFA-Forschungsbericht_Endfassung.pdf

Der Stimmungswechsel ereignete sich parallel zur Wiederaufnahme der Grenzkontrollen. Die wechselhafte Positionierung der Politik im Zuge der weltweiten Krisen verunsichert die Bürgerinnen und Bürger offensichtlich. Sie sehen eine politische Elite, die keinen klaren Kurs fährt, weder in der Außenpolitik noch im innenpolitischen Umgang mit Geflüchteten.

Aus der Forschung wissen wir, dass in Deutschland etwa ein Drittel der Bevölkerung Einwanderung positiv gegenübersteht; ein weiteres Drittel lehnt Zuwanderung ab aus Angst vor (kultureller) «Überfremdung», Identitätsverlust, Statusverlust und der Überforderung des Sozialstaats.* Bei den 30 bis 40 Prozent der Unentschlossenen kann man derzeit einen Trend hin zu mehr Offenheit und Solidarität erkennen.

Diese insgesamt positive Stimmung wird von der Politik noch zu wenig aufgenommen. Sie hat zu lange an den moralischen und ethischen Gefühlen der Bevölkerung vorbeiregiert und tut es gerade wieder. Die Bürgerinnen und Bürger schienen im Sommer 2015 oft weiter als die Regierenden: Während vonseiten der Politik schnellere Abschiebungen, die Grenzsicherung oder die Bekämpfung der Schlepper diskutiert und beschlossen wurde, Grenzzäune und Stacheldraht innerhalb der EU in Ungarn oder Calais hochgezogen wurden, entwickelte sich ein gegendynamischer Prozess in Europa. Privatboote, Segler, Initiativen wie Seenothilfetelefone setzten sich darüber hinweg, die Zäune wurden durchgeschnitten oder niedergetreten, die Dublin-III-Verordnung einfach ignoriert, Privatmenschen wurden zu Fluchthelfern und nahmen Geflüchtete von den Autobahnen der EU in ihren Autos mit nach Deutschland, sie setzten sich damit über geltende Rechtsnormen hinweg. Es herrscht ein anarchischer Moment – ein Hinwegsetzen über etablierte Regeln.

Hinter dieser enormen Hilfe steckt auch der Wille zur Veränderung

---

* The German Marshall Fund of the United States (2014): Transatlantic Trends – Key Findings 2014, online abrufbar: http://trends.gmfus.org/files/2012/09/Trends_2014_complete.pdf

der Gesellschaft. Die Personen, die sich ehrenamtlich engagieren, geben an, dass es ihnen nicht nur um die humanitäre Situation der Flüchtlinge geht, sondern auch um die Gestaltung der Gesellschaft. Mit dieser Haltung treiben sie die Politik gerade an und zwingen sie fast zum Wandel – im positiven wie im negativen Sinne. Erst Heidenau hat dazu geführt, dass die Kanzlerin erstmals in ihrer knapp zehnjährigen Amtszeit eine Flüchtlingsunterkunft besuchte. Und München hat durch die größte Anti-Pegida-Demonstration und die Willkommensgesten am Münchner Bahnhof mit zu einem Stimmungswandel beigetragen und einen Konsens des Engagements geschaffen.

Die Politik muss darauf reagieren: kurzfristig mit der Sicherung einer humanen, gut geplanten Aufnahme der Flüchtlinge und langfristig mit der Etablierung eines neuen Leitbilds für Deutschland.

Für die nächsten Monate ist es wichtig, dass die Politik die Strukturen und Mittel bereitstellt, damit das derzeitige zivilgesellschaftliche Engagement unterstützt, gestärkt, begleitet und auf Dauer formalisiert wird. Im Umgang mit der humanitären Krise müssen zeitnah Maßnahmen getroffen werden: Die Grundbedarfe müssen erfasst und gestillt werden, es müssen schnell und effektiv Nahrung, Kleidung und Unterkünfte bereitgestellt werden. Wo nötig, sollte eine psychosoziale Versorgung erfolgen. Darüber hinaus muss Rechtssicherheit hergestellt werden: vom Status als Asylberechtigter bis hin zur Erlangung der Staatsbürgerschaft.

Die Wohnsituation ist ein wichtiger Aspekt. Wir müssen heute schon fünf Jahre weiterdenken: Es ist notwendig, zügig Wohnungsbauprogramme zu entwickeln, in wirtschaftlich starken Städten ebenso wie in entvölkerten Regionen. Die strukturschwachen Regionen sollten sich um Flüchtlinge bewerben, so wie es in Kanada geschieht. Dort tragen sich die Bundesländer mit ihren Bedarfen beim Bund ein und werben um Einwanderer. Dezentrale Wohnungen zu haben statt Aufnahmelager ist elementar. In überfüllten Unterkünften entsteht schnell ein Koller, auch können junge Männer unter perspektivlosen und demütigenden Umständen für die Angebote der Salafisten anfäl-

Naika Foroutan

liger sein. Gerade um Kontakte mit der Bevölkerung zu ermöglichen und einen nachhaltigen gesellschaftlichen Gemeinschaftsbildungsprozess voranzutreiben, sollten Heime nicht an abgelegenen Orten errichtet werden. Da es jedoch unwahrscheinlich scheint, dass diese in die Stadtmitten gebaut werden, es aber einen großen Bedarf an Wohnraum gibt, sollte darüber nachgedacht werden, die neuen Wohnungsbauprogramme gleichermaßen für Geflüchtete und Etablierte attraktiv zu gestalten – sodass es nicht zu Banlieue-Strukturen, wie in Frankreich kommt, wo eine abgekapselte Migrantenpopulation ohne Zugang zur Gesellschaft in Ghettos lebt. Durch höhere Bezahlung könnten Anreize geschaffen werden, um gute Lehrerinnen und Lehrer in dortigen Schulen anzuwerben, Theater und Hochkultureinrichtungen könnten dort angesiedelt werden, ebenso wie Sportangebote und Erlebnisparks. In jedem Fall muss darüber nachgedacht werden, diese Orte so aufzuwerten, dass sie nicht als Flüchtlingsstätten, sondern als Zukunftsorte wahrgenommen werden. Derzeit gibt die finanzielle Situation Deutschlands das her – ebenso wie der Kreativpool der Bevölkerung und die Erkenntnisse der Stadtsoziologie. Nicht alle Fehler des Städtebaus müssen sich wiederholen.

Auf vier Kernfeldern muss gesellschaftliche Integration angestrebt werden:

1. In die bestehenden Strukturen hinein: gesellschaftliche Integration über den Zugang zu Arbeit, Bildung, Gesundheit und allen weiteren zentralen Bereichen des gesellschaftlichen Lebens.
2. In etablierte Kulturen hinein: sprachliche Integration über ein größeres Angebot an Sprachkursen, gemeinsame kulturelle Events wie Orchesteraufführungen, Kunstausstellungen, Sportveranstaltungen.
3. In soziale Gegebenheiten hinein: soziale Integration über Begegnungsräume und die Förderung von gegenseitigem Austausch, Einbindung in kleinstädtische Aktivitäten ebenso wie in großstädtische gemeinsame Kiezprogramme.
4. In emotionale Zugehörigkeiten hinein: Integration über Symbolik und Signale der Wertschätzung.

All diese Ebenen sind zentral für eine gelingende Integration.

Parallel ist politischer Widerspruch gegen rassistische Mobilisierung Pflicht. Es reicht nicht aus, allein Neonazis zu verurteilen. Die Proteste werden von weitaus mehr Bürgerinnen und Bürgern getragen. Durch bürgerlichen Zuspruch fühlen sich rechte Täterinnen und Täter legitimiert zu handeln – und das im gesamten Bundesgebiet. Wenn die Politik Ängste schürt, bestärkt sie rechtspopulistische Bürgerbewegungen und senkt Hemmschwellen. Es bedarf herkunftsübergreifender, vielfaltsbejahender Allianzen, und Solidaritätsbewegungen müssen politisch, symbolisch und monetär unterstützt werden.

Nach diesen ersten Schritten müssen wir anfangen, über einen konstruktiven Weg nachzudenken, der die Einwanderungsgesellschaft als Ganzes in den Blick nimmt.

Politiker scheuten sich lange Zeit davor, Deutschland als Einwanderungsland zu bezeichnen. Doch tatsächlich kann niemand mehr darüber hinwegsehen, dass die Bundesrepublik heute faktisch ein Einwanderungsland ist und sich auch die Politik bereits entsprechend verändert hat. Es gibt ein neues Staatsbürgerschaftsrecht, ein Zuwanderungsgesetz, den Doppelpass, ein Gesetz zur Anerkennung ausländischer Abschlüsse. Doch die Tatsache, dass 16 Millionen Menschen in Deutschland einen Migrationshintergrund haben, heißt nicht, dass man weiß, wie mit dieser Vielfalt umzugehen ist. Das wird auch in der aktuellen Situation deutlich. Wie wird an Schulen die Vielfalt gelehrt, wie außerschulisch? Wie an Orten, an denen es keine Vielfalt gibt? An all das müssen wir uns jetzt proaktiv heranwagen – und aus dem reaktiven Modus herausfinden. Die Einwanderungsgesellschaft ist nicht selbsterklärend; die Pluralität muss in das Selbstverständnis und die Normalität des Landes eingehen.

Wir brauchen ein Leitbild für das neue Deutschland. Die Politik sollte die Energie der Willkommenskultur zum Ausgangspunkt nehmen, Deutschland neu zu denken. In klassischen Einwanderungsländern wie den USA oder Kanada existieren solche Leitbilder längst. In den USA definiert man sich als *Nation of Immigrants*. Dieser Leit-

Naika Foroutan

spruch wurde bereits in den 1960er Jahren über den Verwaltungsweg etabliert, um den Zusammenhalt in einer durch rassistische Unruhen und soziale Spaltungen geprägten Gesellschaft zu stärken. Das Bild der *Nation of Immigrants* ist mittlerweile Teil des Gründungsmythos.

Auch die kanadische Gesellschaft sieht Einwanderung als wesentlichen Bestandteil ihrer Geschichte und insbesondere ihrer Zukunft – nicht allein aus ökonomischen Gründen. Der kanadische Integrationsleitfaden einer *Unity in Diversity* – Gemeinschaft in Vielfalt – ist in den achtziger Jahren für die Politik etabliert worden. Dieses Bild wurde auch auf kommunaler Ebene übernommen. So bekennt Toronto sich zu seinem Motto *Diversity Our Strength!* und sendet durch vielseitige Werbemaßnahmen Signale an Einwanderer und Einheimische gleichermaßen – wobei die Einheimischen längst auch schon aus ehemaligen Einwanderern bestehen.

In Kanada entstand auf diese Weise ein positives Selbstverständnis der Vielfalt und eine strukturierte und formalisierte Willkommenskultur. Exemplarisch dafür steht die Bundesbehörde für Staatsbürgerschaft und Einwanderung (CIC), die – neben anderen Rahmenprogrammen – im «Host Program» Freiwillige vermittelt, die den Neuankömmlingen helfen, sich im Kommunalwesen zurechtzufinden, an Gemeindeaktivitäten teilzunehmen, erste Kontakte im Berufsfeld zu knüpfen sowie die Sprache zu üben.* Das Programm erfährt auf beiden Seiten einen großen Zuspruch. Außerdem bestimmen die Chancengleichheit und Teilhabegerechtigkeit das Leitbild der Schulpolitik.**

Die USA, eine *Nation of Immigrants*, Kanada verheißt *Unity in Diversity*, und Frankreich definierte sich bei seiner republikanischen

---

* Elrick, Jennifer (2007): Integrationspolitik. Dossier Migration – Kanada. Hrsg. Bundeszentrale für politische Bildung.
** Vgl. Barth, Hans J./Heimer, Andreas/Pfeiffer, Iris (2008): Integration through Education – Promising Practices, Strategies and Initiatives from Ten Countries. Immigrant Students Can Succeed. Lessons from around the Globe. Hrsg. Bertelsmann Stiftung, Gütersloh, S. 119–187.

Gründung über Freiheit, Gleichheit und Brüderlichkeit. In Deutschland wurde bis dato politisch nicht formuliert, welche Vorstellungen von einem gemeinsamen Zusammenleben in einer pluralen Gesellschaft als Leitmotiv und somit als Teil der Integrationspolitik und Inhalt der sogenannten Willkommenskultur verhandelt werden sollten. Vielleicht kann der Leitspruch von Deutschland Pluralität, Solidarität und Gleichwertigkeit sein? Das würde uns politisch den Abbau zunehmender Ungleichheit als Kernaufgabe stellen.

Joachim Gauck hat das neue deutsche «Wir» als die Einheit der Verschiedenen bezeichnet. Adorno äußerte den Wunsch, ohne Angst verschieden sein zu können. Es gibt also Denktraditionen, an die man anknüpfen kann, und neue Impulse, die einfließen müssen. Das Ziel muss sein, die fehlende Chancengleichheit aufgrund von Herkunft zu überwinden. Die gleichberechtigte Teilhabe aller Bürger am Bildungs-, Arbeits- oder Wohnsystem muss sichergestellt, der Diskriminierung in diesen Sektoren vorgebeugt werden. Denn die kulturelle, ethnische, religiöse oder nationale Herkunft hat noch immer Einfluss auf die Erfahrung von Gleichwertigkeit.

Dieser Punkt ist zentral, denn wir leben in einer postmigrantischen Gesellschaft, also einer Gesellschaft, die sehr stark darüber nachdenkt, was *nach* der Migration geschieht: Die Frage danach, wer «wir» sind und wer zu diesem Wir gehört, tritt in postmigrantischen Gesellschaften stärker in den Vordergrund.

Viele der Flüchtlinge kommen aus muslimisch geprägten Regionen. Gerade «muslimisch» und «deutsch» werden oft als Gegenkategorien wahrgenommen und Muslime aus dem «deutschen Wir» herausdefiniert. Knapp 60 Prozent der deutschen Bevölkerung sehen Muslime als Bedrohung.* Eine Studie des Berliner Instituts für empirische Integrations- und Migrationsforschung hat gezeigt, dass zwar gleichzeitig knapp 70 Prozent der Bevölkerung finden, wir sollten

* Hafez, Kai/Schmidt, Sabrina (2015): Die Wahrnehmung des Islams in Deutschland. In: BertelsmannStiftung (Hrsg.): Religionsmonitor. Verstehen, was verbindet. Gütersloh: Bertelsmann-Verlag.

Naika Foroutan

Muslimen mehr Anerkennung entgegenbringen, und wenn Muslime Forderungen stellten, sei das ihr gutes Recht. Doch findet diese Bereitschaft, Anerkennung und Teilhabe zu gewähren, lediglich auf einer abstrakten Ebene statt. Mehr als ein Viertel (27 Prozent) der Befragten in Deutschland denkt, dass Muslime aggressiver seien als sie selber, nur rund jeder Zweite (55 Prozent) glaubt, dass Muslime genauso bildungsorientiert seien wie ihre eigene Gruppe. Als eigene Gruppe wird auf Nachfrage auffallend oft (40 Prozent) «wir Deutschen», «die deutsche Bevölkerung», «die deutsche Gesellschaft» oder Ähnliches genannt.* Deutschsein und Muslimischsein werden also als Gegensatzkategorien wahrgenommen. Auch wenn die logische Komplementärkategorie zu muslimisch eher christlich oder «nichtmuslimisch» heißen müsste anstatt «deutsch».

Deutschland sieht sich selbst als vielfältig, offen und tolerant, es scheint aber kein Konsens zu sein, dass dies fluide Wertekategorien sind, die progressiv mit dem gesellschaftlichen Wandel einhergehen und damit auch die Herausforderung an uns stellen, etablierte Wertkategorien wie nationale Identität oder Bezugspunkte zu Religiosität zu hinterfragen. Wir müssen uns mit Vielfalt als herausforderndem und verunsicherndem Konzept auseinandersetzen – nicht nur als empirischer Realität. Empirische Realität allein verändert keine Haltungen. Vor 200 Jahren waren auch schon die Hälfte der Bevölkerung Frauen – das war eine empirische Realität. Aber es gab keine Frauenrechte, solange das Bewusstsein in der Bevölkerung dafür nicht etabliert war. Die Einwanderungsgesellschaft muss aktiv gelernt werden.

Der Zustand einer demokratischen Einwanderungsgesellschaft lässt sich am Umgang mit ihren Minderheiten messen. Muslime sind derzeit die größte religiöse Minderheit. Dementsprechend können der Umgang mit ihnen und die Einstellungen ihnen gegenüber als Seismograph gesehen werden, um die Einstellungen zu Demokratie,

* Foroutan, Naika/Canan, Coşkun/Arnold, Sina/Schwarze, Benjamin/Beigang, Steffen/Kalkum, Dorina (2014): Deutschland postmigrantisch I. Gesellschaft, Religion, Identität – Erste Ergebnisse, Berlin.

Pluralität und der freiheitlichen Verfassung innerhalb der Gesamtbevölkerung zu messen. Diese Kernaspekte der Gesellschaft sind unter anderem durch Bewegungen wie Pegida in Gefahr.

Ein Leitbild hat die Funktion, politik- und handlungsleitend zu sein. Es geht dabei nicht um eine «Leitkultur», die die Menschen umerzieht. Es geht um politisches Handeln, das einem roten Faden folgt, die Akzeptanz pluraler Realität und eines demokratischen Umgangs damit. Heterogenität als pures Nebeneinander wird nicht immer als sinngebend empfunden, wenn ihr kein sinnstiftendes Motiv zugrunde liegt. Hierfür braucht es einen politischen Leitfaden, der alle Menschen mitnimmt und der deutlich macht, dass muslimische oder andere Minderheiten ein Teil des «Wir» sind.

Dafür ist es wichtig, Zugänge zu finden, die eine Identität schaffen, die alle integriert, die Deutschland als Land der Vielfalt neu- oder wiedererzählt. Die Junge Islam Konferenz in Hamburg hat beispielsweise gefordert, die Schulbücher anzupassen oder ein Unterrichtsfach einzuführen, das «Deutsche Gesellschaft im 21. Jahrhundert» heißen könnte. Darin würden die Schüler etwas erfahren über Minderheiten, Religionen, Kompetenzen und Ressourcen, über Geschichtsschreibung, die nicht nur von Europa aus denkt, über Diskriminierung und Antirassismus-Arbeit und die Entstehung von Stereotypen, über Staatsangehörigkeit und Rechte und vieles mehr, was man wissen und lernen sollte, wenn man heute in Deutschland lebt.

Parteien, Wissenschaftler, Kirchen, Gewerkschaften, Arbeitgeber und Minderheitenvertreter sollten gemeinsam nach einem Narrativ suchen, das unsere Gesellschaft in die Zukunft trägt – und nicht nur eine leere Formel bleibt. Das Leitbild für eine Einwanderungsgesellschaft könnte in einem Dreischritt entstehen: Eine Denkwerkstatt könnte zentrale Fragen sammeln, analytische Vergleiche zu anderen Ländern ziehen, die ähnliche Prozesse durchlaufen haben, und dazu aus einer intellektuellen Perspektive Stellung beziehen. Eine überparteiliche Leitbildkommission müsste Aspekte wie Antidiskriminierung, Gleichstellung, Teilhabe, demokratische Grundrechte, Staatsbürgerschaft auf der Basis von Pluralität erörtern. Parallel müssten

Naika Foroutan

diese Themen in Bürgerforen bundesweit diskutiert werden, am besten in einem Tandem aus Wissenschaftlern der Denkwerkstatt und Kommissionsmitgliedern. Denn ein Leitbild muss demokratisch legitimiert sein, damit es zu einem Identifikationsanker für die Gesellschaft werden kann.

Wir leben in einer Zeit, in der sich unsere Demokratie fragen muss, wie sie mit gesellschaftlicher Vielfalt umgehen will. Wenn hierfür eine überparteiliche Leitbildkommission eingesetzt werden würde, so wie es die Kanadier in den achtziger Jahren machten, könnten wir uns überlegen, wie wir zusammenleben wollen mit jenen, die kamen, und jenen, die noch kommen werden. Die Kanadier wollten eine Einheit in Verschiedenheit bilden und haben ihre Gesetze danach ausgerichtet. Eine Leitbildkommission in Deutschland könnte ein ähnliches Narrativ herausarbeiten und dabei helfen, eine neue Kernidentität für dieses Land zu etablieren, die auf Vielfalt und Gleichwertigkeit beruht und dabei die Solidarität auch mit jenen, die sich überrannt fühlen vom neuen Deutschland, aufrechterhält, indem es aktiv den Kampf gegen jegliche Form gesellschaftlicher Ungleichheit nach vorn trägt.

Harald Löhlein*

WAS JETZT ZU TUN IST!
Einige konkrete Vorschläge
aus der Sicht der Praxis

«Wir befinden uns im Augenblick irgendwie *in between*», so hat es im
Oktober ein UNHCR-Vertreter auf einem europaweiten Treffen von
Flüchtlingsinitiativen beschrieben: Das «alte System» der Flüchtlingsaufnahme und -verteilung in Europa – vor allem das Dublin-
System – funktioniere nicht mehr, etwas Neues sei aber noch nicht an
seine Stelle getreten. Stattdessen gibt es aktuell auf europäischer und
nationaler Ebene hektische Aktivitäten, die vor allem darauf abzielen,
den Zuzug von Flüchtlingen zu begrenzen und eine andere Verteilung
von Flüchtlingen in der EU zu organisieren.

Wie und wann all die nun geplanten oder schon verabschiedeten
Maßnahmen tatsächlich wirken werden, weiß derzeit niemand. Denn
der entscheidende Grund für die Schutzsuchenden, den gefahrvollen
Weg nach Europa auf sich zu nehmen, liegt weniger in den Aufnahmebedingungen hier in Europa als vielmehr in der steigenden Perspektivlosigkeit ihrer Situation in den Herkunftsländern oder den Erstaufnahmeländern. Zum Beispiel Libanon: In diesem Land mit circa vier
Millionen Einwohnern lebt mittlerweile über eine Million Flüchtlinge.
Übertrüge man dies auf die Bundesrepublik, entspräche es der Aufnahme von zwanzig Millionen Flüchtlingen!

Zunächst war der Libanon für viele Flüchtlinge das Zielland. Sie
wollten in der Region bleiben, in der Hoffnung, bald in die Heimat
zurückzukehren. Diese Hoffnung gibt es aber nicht mehr. Und die Bedingungen vor Ort haben sich verschlechtert: Die Grenze nach Syrien

---

* Harald Löhlein ist Flüchtlingsreferent beim Paritätischen Gesamtverband.

wurde geschlossen, die humanitären Programme wurden gekürzt, die medizinische Versorgung muss nahezu ausschließlich privat bezahlt werden, es gibt keinen Zugang in das nationale Bildungssystem. So wurde der Libanon nach und nach zum Transitland. Ähnlich ist die Situation in anderen Erstaufnahmeländern der Flüchtlinge: Bevor die letzten Ressourcen verbraucht sind, machen sich viele nun auf den Weg nach Europa.

Was aber bedeutet dies nun für die aktuelle Aufnahmepolitik in Deutschland? Einerseits: Die aktuellen Zugangszahlen für die nächsten Jahre einfach fortzuschreiben und dabei von einer Million Flüchtlingen in Deutschland oder mehr auszugehen ist reine Spekulation. Andererseits muss sich die Gesellschaft aber darauf einstellen, dass es so kommen könnte. Welche Konsequenzen ergeben sich daraus für die Aufnahmepolitik?

Kein Rückfall in die neunziger Jahre!

Auch Ende der achtziger, Anfang der neunziger Jahre gab es einen deutlichen Anstieg der Asylbewerberzahlen. Die Reaktionen damals waren: Arbeitsverbote, drastische Senkung der sozialen Leistungen, Residenzpflicht, Einschränkung des Grundrechts auf Asyl. Es hat dann zwanzig Jahre gedauert, bis sich die Innenpolitik von diesem Trauma erholt hat und nach und nach Erleichterungen bei der Flüchtlingsaufnahme umgesetzt werden konnten (Lockerung des Arbeitsverbots, Aufhebung der Residenzpflicht, höhere Leistungen beim Asylbewerberleistungsgesetz). Jetzt aber droht das Rollback! Erneut werden Leistungskürzungen beschlossen, die Ausweitung des Sachleistungsprinzips, des Arbeitsverbots. Allerdings nicht für alle: Die Einschränkungen gelten für diejenigen Asylsuchenden ohne Bleibeperspektive. Dazu zählt man generell die Flüchtlinge aus den Westbalkan-Staaten, die man zu «sicheren Herkunftsländern» erklärt hat. Abgesehen davon, dass die Einstufung der genannten Länder zu sicheren Herkunftsländern nur aufgrund der geringen Anerkennungsquote äußerst problematisch ist, hat die Vergangenheit gezeigt, dass doch ein Teil der Flüchtlinge aus diesen Ländern aus unterschiedlichen Gründen hier in Deutschland geblieben ist. Sie – und ihre Kinder! – generell dauerhaft vom Bildungssystem und Arbeitsmarkt auszuschließen, weil sie vermeintlich keine Bleibeperspektive haben, ist nicht nur realitätsfern, sondern auch sozialpolitisch unverantwortlich.

Konkret stellen sich aktuell vor allem zwei Fragen, nämlich:

1. Wie kann die zügige Erstversorgung der Flüchtlinge sichergestellt werden?
2. Wie kann dann die schnelle Integration vor Ort unterstützt werden?

Erstaufnahme

Wie läuft dies aktuell vor Ort ab? Ein Beispiel: Im Laufe des Dienstags erfährt der Arbeiter-Samariter-Bund, dass er eine weitere Notunterkunft zur Erstaufnahme übernehmen soll. Diesmal im ehemaligen Rathaus Wilmersdorf in Berlin. Gedacht ist zunächst an die Unterbringung von circa 500 Personen. Dass der Verband dies in der Kürze der Zeit kaum allein stemmen kann, ist schnell klar, und er bittet daher um ehrenamtliche Unterstützung. Innerhalb von zwei Tagen gründet sich die Willkommensinitiative «Wilmersdorf hilft», am Tag der Eröffnung sind über hundert Helferinnen und Helfer im Einsatz. Zunächst geht es um die Einrichtung des Hauses, Bettenaufstellen, Essenausgabe. Schnell werden in den kommenden Tagen weitere Angebote aufgebaut, Kinderbetreuung, Kleiderkammer, Deutschkurse und die medizinische Versorgung. Auf der Facebook-Seite der Initiative können sich Interessierte nicht nur darüber aktuell informieren, welche Spenden konkret benötigt werden, sie können sich auch in Stundenpläne eintragen zur Organisation der ehrenamtlichen Arbeit.

Ein Beispiel von vielen. Ohne das enorme Engagement vieler Bür-

Harald Löhlein

gerinnen und Bürger wäre die Aufnahme der Flüchtlinge in der aktuellen Situation nicht zu bewältigen. Das bestätigen ja auch überall diejenigen, die in den Kommunen, den Ländern und dem Bund für die Flüchtlingsaufnahme verantwortlich sind.

Bürgerschaftliches Engagement

Dass sich so viele Menschen engagieren, ist großartig. Und es gibt bisher wenig Anzeichen dafür, dass es sich hier um ein Strohfeuer handelt. Interessant ist nicht nur, dass es so viele Initiativen gibt, sondern auch, wie sie sich organisieren. Ins Auge fällt hier vor allem, welch große Bedeutung mittlerweile das Internet, Facebook und zahlreiche andere soziale Netzwerke bekommen haben. Dies gilt für die Vernetzung der ehrenamtlichen Helferinnen und Helfer, es gilt aber erst recht auch für die Kommunikation mit den Flüchtlingen. Viele von ihnen haben ein Handy, das schon für die Organisation der Flucht von entscheidender Bedeutung war. In zahlreichen Foren tauschen sie nützliche Informationen über Fluchtwege, Unterstützungsmöglichkeiten und anderes mehr aus. Auch hier in Deutschland wird dieser Informations- und Austauschweg immer wichtiger. Ständig werden neue Austauschforen gegründet, in denen Informationen für Flüchtlinge zur Verfügung gestellt werden, sei es nun über die Situation vor Ort in den Kommunen oder über Themenfelder wie etwa den Zugang zum Arbeitsmarkt.

So großartig das ehrenamtliche Engagement derzeit auch ist, es bedarf nach und nach der Unterstützung und Koordinierung. Und es muss klar sein, dass damit staatliche Aufgaben nicht dauerhaft ersetzt werden dürfen. Dies gilt beispielsweise für die medizinische Versorgung: Eine Initiative von Ärzten, Krankenschwestern und anderen Helfern in Berlin hat mangels Alternativen zwischenzeitlich ehrenamtlich die komplette medizinische Versorgung von über 2500 Flüchtlingen übernommen, die nach wochenlangem Aufenthalt zum überwiegenden Teil noch nicht einmal registriert sind. Ein Unding!

Sprachkurse

Am Beispiel der Deutschkurse lassen sich auch die Möglichkeiten, aber auch die Grenzen des ehrenamtlichen Engagements verdeutlichen. Ehrenamtliche Angebote von Deutschkursen gibt es aktuell reichlich, oftmals direkt in den Unterkünften. In der bereits erwähnten Unterkunft in Wilmersdorf etwa geben 150 Ehrenamtliche regelmäßig Deutschkurse. Wobei das Wort «Kurs» die Sache nicht treffend beschreibt, denn oftmals kann es sich ja schon deshalb nicht um systematisch aufeinander aufbauende Kurse handeln, weil niemand weiß, wie lange die Flüchtlinge überhaupt in der Unterkunft bleiben. Und eine Abstimmung unter den Ehrenamtlichen über Kursinhalte und Methoden ist nur begrenzt machbar – und auch nicht immer gewünscht. Darauf kommt es vielleicht aber gar nicht an. Viel ist schon gewonnen, wenn erste Schritte der Verständigung in der deutschen Sprache getan werden und vor allem wenn man überhaupt miteinander ins Gespräch kommt. Für diejenigen, die ehrenamtlich Deutschkurse anbieten und nicht über die entsprechende Ausbildung verfügen, gibt es mittlerweile zahlreiche, auch kostenlose Arbeitshilfen im Netz, etwa von Schulbuchverlagen.

Neben diesen ehrenamtlichen Angeboten gibt es Angebote zu Deutschkursen für Asylsuchende, die von den Kommunen oder teilweise auch den Ländern finanziert werden.

Diese Erstangebote reichen aber nicht aus. Es ist daher gut, wenn der Bund nun endlich die Integrationskurse für einen Teil der Asylsuchenden öffnet. Sie haben zwar keinen Rechtsanspruch auf Teilnahme, aber zumindest die Möglichkeit. Wie viele davon letztlich profitieren werden, hängt vor allem davon ab, ob der Bund ausreichende Mittel für die Integrationskurse zur Verfügung stellt. Neben den Integrationskursen gibt es für dieses Jahr auch Mittel für niedrigschwellige Sprachkurse. Zusätzlich gibt es für diejenigen, die schon über Grundkenntnisse der deutschen Sprache verfügen, die Möglichkeit, berufsbezogene Deutschkurse zu besuchen.

Problematisch ist, dass die Flüchtlinge aus vermeintlich sicheren

Harald Löhlein

Herkunftsländern von diesen Deutschkursen ausgeschlossen sind. In der Vergangenheit haben viele von ihnen – aus unterschiedlichen Gründen – auch nach negativem Ausgang des Asylverfahrens eine Duldung oder eine Aufenthaltserlaubnis erhalten und sind in Deutschland geblieben. Wenn sie nun dauerhaft von Sprachkursen und anderen Integrationsmöglichkeiten ausgeschlossen werden, dann möge man sich später bitte nicht über die Schwierigkeiten mit der Integration dieser Flüchtlinge beklagen!

Die Integrationskurse des Bundes zielen darauf ab, den Teilnehmern Deutschkenntnisse zu vermitteln, die im Kategoriendeutsch der europäischen Sprachtests auf Stufe B1 stehen. Damit ist die Fähigkeit selbständiger Sprachverwendung gemeint. Etwa die Hälfte der Teilnehmenden erreicht dies. Diese Kenntnisse reichen aber bei weitem noch nicht, um hier beruflich Fuß zu fassen. Nötig wären daher Kursangebote, die auch den etwas anspruchsvolleren Abschluss mit B2 ermöglichen.

Ein Dauerthema bei den Integrationskursen ist zudem die unzureichende Bezahlung der Sprachlehrerinnen und -lehrer. Viele von ihnen arbeiten auf Honorarbasis oder in befristeten Verträgen. Wenn nun aber absehbar ein weit größerer Bedarf an den staatlichen Schulen nach Lehrerinnen und Lehrern besteht, die «Deutsch als Zweitsprache» unterrichten können, dann wird es für die Sprachschulen, die Integrationskurse anbieten, immer schwieriger werden, geeignete Fachkräfte zu finden und länger bei sich zu beschäftigen.

Arbeit

Die aktuell überwiegend positive Haltung den Flüchtlingen gegenüber hängt natürlich auch mit der Hoffnung zusammen, dass der Zuzug der Flüchtlinge die Probleme, die sich aus der demographischen Entwicklung Deutschlands für den Arbeitsmarkt ergeben können, mildern kann. Daher werben ja gerade auch Wirtschaftsverbände und -institute für eine großzügige Aufnahme von Flüchtlingen.

Aber wie sieht es mit den Chancen am Arbeitsplatz tatsächlich aus? Das generelle Arbeitsverbot gilt für die Zeit, in der die Asylsuchenden verpflichtet sind, in einer Erstaufnahmeeinrichtung zu wohnen. Bisher waren dies drei, nach dem «Asylverfahrensbeschleunigungsgesetz» vom 1.11.2015 gilt dies bis zu sechs Monate. Für die ersten fünfzehn Monate gilt zudem der sogenannte nachrangige Arbeitsmarktzugang: Die Arbeitserlaubnis wird nur erteilt, wenn für den Arbeitsplatz kein Deutscher oder EU-Bürger zur Verfügung steht. Dieses Nachrangigkeitsprinzip bedeutet schon für die meisten Asylsuchenden faktisch den Ausschluss vom Arbeitsmarkt. Es muss daher dringend abgeschafft werden.

Zu bedenken ist zudem, dass zukünftig Asylsuchende aus den «sicheren Herkunftsländern» dauerhaft vom Arbeitsmarkt ausgeschlossen werden. Ebenso ausgeschlossen bleiben diejenigen, bei denen man davon ausgeht, dass sie die Hindernisse, die ihrer Abschiebung entgegenstehen, selbst zu verantworten haben.

Neben den rechtlichen Barrieren gibt es aber weitere faktische Probleme. Entscheidend für die Chancen am Arbeitsmarkt sind neben ausreichenden Deutschkenntnissen natürlich die Qualifikationen. Sie sollen zukünftig bereits während des Asylverfahrens erhoben werden – zumindest bei Flüchtlingen mit hoher Bleibeperspektive. Die bisherigen diesbezüglichen Untersuchungen und Erfahrungen – etwa in dem Modellprojekt «Early Intervention» – zeigen, dass es zwar einen relevanten Anteil von Flüchtlingen gibt, die über gute formale Qualifikationen verfügen, in vielen Fällen aber auch erheblicher Bildungs- und Ausbildungsbedarf besteht. Es wird demzufolge für die nächsten Jahre zunächst mit einem deutlichen Anstieg der Arbeitslosen bei den Flüchtlingen gerechnet. Es ist daher zu begrüßen, wenn die Bundesagentur für Arbeit nun eher auch in die Vermittlung von Asylsuchenden einsteigt und Sprachkursangebote für Asylbewerber ausbaut. Eine zentrale Aufgabe wird vor allem darin bestehen, die mitgebrachten – formellen und insbesondere informellen – Qualifikationen der Asylsuchenden angemessen zu bewerten und passgenaue Ergänzungsqualifikationen anzubieten. Damit die Integration in den

Harald Löhlein

Arbeitsmarkt gelingt, bedarf es in vielen Fällen einer intensiven Beratung und Begleitung. Bestehende Beratungsstrukturen wie das Netzwerk Bleiberecht sollten dementsprechend ausgebaut werden.

Wohnen

Es wird Winter. Und nach wie vor warten in deutschen Städten Tag für Tag, Nacht für Nacht Flüchtlinge draußen vor Registrierungsstellen. Das aktuell wohl drängendste Thema ist, für alle Asylsuchenden eine angemessene Unterbringung, ein Dach über dem Kopf zu schaffen. Anstelle von Zelten müssen winterfeste Unterkünfte eingerichtet werden. Immer mehr Notunterkünfte werden errichtet. Um mehr Flüchtlingsunterkünfte bauen oder bestehende Gebäude als Flüchtlingsunterkünfte nutzen zu können, wurde erneut das Baurecht novelliert. Der Bund plant zudem die Einrichtung weiterer, sehr großer Unterkünfte.

Dass man in der aktuellen Situation nicht um größere Erstaufnahmeeinrichtungen herumkommt, ist nachvollziehbar. Da die Unterbringung in solchen Einrichtungen aber für alle Beteiligten auch eine erhebliche Belastung darstellt, sollte die Zeit, in der die Asylsuchenden dort wohnen, so kurz wie möglich sein. Daher ist die letzte Gesetzesänderung abzulehnen, die die Frist, in der Asylsuchende in diesen Einrichtungen leben müssen, auf bis zu sechs Monate ausdehnt.

Oberstes Ziel bei der Unterbringung muss es sein, dass die Flüchtlinge so bald wie möglich in eigenen Wohnungen oder kleinen Wohnheimen leben, die ins Stadtviertel integriert sind. Dazu muss zunächst das Asylverfahrensgesetz geändert werden, welches auch für die Zeit, in der die Flüchtlinge bereits auf die Kommunen verteilt sind, den Vorrang der Unterbringung in Gemeinschaftsunterkünften vorschreibt. In den Kommunen gibt es bundesweit sehr unterschiedliche Regelungen hinsichtlich der Frage, wann Flüchtlinge aus den Gemeinschaftsunterkünften ausziehen dürfen.

Problematisch ist aktuell, dass von Kommunen Unterbringungsangebote in kleineren Einheiten zum Teil kaum noch geprüft werden, weil sie aus pragmatischen und finanziellen Gründen die Unterbringung und Betreuung in Großeinrichtungen bevorzugen.

Angesichts der angespannten Situation auf dem Wohnungsmarkt in vielen Städten bedarf es aber auch einer aktiven Unterstützung der Flüchtlinge bei der Wohnungssuche, damit sie überhaupt eine Chance auf eine Wohnung haben. Schon jetzt fehlt es in vielen Städten an bezahlbarem Wohnraum. Nur mit einer massiven Aufstockung der Mittel für den sozialen Wohnungsbau kann daher eine ausreichende Versorgung mit Wohnraum für die gesamte Bevölkerung sichergestellt werden.

Familienzusammenführung

Wer es mit der Integration der Flüchtling ernst meint, der muss ihnen ermöglichen, hier mit ihren Familienangehörigen zusammenzuleben. Neben bzw. nach der Sicherung des eigenen Aufenthaltsrechts ist dies für viele Flüchtlinge das wichtigste Anliegen. Das wird für das kommende Jahr ein zentrales Thema werden. Es betrifft zum einen die furchtbaren Fälle, in denen Familien während der Flucht getrennt wurden, es betrifft aber natürlich auch die Familienmitglieder, die noch in den Erstasylländern verblieben sind und deren Lebenssituation sich oft stetig verschlechtert.

Anerkannte Flüchtlinge haben das Recht, für Mitglieder ihrer Kernfamilie innerhalb von drei Monaten nach der Anerkennung die Familienzusammenführung zu beantragen, ohne dass sie dabei die sonst üblichen Voraussetzungen erfüllen müssen. Sie müssen also in diesen Fällen nicht nachweisen, dass sie in der Lage sind, die Lebenshaltungskosten für die Familienmitglieder zu bestreiten. Nach drei Monaten verfällt dieses «Privileg» allerdings, und eine Familienzusammenführung ist kaum noch möglich.

Erheblich verzögert wird die Möglichkeit der Familienzusammenführung bisher faktisch dadurch, dass es häufig Monate braucht, bis

die Familienangehörigen einen Termin bei einer deutschen Auslands-
vertretung – etwa in der Türkei – bekommen. Hier muss also dringend mehr Personal zur Verfügung gestellt werden.

Das Recht auf Familienzusammenführung gilt im Übrigen bislang
nur für die Kernfamilie, nicht aber für weitere Familienmitglieder,
etwa Großmutter oder Enkel. Sie können nur in Ausnahmefällen einreisen. Diese enge Interpretation von «Familie» wird der aktuellen
Lebenssituation der Betroffenen und ihrem Familienverständnis in
keiner Weise gerecht und muss überwunden werden, wenn man verhindern will, dass sich weitere Familienangehörige als Flüchtlinge auf
den gefahrvollen Weg nach Deutschland begeben, weil eine Familienzusammenführung sonst nicht möglich ist.

Gesundheit

Auch die gesundheitliche Versorgung wird in der aktuellen Situation
zu einem guten Teil durch Ehrenamtliche erbracht. Ärzte, Krankenschwestern oder andere medizinisch Ausgebildete sorgen zum Beispiel etwa in der Erstaufnahmeeinrichtung in Wilmersdorf für die
Erstversorgung der Flüchtlinge. In vielen Städten haben sich neue
Initiativen zur medizinischen Betreuung der Flüchtlinge gegründet.
Andere, etwa die medizinische Flüchtlingshilfe Bochum, sind schon
länger in diesem Bereich aktiv. So bewundernswert das Engagement
der Helferinnen und Helfer auch ist: Die medizinische Versorgung
muss vom Staat gewährleistet werden und sollte nur vorübergehend
durch Ehrenamtliche erbracht werden. Aber wie?

Welchen Anspruch haben die Asylsuchenden? Nach dem Asylbewerberleistungsgesetz stehen ihnen nur eingeschränkte medizinische
Leistungen zur Verfügung. Nur die Behandlung «akuter Erkrankungen und Schmerzzustände» ist abgedeckt, nicht aber die Behandlung
chronischer Erkrankungen oder Prävention.

Zunächst brauchen die Betroffenen einen Krankenschein vom
Sozialamt. Es gibt zahlreiche Beispiele dafür, dass dieser ihnen nicht

oder zu spät gegeben wurde, obwohl die Hilfe notwendig war. Es ist daher zu begrüßen, wenn jetzt die Länder verbesserte Möglichkeiten bekommen, eine Gesundheitskarte einzuführen, die es den Asylsuchenden ermöglicht, direkt zu einem Arzt zu gehen. Aber es bleibt im Ermessen der Bundesländer, ob sie dies tun werden; und einzelne Länder, etwa Bayern, haben bereits angekündigt, dies nicht umzusetzen. Aber auch wer in den Besitz des Krankenscheins bzw. der Gesundheitskarte gekommen ist, steht vor Schwierigkeiten, etwa vor dem Sprachproblem: Nur wenige Ärzte sprechen Arabisch. Da können nur Sprachmittler helfen, die bisher aber an vielen Orten nicht ausreichend zur Verfügung stehen. So hilft dann häufig nur der «Google Translator». Ein weiteres Problem besteht darin, dass solche Dolmetscherdienste über die Krankenversicherung nicht abrechenbar sind. Es bleibt der Eigeninitiative der Betroffenen oder der Ärzte überlassen, hier Ad-hoc-Lösungen zu finden.

Ein erheblicher Teil der Flüchtlinge ist durch die Erfahrungen im Heimatland oder die Flucht traumatisiert worden. Wie viele es sind, weiß niemand genau. Nicht jeder braucht eine Therapie, aber es bedarf eines massiven Ausbaus des Hilfesystems, um den betroffenen Flüchtlingen angemessen Hilfe zukommen lassen zu können. Daran mangelt es bisher noch. Bundesweit gibt es gut dreißig psychosoziale Zentren für Flüchtlinge. Sie bieten nicht nur Therapie, sondern auch andere Hilfsmöglichkeiten, die zunächst der Stabilisierung der Betroffenen dienen und eine umfangreiche psychosoziale Beratung beinhalten. Die Arbeit dieser Zentren und entsprechender Netzwerke vor Ort muss unbedingt ausgebaut und finanziell abgesichert werden, um dem deutlich gestiegenen Bedarf gerecht werden zu können.

Das ergibt sich schon aus der neuen EU-Aufnahmerichtlinie, die in Deutschland immer noch nicht umgesetzt wurde, obwohl dies eigentlich bis Juli 2015 hätte geschehen müssen. Die Richtlinie sieht unter anderem vor, dass in den Staaten sichergestellt wird, den Bedarf besonders schutzbedürftiger Flüchtlingsgruppen rechtzeitig zu erkennen und ausreichende Hilfsangebote zur Verfügung zu stellen. Zu diesen besonders schutzbedürftigen Gruppen gehören neben den

Harald Löhlein

unbegleiteten Minderjährigen, Älteren, Behinderten besonders auch traumatisierte Flüchtlinge.

Soziale Leistungen dürfen nicht der Abschreckung dienen

So früh wie möglich eigenständig leben zu können: Das ist das Ziel der Flüchtlinge, und es sollte auch das Ziel bei der Gestaltung der Aufnahmepolitik sein. Konkret bedeutet das: selber über ein Budget verfügen können, selber einkaufen und kochen, eine eigene Wohnung. Ein großes Hindernis bei der Umsetzung dieses Ziels stellen die Regelungen des seit 1993 gültigen Asylbewerberleistungsgesetzes dar, vor allem das dort vorgesehene «Sachleistungsprinzip». Mit dem nun verabschiedeten Asylverfahrensbeschleunigungsgesetz wurden die Regelungen noch verschärft, indem sowohl in der Erstaufnahmeeinrichtung wie auch in den Unterkünften vor Ort die sozialen Leistungen vorrangig als Sachleistungen gewährt werden sollen. Abgesehen von dem enormen bürokratischen Aufwand, der damit verbunden ist, verdammt diese Regelung die Betroffenen noch mehr zur Untätigkeit und schränkt ihre Handlungsmöglichkeiten weiter ein. Dies soll – ebenso wie die aktuell beschlossenen Leistungskürzungen für bestimmte Flüchtlingsgruppen – offensichtlich der Abschreckung dienen. Diese Regelungen sind aber teilweise nicht nur offensichtlich verfassungswidrig, sondern konterkarieren das Ziel der frühzeitigen Integration.

Kita und Schule

Etwa ein Drittel der Asylsuchenden sind Kinder und Jugendliche unter achtzehn Jahren. Von den für 2015 nun prognostizierten rund 800 000 Asylsuchenden also 270 000! Darauf müssen sich die Schulen und die Kindertagesstätten nun einstellen.

Nur ein kleiner Teil der Flüchtlingskinder besucht gegenwärtig eine

Kita, zumal, solange sie in der Erstaufnahmeeinrichtung sind. In den Bundesländern ist unterschiedlich geregelt, ab wann ein Anspruch auf einen Kitaplatz besteht, in der Regel aber erst mit der Verteilung auf die Kommunen. Viele Kitas haben kurzfristig zusätzliche Plätze zur Verfügung gestellt. Da es aber in vielen Kommunen ohnehin einen Mangel an Kitaplätzen gibt, ist es für Flüchtlingsfamilien natürlich besonders schwer, einen freien Platz zu ergattern. Ein massiver Aufbau von Kitaplätzen ist daher dringend erforderlich.

Ähnlich sieht es an den Schulen aus. Viele haben Willkommensklassen eingerichtet, in denen den Kindern grundlegende Deutschkenntnisse vermittelt werden, bevor sie dann in die regulären Klassen übernommen werden. Aber wenn es zusätzlich bis zu 300 000 schulpflichtige Kinder gibt, dann müssen auch in erheblichem Umfang neue Lehrer eingestellt werden. Die Kultusministerkonferenz schätzt hier einen Bedarf von circa 20 000 zusätzlichen Stellen.

Unbegleitete minderjährige Flüchtlinge

Auch die Zahl der unbegleiteten minderjährigen Flüchtlinge ist deutlich gestiegen. Aufgrund der nun verabschiedeten gesetzlichen Neuregelung sollen sie schneller bundesweit verteilt werden. An vielen Orten müssen aber überhaupt erst angemessene Aufnahmekapazitäten für die jungen Flüchtlinge geschaffen werden. Dabei geht es nicht nur um den Ausbau der Jugendhilfeeinrichtungen, um Standards bei der Unterbringung und Betreuung, sondern auch um qualifizierte Vormünder. Da gibt es einen enormen Schulungsbedarf. Aber auch im Umgang mit diesen jungen Flüchtlingen gibt es Klärungsbedarf, so bei der Frage, wie das Alter der Betroffenen festgestellt werden sollte.

Harald Löhlein

Asylverfahren – nicht nur zügig, sondern auch fair!

Das monate- bzw. jahrelange Warten auf die Registrierung, auf die Anhörung und schließlich den Bescheid des Bundesamtes ist zermürbend. Die Forderung nach Beschleunigung der Verfahren – sie dauern aktuell im Durchschnitt gut fünf Monate – wird nicht nur von den aufnehmenden Kommunen, sondern auch den Flüchtlingen vorgebracht. Zumal die Verfahrensdauer von fünf Monaten nichts darüber aussagt, wie lange sie schon im Land sind. Denn mittlerweile vergehen häufig Monate zwischen der Meldung als Asylsuchender und dem eigentlichen Asylantrag, und mitunter vergehen auch Wochen, bis es überhaupt zur ersten Registrierung kommt.

Zur tatsächlichen Beschleunigung der Verfahren würde es sich anbieten, wenn nicht nur bei Flüchtlingen aus Syrien und Eritrea, sondern auch bei solchen aus anderen Ländern mit hoher Anerkennungsquote ein schnelleres, schriftliches Verfahren praktiziert wird. Sinnvoll wäre auch eine Aufenthaltserlaubnis für Asylsuchende, über deren Antrag zwölf Monate nicht entschieden wurde.

Asylverfahren sollen aber nicht nur zügig, sondern auch fair durchgeführt werden. Das beinhaltet verschiedene Aspekte, vor allem aber eine unabhängige Beratung der Flüchtlinge. Beispiel Holland: Dort gibt es in allen Aufnahmeeinrichtungen hauptamtliche Mitarbeiter des niederländischen Flüchtlingsrates, die Ehrenamtliche für die Beratung der Flüchtlinge qualifizieren und sie unterstützen. Zudem hat jeder Asylsuchende die Möglichkeit, kostenlos die Hilfe von Rechtsanwälten in Anspruch zu nehmen.

In Deutschland aber ist dies nur sehr unzureichend gewährleistet. Um die Asylsuchenden über den Ablauf, die Rechte und Pflichten im Asylverfahren, aber auch mögliche Alternativen zum Asylverfahren informieren zu können, bedarf es entsprechend geschulter, unabhängiger Beraterinnen und Berater. Dies sollte weder vom Bundesamt für Migration noch ausschließlich von Ehrenamtlichen geleistet werden. Notwendig ist daher der bundesweite Ausbau entsprechender Beratungsstrukturen.

Aber zunächst müssen die Kinder Zugang zum deutschen Bildungssystem erhalten. Die Schulpflicht ist auf Landesebene geregelt. In der Regel besteht die Schulpflicht erst nach der Zuweisung in die Kommunen. Wenn die Familien nun bis zu sechs Monate in Erstaufnahmeeinrichtungen verbleiben müssen, sind die Kinder in dieser Zeit vom regulären Unterricht ausgeschlossen. Verlorene Monate.

Schlussbemerkung

Diese Beschreibung der aktuellen Herausforderungen bei der Aufnahme von Flüchtlingen ist eine Momentaufnahme. Aber auch wenn gegenwärtig vieles noch unklar oder «im Fluss» ist, so gibt es doch einige Überlegungen, die auf jeden Fall berücksichtigt werden sollten bei der weiteren Ausgestaltung der Aufnahme von Flüchtlingen:

– Die erste Phase ist entscheidend. «Nichts ist schlimmer, als hier nur rumzusitzen und zu grübeln.» Das hört man oft von den Flüchtlingen. Sie wollen hier schnell ihr neues Leben aufbauen, unabhängig sein, ihre Familie nachholen. Alle Maßnahmen sollten sich an diesen Zielen ausrichten und die Flüchtlinge nicht zu monatelanger Untätigkeit und Unmündigkeit verurteilen. Dabei geht es zunächst nicht um «Integration», sondern darum, den Betroffenen hier eine eigenständige Lebensführung zu ermöglichen. Ob sie dann auf Dauer bleiben oder in ihre Herkunftsländer zurückkehren, weiß niemand. Aber es sollte alles dafür getan werden, dass die Zeit hier in Deutschland keine verlorenen Jahre werden.
– Wenn Integration gelingen soll, müssen wir frühzeitig Angebote machen, die es den Flüchtlingen ermöglichen, schnell aus den Unterkünften herauszukommen, teilzunehmen an den Aktivitäten im Stadtteil – nicht, indem wir sie alle in den Heimen besuchen. Ebenso wichtig ist es, die Bevölkerung nicht nur bei der Umsetzung, sondern schon bei der Planung der Flüchtlingsaufnahme frühzeitig einzubeziehen.

Harald Löhlein

– Es gibt viel Handlungsbedarf, in den Schulen, den Kitas oder im sozialen Wohnungsbau: dies aber keineswegs nur für oder wegen der Flüchtlinge. Wenn die Akzeptanz für die Flüchtlingsaufnahme erhalten bleiben soll, dann ist es wichtig, dass nicht der Eindruck entsteht, die Flüchtlingsaufnahme geschehe zulasten anderer Bevölkerungsgruppen, die Unterstützungsbedarf haben. Bei der Beschaffung von bezahlbarem Wohnraum oder der Integration in den Arbeitsmarkt dürfen die verschiedenen Zielgruppen nicht gegeneinander ausgespielt werden, es braucht vielmehr umfassende Lösungsansätze.

Die Stimmung in der Gesellschaft ist gespalten. Während sich viele aktiv an der Flüchtlingsaufnahme beteiligen und ihnen grundsätzlich positiv begegnen, gibt es auf der anderen Seite auch massive Abwehr, gibt es eine erschreckende Zunahme rechtsextremistischer Straftaten, Übergriffe auf Flüchtlingswohnheime und Flüchtlinge. Hier bedarf es eines entschiedeneren Vorgehens von Politik und Justiz gegen rechte Gewalt. Ferner sollten geeignete Schritte zum Schutz der Flüchtlinge unternommen werden, zum Beispiel Versammlungsverbote für Rechtsextreme in der Nähe von Flüchtlingswohnheimen. Aber es geht auch darum, geistige Brandstiftung, die durch eine unsachliche Diskussion rund um «massenhaften Asylmissbrauch» oder die Infragestellung von Leistungen und Standards für Flüchtlinge entstehen kann, zu unterbinden.

Bernd Parusel

SCHWEDEN
Ein Vorbild bei der Integration?

In den letzten Jahren hat sich Schweden zu einem der wichtigsten Zuwanderungsländer in der EU entwickelt. 2014 bereits war es das EU-Land, das gemessen an seiner Bevölkerungsgröße die meisten Asylbewerber aufnahm, rund 81 000 bei 9,8 Millionen Einwohnern. Zeitweise wurden im Sommer 2014 über 2000 Asylbewerber pro Woche registriert, was damals eine außergewöhnlich hohe Zahl war. Im Herbst 2015 wurden die Werte des Vorjahres aber noch einmal deutlich übertroffen, wochenlang zählte man fast 2000 neue Asylbewerber pro Tag. Neben den Schutzsuchenden kommen auch viele andere Migranten ins Land – Familienangehörige bereits in Schweden ansässiger Personen, Arbeitskräfte, internationale Studenten, Au-pairs oder selbständige Unternehmer. Insgesamt wanderten im Jahr 2014 rund 127 000 Menschen nach Schweden ein, ein Rekordwert. 16,5 Prozent aller Einwohner sind außerhalb Schwedens geboren.

International wird die schwedische Migrations- und Integrationspolitik oft als besonders progressiv und vorbildlich wahrgenommen. Und obwohl es an Herausforderungen nicht mangelt – zu wenig bezahlbare Mietwohnungen und eine schleppend verlaufende Arbeitsmarktintegration neu zuziehender Flüchtlinge –, wird Einwanderung weithin positiv gesehen, auch wenn die Regierung im November 2015 unter großem Druck eine restriktive Kehrtwende in der Flüchtlingspolitik einleitete. Es stellt sich daher die Frage, worauf die Attraktion des nordischen Landes beruht und ob sie auch in Zukunft weiterbestehen wird. Der vorliegende Beitrag soll einen Überblick bieten und eine Antwort auf diese Fragen versuchen.

Anhand welcher Kriterien Flüchtlinge entscheiden, in welchem

Land sie Zuflucht suchen, kann selten monokausal anhand eines alles entscheidenden Faktors erklärt werden. Eine Vielzahl verschiedener Motive kann den Ausschlag geben: Ratschläge und Informationen von Schleppern und Fluchthelfern; die Wahrscheinlichkeit, dass Asylverfahren schnell gehen und mit einer positiven Entscheidung enden; die Art und die Bedingungen der Unterbringung während des Asylverfahrens; die Frage, wie wahrscheinlich es ist, schnell eine Arbeit und eine eigene Wohnung zu finden oder eine Ausbildung zu bekommen. Weitere Gründe können sein, ob für anerkannte Flüchtlinge die Möglichkeit besteht, Ehegatten, Kinder oder weitere Familienangehörige nachzuholen, und wie schnell man nach einem dauerhaften Aufenthaltsrecht die Staatsbürgerschaft des neuen Landes bekommt. Für viele ist auch wichtig, ob schon Landsleute, Freunde oder Verwandte im Zielstaat leben und welche Erfahrungen diese dort gemacht haben. Daneben gibt es eine Reihe weiterer «weicher» Faktoren, etwa die Landessprache, das Klima, die politische Lage oder die allgemeine Lebensqualität.

Wer sich die schwedische Zuwanderungs-, Asyl- und Integrationspolitik näher ansieht, merkt schnell, dass Schweden bei mehreren der genannten Faktoren gut aufgestellt ist und daher aus gutem Grund attraktiv wirkt. Im Zuge der stark ansteigenden Asylzuwanderung der letzten Jahre sind die Laufzeiten der Asylverfahren zwar deutlich länger geworden, aber überschaubar sind sie noch immer. Während ein Asylbewerber aus Syrien im Jahr 2013 durchschnittlich 86 Tage auf eine Entscheidung über seinen Asylantrag warten musste, waren es im Spätsommer 2015 schon 256 Tage, der Trend geht zu noch längeren Wartezeiten. Die Aussichten auf einen dauerhaften Schutzstatus sind gut, sogar besser denn je. 2013 wurden rund 87 Prozent aller Syrer anerkannt und bekamen eine permanente Aufenthaltserlaubnis. 2015 lag die Quote bei 91 Prozent. Auch andere Gruppen von Asylbewerbern, etwa Eritreer, Somalier und staatenlose Personen, haben gute Aussichten auf dauerhaften Schutz. Bei anderen, etwa Albanern, Mazedoniern, Serben oder Ukrainern, sind die Schutzquoten zwar nahe null, ähnlich wie in den meisten europäischen Ländern. Asylbewerber, die eine Arbeit haben, können in Schweden unter Umständen aber selbst dann im Land bleiben, wenn ihr Asylantrag abgelehnt wird. Jeder, der während des Asylverfahrens mindestens vier Monate gearbeitet und eine Weiterbeschäftigung in Aussicht hat, monatlich mindestens knapp 1390 Euro brutto verdient und seine Identität nachweisen kann, darf einen sogenannten Spurwechsel vollziehen und eine Aufenthaltserlaubnis zu Erwerbszwecken bekommen, also legal als Arbeitsmigrant im Land bleiben.

Auch die Aufnahme-, Unterbringungs- und Versorgungsbedingungen sind in Schweden besser als anderswo. Zwar werden Asylbewerber seit Ende 2015 angesichts des außerordentlich hohen Zustroms auch in winterfesten Zelten oder Notunterkünften untergebracht. In «normalen» Zeiten beschafft die staatliche Asyl- und Migrationsbehörde *Migrationsverket* jedoch reguläre Mietwohnungen, in denen Asylbewerber die Möglichkeit haben, in Eigenregie ein weitgehend normales Leben zu führen. Statt Lebensmittel- und Hygienepaketen wird ein Tagegeld ausgezahlt, und die Empfänger können selbst entscheiden, wie sie dieses ausgeben möchten. Für einen alleinstehenden Erwachsenen beträgt das Tagegeld 71 schwedische Kronen, umgerechnet rund 7,60 Euro. Große Sprünge macht man damit in einem Land mit hohen Lebensmittelpreisen nicht, aber für eine bescheidene Lebensführung reicht der Betrag aus, und man ist eigenständig.

In Zeiten, in denen das Angebot an regulären Mietwohnungen nicht ausreicht, greift die Migrationsbehörde auf Sammelunterkünfte zurück, die ihr von den schwedischen Kommunen oder von privaten Akteuren angeboten werden. Dies können etwa stillgelegte Jugendherbergen, Feriendörfer, Seniorenheime oder Kasernen sein.

Eine pragmatische Lösung bietet Schweden unterdessen Personen, die bereits Angehörige oder Freunde haben, bei denen sie unterkommen können, oder die ausreichend eigene Mittel zu ihrer Versorgung haben und daher selbst eine Wohnung mieten können. Anders als in Deutschland besteht keine Pflicht, in Gemeinschaftsunterkünften zu wohnen; die Behörden sind um jeden Asylbewerber froh, der selbst eine Bleibe findet. Im Sommer 2015 waren knapp 32 Prozent aller

Bernd Parusel

Asylbewerber in Wohnungen untergebracht, die sie sich selbst beschafft hatten, meist bei Verwandten oder Freunden.

Großzügig wird auch in Bezug auf Arbeitserlaubnisse verfahren. Alle Asylbewerber, die ihre Identität nachweisen oder wenigstens – falls sie keinen Pass haben – an der Klärung ihrer Identität aktiv mitwirken, bekommen von Anfang an vollen Zugang zum Arbeitsmarkt und dürfen damit jede Stelle annehmen, die ihnen angeboten wird. Eine behördliche Vorrangprüfung wird nicht durchgeführt. Die Regierung ist der Auffassung, dass jeder, der sich durch eigene Arbeit versorgt, die öffentlichen Haushalte entlastet und sein Leben selbst in die Hand nehmen kann.

Personen, die allein einreisen, aber später ihre Familie nachholen wollen, kam Schweden bisher ebenfalls entgegen. In der Regel erhielten alle Asylbewerber, bei denen ein Schutzbedarf festgestellt wurde, eine unbefristete Aufenthaltserlaubnis. Diese berechtigt dazu, Ehegatten, unverheiratete Partner und minderjährige Kinder nachziehen zu lassen. In manchen Fällen konnten auch andere Angehörige, die im gleichen Haushalt gelebt haben und auf die Hilfe und Unterstützung des geflüchteten Verwandten angewiesen sind, nachgeholt werden.

In vielen EU-Staaten wird das restriktiver gehandhabt: Oft bekommen nur Personen, die als Flüchtlinge im Sinne der Genfer Flüchtlingskonvention anerkannt werden, also als individuell politisch Verfolgte gelten, ein dauerhaftes Aufenthaltsrecht und damit ein Familiennachzugsrecht. Schutzsuchende, die vor Kriegen und Konflikten geflüchtet sind, also nicht aufgrund persönlicher Umstände politisch verfolgt sind, müssen sich häufig mit befristeten Aufenthaltsrechten zufriedengeben, die zwar verlängert werden können, aber meist kein Recht auf Familiennachzug verleihen. Für Schweden als Zufluchtsland spricht ferner, dass anerkannte Flüchtlinge bereits vier Jahre nach der Schutzgewährung Staatsbürger ihres neuen Landes werden können.

Während all dies aus der Perspektive schutzsuchender Personen für Schweden als Zielstaat spricht, ist die längerfristige Integration schwieriger und problematischer. Schweden gilt zwar integrationspolitisch als führend. Das liegt unter anderem daran, dass die Grundsätze der Gleichbehandlung und Gleichberechtigung in Schweden eine große Rolle spielen. Alle legalen Migranten, die mindestens ein Jahr lang in Schweden leben, haben denselben Zugang zum Gesundheitswesen, zur Sozialversicherung und zu anderen wohlfahrtsstaatlichen Leistungen wie schwedische Staatsangehörige – unabhängig von ihrer Herkunft und ihren Aufenthaltsgründen. Außerdem haben Ausländer das Wahlrecht bei Kommunalwahlen. Flüchtlinge und andere Schutzberechtigte erhalten nach ihrer Anerkennung einen Vollzeit-Sprachkurs, eine Integrationsbeihilfe sowie, falls erforderlich, Kinder- und Wohngeld. Es gibt zudem Bestrebungen, die Präsenz von Einwanderern im öffentlichen Leben zu erhöhen, um so die interkulturelle Offenheit der Gesellschaft zu demonstrieren. Dies trifft nicht zuletzt auf viele Medien, politische Parteien und die Regierung sowie Sport- und Kulturvereine zu. In der aktuellen Regierung, die aus einer Minderheitskoalition der Sozialdemokratischen Partei und der Grünen besteht, gibt es mehrere Minister mit Migrationshintergrund.

Doch andererseits steht Schweden vor zahlreichen schwerwiegenden Herausforderungen, die fast alle darauf zurückgeführt werden können, dass die Einwanderung in den letzten Jahren stark zugenommen hat. So fehlt es beispielsweise akut an bezahlbarem Wohnraum für Zuwanderer. Während der Wohnungsmangel in den größeren Städten, nicht zuletzt Stockholm, Malmö und Göteborg, schon seit vielen Jahren ein Problem ist, weisen inzwischen auch kleinere und weit weniger dynamische Kommunen in abgelegeneren Regionen einen Mangel auf. Asylbewerber, die anerkannt werden, sind verpflichtet, aus den von der Migrationsbehörde gestellten Unterbringungslösungen auszuziehen. Sie haben aber meist sehr begrenzte finanzielle Möglichkeiten und konkurrieren zudem mit anderen wirtschaftlich schwächeren Gruppen, etwa Rentnern, Studenten und Arbeitslosen, um ein immer knapperes Angebot an Sozialwohnungen. Die Arbeitsagenturen, die gesetzlich verpflichtet sind, bei der Wohnungssuche zu helfen, sind oft machtlos und können ihrem Auftrag kaum nach-

Bernd Parusel

kommen. Vor diesem Hintergrund plant die Regierung den Bau von bis zu 500 000 neuen, günstigen Mietwohnungen.

Daneben bietet auch der Arbeitsmarkt begrenzte Möglichkeiten. Wie ein Bericht einer schwedischen Regierungskommission für Migrationsstudien kürzlich zeigte, hatten unter allen Einwanderern, die in den Jahren 1997 bis 1999 als Flüchtlinge gekommen waren, zwei Jahre nach ihrer Ankunft in Schweden nur rund 30 Prozent einen Job. Zehn Jahre nach der Ankunft hatten 65 Prozent eine Stelle. An dem Problem, dass ein Großteil der Flüchtlinge über Jahre hinweg ohne Job bleibt, hat sich bis heute wenig geändert. Der Unterschied zwischen der Erwerbsbeteiligung derer, die im Inland geboren, und derer, die aus dem Ausland zugewandert sind, ist in kaum einem anderen EU-Land so groß wie in Schweden. Außerdem gelingt es vielen Einwanderern nicht, den Beruf auszuüben, für den sie ursprünglich ausgebildet wurden – viel Potenzial geht so verloren.

Immerhin hat die Politik diese Probleme durchaus erkannt. Sie arbeitet daran, das Erlernen der schwedischen Sprache stärker zu fördern und zu beschleunigen, die Anerkennung von im Ausland erworbenen Berufs- und Bildungsabschlüssen zu erleichtern und Neuzuwanderern durch Praktika, Mentorenprogramme und mit staatlichem Geld geförderte «Einstiegsjobs» den Zugang zum Arbeitsmarkt zu ermöglichen. Eine der neuesten Regierungsinitiativen ist, dass größere Unternehmen, die mindestens hundert Neuzuwanderer einstellen wollen, besondere Vermittlungsdienstleistungen der Arbeitsagentur *Arbetsförmedlingen* in Anspruch nehmen können; den jeweiligen Bedarfen dieser Unternehmen entsprechend, ermittelt die Arbeitsagentur geeignete Neuzuwanderer, bildet sie berufsbezogen weiter, hilft bei der Validierung von Qualifikationen und bezahlt bis zu 80 Prozent ihres Gehalts, bei Vollzeitanstellung maximal zwölf Monate, bei Teilzeitanstellung bis zu 24 Monate. Für den Einstieg in Berufe, bei denen in Schweden ein Arbeitskräftemangel besteht, etwa Köche, Ärzte, Gesundheits- und Pflegekräfte, Hotellerie- und Gastronomieberufe, die Baubranche sowie land- und forstwirtschaftliche Tätigkeiten, werden zudem sogenannte Schnellspuren etabliert. Neuzuwanderer mit entsprechenden Ausbildungen oder Berufserfahrungen sollen schon während des Asylverfahrens Schwedischunterricht erhalten, ihre Berufsabschlüsse oder -erfahrungen beurteilen lassen können und spezifische Berufsberatung bekommen. Daraufhin sollen sie gezielt einschlägigen Arbeitgebern empfohlen werden. Ein weiteres Ziel ist, dass Schutzsuchende die aufgrund des hohen Andrangs immer länger werdende Zeit des Wartens auf die Entscheidung über ihren Asylantrag sinnvoller nutzen können. Zivilgesellschaftliche Organisationen bekommen mehr Geld vom Staat, um frühzeitig Sprachkurse, Freizeitaktivitäten und Begegnungen zwischen Asylbewerbern und Einheimischen organisieren zu können. Auch die schwedischen Kommunen, die vor Ort die Integration der Neuankömmlinge bewerkstelligen müssen, sollen einen höheren Pauschalbetrag pro Neuankömmling vom Staat erhalten.

Hoffnungsvoll stimmt, dass es im ganzen Land eine Vielzahl von Bemühungen gibt, die Integration der Flüchtlinge zu erleichtern. In manchen Orten engagieren sich beispielsweise die kommunalen Bibliotheken. Unter dem Motto «Miete einen Schweden» vermitteln sie Begegnungen zwischen Neuankömmlingen und Einheimischen, die neugierig sind und Flüchtlingen in Alltagsangelegenheiten, bei der Jobsuche und der Orientierung in der neuen Gesellschaft helfen wollen. Viele Schweden haben Verständnis dafür, dass Menschen aus Kriegs- und Krisengebieten fliehen, und wollen sich engagieren. Das Rote Kreuz, eine der am stärksten in der Flüchtlingsarbeit engagierten Organisationen, verzeichnete 2015 einen Rekord bei Anfragen von Bürgern, die sich nach Möglichkeiten erkundigten, praktisch zu helfen.

Politisch indes ist die Lage in Schweden durchaus angespannt. Seit September 2014 wird das Land von einer sozialdemokratisch-grünen Minderheitsregierung gesteuert, die von der Linkspartei toleriert wird, sich aber nur auf 159 von 349 Parlamentsmandate stützen kann. Premierminister Stefan Löfven bekannte sich bis vor kurzem klar zur Aufnahme Schutzsuchender, zu Offenheit und verstärkten Anstrengungen für eine bessere und schnellere Integration. Aufgrund der in-

Bernd Parusel

stabilen Mehrheitsverhältnisse im Parlament wird er aber als wenig handlungskräftig wahrgenommen. Die bürgerliche Opposition, die im Wesentlichen für einen ähnlichen flüchtlings- und asylpolitischen Kurs stand, sieht sich von den rechtsextremen «Schwedendemokraten» *(Sverigedemokrater)* herausgefordert. Diese treten für eine Nullzuwanderung ein. Zunehmend wird daher auch bis in die politische Mitte hinein diskutiert, wie die Asylzuwanderung gestoppt und die Attraktivität Schwedens als Zufluchtsland gemindert werden könnte. Als die Zahl der Asylbewerber im Herbst 2015 dramatisch anstieg, sah sich die Regierung gezwungen, mit einer Kaskade von Notmaßnahmen zu reagieren. Die bisher geltenden Standards der Flüchtlingsaufnahme würden auf das von EU-Recht zwingend vorgeschriebene Niveau abgesenkt, erklärte sie. Schweden müsse weniger attraktiv werden. Unter anderem sollen Schutzberechtigte künftig statt unbefristeten nur noch befristete Aufenthaltserlaubnisse erhalten, und der Familiennachzug soll erschwert und in manchen Fällen ganz unmöglich gemacht werden. An den Grenzen werden Reisende nun wieder stichprobenartig kontrolliert, und seit Anfang Januar 2016 dürfen Fähr-, Bus- und Bahnunternehmen keine Passagiere mehr aus Deutschland oder Dänemark nach Schweden bringen, die keinen Identitätsnachweis haben.

Die Zahl der Asylbewerber ging daraufhin spürbar zurück, und während einerseits eine Stimmung der Erleichterung durchs Land ging, wurde andererseits beklagt, dass Schweden vor den Herausforderungen der Flüchtlingskrise kapituliere und bisherige Prinzipien über Bord werfe. Die Regierung in Stockholm beteuerte, sie wolle lediglich eine «Atempause» einlegen, um nach einigen Jahren wieder zu einer großherzigeren Flüchtlingspolitik zurückkehren zu können. Außerdem wolle sie andere EU-Staaten anregen, sich mehr zu öffnen und Schweden vom Andrang neuer Asylbewerber zu entlasten. Es kann jedoch bezweifelt werden, ob die angekündigten Restriktionen wirklich vorübergehend bleiben. Und die Nachbarländer scheinen Schweden derzeit nicht entlasten zu wollen — eher versuchen sie, sich noch stärker abzuschotten.

Heribert Prantl

DAS NEUE BUCH EXODUS
Perspektiven einer guten
europäischen Flüchtlingspolitik

Staaten haben Botschafter mit Schlips und Kragen. Die Menschenrechte haben auch Botschafter, nur kommen die nicht so elegant daher. Die Flüchtlinge sind die Botschafter des Hungers, der Verfolgung,
des Leids und des Elends. Doch Europa mag diese Botschafter nicht
aufnehmen und nicht empfangen. An den europäischen Grenzen
soll es für Humanität möglichst wenig Durchkommen mehr geben.
Die Politiker sprechen von «illegaler Einwanderung». Wann ist ein
Mensch illegal? Ist es illegal, wenn er sich zu retten versucht? Ist es
illegal, wenn er sich dabei sogenannter Schlepper bedienen muss, weil
er sonst wegen der juristischen und faktischen Absperrmaßnahmen
von vornherein keine Chance hat?

Die Flüchtlinge sind nicht illegal, sie werden illegalisiert. Zu den
Grundirrtümern der vergangenen Jahrzehnte gehört der Glaube, dass
man Flüchtlinge gerecht sortieren könne: in «gute» Flüchtlinge, die
allein aus politischen Gründen, und in «böse», die allein aus wirtschaftlichen Gründen kommen. Alle Anstrengungen wurden auf
das Sortieren verwendet, alle sind gescheitert. Wann wurde je mit
gleicher Kraft versucht, den Menschen dort zu helfen, wo sie das
Schicksal trifft? Eine Politik, die das, was sie «illegale Einwanderung»
nennt, zu verhindern sucht, kann ohnehin nur dann erfolgreich sein,
wenn sie ein gewisses Maß an legaler Einwanderung zulässt. Wenn
keine Einwanderung zugelassen wird, wenn es auch keine nachhaltigen Versuche gibt, die Verhältnisse in den Fluchtländern zu verbessern – dann wird die Politik von Menschenschmugglern gemacht.
Über deren Menschenverachtung kann man dann lamentieren; sie

kann gedeihen, weil es in der EU-Politik keine Achtung vor Flüchtlingen gibt.

Das Wort «Exodus» gehört zu den uralten Worten der Menschheit. Exodus – so heißt das zweite Buch der Thora und das zweite Buch des Alten Testaments. Es geht in diesem Buch um den Auszug der Israeliten aus der ägyptischen Sklaverei. Es wird die Geschichte erzählt, wie die Israeliten, verfolgt vom Heer des Pharao, zum Meer ziehen – und wie sich dieses Meer für die Fliehenden öffnet und sie trockenen Fußes durchs Meer ziehen. Die Verfolger aber ertrinken in den wieder einfallenden Wassermassen. Dieser Exodus, dieses Wunder im Meer, wird bis heute auch in der christlichen Osternacht besungen.

Beim Exodus von heute gibt es nichts zu besingen. Das Meer öffnet sich nicht für die Fliehenden. Im Gegenteil: Zigtausende von Flüchtlingen sind bei ihrer Flucht übers Mittelmeer ertrunken. Es gibt kein Wunder beim Exodus von heute – allenfalls, wenn man es so nennen mag, das kleine Merkel-Wunder vom 4./5. September, das die CSU aber zum Merkel'schen Sündenfall erklärt hat. Es wäre gut, wenn die bayerische, wenn die deutsche, wenn die europäische Politik auf den Exodus von heute nicht mit einem Exodus der Menschlichkeit antworten und mit Haft und mit Transitzonen drohen würde.

Beim Exodus der Israeliten dereinst öffnete sich das Meer. Beim Exodus von heute öffneten sich immerhin die Hauptbahnhöfe. Es gibt also schon bestimmte Verbindungen zwischen dem Exodus von damals und dem von heute – der Exodus von heute ist freilich viel, viel größer. Er ist nicht der Exodus eines einzelnen Volkes; er ist der Exodus von Verzweifelten und Gepeinigten vieler Völker. 60 Millionen Menschen sind weltweit auf der Flucht.

Stellen wir uns vor, es gäbe ein großes Flüchtlingsbuch; darin verzeichnet alle Schicksale, alles Leid, alles Elend, alle Hoffnung, alle Zuversicht. Stellen wir uns vor, es gäbe in diesem großen Flüchtlingsbuch eine Seite für jeden Flüchtling, eine Seite für jeden Vertriebenen, eine Seite für jeden, der seine Heimat verlassen und anderswo Schutz suchen musste. Eine Seite nur für jeden; für alle Sehnsucht, für alle

Enttäuschung, für alle Ängste, für das Leben und für das Sterben und für alles dazwischen.

Stellen wir uns vor, wie ein solches großes Buch aussähe: Die aktuelle Ausgabe hätte 60 Millionen Seiten. So viele Flüchtlinge gibt es derzeit auf der Welt. Die Flüchtlinge, die über den Balkan und Österreich nach Deutschland kommen, sind ein kleiner Bruchteil der gigantischen Gesamtflüchtlingszahl.

Sie alle, all diese Flüchtlinge wären notiert in diesem Buch: diejenigen, die vor dem Krieg in Syrien fliehen; diejenigen, die dem Terror des «Islamischen Staates» mit knapper Not entkommen sind; diejenigen, die es nach Europa schaffen und dort von Land zu Land geschickt werden; diejenigen, die im Mittelmeer ertrunken sind; diejenigen, die durch die Wüsten Afrikas gelaufen sind und dann in Ceuta und Melilla, an der Grenze zu Europa, vor einem Stacheldrahtzaun stehen; diejenigen, die zu Millionen in ihrem Nachbarland in Notlagern darauf warten, dass die Zustände im Heimatland besser werden; diejenigen auch, die nach dem Verlassen ihrer Heimat verhungert und verdurstet sind, die verkommen sind in der Fremde; die Kinder wären genauso verzeichnet in diesem Buch wie ihre Mütter und Väter, die Kinder also, für die es keinen Hort und keine Schule gibt. Es stünden in diesem Flüchtlingsbuch auch diejenigen Menschen, die aufgenommen worden sind in einer neuen Heimat – und wie sie es geschafft haben, keine Flüchtlinge mehr zu sein.

Es wäre dies nicht nur ein einzelnes Buch; es wäre ein Buch, bestehend aus vielen Bänden. Wenn man die Bände stapelt, wäre der Bücherturm höher als der höchste Berg der Erde. Es gibt dieses Buch nicht. Es gibt die Menschen, die der Inhalt dieses Buches wären: Flüchtlinge nennen wir sie. Nennen wir sie Menschen; es sind entwurzelte, entheimatete Menschen.

Das Fluchtproblem ist nicht nur ein Problem des Sommers und des Herbstes 2015; es ist das Problem des 21. Jahrhunderts. Es ist ein Problem, das viel größere Anstrengungen erfordern wird als die Stabilisierung des Euro. Es ist ein Problem, das nur dann gut angepackt werden kann, wenn es möglichst viel Einigkeit gibt, Einigkeit in Deutschland,

Heribert Prantl

Einigkeit in Europa, Einigkeit in der Weltgemeinschaft. Es geht hier nicht um das Überleben einer Währung, es geht um das Überleben von Millionen von Menschen. Man wird das 21. Jahrhundert einmal daran messen, wie es mit den Flüchtlingen umgegangen ist. Man wird es daran messen, was es getan hat, um Staaten im Chaos wieder zu entchaotisieren. Man wird es daran messen, welche Anstrengungen unternommen wurden, um entheimateten Menschen ihre Heimat wiederzugeben. Das ist eine gigantische Aufgabe, die von Politik und Gesellschaft ein gewaltiges Umdenken verlangt.

Die Verdammten dieser Erde – es sind heute die Flüchtlinge. Sie fliehen vor Bürgerkrieg und Folter, vor Hunger und absoluter Armut; ausgeschlossen aus der Welt, in der ein Fünftel der Weltbevölkerung vier Fünftel aller Reichtümer verbraucht, lockt sie auch die Sehnsucht nach einem Leben, das wenigstens etwas besser ist. Die Ausgeschlossenen drücken sich an die Schaufenster, hinter denen die Verprasser des Reichtums der Erde sitzen. Der Druck vor den Schaufenstern, in die Schaufenster und in die Räume des Wohlstands wird immer stärker. Das ist das eine. Das andere: Im Mittleren Osten ist die Hölle los. Die Terrororganisation, die sich «Islamischer Staat» nennt, verfolgt Christen, Jeziden und Muslime auf grausame Weise. Was sollen die Menschen machen – sie müssen fliehen, wenn sie nicht massakriert werden wollen.

Die Europäische Union versuchte lange, von der Not unbehelligt zu bleiben. Sie schützte sich vor den Flüchtlingen, als wären es Terroristen. Es hat sich gezeigt: Wenn die Not sehr groß ist, hilft das wenig. Es gibt nun Debatten darüber, die Abwehrmaßnahmen noch schärfer zu machen: mehr Grenzsicherung mit noch mehr Radaranlagen und mehr Satelliten; mehr Hubschraubern und mehr Schiffen, die die Flüchtlingsboote abdrängen; Ausbau der Grenzschutz-Agentur, die *Frontex* heißt; eine noch höhere Mauer aus Paragraphen, vielleicht auch echte Mauern und Zäune. In Ungarn stehen schon Stacheldraht-Zäune. Die bayerische CSU liebäugelt offenbar damit.

Das bisherige europäische Flüchtlingsabwehr-Regime trägt den Namen der Stadt, in der es beschlossen worden ist: Dublin. Nach diesem Dublin-System ist stets derjenige Staat, den der Flüchtling auf seiner Flucht nach Europa als Erstes betreten hat, für das Asylverfahren und die Aufnahme des Flüchtlings zuständig. Das erste einschlägige EU-Abkommen wurde 1990 in Dublin unterzeichnet; es ist mittlerweile zweimal fortgeschrieben worden. Das Dublin-System wurde erfunden, um die sogenannten Flüchtlingslasten möglichst auf die Randstaaten der EU abzuwälzen und die Staaten im Zentrum Europas, Deutschland vor allem, zu schonen. Dieses Dublin-System orientiert sich am Verursacherprinzip: Die Staaten an den EU-Außengrenzen, die es nicht schaffen, ihre Grenzen abzuriegeln, sollen dafür büßen. Es ist dies ein Grundgedanke, der sich um Schutzbedürftigkeit nicht kümmert. Das Dublin-System bestraft den Staat, der sich bei der Flüchtlingsabwehr nicht abwehrend genug benimmt und seine Grenzen nicht völlig dichtmacht: Er ist für die Flüchtlinge zuständig, er muss für sie sorgen. Deswegen hat ja Italien in den Berlusconi-Jahren die Flüchtlinge im Mittelmeer lieber ertrinken lassen, als sie aus dem Wasser zu holen. Es ist, es war ein höchst unsolidarisches System; es ist, es war ein teuflisches System – ein Aufruf zu möglichst brutaler Flüchtlingsabwehr.

So war das auch gedacht; und so hat das auch fast 20 Jahre im Sinn deutscher Interessen, nicht im Sinn italienischer oder griechischer Interessen funktioniert; dann ist dieses System zusammengebrochen – unter dem Druck der verheerenden Zustände im Nahen und Mittleren Osten und unter dem Unwillen und der Weigerung der Südeuropäer, es weiter mitzumachen. Als dieses unsolidarische System zusammengebrochen war und die Flüchtlinge in großen Zahlen nach Deutschland kamen, klagte die deutsche Politik dann ihrerseits, dass sich nun die anderen europäischen Staaten unsolidarisch zeigten. Das war und ist bitter; ganz unverständlich ist es nicht.

Heribert Prantl

Natürlich können wir in Deutschland nicht alle aufnehmen. Und natürlich werden nicht alle, die kommen, bleiben können. Das war schon bisher so, das ist nichts Neues. Die anrührende Herzlichkeit, mit der so viele Flüchtlinge in den vergangenen Wochen an den Bahnhöfen empfangen wurden, löst nicht die gewaltigen Probleme, die Staat und Gesellschaft noch bevorstehen. Aber sie hilft, diese Probleme anzupacken – in München, in Stuttgart, in Berlin, in Brüssel, in den europäischen Haupt- und Provinzstädten. Es ist gut, wenn die Globalisierung der Gleichgültigkeit beendet wird.

Jetzt geht es nicht um Euro und Währungsunion, sondern um Menschen in bitterster Not. Es geht darum, ob und wie Europa das Überleben von Hunderttausenden Flüchtlingen organisieren will und kann. Vielleicht sind es auch noch sehr viel mehr Flüchtlinge; vielleicht sind es zwei oder drei Millionen. Aber: Die Europäische Union ist eine Union von 510 Millionen Menschen. Dieses Europa erstickt nicht, wenn es Kriegsflüchtlinge aus Syrien aufnimmt. Dieses Europa erstickt, wenn es sie nicht aufnimmt: Es erstickt dann an seinem Geiz, an seinen nationalen Egomanien und an seiner Heuchelei. Jetzt muss sich zeigen, was die europäischen Grundrechte wirklich wert sind. Jetzt muss sich zeigen, was es wirklich auf sich hat mit dem Motto vom «Raum des Rechts, der Sicherheit und der Freiheit». Jetzt muss sich zeigen, ob all das mehr ist als ein Wasserfall voll Phrasen. Jetzt muss sich zeigen, ob die Konventionen, die man unterschrieben hat, mehr sind als ein paar Fetzen Papier. Wenn europäische Kernländer wie Ungarn oder Polen Menschen in höchster Not nicht aufnehmen wollen, weil sie den falschen Glauben haben, dann ist das ein Hochverrat an den Werten, derentwegen die Europäische Union gegründet wurde. Es kann und darf nicht sein, dass Teile Europas hinter den Westfälischen Frieden zurückfallen. Europa lebt nicht nur vom Euro; es lebt von seinen Werten, von der Glaubens- und Gewissensfreiheit, der Freiheit der Person, der Gleichheit der Menschen vor dem Gesetz und der Freizügigkeit. Europa lebt davon, dass es die Menschenwürde schützt. Wenn ihm diese Werte nichts mehr wert sind, ist Europa das Überleben nicht wert.

Europas Recht ist nicht das Recht des Stärkeren; Europa lebt von der Stärke des Rechts. Ein Recht ist dann stark, wenn es die Schwachen schützt. Das Asylrecht gehört daher zu den Kerngarantien des europäischen Rechts. Seit 25 Jahren murkst Europa an abwehrenden Asylverordnungen herum. Es gibt kein einheitliches EU-Asylrecht, keine gegenseitige Anerkennung von Asylentscheidungen. Europa ist bisher, wenn es um Flüchtlinge geht, keine Union, sondern ein Egoisten-Konglomerat aus verschiedenen Nationen. Europa praktiziert, immer noch und immer wieder und immer neu, Abschreckungspolitik. Wer aus Gründen der Abschreckung, also zur Generalprävention gegen Flüchtlinge, in höchster Not nicht hilft, verhält sich unmenschlich. Es ist die Orbanisierung nicht nur der CSU, wenn sich die deutsche Politik dieser Hilfe verweigern will und stattdessen von Notwehr redet. Ein orbanisches Deutschland wäre kein Rechtsstaat mehr. Ein orbanisches Europa wäre kein Europa mehr. Europa muss zu solidarischer Hilfe finden.

ZU DEN AUTORINNEN UND AUTOREN

Mohamed Amjahid hat sein Volontariat beim *Tagesspiegel* in Berlin absolviert. Er arbeitet als Redakteur und Reporter beim *ZEITMagazin*.

Stefan Buchen, Jahrgang 1969, arbeitet als Fernsehjournalist für das ARD-Politikmagazin *Panorama*. Für seine Recherchen und Filmberichte wurde er unter anderem mit dem «Leipziger Preis für die Freiheit und Zukunft der Medien» ausgezeichnet. 2011 wählte ihn das *Mediummagazin* zum «Journalisten des Jahres».

Daniela Dahn, geboren in Berlin, studierte Journalistik in Leipzig und war Fernsehjournalistin. 1981 kündigte sie und arbeitet seitdem als freie Schriftstellerin und Publizistin. Sie war Gründungsmitglied des «Demokratischen Aufbruchs». Sie ist Trägerin u. a. des Fontane-Preises, des Kurt-Tucholsky-Preises und des Ludwig-Börne-Preises. Bei Rowohlt sind bislang elf Essays und Sachbücher erschienen.

Pauline Endres de Oliveira ist Rechtsanwältin und arbeitet seit Oktober 2013 für die Rechtsabteilung des UN-Flüchtlingshilfswerks in Berlin. Sie ist Redakteurin beim Informationsverbund Asyl und Migration und Lehrbeauftragte der Humboldt-Universität zu Berlin für die Refugee Law Clinic. Seit 2004 engagiert sie sich bei *Amnesty International*, heute als Mitglied der Fachkommission Asyl.

Naika Foroutan ist Professorin für «Integrationsforschung und Gesellschaftspolitik» der Humboldt-Universität zu Berlin und stellvertretende Direktorin des Berliner Instituts für empirische Integrations- und Migrationsforschung. Seit 2011 ist sie zudem Leiterin der Forschungsgruppe Junge Islambezogene Themen in Deutschland.

Patrick Gensing ist Autor, Blogger und Nachrichtenredakteur. Er beschäftigt sich mit Phänomenen wie Antisemitismus, Rassismus sowie Rechtsextremismus und betreibt seit zehn Jahren das Blog publikative.org. Gensing hat zwei Bücher über Neonazis veröffentlicht und schreibt für diverse Medien.

Gabriele Gillen ist Buchautorin, Theaterautorin und Redakteurin beim WDR. Bis 2008 moderierte sie die WDR 3-Hörfunksendung *Tageszeichen*, derzeit ist sie Redakteurin in der Programmgruppe Aktuelle Kultur und Moderatorin der Sendereihe *Tischgespräche* auf WDR 5.

Kristin Helberg, geboren 1973, ist Politikwissenschaftlerin. Sechs Jahre arbeitete sie beim NDR in Hamburg, sieben Jahre berichtete sie in der syrischen Hauptstadt Damaskus über die arabische und islamische Welt für Hörfunk und Print. Heute ist Helberg freie Journalistin und Nahostexpertin. 2014 erschien die 2. Auflage von *Brennpunkt Syrien. Einblick in ein verschlossenes Land*.

Saskia Hödl wurde 1985 in Wien geboren und ist Autorin und Redakteurin der *tageszeitung (taz)*. Nach dem Abschluss des Journalismus-Studiums an der FH Wien kam sie 2013 als taz.panter-Volontärin nach Berlin. Seither arbeitet sie auch als Berlin-Korrespondentin der *Wiener Zeitung*.

Jawad ist ein Flüchtling, der mit seinen Eltern nach einer langen Odyssee von Afghanistan nach Deutschland gekommen ist. Seit einigen Jahren lebt er in Hamburg.

Hasnain Kazim, geboren 1974 in Oldenburg, studierte Politikwissenschaft. Ab 2006 war er Redakteur von *Spiegel Online* in Hamburg, ab 2009 Südasien-Korrespondent von *Spiegel Online* und dem *Spiegel* in Islamabad. Seit August 2013 ist er deren Türkei-Korrespondent mit Sitz in Istanbul.

Martin Lilkendey, geboren 1970 in Bremerhaven, lebt in Köln. Er lehrt Graphik und Fotografie mit dem Schwerpunkt Porträt an der Universität Koblenz.

Harald Löhlein ist seit 1992 beim Paritätischen Gesamtverband als Flüchtlingsreferent tätig, seit 2011 auch als Leiter der Abteilung Migration und Internationale Kooperation.

Norbert Mappes-Niediek, geboren 1953, ist Südosteuropa-Korrespondent deutscher Medien und Autor mehrerer Sachbücher über die Region. Zuletzt: *Arme Roma, böse Zigeuner*, 3. Auflage 2013

Peter Müller, geboren 1973, ist Korrespondent des *Spiegel* in Brüssel. Zuvor hat er zehn Jahre lang aus Berlin berichtet, zunächst für die *Welt am Sonntag* und das *Handelsblatt*, seit 2000 für das Hauptstadtbüro des *Spiegel*. Müller ist Jurist und hat in Passau, München und an der Harvard University studiert. Sein zweites Staatsexamen legte er in Berlin ab.

Herfried Münkler, geboren 1951, ist Professor für Politikwissenschaft an der Berliner Humboldt-Universität. Er ist Autor zahlreicher Sachbücher und mit vielen Studien zur politischen Ideengeschichte und zur Theorie des Krieges hervorgetreten. Nicht wenige davon sind mittlerweile Standardwerke.

Bahman Nirumand, geboren 1936 in Teheran, ist Schriftsteller, Übersetzer, Journalist und Publizist. Er studierte und promovierte in Deutschland, ging danach in den Iran zurück und schloss sich der Opposition gegen den Schah an. 1965 floh er nach Deutschland und übernahm eine führende Rolle in der Auslandsopposition. Mit Ausbruch der Revolution kehrte er in den Iran zurück, musste aber 1981 abermals fliehen. Er lebt in Berlin.

Jochen Oltmer, Dr. phil. habil., geboren 1965, ist Apl. Professor für Neueste Geschichte und Mitglied des Vorstands des Instituts für Migrationsforschung und Interkulturelle Studien (IMIS) der Universität Osnabrück. Er ist Autor und Herausgeber von Büchern und Aufsätzen zur Migration und Migrationspolitik vor allem im 19. und 20. Jahrhundert.

Bernd Parusel ist Experte für das Europäische Migrationsnetzwerk beim schwedischen Migrationsamt Migrationsverket sowie Forschungssekretär bei der Swedish Migration Studys Delegation. Zuvor war er Forscher beim Bundesamt für Migration und Flüchtlinge in Nürnberg.

Maximilian Popp, geboren 1986 in Passau, machte eine Ausbildung an der Henri-Nannen-Journalistenschule in Hamburg und studierte in Istanbul Politik. Seit 2010 ist er Redakteur im Deutschlandressort des *Spiegel*. Themenschwerpunkte: Migration, Islam, Rassismus, Türkei.

Heribert Prantl, Prof., Dr. jur., ist Mitglied der Chefredaktion der *Süddeutschen Zeitung* und Leiter der Redaktion Innenpolitik.

Dušan Reljić, geboren 1956, ist Experte der Berliner Stiftung Wissenschaft und Politik (SWP) für Südosteuropa. Er forscht vor allem zur EU-Beitrittspolitik im Westbalkan sowie zur Lage in den Ländern dieser Region.

Simone Schmollack, geboren 1964 in Berlin, ist Redakteurin bei der *tageszeitung (taz)* in Berlin und Autorin zahlreicher Bücher. Sie studierte Germanistik, Slawistik und Journalistik in Leipzig, Berlin und Smolensk.

Thomas Straubhaar ist Professor der Universität Hamburg und leitete bis 2014 das Hamburgische WeltWirtschaftsInstitut. Er ist

Botschafter der Initiative Neue Soziale Marktwirtschaft. Sein Beitrag ist während der Theodor-Heuss-Gastprofessur an den Universitäten ITAM und UNAM in Mexico City entstanden.

Ingo Werth, geboren 1959, ist Gründungsmitglied des Vereins Sea Watch e. V. und neben der Schiffsführung unter anderem für logistische Fragen zuständig. Er ist auch Mitbegründer von Fluchtpunkt Bergedorf und betreut mit Freunden seit 2013 westafrikanische Flüchtlinge. Er ist Inhaber einer Autowerkstatt in Hamburg.

WO DIE SPENDE FÜR DIESES BUCH HINGEHT

Einen Euro für jedes verkaufte Exemplar dieses Buches wird der Rowohlt Verlag für die Flüchtlingshilfe spenden. Es gibt so viele Initiativen, die in Frage gekommen wären – wir haben vor unserer Haustür nachgesehen. «Reinbek bei Hamburg» steht als Verlagsort in unseren Büchern. Und hier gibt es die Initiative «Wir sind Reinbek – unsere Stadt mit Flüchtlingen». An sie wird die Spende fließen; hier ein kurzer Bericht, was sie mit Spenden macht.

215 Flüchtlinge lebten Ende Oktober 2015 in der 27000-Einwohner-Stadt. Noch einmal so viele könnten bis Ende des Jahres kommen, wenn sich Prognosen bewahrheiten, von denen das Land Schleswig-Holstein ausgeht; das entspräche 1,5 Millionen Flüchtlingen in Deutschland.

Als zum ersten Mal eine größere Anzahl Menschen nach Reinbek kam, fehlte es noch an Wohnraum. Bürgermeister Björn Warmer quartierte eine Familie kurzerhand im Rathaus ein. Ende 2014 taten sich Stadtverwaltung und private Helfer zu einer gemeinsamen Initiative zusammen. Um die Reinbekerinnen und Reinbeker auf dem Laufenden zu halten, gibt es seitdem immer wieder Bürgerversammlungen, zu denen teils über 600 Leute kamen. Die Stadtverwaltung informiert ständig über aktuelle Entwicklungen, unter anderem durch Newsletter und die Website des Rathauses (www.reinbek.de).

Bereits bei der ersten Bürgerversammlung gründeten sich fünf Unterstützergruppen, die bis heute tätig sind. Sie haben ein eigenes Modell für Sprachkurse entwickelt, sich um Räume, deren Einrichtung, Lehrmittel und Lehrer gekümmert – vieles durch Spenden finanziert und in Zusammenarbeit mit heimischen Unternehmen ermöglicht. Sie begleiten die Flüchtlinge zu Behörden, Ärzten und auf weiteren im Alltag notwendigen Gängen, sie organisieren Ausflüge nach Hamburg und ins Umland oder zu kulturellen Veranstaltungen;

es werden Sportveranstaltungen initiiert, eine Frauengruppe tauscht ganz praktische Kenntnisse aus. Das Spendenaufkommen aus dem Verkauf dieses Buches ist für das Sprachkurse-Projekt vorgesehen.

Die Bürger und heimische Unternehmen betreuen, helfen und organisieren, lassen ihre Beziehungen spielen, starten Initiativen und Spendenaufrufe für konkrete Projekte. Die Stadt steht bereit, um all dies bei Bedarf durch Mitarbeiter, Mittel und konkrete Kommunikation zu koordinieren und zu unterstützen.

In einer Fahrradwerkstadt werden Fahrräder repariert und verkehrstüchtig gemacht. Nahezu jeder Flüchtling in Reinbek hat inzwischen ein funktionierendes Rad.

Die Stadt legt Wert darauf, Flüchtlinge möglichst dezentral unterzubringen, einzelne Familien in freien Wohnungen oder Einliegerwohnungen einzuquartieren. Viele Wohnungseigentümer reagierten auf die Appelle des Bürgermeisters, Wohnraum zur Verfügung zu stellen. Die größte Anzahl von Flüchtlingen in einer Einrichtung beträgt derzeit 44 Menschen, alle sind mitten unter den Reinbekern gut untergebracht. Angesichts der schnell steigenden Flüchtlingszahlen muss die Stadt nun jedoch auch eine Industriehalle ausbauen, um weitere Flüchtlinge zum Winter ordentlich unterzubringen.

Das Reinbeker Modell setzt auf Nähe, auf das Zusammenleben. Nähe zwischen Bürgern, Politikern und Verwaltung, Nähe zwischen Einwohnern und Flüchtlingen. Normale Nachbarschaft ist das Ziel. Und Nachbarn helfen sich.   *Frank Strickstrock*